SAS와 R을 이용한

시계열자료분석

이 성 덕 지음

자유아카데미

머리말

최근 급속한 경제, 사회의 발전에 따른 복잡성과 불확실성의 증대로 예측의 중요성이 더욱 가중되고 있으며, 이에 부응하여 예측을 위한 통계적 방법이 꾸준히 연구, 개발되고 있다. 또한 컴퓨터 및 예측을 위한 다양한 패키지 프로그램의 개발 및 보급의 확대로 이론적으로 복잡한 절차들을 간편하게 처리할 수 있게 되었다.

과거 오광우 교수 등은 여러 가지 유형의 예측방법들을 소개하고 또 많은 독자들이 이 방법을 실제로 활용할 수 있기를 바라면서 1991년 『예측방법과 응용』을 집필한 바 있다. 그 당시에는 시계열 및 예측분야를 소개한 책들이 거의 없었기 때문에 많은 독자들이 관심을 가져주었다. 그러나 지나친 욕심으로 너무 방대한 내용을 포함시켜 책이 다소 방만했던 것, 또 예측방법을 중심으로 기술했기 때문에 체계적으로 시계열분석을 공부하는 학생들에게는 다소 문제가 있다고 스스로 평가하게 되었다. 그래서 2000년에 저자들은 다양한 예측방법의 소개보다는 시계열분석에서 가장 기본이 되는 평활법, 분해법, 그리고 Box-Jenkins의 시계열분석방법에 대한 기본적인 이론과 활용방법 및 응용예제들을 주로 다루었다.

그동안 여러 대학에서 강의하면서 느낀 점들을 서로 토의하면서 좀 더 이해하기 쉽고 실용적인 책을 쓰려고 노력하였다. 통계학의 기초적인 개념과 통계패키지 프로그램인 SAS 및 오픈 프로그램인 R을 어느 정도 이해하고 있으면 이 책을 읽는 데 큰 무리가 없을 것으로 생각한다.

시계열자료의 분석방법과 예측과정을 체계적으로 소개하고, 또 이러한 방법들을 국내·외의 실증적 자료에 근거하여 응용한 여러 분석사례들을 실었다. 또한 적절한 사례를 찾기 위하여 많은 시간과 노력을 기울였으므로, 이 사례들이 독자들에게 큰 도움을 줄 수 있기를 기대한다. 이 책은 학부 3-4학년 학생들을 위하여 저술되었으며, 일반인들도 이해하기 어렵지 않도록 예제와 실증분석을 제공하였다.

저자들은 독자들이 가능하면 쉽게 이해할 수 있도록 노력하였으며, 특정 분야에 관심을 갖는 독자들을 위하여 해당분야의 참고문헌을 나열하였다. 그리고 분석방법의 실제적 활용을 위하여 SAS와 R을 사용해 분석하는 과정을 간략히 기술하였다.

독자들이 미래에 발생할 사건들을 더욱 합리적이고 과학적으로 분석할 뿐 아니라 예측 방법을 이해하고 활용하는 데 이 책의 내용이 큰 도움이 될 수 있기를 바라며, 아울러 독자들의 많은 조언을 기대한다. 출간 후에라도 수정사항이 있을 경우에는 자유아카데미 홈페이지(www.freeaca.com) 자료실에 제공할 예정이다.

이 책의 저술을 도와준 충북대학교 통계학과 시계열 분석 Lab실의 조나래 박사과정 학생과 주수인 석사과정 학생에게 깊은 감사의 뜻을 전하고자 한다. 이들의 사례분석 자료 및 분석이 없었으면 이 책이 빛을 보기 어려웠을 것이다. 끝으로 출판을 맡아주신 자유아카데미 여러분께도 감사의 말씀을 드린다.

2017년 7월

저자

차례

5장 확률적 시계열분석의 기초

6장 정상시계열모형

7장 비정상시계열

8장 모형식별

12장 계절 ARIMA 모형

13장 ARIMA 모형의 확장

14장 이분산시계열모형

부록

1 장

시계열의 이해

시계열분석의 과제는 시계열이 갖고 있는 법칙성을 발견하여 이를 모형화하고, 또 추정된 모형을 통하여 미래의 값을 예측(forecasting)하는 데 있다. 그런데 관측된 과거의 자료들을 분석하여 미래를 예측하고자 할 때는 자료들의 과거의 특성이 미래에도 변하지 않고 지속될 것이라는 가정하에 이루어지므로 시계열분석을 통한 예측은 주로 단기예측에 많이 사용된다.

1.1 시계열이란?

시계열(time series)이란 하나 또는 여러 사상에 대하여 시간의 흐름에 따라 일정한 간격으로 이들을 관찰하여 기록한 자료를 말한다. 예를 들면 매일 변동하는 종합주가지수, 특정 소비재의 월별 판매량 혹은 연도별 농작물의 생산량 등을 일정한 간격으로 측정한 값들이 시계열에 속한다.

시계열은 어떠한 경제현상이나 자연현상에 관한 시간적 변화를 나타내는 역사적 계열(historical series)이므로 어느 한 시점에서 관측된 시계열자료는 그 이전까지의 자료들에 주로 의존하게 된다. 따라서 시계열분석을 통한 예측에서는 관측된 과거의 자료들을 분석하여 법칙성을 발견한 후 이를 모형화하여 추정하고, 이 추정된 모형을 사용하여 미래에 관측될 값들을 예측하게 된다. 물론 시계열자료들이 경과된 시간에만 전적으로 의존하는 것은 아니다. 어느 시점에서 관측된 값은 그 이전까지의 경제, 사회, 정치적인 요인들의 변화에도 영향을 받는다. 이러한 요인들은 시계열의 법칙성을 발견하여 미래를 예측하는 것을 더욱 복잡하고 어렵게 만든다.

많은 경제현상들은 기술진보에 의해서 시간이 경과함에 따라 대개 지속적으로 성장하게 되고, 농수산 부문과 연관된 경제현상은 자연의 영향, 특히 계절적 변동으로부터 많은 영향을 받게 된다. 예를 들어 맥주의 소비량을 생각해 보자. 맥주는 일반적으로 소득이 상승함에 따라서 소비량이 증가하게 되며, 주로 더운 여름에 상대적으로 더 많이 소비된다. 과일의 가격도 마찬가지이다. 해마다 차이는 있으나 일반적으로 다른 물가와 마찬가지로 과일의 가격도 상승한다. 또 과일의 공급량이 계절의 영향을 받게 되므로 과일의 가격도 계절에 따라 상대적으로 변화한다. 이와 같이 많은 경제현상은 시간이 경과함에 따라 거의 규칙적으로 변동하는데 이러한 사실을 바탕으로 한 분석 및 예측방법이 시계열 예측방법이다. 시간의 흐름에 따라 관측된 시계열의 형태를 알아보기 위하여 1980년 1월부터 1998년 12월까지의 한국의 건축허가면

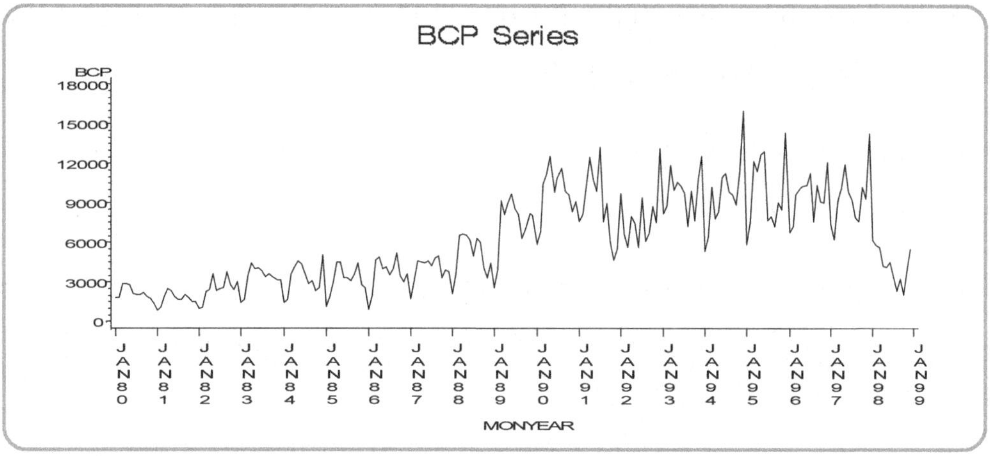

그림 1.1 한국의 월별 건축허가면적

적(BCP) 자료를 그림으로 나타내면 [그림 1.1]과 같다.

1.2 시계열의 변동요인과 모형

시계열 '그래프'를 보면 어린 아이들이 낙서를 해놓은 듯한 인상을 받는다. 이는 시간의 흐름에 따라 불규칙적으로 변동되는 자료들을 분석한다는 것이 거의 불가능할지도 모른다는 것을 의미한다. 그럼에도 우리들은 자료들의 특성을 단순화시킬 수 있는 몇 가지 가정을 함으로써 시계열에서 나타나는 변동을 정의, 설명하고 또 측정하게 된다. 일반적으로 이와 같은 시계열의 변동요인은 다음과 같은 네 가지가 있는 것으로 가정한다.

(1) 추세변동(trend variation: T)

(2) 계절변동(seasonal variation: S)

(3) 순환변동(cyclical variation: C)

(4) 불규칙변동(irregular variation: I)

이때 시점 t에서 관측된 시계열을 Z_t라고 하면, Z_t는 일반적으로 이들 네 가지 성분들의 곱이나 합의 관계가 성립하는 것으로 가정하여 나타낸다. 곱의 관계를 가정하는 모형을 승법모형(multiplicative model), 합의 관계를 가정하는 모형을 가법모형

(additive model)이라고 하며, 시점 t에서 네 가지 변동요인들을 각각 T_t, S_t, C_t, I_t라고 하면 Z_t는 다음과 같이 나타낼 수 있다.

승법모형: $Z_t = T_t \cdot S_t \cdot C_t \cdot I_t$

가법모형: $Z_t = T_t + S_t + C_t + I_t$

이들은 시계열분석에 있어서 고전적인 접근방법이지만, 시계열을 연구하는 데 사용될 수 있는 여러 가지 가능한 모형들 중의 하나로 널리 이용되고 있다. 이제 이와 같은 변동들을 간략하게 설명하기로 한다.

1) 추세변동

추세변동은 시계열의 장기간에 걸친 점진적이고 지속적인 변화 상태를 나타내는 것으로, 시간의 흐름에 따른 시계열자료들의 상승경향이나 하강경향의 상태를 의미한다. 대부분의 경우 시계열의 점진적인 상승이나 하강의 '패턴'은 직선으로 나타낼 수 있지만, 때로는 더욱 더 복잡한 곡선이 요구될 수도 있다. 즉, 한 도시의 인구성장을 나타내는 곡선은 대체로 S자를 길게 늘어놓은 형태가 되고, 또 한국인의 일인당 쌀 소비량에 관한 계열들은 2차 곡선의 형태로 나타나곤 한다. 예를 들면 [그림 1.2]에서 (a)는 직선추세를, (b)는 곡선추세의 경향을 나타내는 시계열들이다.

이러한 장기추세에 영향을 미치는 요인으로는 인구의 증가, 소득의 증가, 또는 기술혁신 등이 될 수 있다. 이들 추세선은 최소제곱법에 의하여 추정될 수 있다.

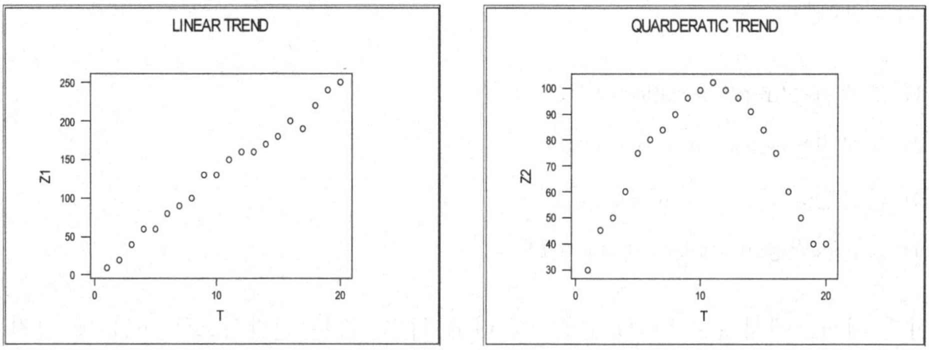

(a) 직선추세 (b) 곡선추세

|그림 1.2| 추세변동을 갖는 시계열

2) 계절변동

관측된 시계열자료들을 일 년 단위 혹은 더 짧은 기간의 주기로 기록했을 때 기후 등과 같은 자연조건, 사회적 관습, 혹은 제도 등의 영향을 받아서 이 자료들에는 계절적인 차이를 나타낼 수 있다. 이와 같은 계절적인 차이를 계절변동이라고 한다. 즉, 계절변동이란 시계열자료에서 주기적인 패턴을 갖고 반복적으로 나타나는 주기변동으로서 분기별 혹은 월별 자료에서 주로 나타난다. 매년 여름에는 다른 계절보다 청량음료수나 선풍기 등이 더 잘 팔리고 겨울에는 다른 계절에 비해 연료비가 많이 든다. 또 추석이나 연말이면 각종 선물용 물품들이 많이 팔리고 가격도 상승하는 경향이 있는데 이것이 매년 반복되어 계절변동으로 나타나게 된다. 이와 같은 계절변동은 일반적으로 추세변동과 함께 나타나는 경우가 많다. 예를 들면 [그림 1.3]의 (a)는 계절변동만을 갖는 시계열의 형태이고, (b)는 계절변동과 추세변동을 동시에 갖는 시계열의 형태이다.

월별 건축허가면적을 나타낸 [그림 1.1]은 거의 매년 4, 5월과 9월은 상대적으로 높게 나타나고 1, 2월은 낮게 나타나고 있음을 볼 수 있다. 이것은 1년을 주기로 각 월간의 변동이 존재하고 있음을 보여 주는 예이다. 이와 같은 계절변동은 가끔 시계열자료들을 왜곡할 수 있기 때문에 이를 분석할 때는 계절변동을 제거한 자료, 즉 계절조정된 자료를 이용하게 된다.

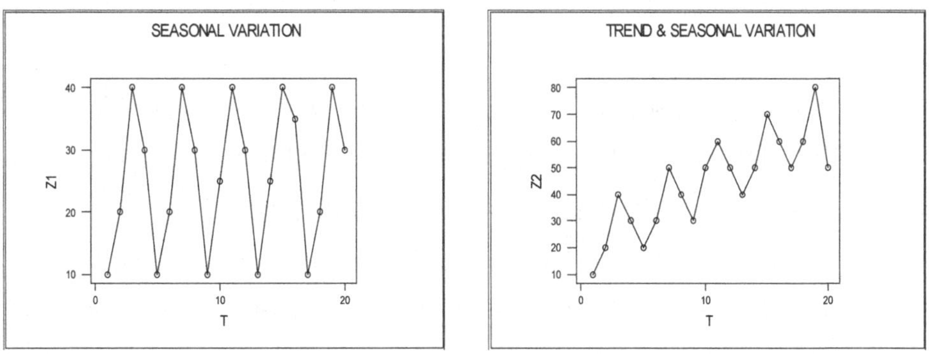

(a) 계절변동만을 갖는 계열　　(b) 추세 및 계절변동을 갖는 계열

|그림 1.3| 계절변동을 갖는 시계열

3) 순환변동과 불규칙변동

시계열에서 추세변동과 계절변동이 제거된다면 모형 속에는 순환변동과 불규칙변동이 남게 된다. 순환변동은 경기변동(business cycle)이라고도 하며, 수년간의 간격을 두고 상승과 하락이 주기적으로 나타나는 변동을 의미한다. 순환변동은 기후조건, 사회적 관습 등과 같은 계절변동으로 설명되지 않는 장기적인 주기변동으로, 회복기, 번영기, 후퇴기, 침체기의 네 단계로 구성된다. 한 국가에서 경제적, 사회적인 생활에서 경기의 변동은 매우 중요하기 때문에 이에 대한 많은 연구가 이루어지고 있다. 시계열에서 불규칙변동에는 다음과 같은 두 가지 형태가 있다.

첫 번째 형태는 지진, 전쟁, 홍수, 파업 등과 같은 사전적으로 예상할 수 없는 특수한 사건에 의하여 야기되는 변동이고, 두 번째 형태는 명확히 설명될 수 없는 요인에 의하여 발생되는 우연변동이다. 대부분의 시계열에서의 불규칙변동은 그 변동을 야기하는 원인을 쉽게 인지할 수 있고 또 규명할 수 있다. 이때는 다른 시계열의 성분들을 측정하기 전에 그들의 충격이 반영된 자료에서부터 변동을 쉽게 제거할 수 있다. 그러나 우연성에 의한 변동은 장기간에서 평균적으로 변동이 없어지는 경향이 있는 것만 가정할 수 있다. 분석하고자 하는 시계열에서 아무런 주기적 '패턴'이 없는 경우, 즉 관측된 자료의 모든 변동이 불규칙변동뿐인 경우도 생각할 수 있다. 이러한 자료에 대해서는 이들의 움직임이 랜덤한 것인지를 유의성검정을 통하여 판단할 수 있다.

1.3 지수

지수(index number)는 시계열자료들의 변화 동향을 비교하기 위하여 특정한 시점을 기준으로 하여 백분비를 나타낸 값, 혹은 동일시점에서 횡단자료(cross section data)들 간의 비교를 위하여 특정값을 기준으로 나타낸 백분비를 말한다.

지수는 주로 경제, 경영분야에서 많이 사용되어 왔지만 최근에는 다른 많은 분야에서도 이용되고 있다. 예를 들면, 개인의 지능을 그 나이의 평균지능과 비교한 지능지수, 인체에 미치는 온도와 습도의 영향을 비교하는 불쾌지수, 사회발전의 간접적인 척도가 되는 사회지표 등이 있다.

지수의 종류에는 하나의 계열을 비교하는 개별지수(individual index)와 여러 계열의 변화를 종합적으로 관찰하는 종합지수(composite index)가 있다. 서울 지역의 쌀의 도매가격지수는 개별지수가 되고, 전체 상품의 가격변화 상태를 나타내는 물가지수는 종합지수가 된다. 또한 종합지수에서 각 품목에 대한 상대적 중요도인 가중값(weight)의 사용여부에 따라 단순지수(simple index)와 가중지수(weighted index)로 구분된다.

1) 개별지수

개별지수는 단일 품목의 기준연도(base year)에 대한 비교연도(given year)의 백분비를 말한다. 2005년 서울 지역의 쌀의 도매가격이 가마당 48,000원이고 2010년은 72,000원일 때, 2005년을 기준으로 2010년의 지수는 $100 \times \frac{72,000}{48,000} = 150$ 이 된다.

2) 단순지수

단순지수는 개별품목들에 가중값을 주지 않고 계산하는 종합지수로서 단순총합지수(simple aggregative index)와 단순평균지수(arithmetic mean of price relative)로 나눌 수 있다. 단순총합지수는 기준 시점에서의 각 품목들의 가격합에 대한 비교 시점에서의 각 품목들의 가격합의 백분비를 의미하고, 단순평균지수는 각 품목들의 개별지수들의 산술평균을 의미한다. P_{0i}를 기준연도의 가격, P_{0i}를 비교연도의 가격, 품목들의 개수를 k라고 하면 단순지수는 다음과 같다.

단순지수의 계산식

- 단순총합지수: $I = \frac{\sum_{i=1}^{k} P_{ii}}{\sum_{i=1}^{k} P_{0i}} \cdot 100$
- 단순평균지수: $I = \frac{1}{k} \sum_{i=1}^{k} \frac{P_{ii}}{P_{0i}} \cdot 100$

예제 1-1

[표 1.1]은 어느 도시의 주요 식료품의 소매가격에 대한 가상적 자료이다. 2005년을 기준으로 한 각 연도별 단순총합지수와 2010년의 단순평균지수를 구하시오.

| 표 1.1 | 식료품의 연도별 가격

식료품	단위	2005	2008	2009	2010
쌀	가마(80kg)	48,000	52,000	63,360	72,000
쇠고기	근(600kg)	3,000	3,300	3,630	4,800
설탕	포(15kg)	12,000	12,800	14,000	18,000
라면	상자(50개)	4,000	4,500	5,000	5,600
합계		67,000	73,400	85,990	100,400

단순총합지수는 비교연도의 가격합을 기준연도의 가격합으로 나눈 백분비이므로 다음과 같이 구할 수 있다.

$$I_{2008}=\frac{73,400}{67,000}\times 100=109.6$$

$$I_{2009}=\frac{85,990}{67,000}\times 100=128.3$$

$$I_{2010}=\frac{100,400}{67,000}\times 100=149.9$$

또 단순평균지수는 개별지수들의 평균이므로 2010년의 단순평균지수는 다음과 같이 구할 수 있다.

$$I_{2010}=\frac{1}{4}\left[\frac{72,000}{48,000}+\frac{4,800}{3,000}+\frac{18,000}{12,000}+\frac{5,600}{4,000}\right]\times 100=150$$

3) 가중지수

소비자물가지수를 예를 들어 설명하면, 우리들은 먼저 소비자물가를 계산하기 위한 품목들을 선정하게 된다. 이때 선정된 품목들이 소비자물가에 미치는 영향의 상대적인 중요성은 각각 다를 것이다. 즉, 쌀값이 30% 상승한 영향과 과일값이 30% 상승한 영향이 동일한 것으로 취급될 수는 없을 것이다. 따라서 각 품목의 상대적인 중요성인 가중값을 고려하는 것이 현실적으로 타당하다. 이와 같이 적절한 기준에 의하여 각 품목의 중요성을 고려한 가중값을 사용하여 계산된 지수를 가중지수(weighted index)라고 한다. 이러한 가중지수는 가중총합지수(weighted aggregative index)와 가중평균지수(weighted arithmetic mean of price relatives)로 구분된다.

가중총합지수는 가중값을 기준연도의 거래량(q_0)으로 사용하면 '라스페이레스(Laspeyres)' 지수가 되고, 비교연도의 거래량(q_t)으로 사용하면 '파아세(Paasche)' 지수가 된다.

또 기준연도와 비교연도의 합 혹은 평균으로 가중값을 사용하면 '에지워드(Edgeworth)'

지수가 되고 '라스페이레스' 지수와 '파아세' 지수의 기하평균은 '피셔(Fisher)' 지수가 된다. 이들을 수식으로 나타내면 다음과 같다.

가중총합지수의 계산식

- 가중총합지수: $I_W = \dfrac{\sum p_t W}{\sum p_0 W} \cdot 100$
- 라스페이레스 지수: $I_L = \dfrac{\sum p_t q_0}{\sum p_0 q_0} \cdot 100$
- 파아세 지수: $I_P = \dfrac{\sum p_t q_t}{\sum p_0 q_t} \cdot 100$
- 에지워드 지수: $I_E = \dfrac{\sum p_t (q_0 + q_t)}{\sum p_0 (q_0 + q_t)} \cdot 100$
- 피셔 지수: $I_F = \sqrt{\dfrac{\sum p_t q_0}{\sum p_0 q_0} \cdot \dfrac{\sum p_t q_t}{\sum p_0 q_t}} \cdot 100$

가중평균지수는 각 개별지수들의 가중평균인데, 이때 가중값을 연간 대표거래금액(대표가격 × 대표수량 = $p_r q_r$)으로 잡으면 다음과 같이 된다. 또 가중값을 기준 시 거래금액 $p_0 q_0$으로 잡으면 결국 '라스페이레스' 지수가 된다.

가중평균지수의 계산식

- 가중평균지수: $I = \dfrac{\sum \left\{ \left(\dfrac{p_t}{p_0} \right) \cdot (p_r q_r) \right\}}{\sum p_r q_r} \cdot 100$

예제 1-2

[표 1.2]와 같은 가상적 자료를 이용하여 2005년을 기준으로 한 2010년의 가중총합지수들을 구하시오.

표 1.2 식료품의 가격 및 거래량

식료품	단위	2005년		2010년	
		가격	거래량	가격	거래량
쌀	가마(80kg)	48,000	500	72,000	400
쇠고기	근(600kg)	3,000	100	4,800	150
설탕	포(15kg)	12,000	50	18,000	100
라면	상자(50개)	4,000	150	5,600	250

가중총합지수는 가중값의 선택방법에 따라 분류되므로, '라스페이레스' 총합지수(I_L)는 기준연도(2005년)의 거래량이 가중값이 되므로 다음과 같이 계산되고,

$$I_L = \frac{72,000 \times 500 + \cdots + 5,600 \times 150}{48,000 \times 500 + \cdots + 4,000 \times 150} \times 100$$

$$= 149.88$$

'파아세' 총합지수(I_p)는 비교연도(2010년)의 거래량이 가중값이 되므로

$$I_P = \frac{72,000 \times 400 + \cdots + 5,600 \times 250}{48,000 \times 400 + \cdots + 4,000 \times 250} \times 100$$

$$= 149.75$$

와 같이 되고, '에지워드' 총합지수(I_E)는 기준연도와 비교연도의 거래량의 합이 가중값이 되므로 다음과 같이 된다.

$$I_E = \frac{72,000 \times (500 + 400) + \cdots + 5,600 \times (150 + 250)}{48,000 \times (500 + 400) + \cdots + 4,000 \times (150 + 250)} \times 100$$

$$= 149.82$$

또 '피셔' 총합지수(I_F)는 '라스페이레스' 지수와 '파아세' 지수의 기하평균이므로,

$$I_F = \sqrt{149.88 \times 149.75} = 149.81$$

이 된다.

4) 주요경제지수

우리나라의 경제변화를 나타내는 몇 가지 주요경제지표를 살펴보기 위해서 여기서는 생산자물가지수, 소비자물가지수, 임금지수, GNP '디플레이터', 경기종합지수 등에 관하여 간략하게 살펴보기로 한다.

(1) 생산자물가지수

생산자물가지수(producer price index: PPI)는 한국은행에 의해 작성되고 있으며 모든 상품의 가격변동을 종합적으로 파악하기 위하여 국내시장의 제1차 상거래단계에서 형성되는 모든 상품가격의 변화 상황을 반영하는 지수이다. 여기서 제1차 상거래 가격이란 국내생산품인 경우는 생산자 판매 가격을, 수입품인 경우는 수입업자 판매 가격을 의미한다. 다만 이러한 가격 자료를 이용할 수 없을 때는 제2차 상거래 단계인 도매상의 판매가격 자료로 보완한다. 가격자료는 현재 전국 도시에서 수집함을 원칙

으로 하며, 지수의 계산은 '라스페이레스' 방식을 사용하고 있다. 2010년을 기준으로 한 도매물가지수는 상품 및 서비스 896개의 품목을 조사하여 작성된 가중총합지수이다. 1990년 이전까지는 도매물가지수로 사용되었다.

(2) 소비자물가지수

소비자물가지수(consumer price index: CPI)는 일반 소비자가 그 소비생활을 영위하기 위해 구입하는 상품의 가격과 서비스 요금의 변화를 지수로 측정한 것으로 현재 통계청에서 산출하고 있다. 그런데 실제 지수의 산정은 농어촌을 제외한 37개 주요 도시의 가구를 대상으로 하되 표준 구입 품목의 선정은 품목별 지출이 전 도시가계의 총소비지출액의 1/10,000 이상인 것 중에서 품질의 동질성이 지속적인 것으로 한정하고 있다. 2010년도 기준지수의 경우 조사대상 품목은 481개였으며, '라스페이레스'방법을 이용한다. 또 소비패턴의 변화를 반영하기 위하여 5년마다 기준시점을 개편하고 있다.

(3) 임금지수

임금지수(wage index)는 기준연도의 임금을 기준으로 하여 각 비교연도의 임금을 지수화한 것으로 명목임금지수(nominal wage index)라고 볼 수도 있다. 그러나 임금가치의 실제적인 변화를 고찰하려면 소비자물가지수의 변화와 상대적으로 보는 것이 합리적이다.

따라서 명목임금지수를 소비자물가지수로 나누어 다시 지수화한 실질임금지수(real wage index)를 사용하는 것이 더 바람직하다고 볼 수 있다. 기준연도와 비교연도의 총임금지불액을 각각 W_0, W_t, 노동자수를 n_0, n_t라고 하면 평균임금은 각각 $\overline{W_0} = W_0/n_0$, $\overline{W_t} = W_t/n_t$와 같이 되므로 임금지수는 다음과 같이 된다.

임금지수의 계산식

- 명목임금지수(NI): $\ni = \dfrac{W_t/n_t}{W_0/n_0} \times 100 = \dfrac{\overline{W_t}}{\overline{W_0}} \times 100$
- 실질임금지수(RI): $RI = \dfrac{NI}{CPI} \times 100$

여기서 CPI는 소비자물가지수를 나타낸다.

(4) GNP '디플레이터'

GNP '디플레이터'는 일반적인 지수에서처럼 특정기준에 따라 조사대상 품목을 선정하거나 선정된 품목의 가격을 조사하여 작성되는 것이 아니고, 경상가격으로 집계된 GNP를 불변가격으로 표시된 GNP로 나누어 사후적으로 산출되는 일종의 종합적인 물가지수이다.

(5) 경기종합지수

경기종합지수(composite indexes of business indicators: CI)는 생산, 투자, 고용, 소비, 금융 등 경제 각 부문에서 경기에 민감한 지표를 선정, 이들의 움직임을 통계적 기법으로 종합하여 산출한 지수로서 경기의 진행방향과 속도를 동시에 측정하는 종합경기지표이며 통계청에서 작성, 발표하고 있다. 경기종합지수(CI)는 앞으로의 경기를 단기적으로 예측할 수 있는 선행종합지수(Leading CI), 현재의 경기상태를 측정할 수 있는 동행종합지수(Coincident CI), 현재의 경기를 사후적으로 확인해 주는 후행종합지수(Logging CI)로 구분된다.

연습문제

1. 다음은 우리나라의 1982년부터 1995년까지의 소비자물가지수의 연도별 상승률을 나타내는 시계열자료이다. 1996년의 상승률을 이동평균법과 지수평활법을 사용하여 예측하시오.

연도	1982	1983	1984	1985	1986	1987	1988
상승률	7.1	3.4	2.3	2.4	2.7	3.0	7.1
연도	1989	1990	1991	1992	1993	1994	1995
상승률	5.7	8.6	9.3	6.2	4.8	6.2	4.5

2. 다음은 S 도시의 생필품 A, B, C에 대한 가격과 거래량을 나타내고 있다.

품목	2000년		2006년	
	가격	수량	가격	수량
A	350	200	400	180
B	900	300	1000	250
C	500	100	400	150

2000년을 기준으로 하는 2006년의 다음 지수들을 구하시오.

1) 단순총합가격지수

2) 라스페이레스의 가중총합지수

3) 파아세의 가중총합지수

4) 피셔의 지수

3 다음은 2000년부터 2015년까지의 우리나라의 전 도시 소비자물가지수와 근로자가구의 가구당 월평균소득을 나타낸 것이다.

연도	월평균소득(만 원)	소비자물가지수
2000	222	66.57
2001	243	69.28
2002	259	71.19
2003	271	73.70
2004	287	76.34
2005	290	78.44
2006	304	80.20
2007	320	82.24
2008	340	86.08
2009	343	88.45
2010	363	91.05
2011	384	94.72
2012	408	96.79
2013	416	98.05
2014	430	99.30
2015	437	100.00

1) 각 연도의 소득을 2000년 기준가격으로 나타내시오.

2) 기간 중 월평균소득의 실질성장률과 명목성장률을 구하시오.

2장

시계열자료분석과 예측

시계열분석의 가장 큰 목적은 미래에 대한 예측에 있다. 이와 같은 예측은 항상 인간의 중요한 과제가 되어 왔다. 옛날부터 점쟁이와 예언가들은 예측을 통하여 미래에 대한 불확실성을 줄이려는 인간의 욕망을 최대한 이용하고, 또 충족시켜 왔으며, 현재에도 더욱 더 합리적이고 과학적으로 예측하기 위해 꾸준히 노력하고 있다. 매일 TV 방송이나 신문을 통해서 발표되는 다음날의 일기예보나 주가 변동의 예측에 대한 우리들의 관심을 보면 예측이 우리의 생활과 얼마나 밀접한 관계를 갖고 있는가를 알 수 있다.

예측(forecasting)이란 특정한 미래의 알려져 있지 않은 사상에 관한 진술(statement)이라고 할 수 있으며, 더욱 정확한 예측을 하고자 하는 이유는 미래에 발생할 사상의 결과가 우리들의 현재의 의사결정에 매우 중요한 역할을 하기 때문이다. 즉, 앞으로의 계획을 합리적으로 설계하고 이에 따른 손실을 가능한 축소하기 위해서는 미래에 대한 정확한 예측이 필요하다. 기업의 특정 제품에 대한 수요예측은 생산, 판매 등의 계획을 수립하고 여러 대안들을 평가하는 가장 기본적인 요건이 되며, 또한 한 국가에서 국가경제의 정확한 예측은 경제정책을 성공적으로 이끄는 첩경이라고 할 수 있다.

2.1 시계열자료의 예측방법

예측방법은 다음과 같은 과정으로 설명할 수 있다. 일정한 양과 종류의 정보에 일정한 '필터'를 통과시키게 되면 '필터'의 종류에 따라 우리들은 일정한 정보를 얻게 된다. 이때 같은 '필터'라고 하더라도 상이한 양과 질의 정보를 통과시키면 다른 양과 질의 정보를 얻게 되며, 같은 정보를 통과시킨다고 해도 다른 '필터'를 사용하게 되면 다른 정보를 얻게 된다. 여기서 '필터'를 예측방법이라고 하고 '필터'에 통과시키게 될 정보를 과거의 관찰값이라고 하면 '필터'를 통과한 결과는 예측이 된다.

정보 → 필터 → 예측

그림 2.1 예측의 과정

이러한 예측방법은 일반적으로 질적예측방법과 양적예측방법으로 나누어진다.

1) 양적예측방법

양적예측방법(quantitative methods)은 관측된 과거자료에 포함된 정보를 이용하여 예측에 필요한 경험적 법칙을 추정하여 예측하는 방법으로 다음과 같은 조건들이 만족될 때 적용된다(Makridakis & Wheelwrite, 1978).

i) 과거에 대한 정보가 존재한다.
ii) 이 자료는 양적인 자료로 나타낼 수 있다.
iii) 과거의 패턴은 미래에서도 지속될 것이라는 가정이 성립된다.

양적예측을 위해 설정되는 모형에는 예측될 변수가 하나 또는 그 이상의 변수들과 인과관계(cause and effect relationship)를 갖는다고 가정하는 설명모형(explanatory model) 혹은 인과모형(causal model)이 있고, 또한 예측값이 예측의 대상이 되고 있는 과거의 자료나 오차에 의해서만 의존된다고 가정하는 시계열모형(time series model)이 있다. 즉, 설명모형은 [그림 2.2(a)]에서 보는 것처럼 산출변수는 투입변수와의 인과관계를 통해서 나타나게 되는 반면에, 시계열모형은 [그림 2.2(b)]에서처럼 산출변수가 투입변수의 자체생성과정을 통하여 나타나게 되는 것을 가정한다.

시계열모형에 의한 예측은 예측될 변수 자체의 과거의 자료에서 어떠한 패턴을 발견하여 미래에도 그러한 패턴이 특성을 잃지 않고 반복될 것이라는 가정하에서 모형을 확립하여 예측하는 방법이다. 그러므로 확립된 시계열모형은 특정한 자료의 집합

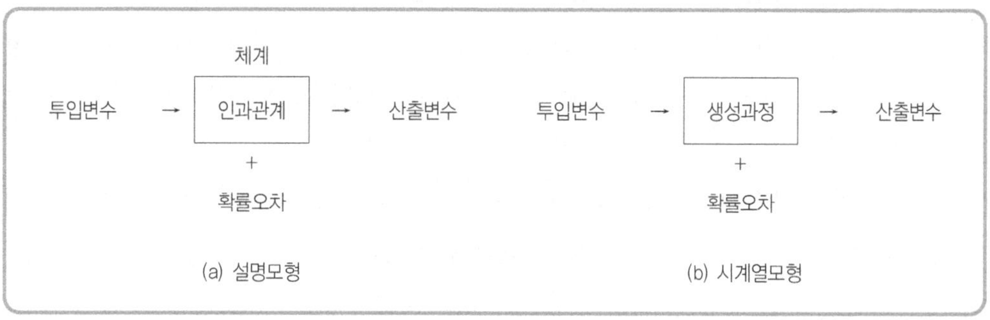

| 그림 2.2 | 설명모형과 시계열모형

에 모형이 얼마나 잘 적합한가에 전적으로 평가된다(Newbold & Reed, 1979). 이러한 시계열모형에 의한 예측방법에는 평활법(smoothing methods), 분해법(decomposition methods) 등과 같은 전통적 시계열분석방법과 확률적 시계열분석방법이 있다. 또한 확률적 시계열분석은 ARIMA(autoregressive integrated moving average) 모형으로 대변되는 시간영역분석(time domain analysis) 방법과 퓨리어 분석(Fourier analysis) 개념에 기초를 둔 주파수영역분석방법이 있다. 이 책에서는 전통적 시계열분석과 확률적 시계열분석 중에서 시간영역분석방법에 관하여 주로 기술하고자 한다.

설명모형에 의한 예측방법은 예측되어야 할 변수를 하나 이상의 설명변수들과 인과관계가 존재한다고 가정하고, 과거의 자료에서부터 이들 간의 인과적 연관성을 추정하여 미래에도 그러한 관련성이 지속될 것이라는 가정하에 미래의 값을 예측하는 방법이다. 이러한 인과모형에는 회귀모형, 시계열모형, 투입-산출모형 등이 있다.

2) 질적예측방법

한 사상의 미래의 결과를 예측하기 위하여 전문가들의 주관적 견해를 사용하는 방법을 질적예측방법(qualitative and judgemental methods)이라고 한다. 이러한 방법들은 예측하고자 하는 사상에 관한 과거의 정보가 없거나 불충분한 경우에 주로 사용한다. 예를 들어 한 회사에서 새로운 상품이 개발되었다고 하자. 이 회사에서는 신상품이 얼마나 판매될 것인가를 예측해야 할 것이다. 이 경우에 이 상품에 대한 과거의 판매자료가 없기 때문에 경영자는 판매량을 예측하기 위하여 판매부나 시장조사팀에 참가하고 있는 전문가들의 견해에 의존할 수밖에 없을 것이다. 마찬가지로 한국에서 남북통일은 언제 이루어질 것인가, 새로운 에너지의 개발은 언제 이루어질 것인가 등의 예측에서는 과거의 자료가 없기 때문에 각 방면의 전문가들의 주관적 견해에 의존하게 된다. 이러한 방법에는 새로운 상품이 개발되었을 때 시장조사 및 판매 분야의 전문가들의 주관적 견해에 의해서 추정되는 '상품수명 사이클(product life cycle)'을 이용하여 예측하는 주관적 곡선적합(subjective curve fitting)방법, 예측하고자 하는 사상에 대한 전문가들의 주관적 견해를 결합하여 예측하는 델파이(Delphi) 방법, 미래에 일어날 수 있는 여러 상황의 순서를 가설적으로 전개시켜서 여기에 주관적 확률을 도입하여 예측하는 방법인 시나리오(scenario) 방법 등이 있다.

2.2 예측의 평가

우리들은 여러 각도에서 예측을 평가할 수 있다. 우선 중요한 것은 예측을 통하여 전달되는 정보의 내용이 얼마나 풍부한가 하는 점이다. 구체적인 예로 내년에 소비자물가가 5%로 상승할 것이라는 예측과 다만 상승할 것이라는 예측이 있다고 하자. 두 예측을 비교하면 첫 번째의 예측이 갖고 있는 내용이 두 번째의 경우보다 훨씬 많다. 왜냐하면 후자의 예측은 막연히 내년에는 소비자물가가 상승하리라는 정보를 전달하지만 전자는 소비자물가가 어느 정도 상승할 것이라는 것까지 말해 준다. 물론 더 많은 내용을 전달하는 예측일수록 예측이 틀릴 가능성은 높아진다. 가령 소비자물가지수가 실제로 7%로 상승하였다고 하자. 이 경우 전자의 예측, 즉 물가는 5%로 상승할 것이라는 예측은 틀린 것으로 밝혀진다. 즉, 예측에 포함되어 있는 정보가 아무리 풍부하다고 하더라도 정보 자체가 정확하지 않으면 예측이 쓸모 없게 된다. 바꿔 말하면 예측은 정확해야 한다.

다음과 같은 극단적인 경우를 고려해 보자. 소비자물가지수가 내년에 상승하거나 하지 않을 것이라고 예측하는 경우이다. 이러한 예측은 틀릴 수 없다. 왜냐하면, 발생가능한 모든 경우가 예측에 포함되어 있기 때문이다. 그러나 이 예측이 전달하는 내용은 전혀 없으며 누구도 미래에 대한 이러한 정보를 얻으려고 하지 않을 것이다.

그러므로 얼마나 정확한가에 따라 예측이 평가되어야 하며 이러한 평가는 사전평가와 사후평가로 구분된다. 사전적으로 예측결과가 얼마나 정확한가를 판단한다는 것은 사실상 불가능하다. 가능한 간접적인 검토방법으로는 다음과 같은 방법들이 있다.

첫째, 예측을 위하여 사용된 자료들이 얼마나 정확하게 관측되었으며, 또한 얼마나 많은 양이 사용되었는가, 그리고 가능한 한 최신의 자료를 사용하였는가를 검토한다.

둘째, 예측방법의 선택과 예측과정이 합리적으로 이루어졌는가를 검토한다.

즉, 우리들은 사용된 자료와 예측방법 및 과정을 검토함으로써 어느 정도 예측의 정확성에 관한 사전평가를 내릴 수 있다. 예측의 사후평가는 예측값과 실제값과의 차이인 예측오차($E_i = F_i - Z_i$)를 사용하는 다음과 같은 평가기준들이 많이 사용된다.

- 평균제곱오차(Mean squared error: MSE): $MSE = \frac{1}{n}\sum(F_i - Z_i)^2$

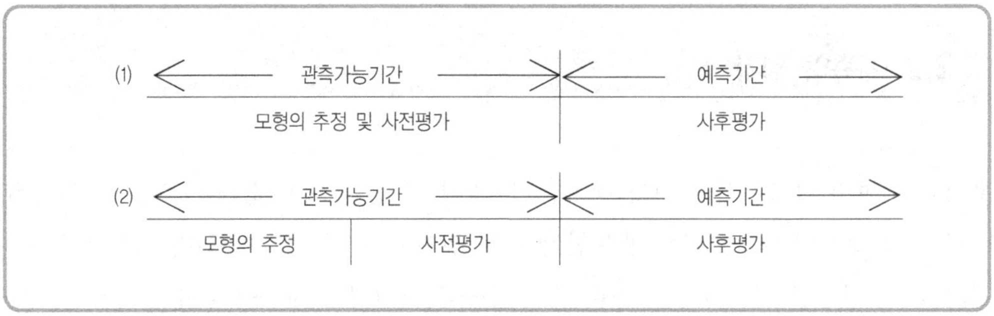

| 그림 2.3 | 예측의 평가방법

- 평균절대편차(Mean absolute deviation: MAE): $MAE = \frac{1}{n}\sum|F_i - Z_i|$
- 평균절대백분비오차(Mean absolute percentage error: MAPE):

$$MAPE = \frac{1}{n}\sum\left|\frac{F_i - Z_i}{Z_i}\right| \times 100$$

- 타일의 불일치계수(Theil's U-statistic: U): $U = \sqrt{\frac{\sum(P_i - A_i)^2}{\sum A_i}}$

여기서 $P_i = \frac{F_i - F_{i-1}}{F_{i-1}}$는 예측값의 변화율을, $A_i = \frac{Z_i - Z_{i-1}}{Z_{i-1}}$는 실제값의 변화율을 나타내며 예측값과 실제값의 변화율이 일치하는 경우에는 $U = 0$가 되고, 또 $U = 1$이 되는 경우에는 $P_i = 0$, 즉 예측값들이 시점에 관계없이 항상 일정한 경우를 나타낸다. 일반적으로 U 값이 0.3~0.4인 경우에 만족스러운 예측결과로 판단하게 된다.

일반적으로 예측의 사후평가는 주로 MSE, MAPE 등이 사용된다. 그런데 이러한 측도들이 관측기간 내에서 계산되는 경우에는 사전평가방법으로도 사용할 수 있게 된다. 실제로 여러 가지 예측방법들을 비교하여 한 가지 방법을 선택할 때는 관측기간 내에서의 이와 같은 측도들의 값을 비교하거나([그림 2.3]의 (1)의 경우), 관측 가능한 기간을 모형의 추정기간과 사전평가기간으로 나누어 예측력을 비교, 평가([그림 2.3]의 (2)의 경우)할 수 있다. 이들 관계를 그림으로 나타내면 [그림 2.3]과 같다.

예제 2-1

[표 2.1]은 어느 회사의 최근 10일간의 판매액에 대한 실제값과 예측값에 관한 자료이다. 예측력의 사후평가를 하기 위하여 MSE, MAE, MAPE, 그리고 타일의 U 통계량을 계산해 보시오.

| 표 2.1 | 판매액에 관한 자료와 예측력의 사후평가

시점	실제값	예측값	오차	절대오차	오차제곱	A_i	P_i
1	90	100	10	10	100	–	–
2	110	120	10	10	100	0.22	0.20
3	150	140	−10	10	100	0.36	0.17
4	160	160	0	0	0	0.07	0.14
5	190	180	−10	10	100	0.19	0.13
6	200	200	0	0	0	0.05	0.11
7	240	220	−20	20	400	0.20	0.10
8	250	240	−10	10	100	0.04	0.09
9	270	260	−10	10	100	0.08	0.08
10	300	280	−20	20	400	0.11	0.08
합계				100	1400		

[표 2.1]의 결과를 사용하면 각각 다음과 같이 계산된다.

$$MSE = \frac{1}{n}\sum(F_i - Z_i)^2 = 1400/10 = 140$$

$$MAE = \frac{1}{n}\sum|F_i - Z_i| = 100/10 = 10$$

$$MAPE = \frac{1}{n}\sum\left|\frac{F_i - Z_i}{Z_i}\right| \times 100 = \frac{1}{10}\left[\frac{10}{90} + \frac{10}{110} + \cdots + \frac{20}{300}\right] = 0.55$$

그리고 타일의 불일치계수 U는

$$U = \sqrt{\frac{\sum(P_i - A_i)^2}{\sum A_i}} = \sqrt{\frac{(0.20-0.22)^2 + (0.17-0.36)^2 + \cdots + (0.08-0.11)^2}{0.22+0.36+\cdots+0.11}}$$

$$= 0.47$$

와 같이 된다.

2.3 시계열자료분석을 위한 통계패키지 프로그램

진공관을 사용한 최초의 컴퓨터인 ENIAC(Electronic Numerical Integrator and Calculator)이 미국의 펜실베이니아 대학에서 1946년 개발되었으며, 이후 급속히 발전 및 보급된 컴퓨터의 도움으로 통계적 분석방법의 실용화가 급격히 진전되었다.

컴퓨터의 발전은 복잡한 통계계산 및 많은 양의 통계자료의 처리를 가능하게 해 주었고, 특히 각종 패키지 프로그램(packaged program)의 개발은 컴퓨터 언어에 익숙하지 않은 연구자들도 이들을 이용하여 복잡한 계산과정들을 쉽게 처리할 수 있게 해 주었다.

여기서 패키지 프로그램이란 단순화된 컴퓨터 언어의 조절이나 지시로 명시된 일련의 작업들을 수행할 수 있도록 준비된 프로그램을 말한다. 즉, 연구자들은 패키지 프로그램과 상통할 수 있는 특별하고 단순화된 언어만을 배움으로써 간단히 컴퓨터를 사용할 수 있는 것이다.

통계적 자료의 분석을 위한 패키지 프로그램은 1961년 캘리포니아 대학에서 개발된 BMD(Biomedical Computer Programs)가 발표된 이래 수없이 개발되었다. 특히 1970년대에 개발된 펜실베이니아 대학의 Minitab, 시카고 대학의 SPSS(Statistical Package for Social Science), 노스캐롤리나 대학의 SAS(Statistial Analysis System) 등은 현재에도 가장 많이 이용되고 있는 통계패키지 프로그램들이다. 그런데 이러한 패키지 프로그램들도 컴퓨터 및 패키지의 보급이 제한되어 있었기 때문에 이용자들은 제한될 수밖에 없었다.

그러나 1970년 말부터 보급되기 시작한 개인용 컴퓨터(personal computer: PC)와 개인용 컴퓨터에서 사용할 수 있는 통계패키지 프로그램의 개발은 또 한 번 통계적 분석방법의 실용화에 큰 변혁을 가져오게 하였다. 연구자들이 개인용 컴퓨터를 사용함으로써 아주 작은 시간적, 경제적 비용을 가지고도 통계자료의 처리를 할 수 있게 되었기 때문이다. 기존의 대부분의 통계패키지 프로그램들이 개인용 컴퓨터에서 사용할 수 있도록 개편되었고, 또한 개인용 컴퓨터에서 사용할 수 있는 많은 패키지들이 개발된 것이다.

현재 주로 많이 사용되고 있는 통계패키지 프로그램에는 R, SAS, SPSS, Minitab 등이 있다. 대부분의 패키지 프로그램들은 모두 나름대로의 장점들을 갖고 있지만 사용자의 목적에 따라 분류하면 다음과 같은 패키지 프로그램들을 추천할 수 있다.

표 2.2 각 사용목적에 유용한 통계패키지 프로그램

사용목적	패키지 프로그램
다목적 통계분석	R SAS SPSS S^+
교육용 및 편의성	Minitab Statgraphics CSS Microstat
다양한 예측방법	R SAS SPSS AUTOBOX SCA
회귀 및 계량경제분석	R SAS SHAZAM RATS TSP SPSS

대부분의 통계패키지 프로그램들은 시계열분석방법을 포함하고 있지만 교육용으로는 Minitab이, 다양한 시계열자료의 분석에는 R과 SAS가 가장 유용하게 사용할 수 있는 패키지 프로그램들이다. R의 경우 통계계산과 그래픽을 위한 프로그래밍 소프트웨어로 www.r-project.org에서 무료로 다운받아 사용할 수 있다. SAS는 다양한 범위에서 사용된 통계패키지로 현재까지도 R과 함께 널리 사용된다. 이 책에서는 예제 및 실증적 자료분석을 위하여 R과 SAS를 함께 사용한다.

3장

평활법에 의한 시계열자료분석

관측된 과거 및 현재의 시계열자료에 대해서 이동평균(Moving Average), 가중이동평균(Weighted Moving Average) 등의 방법을 사용하여 불규칙변동을 평활해서 시계열의 미래의 값을 예측하는 방법이 평활법에 의한 시계열의 분석방법이다. 이러한 평활법에는 이동평균평활법과 가중평균평활법인 지수평활법 등이 있으며, 시계열의 유형에 따라 다른 평활방법이 적용된다.

관측된 시계열들의 평균수준이 시간대에 관계없이 거의 변하지 않는 불규칙변동만을 포함하는 시계열인 수평적 계열(horizontal series)에 대해서는 단순이동평균법과 단순지수평활법이, 추세성을 갖는 시계열에 대해서는 선형이동평균법과 선형 및 이차지수평활법이, 그리고 추세 및 계절성을 갖는 시계열에 대해서는 계절지수평활법이 적용된다.

3.1 이동평균평활법

1) 단순이동평균법

단순이동평균에 의한 시계열 평활방법은 수평적 계열(horizontal series), 즉 시간의 경과에 따라 평균수준이 변하지 않는 계열에 적용되며, 가장 최근의 m-기간 동안의 자료들의 단순평균을 다음 기간의 예측값으로 추정하는 방법이다. 이때 m은 분석자에 의하여 사전적으로 결정되어야 하고 또 시계열의 새로운 관측값이 추가되면 단순이동평균은 달라진다.

Z_t를 시점 t에서의 실제값이라고 하고 F_{n+1}을 시점 n에서 추정한 시점 $n+1$의 예측값이라고 하면 단순이동평균법(simple moving average method)으로 F_{n+1}을 구하는 계산식은 다음과 같이 나타난다.

단순이동평균법에 의한 예측

$$F_{n+1}=\frac{1}{m}(Z_n+Z_{n-1}+\cdots+Z_{n-m+1}) \qquad (3.1.1)$$

$$=\frac{1}{m}\sum_{t=n-m+1}^{n} Z_i \ (=MA_n)$$

혹은, $F_{n+1}=F_n+\frac{1}{m}(Z_n-Z_{n-m})$

| 표 3.1 | 가상자료에 대한 이동평균예측

t	관측값(Z_t)	단순평균이동예측(m = 3)
1	35	−
2	25	−
3	30	−
4	35	F_{3+1}=(35+25+30)/3=30
5	32	F_{4+1}=(25+30+35)/3=30

즉, 현재 시점이 n인 경우에 다음 시점의 예측값은 최근의 M-기간 동안의 이동평균(MA_n)으로 예측하는 방법이 된다. 여기서 만약 $m = n$이면 F_{n+1}은 n-기간 전체의 평균이 되고, $m = 1$이면 $F_{n+1} = Z_n$이 된다. 예를 들어 이동평균기간을 3으로 했을 때의 단순이동평균예측값은 [표 3.1]과 같이 구할 수 있다.

이때 이동평균기간 m은 식 (3.1.2)와 같이 관측기간 내에서의 한 기간 후의 예측오차(one-step-ahead forecast errors)의 평균제곱합을 최소로 하는 값으로 결정할 수 있다.

$$MSE(m) = \frac{1}{n}\sum_{1}^{n}(Z_t - F_t)^2 \tag{3.1.2}$$

예제 3-1

[표 3.2]는 어느 회사의 지난 24년간의 판매액을 나타낸 자료이다. 단순이동평균을 사용하여 1992년 이후의 값들을 예측하시오(m=5). 또 최적 이동평균기간을 구하여 2011년의 예측값을 구하시오.

단순이동평균예측의 공식에 따라 1992년부터의 예측값은 다음과 같이 계산된다.

$$F_{5+1} = \frac{1}{5}(Z_5 + Z_4 + Z_3 + Z_2 + Z_1) = \frac{399+337+317+381+312}{5} = 349.2$$

$$F_{6+1} = \frac{1}{5}(Z_6 + Z_5 + Z_4 + Z_3 + Z_2) = \frac{387+399+337+317+381}{5} = 364.2$$

$$\vdots$$

$$F_{23+1} = \frac{1}{5}(Z_{23} + Z_{22} + Z_{21} + Z_{20} + Z_{19}) = \frac{454+362+434+398+399}{5} = 409.4$$

이와 같은 방법으로 순차적으로 F_t를 구할 수 있다. 또 예측오차는 실제값(Z_t)에서 예측값(F_t)을 뺀 값이며, 이때 평균제곱예측오차는 다음과 같이 계산된다.

| 표 3.2 | 판매액에 대한 단순이동평균예측

연도	t	판매액(Z_t)	예측값(F_t)	예측오차(e_t)
1987	1	312	*	*
1988	2	381	*	*
1989	3	317	*	*
1990	4	337	*	*
1991	5	399	*	*
1992	6	387	349.2	37.8
1993	7	375	364.2	10.8
1994	8	349	363.0	−14.0
1995	9	386	369.4	16.6
1996	10	358	379.2	−21.2
1997	11	389	371.0	18.0
1998	12	343	371.4	−28.4
1999	13	328	365.0	−37.0
2000	14	388	360.8	27.2
2001	15	412	361.2	50.8
2002	16	334	372.0	−38.0
2003	17	422	361.0	61.0
2004	18	348	376.8	−28.8
2005	19	399	380.8	18.2
2006	20	398	383.0	15.0
2007	21	434	380.2	53.8
2008	22	362	400.2	−38.2
2009	23	454	388.2	65.8
2010	24	365	409.4	−44.4

$$MSE(m) = \frac{1}{n}\sum_{1}^{n}(Z_t - F_t)^2$$

$$= \frac{37.8^2 + 10.8^2 + (-14.0)^2 + \cdots + 65.8^2 + (-44.4)^2}{19}$$

$$= 1341.68$$

그런데 최적 이동평균기간을 구하기 위하여 다른 m값에 대하여 평균제곱예측오차(MSE)를 구하면 [표 3.3]과 같다.

|표 3.3| 이동평균기간에 따른 MSE의 비교

이동평균기간	MSE
m=4	1376.22
m=5	1341.68
m=6	1164.65
m=7	1368.22

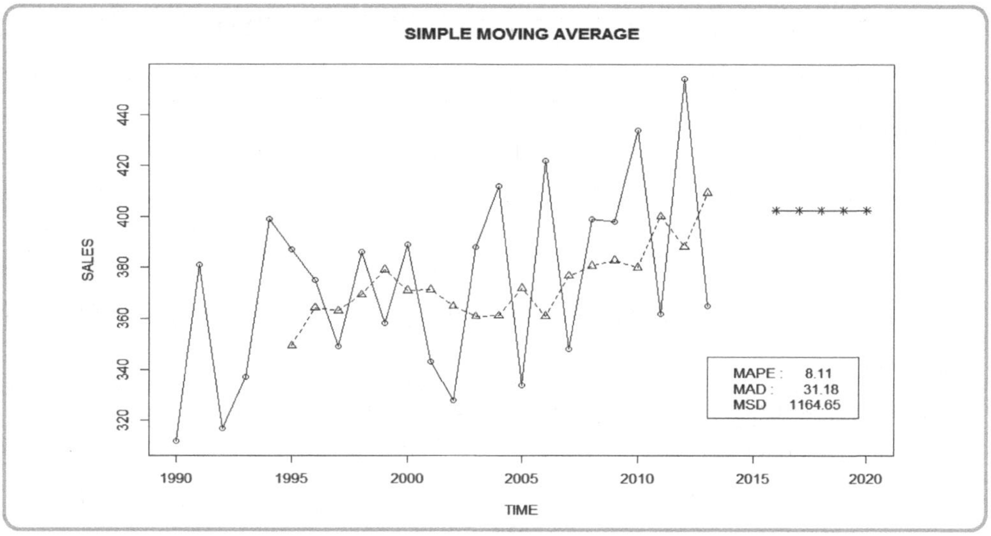

|그림 3.1| 단순지수평활에 의한 예측

따라서 이동평균기간은 $m=6$일 때가 최적이 되며, 2011년의 판매액의 예측값은 다음과 같다.

$$F_{24+1}=\frac{1}{6}(Z_{24}+Z_{23}+Z_{22}+Z_{21}+Z_{20}+Z_{19})=\frac{365+454+362+434+398+399}{6}=402.0$$

또 표본기간 내의 예측값과 표본기간 후의 예측값을 그래프로 나타내면 [그림 3.1]과 같다.

2) 선형이동평균법

관측된 시계열이 선형 추세성을 갖는 경우에 적합시킬 수 있는 평활법인 선형이동평균법(linear moving average)은 이중이동평균(double moving average: MA')을 이용하여 현재 시점이 n인 경우에 $n+l$ 시점의 값을 다음과 같이 예측하는 방법이다(이 식의 유도과정은 이우리와 오광우(1995)을 참조).

선형이동평균법에 의한 예측

$$F_{n+l} = a_n + b_n \cdot l \tag{3.1.3}$$

$$= (2MA_n - MA_n') + \frac{2}{m-1}(MA_n - MA_n') \cdot l$$

여기서 MA_n는 이동평균을, MA_n'은 이중이동평균을 나타낸다. 이중이동평균이란 원계열의 이동평균을 다시 이동평균한 것으로 다음과 같이 정의된다.

이중이동평균

$$MA_n' = \frac{1}{m}(MA_n + MA_{n-1} + \cdots + MA_{n-m+1}) \tag{3.1.4}$$

예를 들어 [표 3.4]의 자료를 이용하여 선형이동평균 예측방법을 사용하여 예측값을 구해 보자.

먼저 이동평균기간을 3으로 하는 이동평균을 구하면 다음과 같다.

MA_3 = (10+18+20)/3 = 16

MA_4 = (18+20+28)/3 = 22

MA_5 = (20+28+30)/3 = 26

MA_6 = (28+30+38)/3 = 32

MA_7 = (30+38+37)/3 = 35

그리고 이중이동평균을 다음과 같이 계산한다.

| 표 3.4 | 가상자료에 대한 선형이동평균 예측

t	원계열(Z_t)	이동평균(MA_t)	이중이동평균(MA_t')	예측값(F_t)	예측오차(E_t)
1	10	–	–	–	–
2	18	–	–	–	–
3	20	16	–	–	–
4	28	22	–	–	–
5	30	26	21.33	–	–
6	38	32	26.67	35.34	2.66
7	37	35	31.00	42.66	–5.66

$$MA_5' = (16+22+26)/3 = 21.33$$

$$MA_6' = (22+26+32)/3 = 26.67$$

$$MA_7' = (26+32+35)/3 = 31.00$$

따라서 시점 6과 7의 예측값은 다음과 같이 구할 수 있다.

$$F_{5+1} = (2 \cdot MA_5 - MA_5') + \frac{2}{3-1}(MA_5 - MA_5')$$

$$= (2 \times 26 - 21.33) + \frac{2}{3-1} \times (26 - 21.33) = 35.34$$

$$F_{6+1} = (2 \cdot MA_6 - MA_6') + \frac{2}{3-1}(MA_6 - MA_6')$$

$$= (2 \times 32 - 26.67) + \frac{2}{3-1} \times (32 - 26.67) = 42.66$$

3.2 지수평활법

1) 단순지수평활법

단순이동평균법과 마찬가지로 단순지수평활법도 수평적 시계열자료에 적용되는 방법이지만 단순이동평균법과는 달리 최근의 자료들에 대해 더 많은 가중값을 부여하는 방법이다. 단순이동평균법에서는 이동평균을 계산하기 위해 최근의 m-기간의 관측값만 사용하였으며, 또한 이들에 대하여 동일한 가중값을 부여하였다. 단순지수평활법(simple exponential smoothing method)은 단순이동평균법의 이러한 단점을 보완한 방법으로 예측식은 다음과 같이 된다.

단순지수평활법에 의한 예측

$$F_{n+1} = \alpha Z_n + \alpha(1-\alpha) Z_{n-1} + \alpha(1-\alpha)^2 Z_{n-2} + \cdots \quad (3.2.1)$$

$$= SM_n$$

여기서 α는 평활상수(smoothing constant)라고 하고 0과 1 사이의 값을 가지며, SM_n은 시점 n에서의 평활값(smoothed value)이라고 한다. 그러므로 단순지수평활법이란 시계열 관측값들에 대한 가중평균인 평활값으로 미래의 관측값을 예측하는 방법이다. 식 (3.2.1)은 다음과 같이 간략히 나타낼 수 있다.

단순지수평활법에 의한 예측

$$F_{n+1} = \alpha Z_n + (1-\alpha)F_{(n-1)+1} \tag{3.2.2}$$

혹은 $SM_n = \alpha Z_n + (1-\alpha)SM_{n-1}$

여기서 $F_{(n-1)+1}$는 시점 $n-1$에서 예측한 시점 n의 예측값을 의미하고, 시점 n에서의 예측오차는 $E_n = Z_n - F_n$이 된다. 따라서 α, Z_n, F_n이 주어지면 F_{n+1}이 계산될 수 있다.

단순이동평균법의 [표 3.1]에서 사용한 자료를 사용하여 단순지수평활법으로 예측을 하면 다음과 같다. 그런데 식 (3.2.2)를 이용하여 단순지수평활예측을 하기 위해서는 초깃값 F_1이 주어져야 한다. 일반적으로 F_1은 최초의 6개의 관측값의 평균을 사용하거나 첫 관측값 Z_1, 혹은 전체자료의 평균 $\overline{Z}$를 주로 사용한다. 여기서는 $F_1 = Z_1$을 사용한다.

지수평활법에 의한 예측에서는 관측값들에 대한 가중값의 역할을 하는 평활상수 α의 결정이 매우 중요한 문제가 된다. 일반적으로 시계열자료가 안정적이고 변동이 완만한 자료에서는 작은 값의 α가, 그리고 변동이 심한 자료에서는 큰 값의 α가 적절하게 된다. 실제 문제에서 α는 0.01과 0.30 사이의 값을 주로 사용하고 있다. 적절한 α의 결정은 단순이동평균법에서의 m의 결정방법과 마찬가지로 다음과 같은 예측오차의 제곱합을 최소로 하는 α로 결정하면 된다.

$$MSE(\alpha) = \frac{1}{n}\sum_{1}^{n}(Z_t - F_t)^2 \tag{3.2.3}$$

표 3.5 표 3.1의 자료에 대한 단순지수평활예측

t	관측값	단순지수평활예측($\alpha = 0.2$)
1	35	$F_1 = 35$
2	25	$F_{1+1} = 0.2\times35+0.8\times35=35$
3	30	$F_{2+1} = 0.2\times25+0.8\times35=33$
4	35	$F_{3+1} = 0.2\times30+0.8\times33=32.4$
5	32	$F_{4+1} = 0.2\times35+0.8\times32.4=32.84$

예제 3-2

〈예제 3-1〉의 연도별 판매액 자료에서 단순지수평활법을 적용하여 표본기간 내의 예측값을 평활상수 α=0.2를 통해 구하시오. 또, 최적 평활상수를 구하여 2011년의 예측값을 구하시오.

단순지수평활법의 예측식 (3.2.2)를 적용하기 위해서는 먼저 F_1 값을 구해야 한다. 여기서는 F_1을 최초의 6개의 관측값의 평균으로 다음과 같이 구한다.

$$F_1 = \frac{1}{6}(Z_6 + Z_5 + Z_4 + Z_3 + Z_2 + Z_1)$$

$$= \frac{312+381+317+337+399+387}{6} = 355.5$$

따라서 $\alpha = 0.2$, F_1=355.5를 사용하면 평활된 값들은 다음과 같이 계산된다.

$$F_2 = 0.2 \times 312 + 0.8 \times 355.5 = 346.8$$

$$F_3 = 0.2 \times 381 + 0.8 \times 346.8 = 353.64$$

$$\vdots$$

$$F_{22+1} = 0.2 \times 362 + 0.8 \times 391.405 = 385.524$$

$$F_{23+1} = 0.2 \times 454 + 0.8 \times 385.524 = 399.219$$

이와 같이 계산된 단순지수평활예측값과 예측오차는 [표 3.6]과 같이 나타난다.

이때의 평균제곱예측오차는 다음과 같이 계산된다.

$$MSE = \frac{1}{n}\sum_1^n (Z_t - F_t)^2$$

$$= \frac{(-43.5)^2 + 34.2^2 + (-36.64)^2 + \cdots + 68.475^2 + (-34.219)^2}{24}$$

$$= 1328.99$$

그런데 최적의 평활상수를 구하기 위하여 다른 α값에 대하여 평균제곱예측오차(MSE)를 구하면 [표 3.7]과 같이 된다.

따라서 평활상수는 $\alpha = 0.15$일 때가 최적이 되며, 판매액의 2011년도의 예측값은 다음과 같이 계산된다.

$$F_{24+1} = 0.2 \times 365 + 0.8 \times 393.078 = 388.866$$

또 표본기간 내의 예측값과 표본기간 후의 예측값을 그래프로 나타내면 [그림 3.2]와 같이 된다.

｜표 3.6｜ 판매액 자료에 대한 단순지수평활예측

연도	t	판매액(Z_t)	예측값(F_t)	예측오차(e_t)
1987	1	312	355.500	−43.500
1988	2	381	346.800	34.200
1989	3	317	353.640	−36.640
1990	4	337	346.312	−9.312
1991	5	399	344.450	54.550
1992	6	387	355.360	31.640
1993	7	375	361.688	13.312
1994	8	349	364.350	−15.350
1995	9	386	361.280	24.719
1996	10	358	366.224	−8.224
1997	11	389	364.579	24.420
1998	12	343	369.464	−26.463
1999	13	328	364.171	−36.170
2000	14	388	356.937	31.063
2001	15	412	363.149	48.850
2002	16	334	372.919	−38.919
2003	17	422	365.136	56.864
2004	18	348	376.508	−28.508
2005	19	399	370.807	28.193
2006	20	398	376.445	21.554
2007	21	434	380.756	53.243
2008	22	362	391.405	−29.405
2009	23	454	385.524	68.475
2010	24	365	399.219	−34.219

｜표 3.7｜ 평활상수에 따른 MSE의 비교

평활상수	MSE
$\alpha = 0.20$	1328.99
$\alpha = 0.16$	1316.10
$\alpha = 0.15$	1315.43
$\alpha = 0.14$	1316.06
$\alpha = 0.10$	1335.63

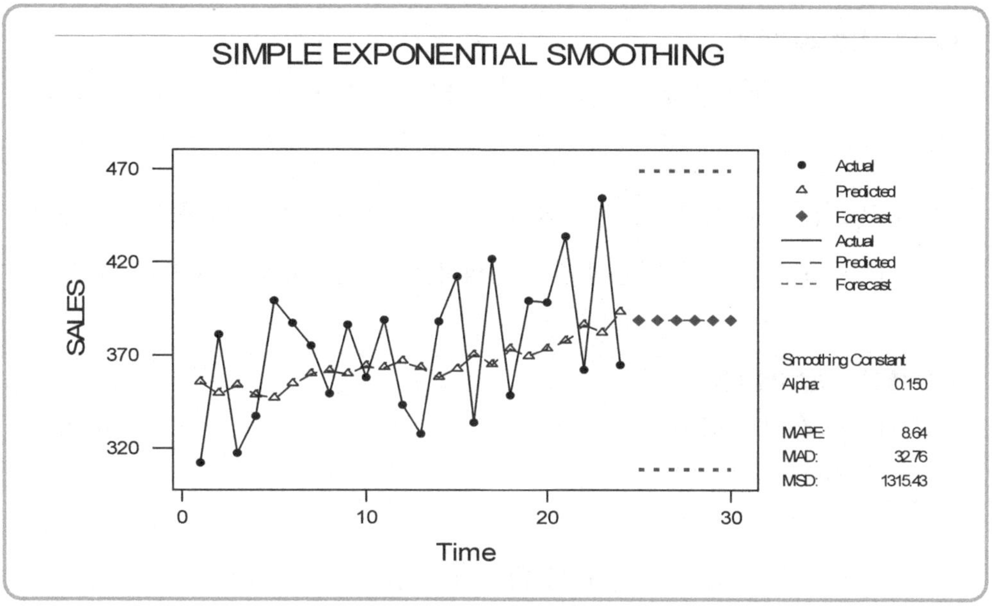

|그림 3.2| 단순지수평활에 의한 예측

2) 선형지수평활법

선형지수평활법(linear exponential smoothing method)은 추세성을 갖는 시계열의 예측을 위한 지수평활법이다. 앞 절에서 설명된 것처럼 선형이동평균법은 단순이동평균법이 갖고 있는 단점들을 거의 그대로 갖고 있다. 즉, 선형이동평균법에서는 한 시점 이후의 미래의 값을 예측하기 위하여 최근의 $2m-1$개의 관측값만을 사용하고 또 $2m-1$개의 각 관측값들은 미래의 값에 대하여 동일한 크기의 영향을 미친다는 전제를 하게 된다. 선형지수평활법은 이와 같은 선형이동평균법의 문제점들을 개선시킨 방법으로 브라운(Brown, 1963)과 홀트(Hollt, 1957)의 방법이 있다.

(1) 브라운의 선형지수평활법

브라운의 선형지수평활법(Brown's linear exponential smoothing method)은 지수평활값과 이중지수평활값(double exponential smoothed value)을 이용하여 미래의 값을 예측하는 방법으로, 식 (3.2.4)와 같다.

브라운의 선형지수평활법

$$F_{n+l}=a_n+b_n\cdot l=2SM_n-SM_n'+\frac{\alpha}{1-\alpha}(SM_n-SM_n')\cdot l \qquad (3.2.4)$$

여기서 F_{n+l}은 현재 시점 n에서 시점 $n+l$에 대한 예측값을 나타내고, α는 평활상수이고 SM_n과 SM_n'는 각각 다음과 같이 정의되는 지수평활값과 이중지수평활값이다.

지수평활값과 이중지수평활값

$$SM_n=\alpha Z_n+(1-\alpha)SM_{n-1} \qquad (3.2.5)$$
$$SM_n'=\alpha SM_n+(1-\alpha)SM_{n-1}'$$

브라운의 선형지수평활법에 의한 예측은 [표 3.8]과 같이 할 수 있다.

먼저 지수평활값을 다음과 같이 구한다. 이때 평활상수는 $\alpha=0.2$로 하고 $t=0$일 때의 지수평활값은 $SM_0=Z_1=10$로 사용한다.

$$SM_1=0.2\times Z_1+0.8\times SM_0=0.2\times 10+0.8\times 10=10$$
$$SM_2=0.2\times Z_2+0.8\times SM_1=0.2\times 18+0.8\times 10=11.6$$
$$\vdots$$
$$SM_6=0.2\times Z_6+0.8\times SM_5=0.2\times 38+0.8\times 18.379=22.303$$
$$SM_7=0.2\times Z_7+0.8\times SM_6=0.2\times 37+0.8\times 22.303=25.242$$

|표 3.8| 가상자료에 대한 브라운의 선형지수평활예측값

t	원계열(Z_t)	지수평활값 (SM_t)	이중지수평활값 (SM_t')	예측값(F_t)
1	10	10.000	10.000	$F_{1+1}=2\times 10-10+\frac{0.2}{0.8}\times(10-10)=10$
2	18	11.600	10.320	$F_{2+1}=2\times 11.60-10.32+\frac{0.2}{0.8}\times(11.60-10.32)=13.2$
3	20	13.280	10.912	$F_{3+1}=2\times 13.28-10.912+\frac{0.2}{0.8}\times(13.28-10.912)=16.24$
4	28	16.224	11.974	$F_{4+1}=2\times 16.224-11.794+\frac{0.2}{0.8}\times(16.224-11.794)=21.53$
5	30	18.379	13.255	$F_{5+1}=2\times 18.379-13.255+\frac{0.2}{0.8}\times(18.379-13.255)=24.78$
6	38	22.303	15.065	$F_{6+1}=2\times 22.303-15.065+\frac{0.2}{0.8}\times(22.303-15.065)=31.35$
7	37	25.242	17.101	

그리고 이중지수평활값은 다음과 같이 계산된다.

$$SM'_1 = 0.2 \times SM_1 + 0.8 \times SM'_0 = 0.2 \times 10 + 0.8 \times 10 = 10$$

$$SM'_2 = 0.2 \times SM_2 + 0.8 \times SM'_1 = 0.2 \times 11.6 + 0.8 \times 10 = 10.32$$

$$\vdots$$

$$SM'_6 = 0.2 \times SM_6 + 0.8 \times SM'_5 = 0.2 \times 22.303 + 0.8 \times 13.255 = 15.065$$

$$SM'_7 = 0.2 \times SM_7 + 0.8 \times SM'_6 = 0.2 \times 25.243 + 0.8 \times 15.065 = 17.101$$

따라서 브라운의 선형지수평활예측값은 [표 3.8]과 같이 구할 수 있다.

(2) 홀트의 선형지수평활법

홀트의 두 모수 선형지수평활법(linear exponential smoothing method)은 이중지수평활값을 사용하지 않는다는 것을 제외하고는 브라운의 방법과 유사하다. 홀트의 모형에서는 추세를 먼저 추정하여 그것을 이용하여 예측하는 방법으로, 다음과 같이 3개의 방정식과 2개의 평활상수($0 < \alpha, \beta < 1$)가 포함된다.

홀트의 선형지수평활법

$$F_{n+l} = SM_n + T_n \cdot l$$

$$SM_n = \alpha Z_n + (1-\alpha)(SM_{n-1} + T_{n-1})$$

$$T_n = \beta(SM_n - SM_{n-1}) + (1-\alpha) T_{n-1}$$

여기서 SM_n은 자료의 평활(smoothing of data), T_n은 추세의 평활(smoothing of trend)을 나타낸다. 그런데 홀트의 방법에서는 2개의 상수를 사전에 결정해야 하므로 다소 복잡한 계산과정을 거쳐야 한다. 물론 이 경우에도 상수 α, β는 평균제곱예측오차를 최소로 하는 값으로 결정할 수 있다.

실제 계산에서의 초깃값 SM_1, T_1은 다음과 같은 값으로 사용할 수 있다.

$$SM_1 = Z_1, \quad T_1 = [(Z_2 - Z_1) + (Z_4 - Z_3)]/2$$

홀트의 선형지수평활법에 의한 한 기간 후의 예측이 [표 3.9]에 나와 있다. 이때 평활상수는 $\alpha = 0.2, \beta = 0.2$로 하고 $SM_1 = 10, T_1 = [(Z_2 - Z_1) + (Z_4 - Z_3)]/2 = 8$로 한다.

| 표 3.9 | 가상자료에 대한 홀트의 선형지수평활예측값

t	원계열 (Z_t)	자료의 평활(SM_t)	추세의 평활(SM'_t)
1	10	10	8
2	18	$SM_2=0.2\times10+0.8(10+8)=16.4$	$T_2=0.2(16.4-10)+0.8\times8=7.68$
3	20	$SM_3=0.2\times18+0.8(16.4+7.68)=23.34$	$T_3=0.2(23.34-16.4)+0.8\times7.68=7.53$
4	28	$SM_4=0.2\times20+0.8(23.34+7.53)=28.7$	$T_4=0.2(28.70-23.34)+0.8\times7.53=7.10$
5	30	$SM_5=0.2\times28+0.8(28.70+7.10)=34.24$	$T_5=0.2(34.24-28.70)+0.8\times7.10=6.79$
6	38	$SM_6=0.2\times30+0.8(34.24+6.79)=38.82$	$T_6=0.2(38.82-34.24)+0.8\times6.79=6.35$
7	37	$SM_7=0.2\times38+0.8(38.82+6.35)=43.74$	$T_7=0.2(43.74-38.82)+0.8\times6.35=6.06$

따라서 한 기간 후의 예측값(F_t)은 다음과 같이 계산된다.

$F_2=16.4+7.68=24.08$ $\quad$ $F_3=23.34+7.53=30.87$

$F_4=28.70+7.10=35.80$ $\quad$ $F_5=34.24+6.79=41.03$

$F_6=38.82+6.35=45.17$ $\quad$ $F_7=43.74+6.06=49.80$

3) 이차지수평활법

브라운(Brown,1963)에 의하여 제안된 이차지수평활법(quadratic exponential smoothing method)은 시계열이 이차곡선 형태의 추세를 갖는 경우에 적용하는 예측방법이다. 이 경우에 이차추세는 삼중지수평활값(triple exponential smoothed value:SM''_n)을 사용하여 평활한다. 브라운의 이차지수평활 예측식은 다음과 같이 한 개의 평활상수 α와 4개의 방정식으로 구성된다.

이차지수평활 예측식

$$F_{n+l}=a_n+b_n\cdot l+\frac{1}{2}c_n\cdot l^2$$

$$a_n=3SM_n-3SM'_n+SM''_{n-1}$$

$$b_n=\frac{\alpha}{2(1-\alpha)^2}[(6-5\alpha)SM_n-(10-8\alpha)SM'_n+(4-3\alpha)SM''_n]$$

$$c_n=\frac{\alpha^2}{(1-\alpha)^2}(SM_n-2SM'_n+SM''_n)$$

여기서 $SM_n^{'} = \alpha Z_n + (1-\alpha)SM_{n-1}^{'}$, $SM_n^{''} = \alpha Z_n + (1-\alpha)SM_{n-1}^{''}$ 이다. 이차평활을 위한 방정식들은 단순평활이나 선형평활보다 훨씬 더 복잡하지만 그 원리는 모두 동일하다. 이들 식에 대한 자세한 유도과정은 브라운(1963)을 참고할 수 있다.

3.3 계절지수평활법

대부분의 월별 혹은 분기별 자료들은 계절변동을 포함하게 되므로 이러한 계열에 대한 예측을 할 때는 계절변동을 고려할 수 있는 계절지수평활법을 사용할 수 있다. 그런데 계절변동은 가법적 계절변동(additive seasonal variation)과 승법적 계절변동(multiplicative seasonal variation)의 두 형태가 있기 때문에 계절변동의 형태에 따라 서로 다른 예측방법이 적용되어야 한다. 가법적 계절변동의 특성은 시계열의 계절적 진폭이 시간의 흐름에 따라 일정하지만 승법적 계절변동은 시계열의 진폭이 점차적으로 증가 혹은 감소하게 된다.

1) 승법적 계절지수평활법

윈터스(Winters, 1960)의 승법적 계절지수평활에 의한 예측방법은 홀트의 선형지수평활법을 확장시킨 방법으로, 관측된 시계열이 선형추세성과 승법적 계절변동을 나타낼 때 적용하는 방법이다. 윈터스의 승법적 계절지수평활법(multiplicative seasonal exponential smoothing method)은 다음과 같이 시계열 패턴의 세 가지 성분인 수평성, 추세성, 계절성을 평활하는 세 개의 방정식과 예측식으로 구성된다. 즉, 현재 시점이 n인 경우에 l 시점 후의 예측값 F_{n+l}은 다음과 같다.

승법적 계절지수평활에 의한 예측

$$F_{n+l} = (a_n + b_n l)S_{n+l-L} \qquad l = 1, 2, \ldots, L$$

$$a_n = \alpha \frac{Z_n}{S_{n-L}} + (1-\alpha)(a_{n-1} + b_{n-1}) \qquad : \text{수평성분}$$

$$b_n = \beta(a_n - a_{n-1}) + (1-\beta)b_{n-1} \qquad : \text{추세성분}$$

$$S_n = \gamma \frac{Z_n}{a_n} + (1-\gamma)S_{n-L} \qquad : \text{계절성분}$$

여기서 L은 계절성의 길이, S_n은 계절인자, α, β, γ는 평활상수를 나타낸다.

2) 가법적 계절지수평활법

윈터스(Winters, 1960)의 가법적 계절지수평활에 의한 예측방법은 선형추세성과 가법 계절변동을 갖는 시계열에 적용하는 방법이다. 가법적 계절지수평활법(additive seasonal exponential smoothing method)에서 예측식은 시계열 패턴의 세 가지 성분인 수평성, 추세성, 계절성을 평활한 세 성분의 합으로 나타난다. 즉, 현재 시점이 n인 경우에 l 시점 후의 예측값은 다음과 같이 나타난다.

가법적 계절지수평활에 의한 예측

$$F_{n+l} = a_n + b_n l + S_{n+l-L} \qquad l = 1,2,\ldots,L$$

$$a_n = \alpha(Z_n - S_{n-L}) + (1-\alpha)(a_{n-1} + b_{n-1}) \quad : \text{수평성분}$$

$$b_n = \beta(a_n - a_{n-1}) + (1-\beta)b_{n-1} \quad : \text{추세성분}$$

$$S_n = \gamma(Z_n - a_n) + (1-\gamma)S_{n-L} \quad : \text{계절성분}$$

여기서 L은 계절성의 길이, S_n은 계절인자, α, β, γ는 평활상수를 나타낸다.

3.4 통계프로그램

1) R

(1) 단순지수평활법 예제

한국은행에서는 일정기간 동안 거주자와 비거주자 간에 발생한 모든 경제적 거래를 체계적으로 기록하여 우리나라의 대내외 경제정책 수립과 정책효과 분석을 위한 기초 자료로 국제수지에 대한 통계를 제공한다. 본 자료는 상품수지, 서비스수지, 본원소득수지, 이전소득수지로 나누어지는 1980년부터 2016년까지의 경상수지(단위: 백만달러) 자료이다. [그림 3.3]은 경상수지 자료의 시계열도로, 특별한 계절성이 보이지 않음을 확인할 수 있으며 최근 3년에 그 증가폭이 큰 자료로 전체적으로 추세가 있다고 보기는 어렵다.

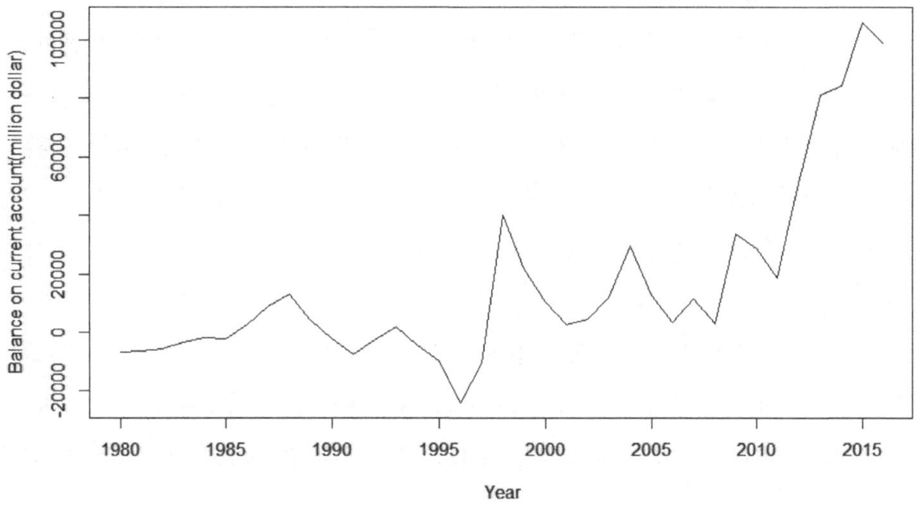


```
balance <- read_excel("H:\\R\\balance.xlsx",col_names=FALSE)
balance <- ts(balance, start=1980, end=2016)
plot.ts(balance, xlab="Year", ylab="Balance on current account(million dollar)")
```

|그림 3.3| 경상수지 자료의 시계열도

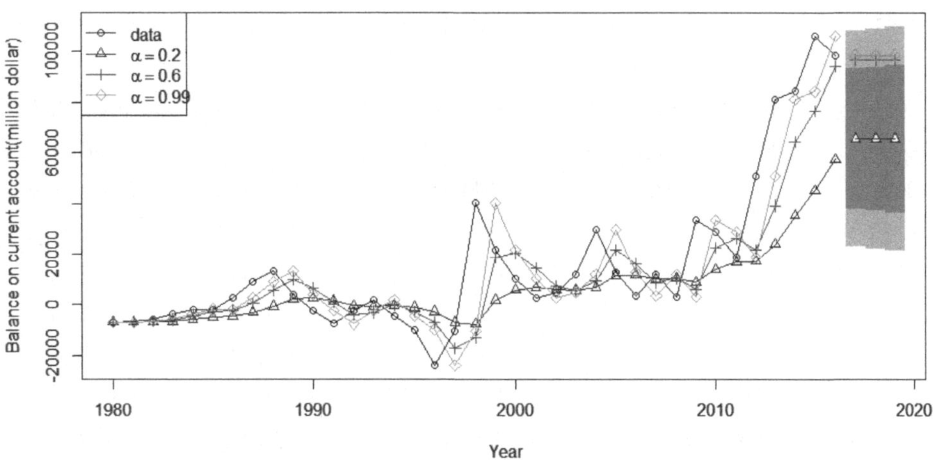


```
plot(fit1, plot.conf=FALSE, ylab="Balance on current account(million dollar)", xlab="Year", main="", fcol="white",
type="o")
lines(fitted(fit1), col="blue", type="o", pch=2)
lines(fitted(fit2), col="red", type="o", pch=3)
lines(fitted(fit3), col="green", type="o", pch=5)
lines(fit1$mean, col="blue", type="o", pch=2)
lines(fit2$mean, col="red", type="o", pch=3)
lines(fit3$mean, col="green", type="o", pch=5)
legend("topleft",lty=1, pch=c(1,2,3,5), col=c(1,"blue","red","green"), c("data", expression(alpha == 0.2), expression(alpha
== 0.6), expression(alpha == 0.99)))
```

|그림 3.4| 경상수지 자료의 평활상수에 따른 단순지수평활법

[그림 3.4]는 경상수지 자료를 평활상수를 달리하여 단순지수평활법에 적용한 시계열도이다. fit1은 평활상수를 0.2로, fit2는 평활상수를 0.6으로, fit3은 R이 제공하는 최적의 평활상수와 초깃값을 추정하여 각각 단순지수평활법에 적용한 시계열도이다. 살펴보면 평활상수를 추정하여 구한 0.99일 경우가 원자료를 가장 잘 따름을 확인할 수 있다. 그러나 fit3의 결과를 보면 평활상수 α는 0.99, 즉 1에 가까운 값으로 결국 가장 최근의 값에 1에 가까운 가중값을 주는 것이다. 이는 결국 이론적으로 이상적인 단순이동평균과는 거리가 멀다.

[표 3.10]은 원자료와 단순지수평활법을 적용한 예측값들과 예측오차들을 비교한 결과이다. fit3에서 R이 제공하는 최적의 초깃값으로 -6855를, 평활상수로 $\alpha = 0.99$를 추정하였다. MAE, RMSE, MAPE, SSE 모두 fit3의 결과가 가장 작음을 확인할 수 있다.

| 표 3.10 | 경상수지 자료의 평활상수를 달리한 단순지수평활법에 따른 예측

연도	t	원자료	fit1($\alpha = 0.2$)	fit2($\alpha = 0.6$)	fit3($\alpha = 0.99$)
초깃값	0		−6,845.0	−6,845.0	−6855.4635
1980	1	−6,845.0	−6,845.0	−6,845.0	−6855.463
1981	2	−6,421.9	−6760.3800	−6591.14	−6845.001
1982	3	−5,542.1	−6516.7240	−5961.716	−6421.942
⋮	⋮	⋮	⋮	⋮	⋮
2014	35	84,373.0	35401.8493	64366.86151	81145.157
2015	36	105,939.6	45196.0795	76370.54460	84372.676
2016	37	98,677.4	57344.7836	94111.97784	105937.435
	h		F_{t+h}	F_{t+h}	F_{t+h}
2017	1		65611.31	96851.23	98678.13
2018	2		65611.31	96851.23	98678.13
2019	3		65611.31	96851.23	98678.13
MAE			13802.21	10791.15	10483.34
RMSE			21749.34	15908.97	14903.21
MAPE			91.02804	100.8194	98.42234
SSE			17502243233	9364529934	82179097455

```
summary(fit1)
sum((fit1$residuals)^2)
summary(fit2)
sum((fit2$residuals)^2)
summary(fit3)
sum((fit3$residuals)^2)
```

(2) 홀트의 선형지수평활법 예제

한국석유공사는 정부의 장단기 석유수급계획 및 비상 시 석유수급대책 수립 등 석유 산업관련 정책의 입안 및 집행, 학계 및 업계 등 석유수급 관련 자료를 제공하기 위하여 석유수급에 대한 통계를 작성한다. 이 중에서 살펴볼 자료는 1998년부터 2015년까지 농림수산업, 광업, 식품, 담배업 등 산업분야에서의 석유소비량이다. 산업별 석유소비량 자료의 시계열도는 [그림 3.5]와 같다. 시계열도를 보면 추세성을 가짐을 확인할 수 있으므로 홀트의 선형지수평활법을 적용하여 예측해 본다.

[표 3.11]과 [표 3.12]는 모두 홀트의 선형지수평활법을 적용한 결과인데, [표 3.11]은 선형추세를, [표 3.12]는 지수적 추세를 반영한 결과이다. 먼저 선형추세를 반영한 홀트의 선형지수평활법 결과 [표 3.11]을 보면 자료의 평활(SM_n)과 추세의 평활(T_n)의 추정값, 각 시점에서의 예측값($\hat{F}_t$)을 확인할 수 있다. 또한 추정한 α, β는 각각 0.7449, 0.016이며 MAE, RMSE, MAPE를 각각 확인할 수 있다.

다음으로 지수적 추세를 반영한 홀트의 선형지수평활법 결과 [표 3.12]를 보면 자료

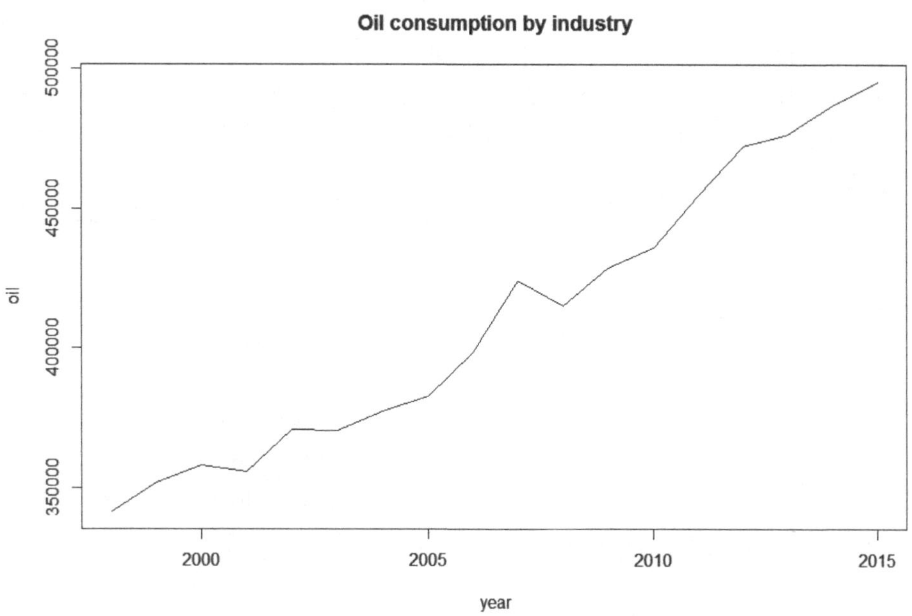


```
oil <- read_excel("H:\\R\\oil.xlsx",col_names=FALSE)
oil <- ts(oil, start=c(1998) )
ts.plot(oil, xlab="year", main="Oil consumption by industry")
```

|그림 3.5| 연간 산업별 석유소비량

의 평활(SM_n)과 추세의 평활(T_n)의 추정값, 각 시점에서의 예측값($\hat{F}_t$)을 확인할 수 있다. 또한 추정한 α, β는 각각 0.6625, 0.1017이며 MAE, RMSE, MAPE를 각각 확인할 수 있다. 선형추세와 지수적 추세를 반영한 홀트의 선형지수평활법의 MAE, RMSE, MAPE를 비교하면 세 값 모두 선형지수를 반영했을 때가 더 작다.

[그림 3.6]은 원자료와 선형추세를 반영한 선형지수평활법, 지수적 추세를 반영한 선형지수평활법의 예측값을 함께 나타낸 시계열도이다. 육안으로 비교하기는 어렵지만 [표 3.11]과 [표 3.12]를 통해 △로 표시된 선형추세를 반영한 홀트의 선형지수평활법이 원자료를 더 잘 따름을 알 수 있다.

| 표 3.11 | 홀트의 선형지수평활법 결과(선형추세)

연도	t	원자료	fit1		
			$SM_n = l_t$	$T_n = b_t$	$\hat{F}_t$
초깃값	0		341672	10335	
1998	1	341,672	344308	10211	352007
1999	2	352,007	352648	10181	354520
2000	3	357,982	359218	10124	362830
	⋮	⋮			
2013	16	476,604	477451	9959	479924
2014	17	486,845	486989	9952	487410
2015	18	495,420	495808	9934	496942
	h				F_{t+h}
2016	1				505743
2017	2				515677
2018	3				525612
α			0.7449		
β			0.016		
MAE			6488.919		
RMSE			8170.062		
MAPE			1.632402		

```
fit1 <- holt(oil, initial="simple", h=3)
summary(fit1)
fit1$fitted
fit1$model$state
```

ㅣ표 3.12ㅣ 홀트의 선형지수평활법 결과(지수적 추세)

연도	t	원자료	fit2		
			$SM_n = l_t$	$T_n = b_t$	$\hat{F}_t$
초깃값	0		341672.0	1.030248	
1998	1	341,672	345160.2	1.028210	352007.0
1999	2	352,007	352982.5	1.027646	354897.3
2000	3	357,982	359588.3	1.026738	362741.1
⋮	⋮	⋮	⋮	⋮	⋮
2013	16	476,604	478149.7	1.024763	481183.8
2014	17	486,845	487906.5	1.024319	489990.0
2015	18	495,420	496888.9	1.023718	499772.1
	h				F_{t+h}
2016	1				508674.3
2017	2				520739.3
2018	3				533090.5

α	0.6625
β	0.1017
MAE	6821.114
RMSE	8240.688
MAPE	1.696551

```
fit2 <- holt(oil, exponential = TRUE ,initial="simple", h=3)
summary(fit2)
fit2$fitted
fit2$model$state
```

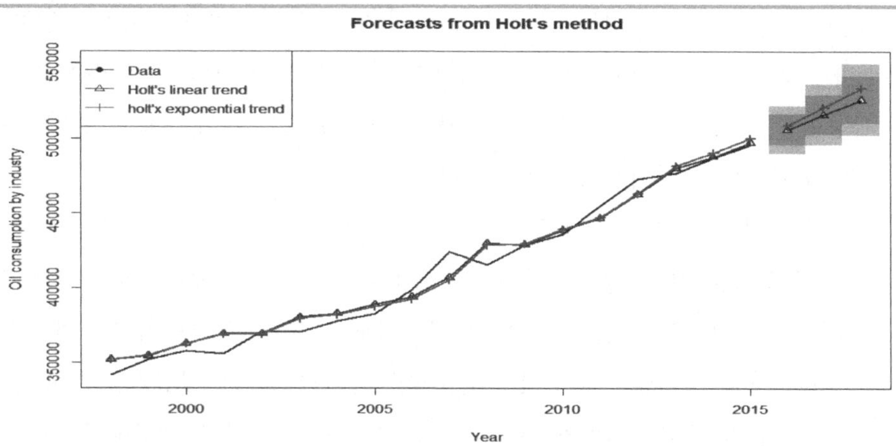


```
plot(fit1, type="l", ylab="Oil consumption by industry", xlab="Year", fcol="white", lwd=2)
lines(fitted(fit1), col="blue", type="o", pch=2, lwd=2)
lines(fitted(fit2), col="red", type="o", pch=3, lwd=2)
lines(fit1$mean, col="blue", type="o", pch=2, lwd=2)
lines(fit2$mean, col="red", type="o", pch=3, lwd=2)
legend("topleft", lty=1, col=c("black","blue","red"), pch=c(16, 2,3), c("Data","Holt's linear trend","holt's exponential trend"))
```

ㅣ그림 3.6ㅣ 홀트의 선형지수평활법 예측 시계열도

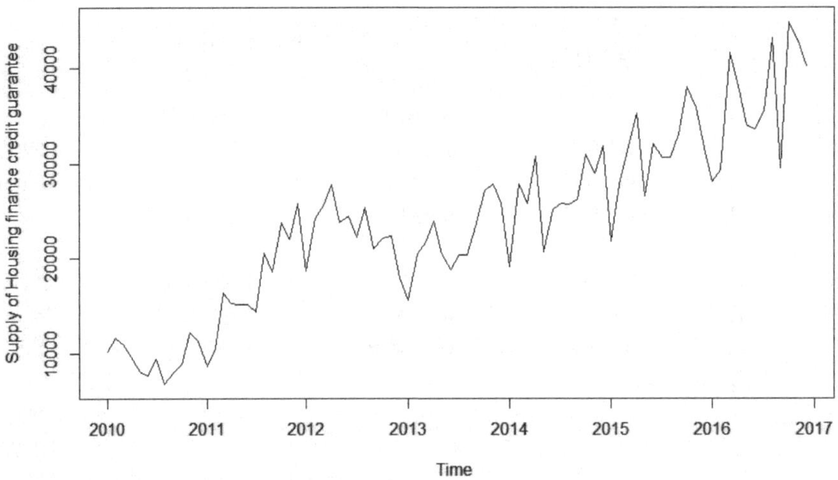


```
guarantee <- read_excel("H:\\R\\guarantee.xlsx",col_names=FALSE)
guarantee <- ts(guarantee, start=c(2010,1), end=c(2016,12), frequency = 12)
plot.ts(guarantee, xlab="Time",ylab="Supply of Housing finance credit guarantee")
```

|그림 3.7| 주택금융신용보증기금 공급현황 시계열도

(3) 계절지수평활법 예제

주택금융신용보증기금은 서민의 주택구입 시 신용을 보증함으로써 대출이 원활히 이루어지도록 하기 위하여 설치된 기금이다. 분석을 위한 자료로 한국주택금융공사에서 제공하는 2010년 1월부터 2016년 12월까지 주택금융신용보증 공급현황(단위: 억원)을 사용한다. [그림 3.7]은 주택금융신용보증 공급현황의 시계열도로 추세와 계절성이 모두 보이므로 계절지수평활법을 적용한다.

[표 3.13]은 주택금융신용보증기금 공급현황 자료를 가법적 계절지수평활법과 승법적 계절지수평활법을 각각 적용하여 예측한 결과이다. MAE, RMSE, MAPE, SSE 모두 승법적 계절지수평활법이 가법적 계절질수평활법보다 작아 더 바람직한 모형임을 확인할 수 있다. 사실 이러한 결과는 [그림 3.7]의 시계열도에서 계절변동이 증가하는 것으로 보아 승법적 계절지수평활법이 더 나은 예측을 제공함을 예상해 볼 수 있다. [그림 3.8]은 주택금융신용보증기금 공급현황 자료를 가법적 계절지수평활법과 승법적 계절지수평활법을 각각 적용하여 예측한 결과를 원자료와 함께 나타낸 결과이다. 육안으로 확인하기는 어렵지만 ○로 나타난 가법적 계절지수평활법보다 △로 나타난 승법적 계절지수평활법이 점선으로 나타난 원자료의 특성을 더 잘 반영하는 것을 확

인할 수 있다. 또한 [그림 3.9]는 각각 가법적 계절지수평활법과 승법적 계절지수평활법의 추세성분과 계절성분으로 분리하여 나타낸 그래프이다.

| 표 3.13 | 주택금융신용보증기금 자료의 계절지수평활법에 따른 예측

연.월	t	원자료	가법적 계절지수	승법적 계절지수
2010.01	1	10,171.37	2283.451	5857.773
2010.02	2	11,642.047	10213.818	9846.072
2010.03	3	10,959.327	14746.526	13254.962
⋮	⋮	⋮	⋮	⋮
2016.10	82	44,859.685	38991.716	41793.609
2016.11	83	42,836.563	41061.754	40756.393
2016.12	84	40,201.332	41059.261	41300.833
	h		F_{t+h}	F_{t+h}
2017.01	1		35459.56	33260.19
2017.02	2		40209.08	39688.66
2017.03	3		44047.51	47316.70
2017.04	4		45472.94	48015.96
2017.05	5		40445.14	39335.91
2017.06	6		41918.74	41828.26
2017.07	7		42184.97	42172.08
2017.08	8		43516.38	45700.05
2017.09	9		43780.44	40781.64
2017.10	10		47271.95	51409.94
2017.11	11		47081.35	48354.02
2017.12	12		46390.42	47755.45
α			0.3858	0.4686
β			0.004	0.0006
γ			0.0001	0.0019
MAE			2126.956	2036.841
RMSE			2875.579	2548.041
MAPE			11.27259	10.23315
SSE			694592218	545370995

```
fit1 <- hw(guarantee,seasonal="additive", h=12)
fit2 <- hw(guarantee,seasonal="multiplicative", h=12)
```

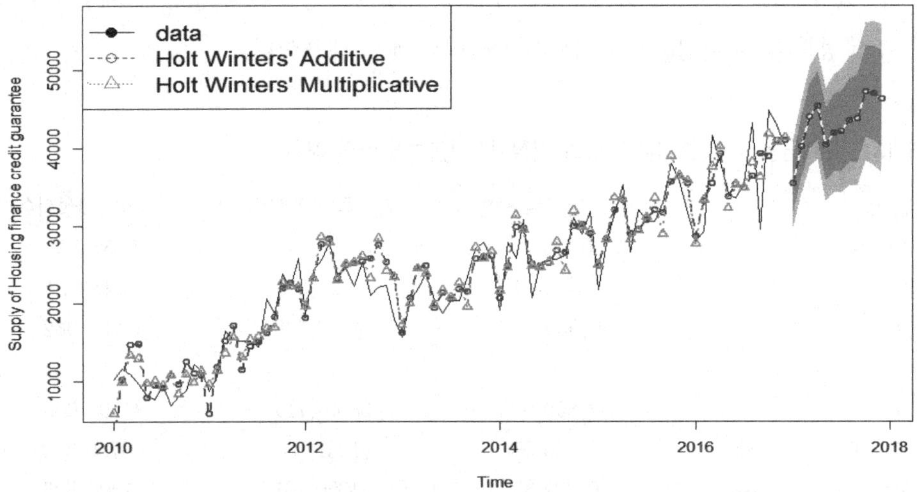


```
plot(fit1,ylab="Supply of Housing finance credit guarantee", plot.conf=FALSE, fcol="white", xlab="Time", main="")
lines(fitted(fit1), col="red", lty=2, type="o", lwd=2, pch=1)
lines(fitted(fit2), col="green", lty=3, type="o", lwd=2, pch=2)
lines(fit1$mean, type="o", col="red", lty=2, lwd=2, pch=1)
lines(fit2$mean, type="o", col="green", lty=3, lwd=2, pch=2)
legend("topleft",lty=1:3, pch=c(16 , 1,2), col=1:3, c("data","Holt Winters' Additive","Holt Winters' Multiplicative"), cex = 1.5)
```

|그림 3.8| 주택금융신용보증기금 자료의 계절지수평활법에 따른 예측 시계열도

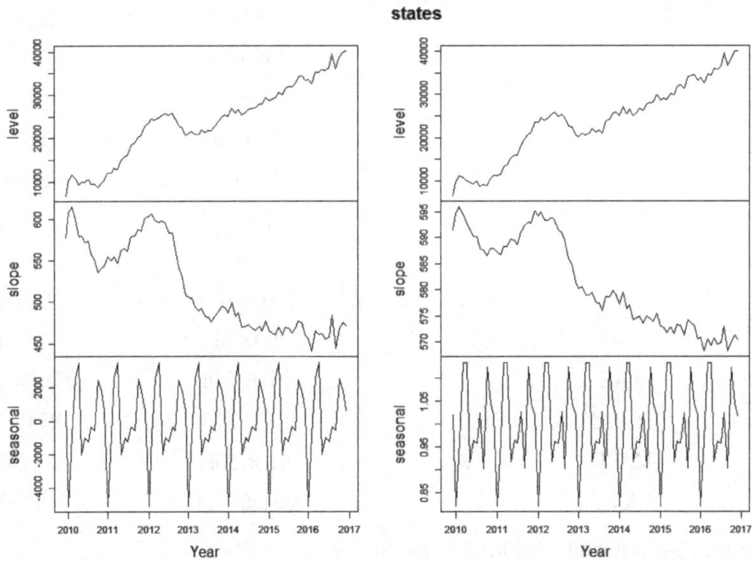


```
states <- cbind(fit1$model$states[,1:3],fit2$model$states[,1:3])
colnames(states) <- c("level","slope","seasonal","level","slope","seasonal")
plot(states, xlab="Year", main="")
```

|그림 3.9| 가법적 계절지수평활법과 승법적 계절지수평활법에 따른 수평성분, 추세성분, 계절성분 그림

2) SAS

(1) 선형지수평활법 예제

한국은행은 일정기간 동안 국내거주자와 비거주자 간에 발생한 모든 경제적 거래를 체계적으로 기록하여 우리나라의 대내외 경제정책수립과 정책효과분석을 위한 기초 자료를 제공하고자 국제수지에 관련한 통계를 조사한다. 수출 1단위로 수입할 수 있는 수입량을 나타냄에 있어 이의 변동을 파악하기 위하여 실제 이용되는 것이 순상품교역조건지수이며 이는 수출단가지수를 수입단가지수로 나눈 후 100을 곱해 결정된다. [그림 3.10]은 2000년 1월부터 2015년 12월까지의 월별 순상품교역조건지수 자료이며 순상품교역조건지수가 점점 감소하는 추세를 보이므로 선형지수평활법을 적용하도록 한다.

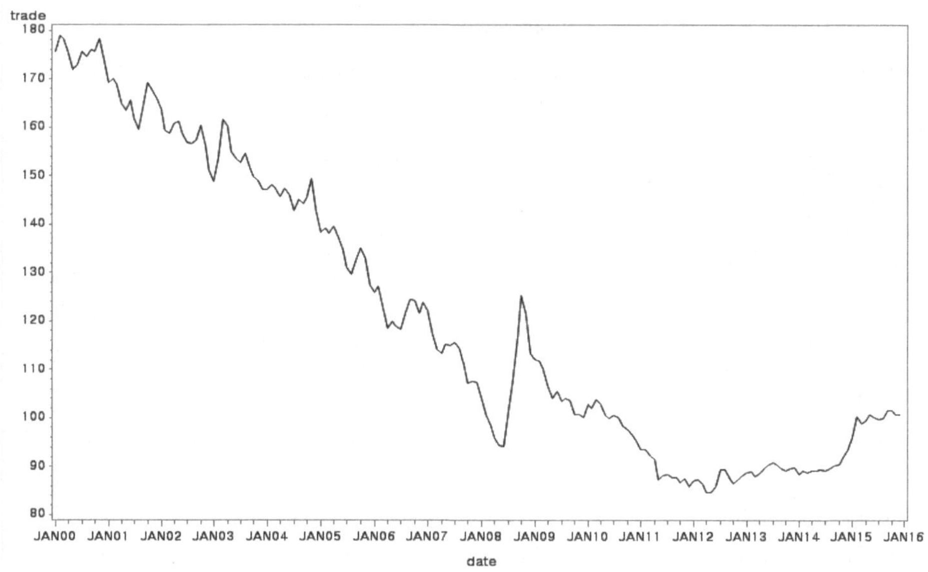


```
data trade;
  infile 'G:₩trade index.csv';
  input trade;
  date=intnx('month', '01jan01'd, _n_-1);
  format date monyy.;
run;
symbol1 i=join cv=black;
proc gplot data=trade;
  plot trade*date=1; run;
```

|그림 3.10| 순상품교역조건지수 자료의 산점도

[표 3.14]는 순상품교역조건지수 자료를 홀트 선형지수평활법과 브라운 선형지수평활법을 적용하여 예측한 결과이다. MAE, RMSE, MAPE, SSE 모두 브라운 선형지수평활법이 홀트 선형지수평활법보다 작아 더 바람직한 모형임을 확인할 수 있다. [그림 3.11]과 [그림 3.12]는 순상품교역조건지수 자료를 홀트 선형지수평활법과 브라운 선형지수평활법을 각각 적용하여 예측한 결과를 원자료와 함께 나타낸 결과이다. 차이가 미세하긴 하지만 브라운 선형지수평활법의 예측결과가 홀트 선형지수평활법보다 좋은 것을 알 수 있다.

표 3.14 순상품교역조건지수 자료의 선형지수평활법에 따른 예측

연.월	t	원자료	홀트 선형지수	브라운 선형지수
2000.01	1	175.600	177.225	177.225
2000.02	2	179.000	176.321	176.061
2000.03	3	178.200	176.384	176.657
⋮	⋮	⋮	⋮	⋮
2015.10	166	101.500	103.281	102.321
2015.11	167	100.800	103.827	102.670
2015.12	168	100.700	104.003	102.567
	h		F_{t+h}	F_{t+h}
2016.01	1		103.992	102.390
2016.02	2		104.641	102.886
2016.03	3		105.290	103.381
2016.04	4		105.939	103.876
2016.05	5		106.588	104.372
2016.06	6		107.238	104.867
2016.07	7		107.887	105.362
2016.08	8		108.536	105.858
2016.09	9		109.185	106.353
2016.10	10		109.835	106.848
2016.11	11		110.484	107.343
2016.12	12		111.133	107.839
α			0.2	0.2
MAE			2.9598836	2.4697014
RMSE			4.4761378	3.6642081
MAPE			2.5064058	2.0439405
SSE			3806.8038	2551.0201

/*홀트선형지수평활법 */

```
proc forecast data=trade
         method=winters trend=2 interval=month
         weight= 0.2 out=tout outest=toutest outall;
         var trade; id date;
run;
proc print data=tout; run;
proc print data=toutest; run;

/*브라운선형지수평활법 */
proc forecast data=trade
         method=expo trend=2 interval=month
         weight= 0.2 out=tout2 outest=toutest2 outall;
         var trade; id date;
run;
proc print data=tout2; run;
proc print data=toutest2; run;
```

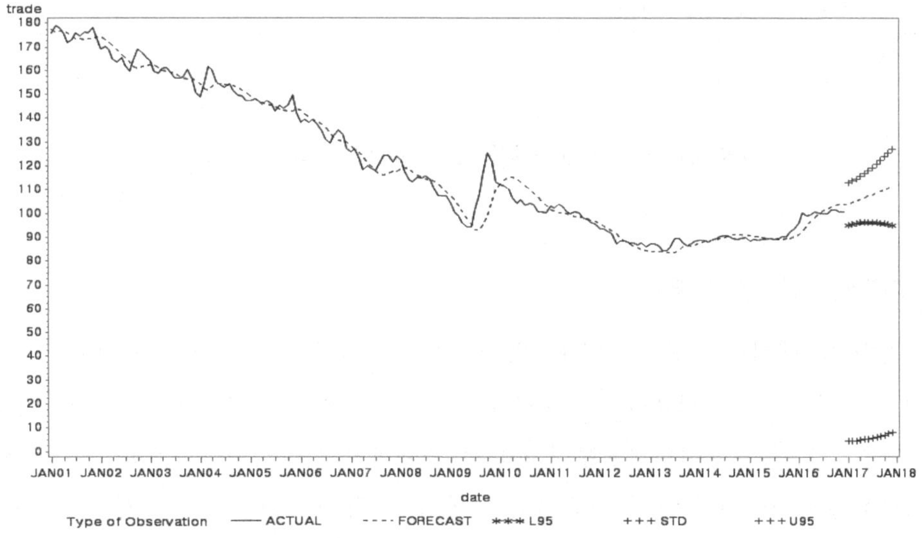


```
/*순상품교역조건지수와 홀트 선형지수평활된 값의 시계열 그래프 (평활상수 α=0.2)*/
data tout; set tout;
if _type_='RESIDUAL' then delete; run;
symbol1 h=1 l=1 i=join v=none c=black;
symbol2 h=1 l=2 i=join v=none c=black;
proc gplot data=tout;
         plot trade*date=_type_/frame; run;
```

|그림 3.11| 원자료와 홀트 선형지수평활 값의 시계열 그래프

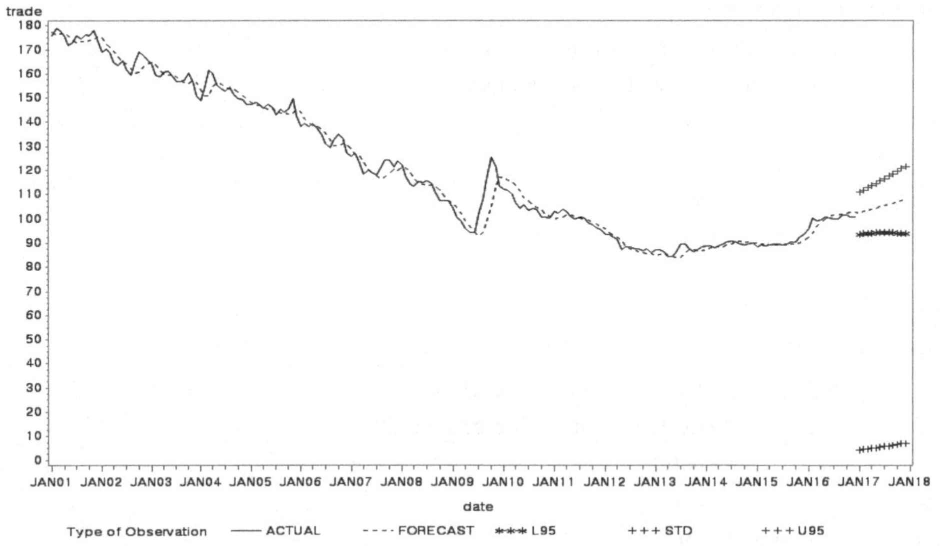


```
/*순상품교역조건지수와 브라운 선형지수평활된 값의 시계열 그래프(평활상수 α = 0.2)*/
data tout2; set tout2;
if _type_='RESIDUAL' then delete; run;
symbol1 h=1 l=1 i=join v=none c=black;
symbol2 h=1 l=2 i=join v=none c=black;
proc gplot data=tout2;
        plot trade*date=_type_/frame; run;
```

| 그림 3.12 | 원자료와 브라운 선형지수평활 값의 시계열 그래프

(2) 계절지수평활법 예제

한국전력공사에서는 주요 전력설비 및 발전량 등 전력수급상황에 대한 내용을 파악하여 전력정책수립에 필요한 기초자료를 제공하기 위하여 주기적으로 조사를 실시한다. 다음의 자료는 2001년 1월부터 2014년 12월까지 한국전력공사에서 조사한 월간 전력사용량(MWh) 자료이다. [그림 3.13]은 월간 전력사용량에 대한 시계열도이다. 시계열도를 잘 살펴보면 추세와 계절성이 모두 존재하는 것을 파악할 수 있다. 따라서 계절지수평활법을 적용하도록 한다.

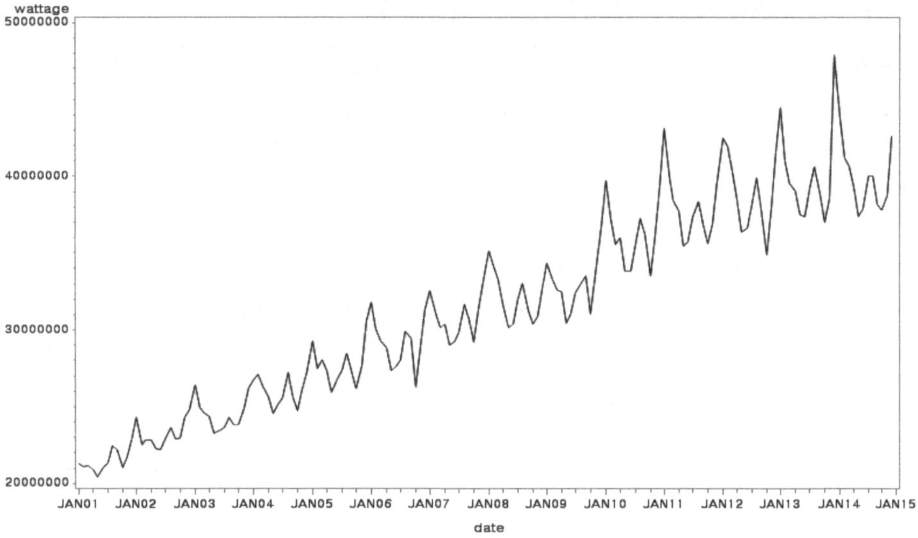


```
data wattage;
  infile 'G:\wattage.csv';
  input wattage;
  date=intnx('month', '01jan01'd, _n_-1);
  format date monyy.;
run;
symbol1 i=join cv=black;
proc gplot data=wattage;
  plot wattage*date=1; run;
```

|그림 3.13| 전력사용량 자료의 산점도

[표 3.15]는 전력사용량 자료를 각각 가법적 계절지수평활법과 승법적 계절지수평활법을 적용하여 예측한 결과이다. MAE, RMSE, MAPE, SSE 모두 승법적 계절지수평활법이 가법적 계절질수평활법보다 작아 더 바람직한 예측방법임을 확인할 수 있다. 사실 이러한 결과는 [그림 3.13]의 시계열도에서 계절변동이 증가하는 것으로 보아 승법적 계절지수평활법이 더 나은 예측을 제공함을 예상해 볼 수 있다. [그림 3.14]와 [그림 3.15]는 전력사용량 자료를 가법적 계절지수평활법과 승법적 계절지수평활법을 각각 적용하여 예측한 결과를 원자료와 함께 나타낸 결과이다. 차이가 아주 미세하기는 하지만 승법적 계절지수평활법의 예측결과가 가법적 계절지수평활법보다 좋은 것을 알 수 있다.

표 3.15 전력사용량 자료의 계절지수평활법에 따른 예측

연.월	t	원자료	가법적 계절지수	승법적 계절지수
2001.01	1	21,300,441	21,266,558.01	21,232,993.50
2001.02	2	21,096,795	20,382,112.42	20,423,515.51
2001.03	3	21,179,431	20,887,021.40	20,906,030.88
⋮	⋮	⋮	⋮	⋮
2014.10	166	37,828,850	36,723,779.04	36,638,143.21
2014.11	167	38,743,663	38,847,055.07	38,803,159.12
2014.12	168	42,638,778	45,542,218.54	45,503,229.45
	h		F_{t+h}	F_{t+h}
2015.01	1		43,117,130.66	43,242,676.12
2015.02	2		40,649,690.15	40,828,199.69
2015.03	3		39,793,398.21	39,980,510.81
2015.04	4		38,651,453.03	38,875,748.28
2015.05	5		36,837,815.01	37,069,972.86
2015.06	6		37,109,217.92	37,336,769.00
2015.07	7		38,991,166.60	39,208,752.78
2015.08	8		39,515,195.39	39,743,659.07
2015.09	9		37,699,696.52	37,950,157.56
2015.10	10		36,620,216.48	36,861,155.15
2015.11	11		37,785,602.37	38,016,782.20
2015.12	12		42,875,348.30	42,984,869.43
α			0.2	
β			0.1	
γ			0.7	
MAE			684937.01	668764.82
RMSE			998962.83	981958.58
MAPE			2.1239442	2.0799543
SSE			1.5368E14	1.4849E14

```
/*가법적 계절지수평활법 */
proc forecast data=wattage
         method=addwinters trend=2 interval=month
         weight=0.2 weight=0.1 weight=0.7 seasons=12
         out=wout5 outest=woutest5 outfull outresid;
         var wattage; id date; run;
proc print data=wout5; run;
proc print data=woutest5; run;

/*승법적 계절지수평활법 */
```

```
proc forecast data=wattage
        method=winters trend=2 interval=month
        weight=0.2 weight=0.1 weight=0.7 seasons=12
        out=wout6 outest=woutest6 outfull outresid;
        var wattage; id date; run;
proc print data=wout6; run;
proc print data=woutest6; run;
```

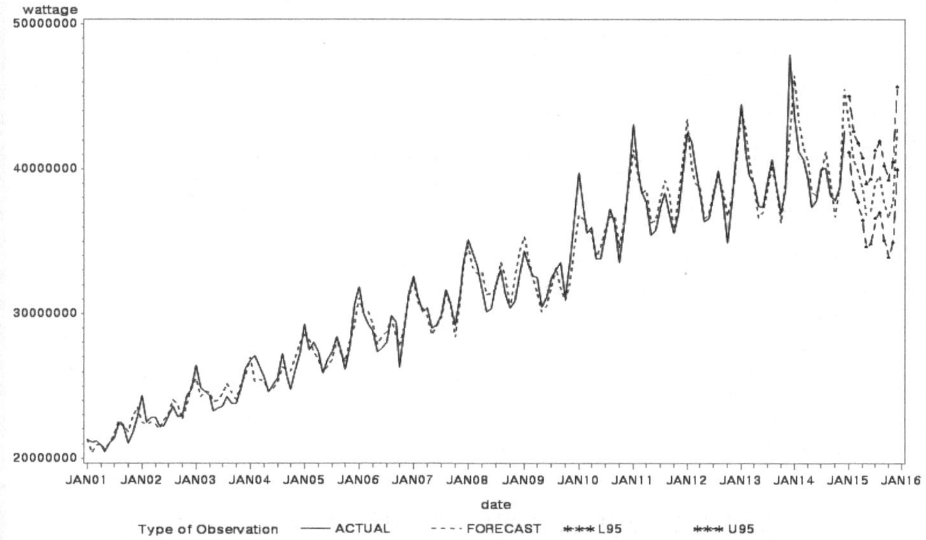


```
/*전력사용량과 가법적 계절지수평활된 값의 시계열 그래프(평활상수 w=0.2)*/
data wout5; set wout5;
if _type_='RESIDUAL' then delete; run;
symbol1 h=1 l=1 i=join v=none c=black;
symbol2 h=1 l=2 i=join v=none c=blue;
proc gplot data=wout5;
        plot wattage*date=_type_/frame overlay legent; run;
```

|그림 3.14| 원자료와 가법적 계절지수평활값의 시계열 그래프

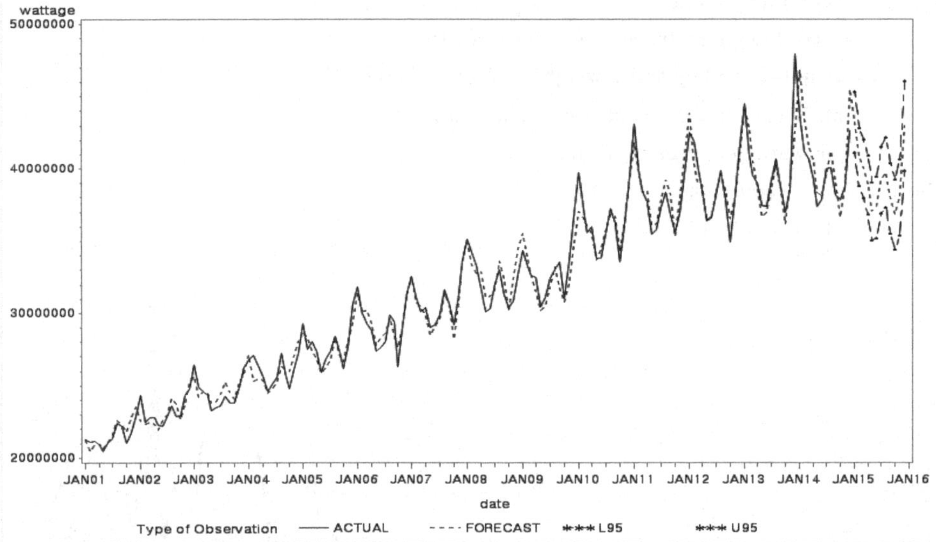


```
/*전력사용량과 승법적 계절지수평활된 값의 시계열 그래프 (평활상수 w=0.2)*/
data wout6; set wout6;
if _type_='RESIDUAL' then delete; run;
symbol1 h=1 l=1 i=join v=none c=black;
symbol2 h=1 l=2 i=join v=none c=blue;
proc gplot data=wout6;
          plot wattage*date=_type_/frame overlay legend; run;
```

|그림 3.15| 원자료와 승법적 계절지수평활값의 시계열 그래프

4장

분해법에 의한 시계열자료분석

4.1 시계열의 분해와 예측

평활법에 의한 예측방법은 특정 '패턴'이 시계열에 내재되어 있을 때, 이 '패턴'은 원계열을 평활하여 불규칙변동을 제거함으로써 추정이 가능하다는 것이 전재되어 있다. 즉, 이러한 평활의 역할은 불규칙변동을 제거한 후의 추정된 패턴을 미래에 적용하여 예측하는 데 있다. 그러나 분해법에서는 이러한 시계열의 '패턴'을 부분 '패턴'(subpattern)으로 분해한다. 즉, 시계열의 기본 '패턴'(혹은 변동요인)을 개별성분(계절성, 추세성, 순환성)으로 분해하여 시계열의 특성을 분석하고, 또 분해된 각 성분들을 개별적으로 예측한 후에 이들을 다시 결합시켜서 예측하는 방법이 분해법(decomposition)이다.

일반적으로 시계열은 장기추세변동, 순환변동, 계절변동 혹은 이들 중의 하나 혹은 둘과 불규칙변동으로 구성되어 있다. 그러나 이 변동들이 합쳐져서 관측되므로 이들을 완벽하게 분리시킬 수는 없다. 하지만 자료의 그래프를 관찰하거나 이론적인 분석방법으로 이들을 분리시킴으로써 변동의 원인을 찾아내고, 또 예측을 행할 수도 있다.

분해법은 가장 오래된 예측방법들 중에 하나로서 1920년대에 경제학자들이 경기순환(business cycle)을 분석하고 조절하기 위하여 사용되기 시작하여 최근에는 경제, 경영분야에서 폭넓게 이용되고 있다. 특히 분해법은 미래 계열의 예측뿐만 아니라 계절성, 순환성, 추세성과 같은 시계열 구성요인들에 대한 정보와 이들의 영향에 대한 분석이 가능하다는 점에서 대단히 유용한 기법이다. 원계열을 각 개별성분으로 분해시키는 방법으로는 이동평균방법이 주로 사용되므로 먼저 이동평균방법에 대해서 설명한 후에 분해방법에 대하여 기술하기로 한다.

4.2 시계열분해를 위한 이동평균

이동평균은 분해법에서 가장 중추적인 역할을 한다. 왜냐하면 오차항으로 간주되는 불규칙변동을 이동평균함으로써 원계열에서 제거시킬 수 있고, 계절변동도 계절주기만큼의 이동평균을 하면 제거시킬 수 있기 때문이다. 물론 불규칙변동과 계절성이 이동평균에 의하여 완전히 제거되는 것은 아니지만 적절한 기간의 이동평균이 이루어진다면 거의 제거시킬 수 있게 된다. 그러나 긴 기간의 이동평균을 하거나 이동평균을 반복하는 경우에는 많은 결손자료가 생기게 된다는 문제를 갖고 있다.

시계열을 평활하게 하는 방법(smoothing method)으로써 이동평균(moving average: MA)은 시계열에서 각 관측값들을 자기 자신과 전후에 위치한 적절한 개수의 값들 간의 평균값을 말한다. 예를 들면, 3개 연도 이동평균(3MA)은 당해시점과 인접된 전후 시점들의 평균을 의미하고 5개 연도 이동평균(5MA)은 당해시점과 인접된 전후의 각 2개 시점의 평균을 의미한다. 이와 같은 홀수 기간 동안의 이동평균을 우리들은 대칭 이동평균이라고 한다. 반면에 짝수 기간 동안의 이동평균은 연속되는 두 시점 사이의 값에 대응되므로 다시 한 번 2개 시점의 이동평균을 한다. 이러한 이동평균을 중심화 이동평균(centered moving average)이라고 한다. 시점 t에서 관측값을 Z_t, 이동평균을 MA_t로 나타내면 이동평균을 계산하는 공식은 다음과 같이 된다.

대칭이동평균(m이 홀수인 경우)

$$MA_t = \frac{1}{m}\sum_{j=-(m-1)/2}^{(m-1)/2} Z_{t+j}, \quad \frac{m-1}{2} < t < n-\frac{m-1}{2} \tag{4.2.1}$$

중심화이동평균(m이 짝수인 경우)

$$MA_t = \frac{1}{2}(MA_{t-\frac{1}{2}} + MA_{t+\frac{1}{2}}), \quad \frac{m}{2} < t < n-\frac{m}{2} \tag{4.2.2}$$

$$MA_{t-1/2} = \frac{1}{m}\sum_{j=-m/2}^{m/2-1} Z_{t+j}$$

$$MA_{t+1/2} = \frac{1}{m}\sum_{j=-m/2+1}^{m/2} Z_{t+j}$$

이때 앞에서 기술한 바와 같이 이동평균을 함으로써 시계열에서 불규칙변동을 제거시킬 수 있고, 또 계절변동이 포함된 자료들인 경우에는 계절성의 길이로 이동평균을 함으로써 계절변동도 제거시킬 수 있다. 그러나 $m-$기간 이동평균인 경우 최초의 $\frac{m-1}{2}$ 혹은 $\frac{m}{2}$ 기간과 최후의 동일기간 동안의 시점에 대응되는 자료들은 존재하지 않게 된다. 즉, 자료의 손실이 크기 때문에 시계열이 길지 않은 경우에는 큰 단점이 된다.

예를 들어 가상적인 자료에서 3-기간 이동평균($3MA$), 4-기간 이동평균($4MA$), 2×4-기간 이동평균($2\times4MA$)을 계산하면 [표 4.1]과 같다.

| 표 4.1 | 가상적 자료에 대한 이동평균

기간	관측값	$3MA$	관측값	$4MA$	$2\times 4MA$
1	20	—	20	–	–
2	10	20	10	23.75	–
3	30	25	30	21.25	22.500
4	35	25	35	33.75	27.500
5	10	35	10	38.75	36.250
6	60	40	60	40.00	39.375
7	50	50	50	60.00	50.000
8	40	60	40	61.25	60.625
9	90	65	90	62.50	61.875
10	65	70	65	82.50	72.500
11	55	80	55	–	–
12	120	—	120		–

즉, 3-기간 이동평균은 다음과 같이 구할 수 있다.

$$MA_2 = \frac{1}{3}(20+10+30) = 20$$

$$MA_3 = \frac{1}{3}(10+30+35) = 25$$

$$\vdots$$

$$MA_{11} = \frac{1}{3}(65+55+120) = 80$$

또, 4-기간 이동평균 및 중심화 4-기간 이동평균은 다음과 같이 계산할 수 있다.

4-기간 이동평균	중심화 4-기간 이동평균
$MA_{2.5} = \frac{1}{4}(20+10+30+35) = 23.75$ $MA_{3.5} = \frac{1}{4}(10+30+35+10) = 21.25$ $MA_{4.5} = \frac{1}{4}(30+35+10+60) = 33.75$ $\vdots$ $MA_{10.5} = \frac{1}{4}(90+65+55+120) = 82.50$	$MA_3 = \frac{1}{2}(23.75+2125) = 22.5$ $MA_4 = \frac{1}{2}(21.25+33.75) = 27.5$ $\vdots$ $MA_{10} = \frac{1}{2}(62.5+82.5) = 72.5$

[표 4.1]을 그림으로 나타내면 [그림 4.1]과 같다. 여기서 원자료들은 주기적인 계절변동이 있음을 알 수 있고, 이때의 계절성의 길이는 3으로 나타난다. 따라서 3-기간

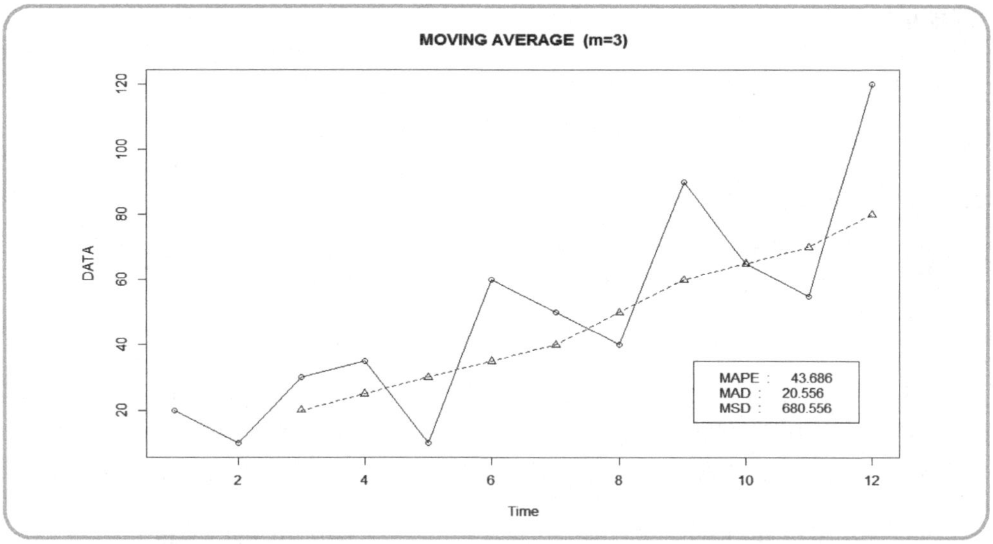

|그림 4.1| 가상적 자료에 대한 이동평균

이동평균을 한 자료들은 계절변동이 나타나지 않고 거의 직선으로 나타난다.

그런데 원계열을 4-기간 이동평균을 한 후에 다시 2-기간 이동평균을 한 중심화 4-기간 이동평균을 Z_t로 나타내면 다음과 같이 된다.

$$MA_t = \frac{1}{2}[\frac{1}{4}(Z_{t-2}+Z_{t-1}+Z_t+Z_{t+1})+\frac{1}{4}(Z_{t-1}+Z_t+Z_{t+1}+Z_{t+2})]$$

$$= \frac{1}{8}Z_{t-2}+\frac{2}{8}Z_{t-1}+\frac{2}{8}Z_t+\frac{2}{8}Z_{t+1}+\frac{1}{8}Z_{t+2}$$

즉, 이 식은 원계열 Z_t에 대한 가중이동평균이 됨을 알 수 있다.

이와 같은 가중이동평균(weighted moving average: WM_t)은 다음과 같이 정의된다.

가중이동평균

$$WM_t = \sum_{j=-m/2}^{m/2} W_j Z_{t+j}, \quad \text{단, } \sum W_j = 1, W_j = -W_j \tag{4.2.3}$$

물론 중심화이동평균뿐만 아니라 이동평균의 이동평균들도 가중이동평균이 된다. 그 중 많이 이용되는 가중이동평균에는 $2\times 12MA$, $3\times 3MA$, $3\times 5MA$ 등이 있다.

예제 4-1

다음은 어느 회사의 분기별 매출액에 관한 시계열자료이다. 이 자료의 특성을 기술하고 또 이 계열의 중심화 4-기간 이동평균을 구하여 원계열과 비교하시오.

|표 4.2| 분기별 매출액 자료

연도	1999	2000	2001	2002
	1 2 3 4	1 2 3 4	1 2 3 4	1 2 3 4
원계열	10 31 43 16	11 33 45 17	13 34 48 19	15 37 51 21

분기별 매출액에 관한 이 자료는 연도별로 3분기가 가장 높은 값을 갖고, 1분기가 가장 낮은 값을 갖는다. 또 이러한 패턴은 매년 반복되므로 이 자료는 계절성의 길이가 4인 계절성을 갖는다. 이 계열의 4-기간 이동평균 및 중심화 4-기간 이동평균을 구하면 다음과 같다.

4-기간 이동평균	중심화 4-기간 이동평균
$MA_{2.5}=(10+31+43+16)/4=25.00$	$MA_3=(25.00+25.25)/2=25.125$
$MA_{3.5}=(31+43+16+11)/4=25.25$	$MA_4=(25.25+25.75)/2=25.50$
$MA_{4.5}=(43+16+11+33)/4=25.75$	$MA_5=(25.75+26.25)/2=26.00$
$MA_{5.5}=(16+11+33+45)/4=26.25$	⋮
⋮	$MA_{14}=(30.50+31.00)/2=30.75$
$MA_{14.5}=(15+37+51+21)/4=31.00$	

계산 결과는 [표 4.3]에 나타나 있다. 이와 같은 이동평균 계열은 원계열에서 나타나는 계절적 변화를 찾아볼 수 없다. 즉, 계절성이 제거된 계열이 되는 것을 알 수 있다.

|표 4.3| 매출액 자료에 대한 이동평균 및 중심화 이동평균

연도		원계열	이동평균	중심화 이동평균
1999	1	10	–	–
	2	31	25.00	–
	3	43	25.25	25.125
	4	16	25.75	25.500
2000	1	11	26.25	26.000
	2	33	26.50	26.375
	3	45	27.00	26.750
	4	17	27.25	27.125
2001	1	13	28.00	27.625
	2	34	28.50	28.250
	3	48	29.00	28.750
	4	19	27.75	29.375
2002	1	15	30.50	30.125
	2	37	31.00	30.750
	3	51	–	–
	4	21		–

4.3 가법모형에서의 시계열의 분해 및 예측

시계열의 변동을 야기하는 성분들인 추세성, 계절성, 순환성, 불규칙성이 서로 합의 관계로 결합된 것으로 가정하는 가법모형은 앞에서 이미 설명하였다. 그런데 일반적으로 순환성은 장기간에서만 고려되므로 이와 같은 분석에서도 순환성을 제외한 다음과 같은 모형을 가정한다.

$$Z_t = T_t + S_t + I_t \tag{4.3.1}$$

이와 같은 가법모형을 가정하는 경우의 변동요인별 분해과정은 다음과 같다.

첫째, 추세성 및 추세조정된 계열(detrended series)의 추정

원계열에 추세선(선형 혹은 곡선 방정식)을 적합하여 추세성을 추정하고 또 원계열에서 추세성을 빼줌으로써 추세조정된 계열을 추정한다.

$$Z_t \text{------}\rightarrow \hat{T}_t = b_0 + b_1 t(\text{혹은, } \hat{T}_t = b_0 + b_1 t + b_2 t^2):\ (\text{추세성})$$

$$\widehat{DT}_t = Z_t - \hat{T}_t (= \widehat{S + I_t}):\ \text{추세조정된 계열}$$

둘째, 계절성 및 계절조정된 계열의 추정

먼저 추세조정된 계열에 대하여 계절성의 길이만큼의 이동평균(L이 홀수인 경우는 L-MA, L이 짝수인 경우는 2×L-MA)을 하여 계절성을 제거한다. 즉, 불규칙성을 추정한다. 그리고 다시 추세조정된 계열에서 추정된 불규칙성을 제거하여 각 시점별 계절성을 추정한다. 이렇게 추정된 계절성들의 각 계절별 평균(이때 평균은 중앙값, 혹은 절단평균을 사용한다)을 구하고 이 계절평균들의 합이 0이 되도록 조정한 지수를 계절지수(seasonal indices)라고 하며, 이 지수를 계절성의 추정값으로 사용한다.

$$\widehat{DT}_t \xrightarrow{\text{이동평균}} MA_t (= \hat{I}_t)$$

$$\hat{S}_t = \widehat{DT}_t - MA_t \xrightarrow{\text{계절별 평균}} \bar{S}_j (j = 1, 2, \cdots, L)$$

$$\hat{S}_j = \bar{S}_j - \frac{\sum \bar{S}_j}{L} \quad (\text{합이 0이 되도록 조정}):\ (\text{계절성})$$

$$\widehat{SA}_t = Z_t - \hat{S}_j:\ \text{계절조정된 계열}$$

셋째, 예측

각 변동요인별로 분해된 성분들을 개별적으로 예측하여 원계열을 예측할 수 있다. 즉, 현재 시점이 n일 때 $T(=n+1)$ 시점의 예측값은 불규칙성에 대한 기댓값을 0으로 간주하면 다음과 같이 나타낼 수 있다(추세성은 선형방정식으로 가정한다).

$$F_t(=\hat{Z}_{n+l}) = \hat{T}_{n+l} + \hat{S}_{n+l} \quad (4.3.2)$$

$$= b_0 + b_1 \times (n+l) + \hat{S}_{n+l}$$

예제 4-2

〈예제 4-1〉의 분기별 매출액에 관한 시계열자료를 가법모형으로 가정하여 변동요인별로 분해하고, 또 2003년의 1~4분기에 대한 매출액을 예측하시오.

먼저 추세성을 추정하기 위하여 원계열의 추세방정식을 구하면 다음과 같이 된다.

$$\hat{T}_t = 22.20 + 0.6529\, t$$

따라서 추세성은 추정된 추세방정식을 이용하면 [표 4.4]의 3열과 같이 된다. 또 원계열에서 추세성을 제거한 추세조정된 계열($\widehat{S_t + I_t}$)은 4열과 같이 계산된다.

|표 4.4| 가법모형에서의 시계열의 분해

시점 t	원계열 Z_t	추세성 $\hat{T}_t$	추세조정된 계열 $\widehat{DT}_t = Z_t - \hat{T}_t$	→	불규칙성 $2\times4MA$	계절성 $\hat{S}_t = \widehat{DT}_t - MA_t$	계절지수 $\hat{S}_j$	계절조정된 계열 $\widehat{SA}_t$
1	10	22.8529	−12.8529		*	*	−14.8438	24.8437
2	31	23.5059	7.4941		*	*	6.4062	24.5937
3	43	24.1588	18.8412		0.966177	17.875	18.4062	24.5937
4	16	24.8118	−8.8118		0.688236	−9.500	−9.9687	25.9688
5	11	25.4647	−14.4647		0.535294	−15.000	−14.8438	25.8437
6	33	26.1176	6.8824		0.257353	6.625	6.4062	26.5938
7	45	26.7706	18.2294		−0.020588	18.250	18.4062	26.5938
8	17	27.4235	−10.4235		−0.298529	−10.125	−9.9687	26.9688
9	13	28.0765	−15.0765		−0.451471	−14.625	−14.8438	27.8437
10	34	28.7294	5.2706		−0.479412	5.750	6.4062	27.5938
11	48	29.3824	18.6176		−0.632353	19.250	18.4062	29.5937
12	19	30.0353	−11.0353		−0.660294	−10.375	−9.9687	28.9687
13	15	30.6882	−15.6882		−0.563236	−15.125	−14.8438	29.8437
14	37	31.3412	5.6588		−0.591177	6.250	6.4062	30.5937
15	51	31.9941	19.0059		*	*	18.4062	32.5938
16	21	32.6471	−11.6471		*	*	−9.9687	30.9688

| 표 4.5 | 계절지수의 추정

	분기			
	1	2	3	4
1999	–	–	17.875	−9.500
2000	−15.000	6.625	18.250	−10.125
2001	−14.625	5.750	19.250	−10.375
2002	−15.125	6.250	–	–
중앙평균	−15.000	6.250	18.250	−10.125
계절지수	−14.8438	6.4062	18.4062	−9.9687

다음은 계절성을 추정하기 위하여 추세조정된 계열에서 이 계열의 4-기간 중심화이동평균 ($2\times 4MA$)을 빼주어 일차적으로 계절성을 추정하면 6열과 같이 되고 이를 계절별로 다시 정리하면 [표 4.5]와 같이 된다.

여기서 분기별로 중앙평균을 구하여 분기별 평균의 합이 0이 되도록 다음과 같이 조정하여 계절지수를 구할 수 있다.

$$\hat{S}_j = \bar{S}_j - \frac{-0.625}{4} \quad , \; j = 1,2,3,4$$

그리고 추정된 추세성과 계절성을 이용하여 2003년의 1분기에서 4분기까지의 값을 예측하면 [표 4.6]과 같이 된다.

이와 같이 분해법을 사용하여 분석한 결과들을 그래프로 나타내면 [그림 4.2], [그림 4.3]과 같이 된다. [그림 4.2]에서는 원계열(Original Data), 추세조정된 계열(Detrended Data), 계절조정된 계열(Seasonally Adjusted Data), 계절 및 추세조정된 계열(Seasonally Adjusted and Detrended Data)을 나타내고 있으며, [그림 4.3]에서는 표본기간 동안의 원계열(Actual)과 예측값(Predicted) 및 표본 후 기간의 예측값(Forecast)을 나타내고 있다.

| 표 4.6 | 분해법에 의한 예측(가법모형인 경우)

연도	t	$\hat{T}_t$	$\hat{S}_t$	F_t
2003.1	17	22.2 + 0.6529 ×17=33.3000	−14.8438	18.4562
2	18	22.2 + 0.6529 ×18=33.9529	6.40625	40.3592
3	19	22.2 + 0.6529 ×19=34.6059	18.4062	53.0121
4	20	22.2 + 0.6529 ×20=35.2588	−9.96875	25.2901

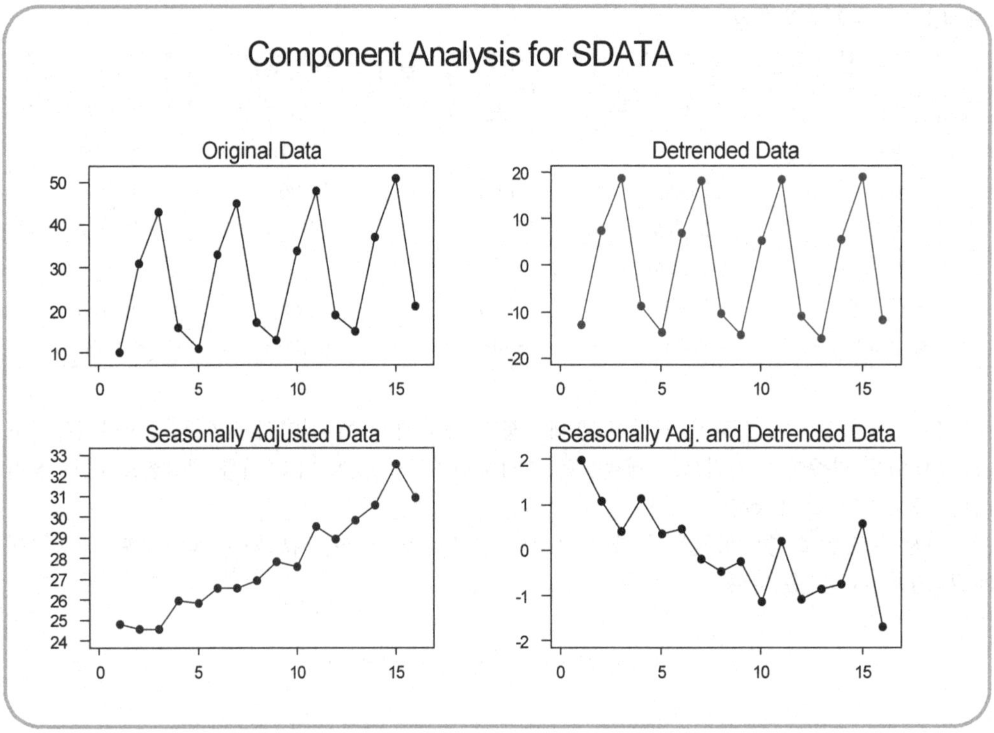

I그림 4.2I 분해법에 의해서 조정된 계열(가법모형인 경우)

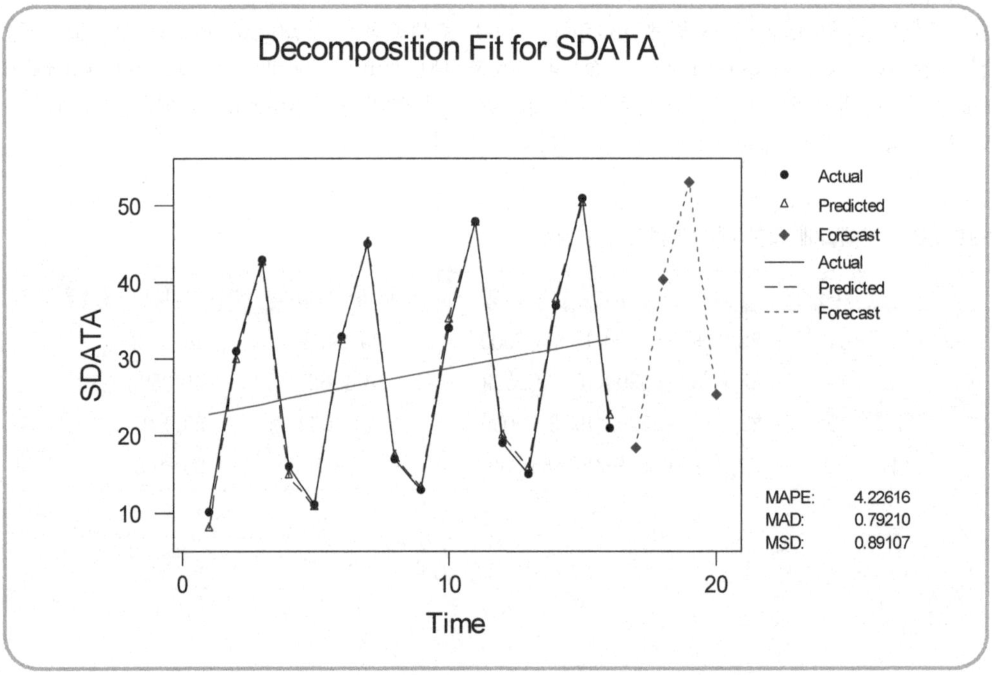

I그림 4.3I 시계열의 분해와 예측(가법모형인 경우)

4.4 승법모형에서의 시계열의 분해 및 예측

시계열의 변동을 야기하는 성분들인 추세성, 계절성, 순환성, 불규칙성이 서로 곱의 관계로 결합된 것으로 가정하는 승법모형은 앞에서 다음과 같이 나타냈다.

$$Z_t = T_t \cdot S_t \cdot C_t \cdot I_t \qquad (4.4.1)$$

그런데 앞에서 서술한 것처럼 원계열을 이동평균하면 불규칙변동을 제거시킬 수 있고, 또 계절성을 가진 계열인 경우에는 계절변동도 제거시킬 수 있다. 즉, $m-$기간 이동평균은 $m-$기간을 주기로 해서 반복해서 규칙적으로 나타나는 변동을 제거시킬 수 있다. 매년 12개월을 주기로 해서 규칙적으로 나타나는 변동을 가정한다면 12개월 이동평균은 계열에서 월간변동을 제거시킬 수 있게 된다. 그러므로 실제문제에 있어서 계절 '패턴'은 매년 다르게 나타날 수 있으므로 이동평균은 모든 계절변동을 다 제거할 수는 없다. 즉, 이동평균을 함으로써 원계열에서 대부분의 불규칙변동을 제거할 수 있는 것과 마찬가지로 대부분의 계절변동을 제거시킬 수 있다.

승법모형을 가정하는 경우의 분해 시계열방법에는 매코레이(Macauley, 1930)에 의하여 제안된 이동평균에 대한 비율법(ratio to moving average method)을 사용할 수 있다. 이 방법을 사용해서 원계열 Z_t를 각 변동요인별로 분해를 하는 과정은 다음과 같다.

첫째, 추세·순환성과 계절·불규칙성으로의 분해

원계열을 계절성의 길이와 같은 기간으로 이동평균(L이 홀수인 경우는 $L-MA$, L이 짝수인 경우는 $2\times L-MA$)을 함으로써 계절·불규칙성($S_t \cdot I_t$)을 제거시킨다. 즉, Z_t를 이동평균하여 추세·순환성을 추정하고 또 $MA_t = \widehat{T_t \cdot C_t}$로 나누어서 원계열에서 계절·불규칙성($S_t \cdot I_t$)을 분리시킨다. 이때 원계열에 대한 이동평균의 비(ratio)가 계절·불규칙성이 되기 때문에 이와 같은 방법을 이동평균에 대한 비율법이라고 한다.

이동평균

$$Z_t \text{ -------------------------} \rangle \ MA_t = \widehat{T_t \cdot C_t}$$

$$\frac{Z_t}{MA_t} = \frac{T_t \cdot S_t \cdot C_t \cdot I_t}{\widehat{T_t \cdot C_t}} = \widehat{S_t \cdot I_t}$$

둘째, 계절성 및 계절조정된 계열의 추정

추정된 계절·불규칙성($\widehat{S_t \cdot I_t}$)의 동일 계절별(월, 분기, … 등) 평균을 이용하여 추정된 계절·불규칙성에서 불규칙성을 제거하고 계절성을 일차적으로 추정한다. 이때 평균은 가장 큰 값과 작은 값을 제외한 자료에 대한 산술평균인 중앙평균(medial average)을 이용한다. 이 중앙평균의 합이 L이 되지 않는 경우에 L이 되도록 조정해야 하며, 이렇게 조정된 지수인 계절지수(seasonal indices)를 계절성의 추정값으로 사용한다. 이때 원계열에서 계절성을 제거한 계열을 계절조정된 계열(seasonally adjusted series)이라고 한다.

중앙평균, 조정

$\widehat{S_t \cdot I_t}$ -------------- → $\hat{S}_t$: (계절성)

$\frac{Z_t}{\hat{S}_t} = \frac{T_t \cdot S_t \cdot C_t \cdot I_t}{\hat{S}_t} = T_t \cdot \widehat{C_t \cdot I_t} = D_t$: 계절조정된 계열

셋째, 추세성, 순환성 및 불규칙성의 추정

계절조정된 계열에서 추세방정식을 추정하여 추세성과 순환·불규칙성을 분해시킨다. 그리고 순환·불규칙성($\widehat{C_t \cdot I_t}$)을 이동평균하여 불규칙성을 제거하여 순환성을 구하고, 또 이를 이용하여 불규칙성을 구할 수 있다.

추세방정식

D_t -------------- → $\hat{T}_t = b_0 + b_1 t$ (혹은, $\hat{T}_t = b_0 + b_1 t + b_2 t^2$): (추세성)

$D_t / \hat{T}_t$ -------- → $\widehat{C_t \cdot I_t}$

이동평균

$\widehat{C_t \cdot I_t}$ --------- → $\hat{C}_t$: (순환성)

$\widehat{C_t \cdot I_t} / \hat{C}_t = \hat{I}_t$: (불규칙성)

그런데 일반적으로 순환성은 장기간에서만 고려되므로 순환성을 제외한 승법모형을 고려한다면 다음과 같이 나타낼 수 있다.

$$Z_t = T_t \cdot S_t \cdot I_t \qquad (4.4.2)$$

이와 같은 승법모형에 대해서는 다음과 같이 분해를 할 수 있다.

첫째, 추세성 및 추세조정된 계열(detrended series)의 추정

원계열에 추세선(직선 혹은 곡선 방정식)을 적합하여 추세성을 추정하고 또 원계열에서 추세성을 빼줌으로써 추세조정된 계열을 추정한다.

$$Z_t \text{-------}\rightarrow \hat{T}_t = b_0 + b_1 t \text{ (혹은, } \hat{T}_t = b_0 + b_1 t + b_2 t^2\text{): (추세성)}$$

$$\widehat{DT}_t = Z_t / \hat{T}_t \ (= \widehat{S_t \cdot I_t})\text{: 추세조정된 계열}$$

둘째, 계절성 및 계절조정된 계열의 추정

먼저, 추세조정된 계열에 대하여 계절성의 길이만큼의 이동평균(L이 홀수인 경우는 $L-MA$, L이 짝수인 경우는 $2\times L-MA$)을 하여 계절성을 제거한다. 그리고 다시 추세조정된 계열을 이동평균(MA_t)으로 나누어줌으로써 각 시점별 계절성을 일차적으로 추정한다. 이렇게 추정된 계절성들의 각 계절별 평균(이때 평균은 중앙값, 혹은 중앙평균을 사용한다)을 구하고 이 계절별 평균들의 합이 L이 되도록 조정한 지수인 계절지수(seasonal indices)가 계절성의 추정값이 된다.

이동평균

$$\widehat{DT}_t \text{----------}\rightarrow MA_t$$

계절별 평균

$$\hat{S}_t = \frac{\widehat{DT}_t}{MA_t} \text{--------}\rightarrow \overline{S}_j (j = 1, 2, \cdots, L)$$

$$\hat{S}_j = \overline{S}_j \times \frac{L}{\sum \overline{S}_j} \text{ (합이 } L\text{이 되도록 조정): (계절성)}$$

$$\widehat{SA}_t = \frac{Z_t}{\hat{S}_j}\text{: 계절조정된 계열}$$

각 변동요인별로 분해된 각 성분들을 개별적으로 예측하여 원계열을 예측할 수 있다. 즉, 현재 시점이 n일 때 $T(=n+l)$ 시점의 예측값은 불규칙성에 대한 기댓값을 1로 간주하면 다음과 같이 나타낼 수 있다(추세성은 선형방정식으로 나타낸다).

$$F_t (= \hat{Z}_{n+l}) = \hat{T}_{n+l} \cdot \hat{S}_{n+l} \qquad (4.4.3)$$

$$= [b_0 + b_1 \times (n+l)] \cdot \hat{S}_{n+l}$$

예제 4-3

〈예제 4-1〉의 분기별 매출액에 관한 시계열자료를 승법모형으로 가정하여 변동요인별로 분해하고, 또 2003년의 1~4분기에 대한 매출액을 예측하시오.

첫째, 원계열을 중심화 4-기간 이동평균계열인 $MA_t = \widehat{T_t C_t}$로 나누어서 계절 및 불규칙성 $(\widehat{S_t \cdot I_t})$을 구하면 [표 4.7]과 같다.

표 4.7 이동평균의 비율 계산

연도		원계열	중심화 이동평균(MA_t)	이동평균의 비율($\widehat{S_t \cdot I_t}$)
1999	1	10	–	–
	2	31	–	–
	3	43	25.125	1.71
	4	16	25.500	0.63
2000	1	11	26.000	0.42
	2	33	26.375	1.25
	3	45	26.750	1.68
	4	17	27.125	0.63
2001	1	13	27.625	0.47
	2	34	28.250	1.20
	3	48	28.750	1.67
	4	19	29.375	0.65
2002	1	15	30.125	0.50
	2	37	30.750	1.20
	3	51	–	–
	4	21	–	–

둘째, 추정된 계절·불규칙성$(\widehat{S_t \cdot I_t})$을 동일계절별로 정리하여 각 분기별로 평균을 구한다. 그런데 분기별 평균의 합이 4가 되지 않기 때문에 이를 다음과 같이 조정하여 계절지수를 구한다. 계산결과는 [표 4.8]과 같다.

$$\hat{S}_j = \bar{S}_j \times \frac{4}{4.01}, \quad j = 1,2,3,4$$

표 4.8 계절지수의 추정

	분기			
	1	2	3	4
1999	–	–	1.71	0.63
2000	0.42	1.25	1.68	0.63
2001	0.47	1.20	1.67	0.65
2002	0.50	1.20	–	–
계절평균	0.46	1.22	1.69	0.64
계절지수	0.46	1.22	1.68	0.64

| 표 4.9 | 추세성, 순환성, 불규칙성의 추정

연도		원계열	계절조정된 계열	추세성	순환 및 불규칙성	순환성	불규칙성
1999	1	10	21.74	23.20	–	–	–
	2	31	25.41	23.79	–	1.02	1.05
	3	43	25.60	24.38	1.71	1.04	1.01
	4	16	25.00	24.97	0.63	1.00	1.00
2000	1	11	23.91	25.56	0.42	0.99	0.95
	2	33	27.05	26.15	1.25	0.99	1.04
	3	45	26.78	26.74	1.68	1.00	1.00
	4	17	26.56	27.33	0.63	0.99	0.98
2001	1	13	28.26	27.92	0.47	0.99	1.02
	2	34	27.87	28.51	1.20	0.99	0.99
	3	48	28.57	29.10	1.67	0.99	0.99
	4	19	29.69	29.69	0.65	1.02	0.98
2002	1	15	32.61	30.28	0.50	1.02	1.06
	2	37	30.33	30.87	1.20	1.01	0.97
	3	51	30.36	31.46	–	0.99	0.97
	4	21	32.81	32.05	–	–	–

원계열을 이와 같이 구해진 계절지수로 나누어서 계절조정된 계열을 산출할 수 있으며 계산 결과는 [표 4.9]의 3열에 나타나 있다.

셋째, 추세성을 구하기 위하여 계절조정된 자료에 대하여 최소제곱법을 사용하여 선형방정식을 추정하면 다음과 같이 된다.

$$b_1 = \sum_{t=1}^{16}(t-\bar{t})(D-\overline{D}) / \sum_{t=1}^{16}(t-\bar{t})^2 = 0.59$$

$$b_0 = \overline{D} - 0.59 \times \bar{t} = 22.61$$

즉, 추세성을 나타내는 추세방정식은 $\widehat{T_t} = 22.61 + 0.59t$로 추정되고 이 식을 이용하여 추세성을 계산하면 [표 4.9]의 4열과 같이 된다.

넷째, 계절조정된 계열을 추세성으로 나누어서 순환 및 불규칙성을 구하면 5열과 같이 되고, 또 순환 및 불규칙성을 3-기간 이동평균하여 다음과 같은 순환성을 추정한다.

$$C_2 = (0.94 + 1.07 + 1.05)/3 = 1.02$$

$$C_3 = (1.071 + 1.05 + 1.00)/3 = 1.04$$

$$\vdots$$

$$C_{15} = (0.98 + 0.96 + 1.02)/3 = 0.99$$

| 표 4.10 | 분해법에 의한 예측

연도	t	$\hat{T}_t$	$\hat{S}_t$	F_t
2003.1	17	22.61 + 0.59 ×17=32.64	0.46	32.64 ×0.46=15.01
2	18	22.61 + 0.59 ×18=33.23	1.22	33.23 ×1.22=40.54
3	19	22.61 + 0.59 ×19=33.82	1.68	33.82 ×1.68=56.82
4	20	22.61 + 0.59 ×20=34.41	0.64	34.41 ×0.46=22.02

그리고 불규칙성은 순환 및 불규칙성을 순환성으로 나누어 구할 수 있다. 이와 같은 분해결과는 [표 4.9]에 나타나 있다.

따라서 2003년 1분기에서 4분기까지의 분해법에 의한 예측값을 구하면 [표 4.10]과 같다.

모형 (4.3.2)의 순환성을 제외한 승법모형을 가정하는 경우는 다음과 같이 분해 및 예측할 수 있다. 먼저 추세성을 추정하기 위하여 원계열의 추세방정식을 구하면 다음과 같이 된다.

$$\hat{T}_t = 22.20 + 0.6529\,t$$

따라서 추세성은 이 추정된 방정식을 이용하면 [표 4.11]의 3열과 같이 추정된다. 또 원계열에서 추세성을 제거한 추세조정된 계열은 4열과 같이 추정된다.

| 표 4.11 | 순환성을 제외한 승법모형에서의 분해

시점 t	원계열 Z_t	추세성 $\hat{T}_t$	추세조정된 계열 $\widehat{DT}_t = Z_t/\hat{T}_t$	불규칙성 $2\times 4MA$	계절성의 추정 $\hat{S}_t = \widehat{DT}_t/MA_t$	계절지수 $\hat{S}_j$	계절조정된 계열 $\widehat{SA}_t$
1	10	22.8529	0.43758	*	*	0.47420	21.0883
2	31	23.5059	1.31882	*	*	1.21739	25.4642
3	43	24.1588	1.77989	1.04458	1.70392	1.68368	25.5393
4	16	24.8118	0.64486	1.03697	0.62187	0.62473	25.6111
5	11	25.4647	0.43197	1.01769	0.42446	0.47420	23.1971
6	33	26.1176	1.26351	1.00220	1.26074	1.21739	27.1071
7	45	26.7706	1.68095	1.00297	1.67598	1.68368	26.7272
8	17	27.4235	0.61991	0.99684	0.62187	0.62473	27.2118
9	13	28.0765	0.46302	0.98092	.47203	0.47420	27.4147
10	34	28.7294	1.18346	0.97659	1.21183	1.21739	27.9285
11	48	29.3824	1.63363	0.98140	1.66460	1.68368	28.5090
12	19	30.0353	0.63259	0.98425	0.64271	0.62473	30.4132
13	15	30.6882	0.48879	0.97894	0.49930	0.47420	31.6324
14	37	31.3412	1.18056	0.97533	1.21042	1.21739	30.3928
15	51	31.9941	1.59404	*	*	1.68368	30.2908
16	21	32.6471	0.64324	*	*	0.62473	33.6146

|표 4.12| 계절지수의 추정

	분기			
	1	2	3	4
1999	–	–	1.704	0.622
2000	0.424	1.261	1.676	0.622
2001	0.472	1.212	1.665	0.643
2002	0.499	1.210	–	–
중앙값	0.472	1.212	1.676	0.622
계절지수	0.474	1.217	1.684	0.625

다음은 계절성을 추정하기 위하여 추세조정된 계열 ($\widehat{DT_t}=\widehat{S_tI_t}$)에서 불규칙성을 제거한 계절성을 추정하면 6열과 같이 되고, 이를 계절별로 다시 정리하면 [표 4.12]와 같이 된다.

이와 같이 계절별로 정리된 [표 4.12]의 계절성 자료에서 계절(분기)별로 중앙값을 구하고, 다시 계절(분기)별 평균의 합이 4가 되도록 다음과 같이 조정하면 [표 4.12]의 마지막 행과 같은 최종적인 계절지수를 구할 수 있다.

$$\hat{S}_j=\overline{S}_j\times\frac{4}{3.982},\ j=1,2,3,4$$

그리고 추정된 추세성과 계절성을 이용하여 2003년의 1분기에서 4분기까지의 값을 예측하면 [표 4.13]과 같이 된다.

이와 같이 분해법을 사용하여 분석한 결과들을 그래프로 나타내면 [그림 4.4], [그림 4.5]와 같이 된다. [그림 4.4]에서는 원계열(Original Data), 추세조정된 계열(Detrended Data), 계절조정된 계열(Seasonally Adjusted Data), 계절 및 추세조정된 계열(Seasonally Adjusted and Detrended Data)을 나타내고 있으며, [그림 4.5]에서는 표본기간 동안의 원계열(Actual)과 예측값(Predicted) 및 표본 후 기간의 예측값(Forecast)을 나타내고 있다.

|표 4.13| 순환성을 제외한 가법모형에서의 분해법에 의한 예측

연도	t	$\hat{T}_t$	$\hat{S}_t$	F_t
2003.1	17	22.2+0.6529×17=33.3000	0.474197	15.7908
2	18	22.2+0.6529×18=33.9529	1.21739	41.3341
3	19	22.2+0.6529×19=34.6059	1.68368	58.2652
4	20	22.2+0.6529×20=35.2588	0.624728	22.0272

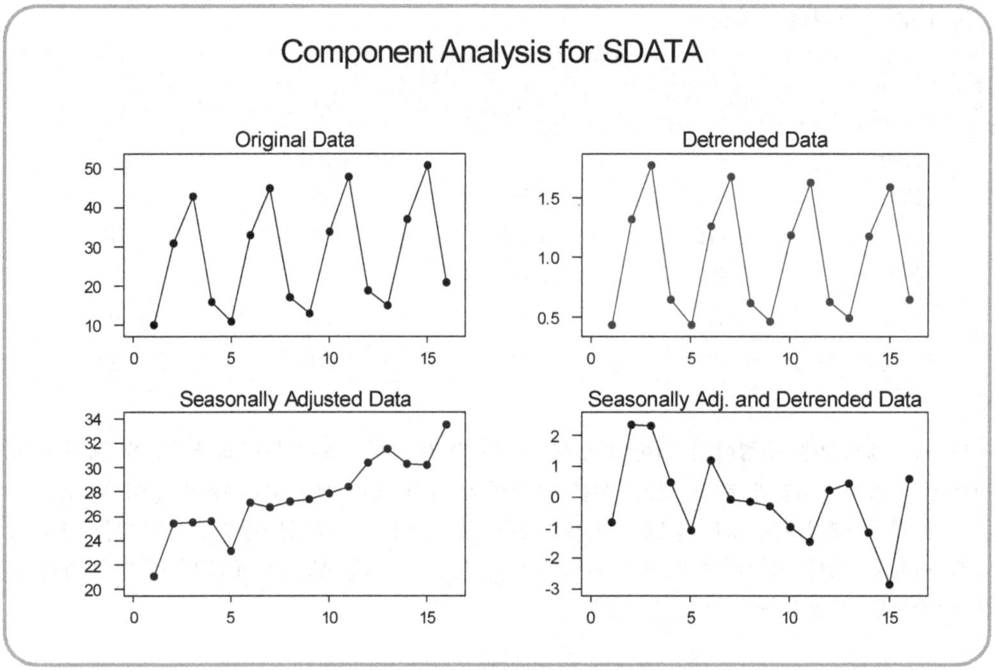

ɪ그림 4.4ɪ 분해법에 의해서 조정된 계열(승법모형의 경우)

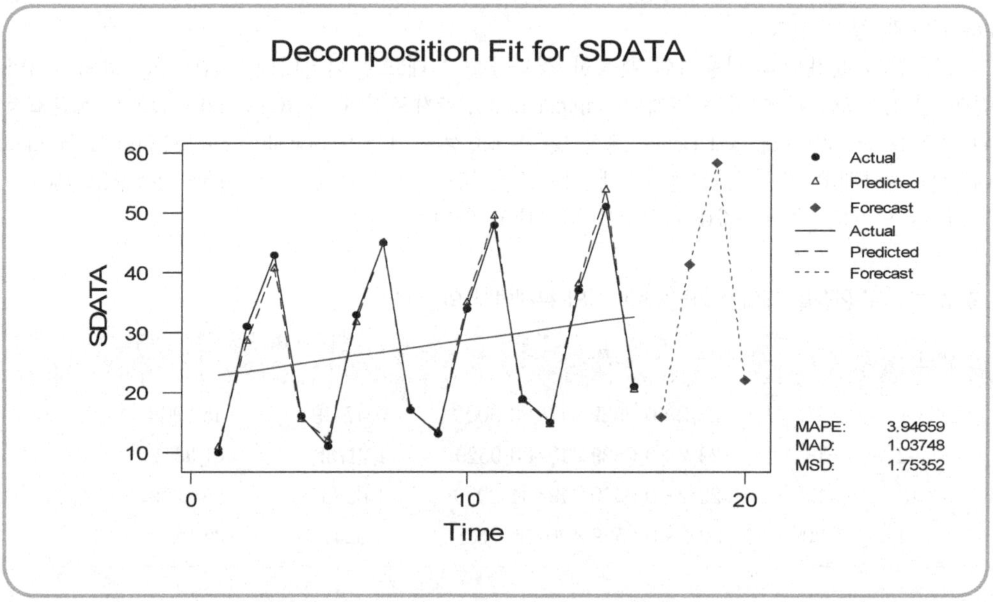

ɪ그림 4.5ɪ 시계열의 분해와 예측(승법모형인 경우)

4.5 계절변동조정과 X-13-ARIMA-SEATS

1) 계절변동조정이란?

계절조정(seasonal adjustment)이란 원계열(original series)에서 계절변동요인을 제거하는 절차를 의미한다. 즉, 일반적으로 경제시계열의 변동은 경제적 요인에 의한 변동과 비경제적 요인에 의한 변동으로 구성되어 있다고 가정할 수 있으며, 이때 계절변동조정은 비경제적 요인에 의한 변동인 계절변동과 예측 가능한 불규칙변동을 원계열에서 제거하는 절차를 말한다.

그런데 계절변동은 기후, 경제 혹은 사회적 관습에 따라 매년 주기적으로 반복되는 변동이므로 연도별 시계열자료를 분석하거나 전년 동월비(또는 동분기비)와 같은 동일시점의 비교자료를 분석하는 경우에는 큰 문제가 발생하지 않는다. 그러나 단기적 분석이나 예측에서는 일반적으로 월별(혹은 분기별) 자료를 이용하기 때문에 계절요인의 변동이 시계열분석에 영향을 미치게 된다. 즉, 경제시계열자료를 분석할 때 원계열을 그대로 사용할 때는 경제적 요인에 의한 변동인 경기변동에 대한 분석이 왜곡될 수 있다.

예를 들면 [표 4.8]의 원계열에서 1997년 4분기의 값 $Z_{16}=21$은 전 분기의 값 $Z_{15}=51$보다 30이 감소되었다. 이 경우에 감소된 30이 계절적 변동에 의한 것인지 실제로 감소된 것인지 명확히 알 수 없다. 그러나 계절조정된 계열을 보면 이 기간 중에 오히려 3.32가 증가되었음을 알 수 있다. 즉, 계절적 요인을 고려하면 이 기간 중의 매출액은 오히려 증가된 것이다. [표 4.8]에서 원계열과 계절조정된 계열을 그림으로 나타내면 [그림 4.6]과 같이 나타난다.

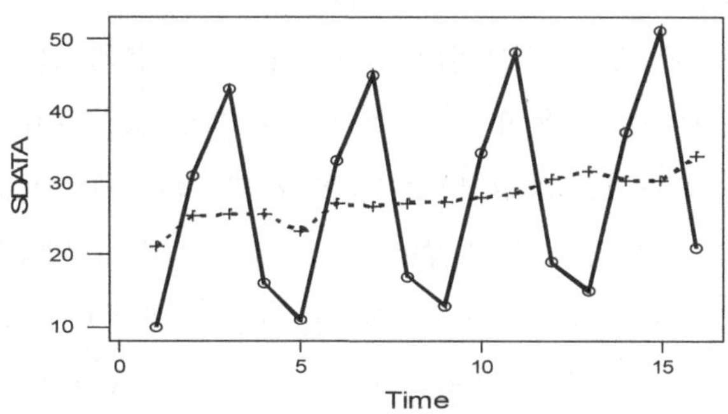

그림 4.6 원계열과 계절조정된 계열

2) 계절변동의 조정방법

1년을 주기로 하는 계절변동은 그 기본적 특성을 어떻게 보느냐에 따라 고정계절변동과 가변계절변동으로 구분할 수 있다. 고정계절변동을 가정하는 방법은 계절변동이 상당기간에 걸쳐 일정하다는 전제하에 이를 추정하여 원계열을 조정하는 방법으로 앞 절에서 다룬 계절조정된 시계열은 고정계절변동을 전제하고 있다. 그런데 계절변동은 관습, 전통, 사회제도 등의 사회적 요인과 기후를 비롯한 자연적 요인들이 복합적으로 반영되는 것이므로 계절변동의 패턴은 고정된 것이 아니고 변화한다고 볼 수 있다. 따라서 고정계절지수는 사회변화의 움직임을 반영하기가 어렵다. 이와 같은 문제를 해결하기 위해서 고안된 방법이 가변계절변동을 가정하는 방법이다. 다음에 설명될 센서스 국법에 의한 계절조정은 가변계절변동을 가정하는 대표적인 경우이다.

3) X-13-ARIMA-SEATS

「센서스」국법은 경제시계열의 변동요인을 추세·순환변동, 계절변동, 그리고 불규칙변동으로 분해하여 계절조정된 계열(seasonally adjusted series)을 추정하는 방법으로, 미국 상무성의 「센서스」국에서 1954년 시스킨(J. Shiskin)을 중심으로 하여 개발되었다.

최초에 개발된 방법을 「센서스」국법 I(Census I)이라고 하였고 그 이후 1955년 이를 개선한 「센서스」국법 II가 발표되었으며, 1965년에는 「센서스」국법 II의 11번째 개정판인 「센서스」국법 II, X-11을 발표하였다. 이 방법은 그 당시 발표된 여러 가지 계절조정방법들 중에서 가장 우수한 것으로 판단되었고, 많은 나라에서도 이 방법을 바로 도입하거나 적절한 변형을 가하여 도입해서 사용했다. 그런데 「센서스」 II, X-11 방법은 원계열의 분해에 관한 명백한 모형이 없고, 또 이동평균을 반복할 때 줄어드는 자료들을 단순히 계열의 앞과 뒷부분에 위치한 값들로 대치하기 때문에 가장 최근 연도의 관측값에 대한 계절변동의 요인의 추정값이 중앙부분의 관측값에 대한 계절요인 추정값보다 떨어진다는 단점이 있다. 이러한 문제를 보완하여 1974년 다굼(E. B. Dagum)은 「센서스」 II, X-11-ARIMA 방법을 개발하였는데, X-11-ARIMA 방법이란 사전조정단계에서 조정된 계열에 대하여 ARIMA 모형을 적합하여 원계열의 전, 후 1년간을 예측하고 시계열을 확장시킨 후에 이 확장된 계열에 대하여 X-11 방법을 적용하는 방법이다. 미국이나 캐나다 등 다른 나라에서는 X-11-ARIMA 방법이 잘 활용될 수 있지만 우리나라에서는 명절효과 등의 요인으로 모형을 제대로 적합하지 못할 수 있다.

이러한 문제점들을 고려하여 미국의 상무성에서는 1995년에 회귀모형과 ARIMA 모형을 결합한, 즉 REGARIMA 모형을 도입한 X-12-ARIMA 방법을 개발하여 사용하고 있다(Bureau of the Census[1996], 통계청[1997]을 참고할 수 있다).

또한 1997년 스페인 중앙은행에서는 TRAMO-SEATS를 개발하였는데 이는 X-12-ARIMA 모형과 더불어 현재 세계적으로 가장 많이 이용되는 계절조절방법 중 하나이다.

X-12-ARIMA와 TRAMO-SEATS에서는 원계열에 대한 승법모형을 다음과 같이 가정한다.

$$Z_t = TC_t \cdot S_t \cdot D_t \cdot H_t \cdot O_t \cdot I_t$$

여기서 TC_t는 추세순환변동, S_t는 계절변동, D_t는 공휴일 및 요일구성변동, H_t는 명절변동, O_t는 특이항을 나타낸다. 두 방법 모두 사전조정, 계절조정, 사후진단의 3부분으로 구성되어 있으며 X-12-ARIMA는 이동평균법의 대표적인 방법이고 TRAMO-SEATS는 모형접근법의 대표적인 방법이다.

또한 X-12-ARIMA는 개선된 X-11-ARIMA 법을 이용해 계절조정을 한 후 스펙트럼 분석이나 M1-M11 품질관리통계량, Q-통계량 등을 통하여 사후진단을 하고 TRAMO-SEATS는 SEATS법을 이용하여 계절조정을 한 후 잔차분석 등을 통해 사후진단을 한다. SEATS는 TRAMO에서 도출된 사전조정계열로부터 각 구성성분을 ARIMA 모형으로 추정한 후 WK(Wiener-Kolmogorov) 필터를 이용하여 계절변동을 제거하는 모형접근법의 분해방법이다. [그림 4.7]과 [그림 4.8]은 각각 X-12-ARIMA의 분해과정과 TRAMO-

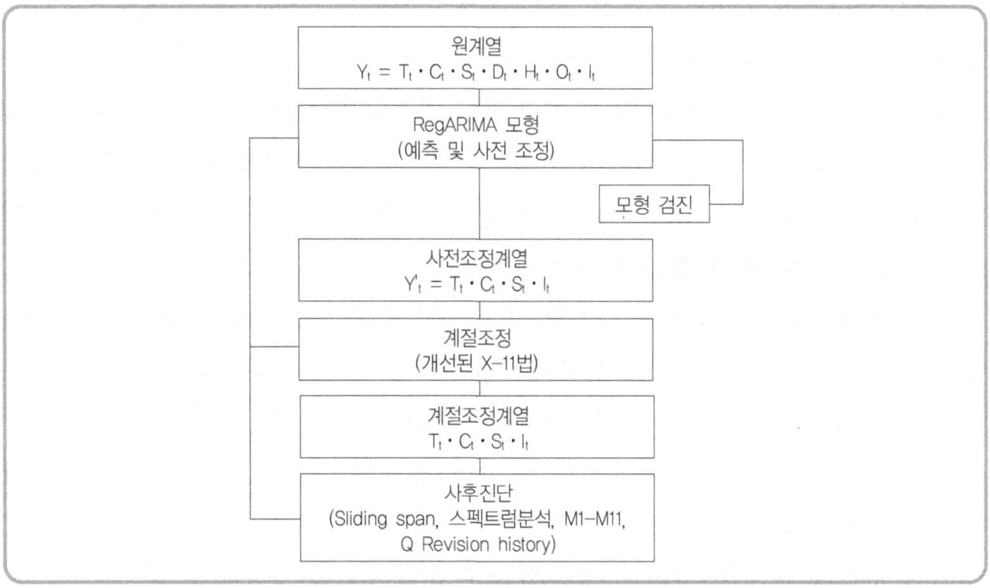

|그림 4.7| X-12 ARIMA의 분해과정

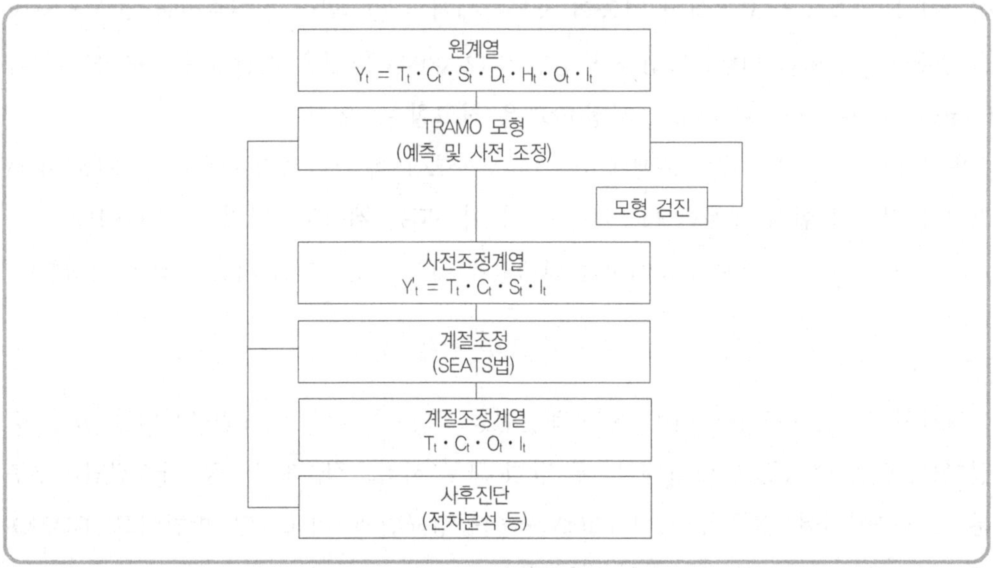

|그림 4.8| TRAMO-SEATS의 분해과정

SEATS의 분해과정을 나타낸 것이다.

X-12-ARIMA는 비모수적 방법을 사용하고, TRAMO-SEATS는 모수적 방법을 사용하고 있는데 Eurostat(2009)은 각각 다른 성질을 가지고 있는 두 프로그램 중 한 프로그램의 선택을 권고하고 있으며, 두 프로그램 중 하나를 선택해서 이용할 수 있는 계절조정 프로그램을 공개하고 있다(Eurostat, UN, 2012). 이에 대응하여 2012년 미국 센서스국도 TRAMO-SEATS를 기존의 X-12-ARIMA와 함께 이용할 수 있는 새로운 계절조정 프로그램인 X-13-ARIMA-SEATS를 공식적으로 발표하였다.

[그림 4.9]는 현재까지 개발되었던 여러 가지 계절조정방법을 방법과 연도순으로 정리한 것으로 Ladiray and Quenneville(2001)가 정리한 도표에 최근 변화를 반영한 것이다. X-13-ARIMA는 위와 같은 X-12-ARIMA 과정에 SEATS를 추가한 것이며 하나의 프로그램으로 X-12-ARIMA와 SEATS를 모두 사용할 수 있는 점이 X-12-ARIMA와 가장 큰 차이이다. X-12-ARIMA Ver 0.3과 유사한 프로그램이지만 spectrum spec과 스톡 계열에 관한 영업일, 부활절 처리 등이 추가된 것이 주요 특징이라고 할 수 있다.

X-13-ARIMA-SEATS는 기존의 X-12-ARIMA에 SEATS 계절조정방법, 새로운 회귀변수 추가, 모형기반 F-검정, 잔여계절성 QS 검정, 사용자정의 명절변수 그룹 등을 추가한 것이라고 할 수 있다.

X-13-ARIMA의 원계열에 대한 승법모형을 다음과 같이 가정한다.

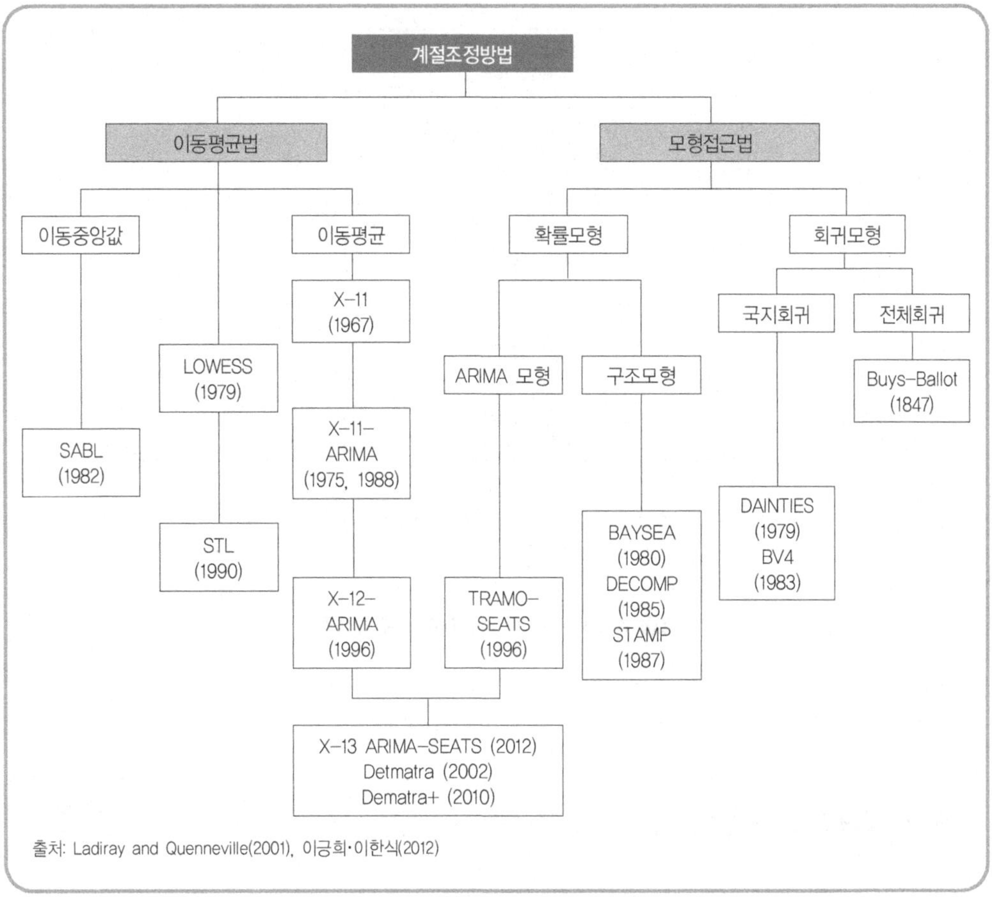

|그림 4.9| 계절조절방법의 종류

$$Z_t = TC_t \cdot S_t \cdot D_t \cdot H_t \cdot O_t \cdot I_t$$

여기서 TC_t는 추세순환변동, S_t는 계절변동, D_t는 공휴일 및 요일구성변동, H_t는 명절변동, O_t는 특이항을 나타낸다. 먼저, REGARIMA 모형을 이용하여 주어진 모형에 대한 O_t, D_t, H_t를 사전조정한다. 사전조정된 계열을 바탕으로 X11 필터, SEATS 필터를 통해 계절조정된 계열을 나타내게 되고 이 계열이 적절한지 사후진단을 통해 판단하여 최종계열을 제시한다. 이 과정을 [그림 4.10]에 간단하게 나타내었으며 X-13-ARIMA-SEATS는 SAS/ETS 14.1 이상에서 지원하고 있다.

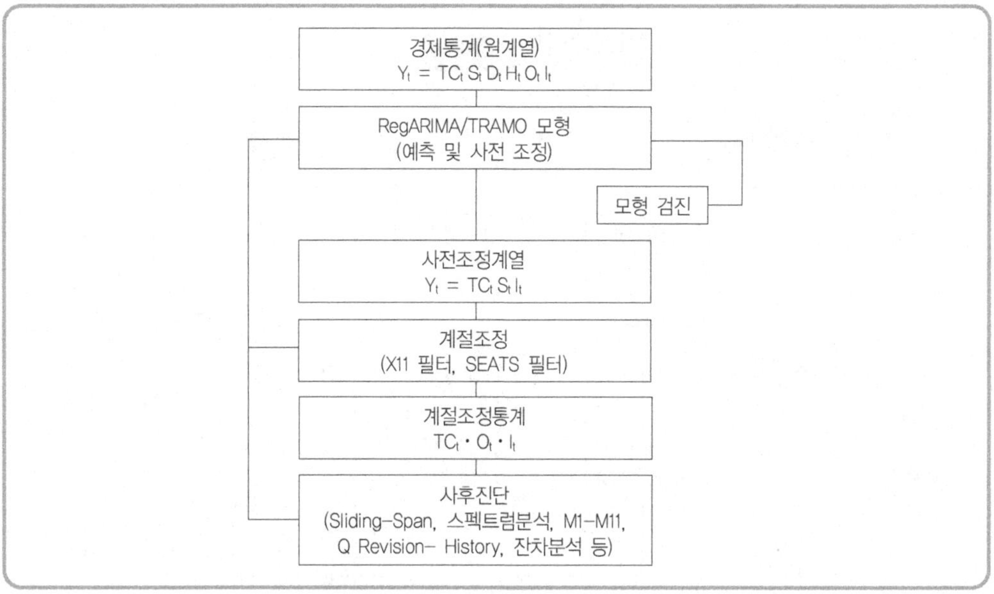

|그림 4.10| X-13-ARIMA의 분해과정

4.6 통계프로그램

1) R

(1) 이동평균

고용노동부에서는 산재근로자의 보험급여지급현황을 파악하여 보험료 징수 및 보상기준 등 제도개선의 기초자료로 활용하고자 산재보험통계를 작성한다. 1990년부터 2014년까지 연도별 수급자 1인당 보험급여(작성기간에 지급된 보험급여지급액 ÷ 수급자수) 자료를 활용하여 분석을 실시한다. [그림 4.11]은 수급자 1인당 보험급여 자료를 각각 3, 5, 7, 9 기간 이동평균을 수행한 결과이다. 이동평균기간이 길어질수록 그 곡선이 완만해지는 것을 볼 수 있다. 이동평균의 경우 첫 번째로 처음과 마지막 부분 몇 개의 추세를 추정할 수 없어 이 기간 동안의 다른 성분의 추정값을 얻을 수 없다.

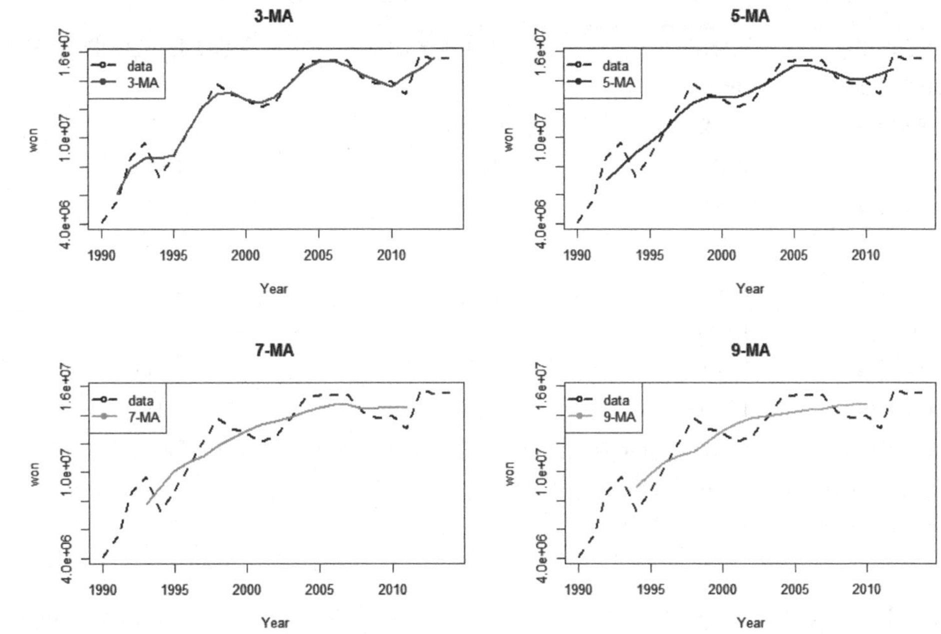


```
insurance <- ts(read_excel("H:\\R\\insurance.xlsx",col_names=FALSE), start=1990, end=2014)
par(mfrow=c(2, 2))
plot(insurance, main="3-MA", ylab="won", xlab="Year", lwd=2, lty=2)
  lines(ma(insurance,3),col="red", lwd=2)
  legend("topleft",lty=c(2,1), col=c("black", "red"), c("data", "3-MA"), pch=1, lwd=2)
plot(insurance, main="5-MA", ylab="won", xlab="Year", lwd=2, lty=2)
  lines(ma(insurance,5),col="blue", lwd=2)
  legend("topleft",lty=c(2,1), col=c("black", "blue"), c("data", "5-MA"), pch=1, lwd=2)
plot(insurance, main="7-MA", ylab="won", xlab="Year", lwd=2, lty=2)
  lines(ma(insurance,7),col="green", lwd=2)
  legend("topleft",lty=c(2,1), col=c("black", "green"), c("data", "7-MA"), pch=1, lwd=2)
plot(insurance, main="9-MA", ylab="won", xlab="Year", lwd=2, lty=2)
  lines(ma(insurance,9),col="pink", lwd=2)
  legend("topleft",lty=c(2,1), col=c("black", "pink"), c("data", "9-MA"), pch=1, lwd=2)
```

|그림 4.11| 이동평균 기간에 따른 비교

(2) 중심화 이동평균

통계청이 광업제조업동향조사에서 작성한 전기업(수력)의 생산량(단위: Gwh) 자료를 활용하여 이동평균과 중심화 이동평균을 수행한다. 1995년 1분기부터 2015년 4분기까지 수력 생산량 자료를 사용하여 4-기간 이동평균과 중심화 4-기간 이동평균을 수행한 결과를 [표 4.14]와 [그림 4.12]로 나타내었다.

| 표 4.14 | 분기별 수력 생산량 자료의 4기간 이동평균과 중심화 이동평균 비교

연도	원자료	4-기간 이동평균	중심화 4-기간 이동평균
1995 1/4	963	NA	NA
1995 2/4	1,112	1369.75	NA
1995 3/4	2,161	1399.50	1384.625
1995 4/4	1,243	1467.00	1433.250
⋮	⋮	⋮	⋮
2015 1/4	1,618	1653.00	1712.375
2015 2/4	1,233	1492.50	1572.750
2015 3/4	1,904	NA	NA
2015 4/4	1,215	NA	NA

```
water <- ts(read_excel("H:\\R\\water.xlsx",col_names=FALSE), start=c(1995,1), frequency = 4)
ma(water, order=4, centre=FALSE)
ma(water, order=4, centre=TRUE)
```

1995년 2분기와 1995년 3분기 4-기간 이동평균은 각각 $1369.75 = (963 + 1112 + 2161 + 1243)/4$, $1399.50 = (1112 + 2161 + 1243 + 1082)/4$로 계산한 결과이다. 1995년 3분기와 1995년 4분기 중심화 4-기간 이동평균은 각각 $1384.625 = (1369.75 + 1399.5)/2$, $1433.250 = (1399.50 + 1467.00)/2$와 같이 계산한 결과이다.

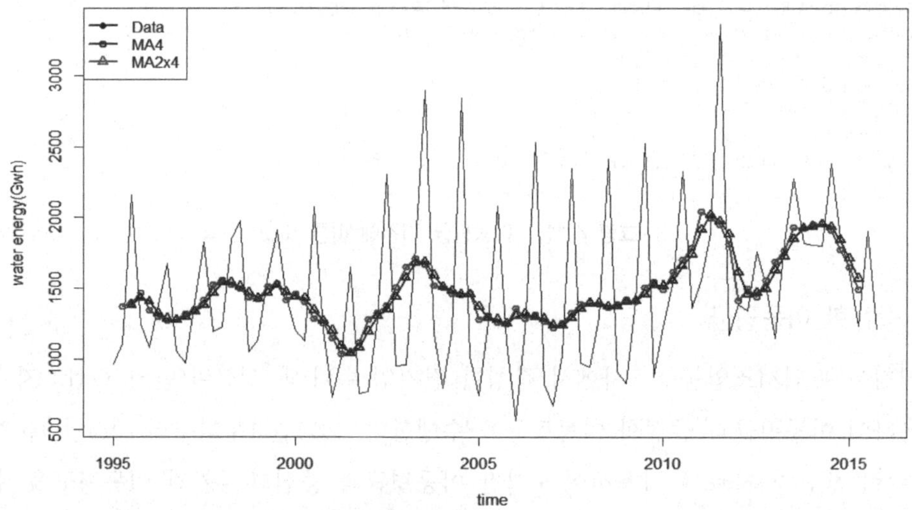


```
plot.ts(water, xlab="time",ylab="water energy(Gwh)")
lines(ma(water, order=4, centre=FALSE), col="red", lwd=2, type="o", pch=1)
lines(ma(water, order=4, centre=TRUE), col="blue", lwd=2, type="o", pch=2)
legend("topleft",lty=1, col=c("black","blue","red"), c("Data","MA4","MA2x4"), pch=c(16,1,2), lwd=2)
```

| 그림 4.12 | 분기별 수력 생산량 자료의 4기간 이동평균과 중심화 이동평균 비교

(3) 승법모형을 활용한 분해법

통계청에서는 대한민국의 인구규모 및 인구구조를 변동시키는 기본적 요인 중 하나인 사망건수에 대하여 조사한다. 2000년 1분기부터 2015년 4분기까지 분기별 사망건수 자료를 활용한다. [그림 4.13]은 분기별 사망건수 자료에 대한 시계열도와 계절 시계열도이다. 사망건수가 증가하는 추세와 분기별 계절성을 확인할 수 있다. 계절변동의 폭이 해가 지날수록 증가하는 것으로 보아 승법모형을 활용한 분해를 실시하여야 할 것이다. 승법모형을 가정한 분해를 실시한 결과는 [그림 4.14]와 같다. 원시계열을 추세, 계절, 불규칙성분으로 분해한 결과를 확인할 수 있다.

만약 계절변동이 시간에 지나도 비슷하다면 가법모형을 가정한 분해법을 적용하는 것이 바람직하다. 가법모형과 승법모형에서의 분해법은 다양한 분야에서 여전히 많이 사용되고 있지만 몇 가지 문제점을 가지고 있다. 첫 번째 문제는 처음과 마지막 부분 몇 개의 추세를 추정할 수 없어 이 기간 동안의 다른 성분의 추정값을 얻을 수 없다는 것이다. 예를 들면 $L=12$의 경우 처음 6개와 마지막 6개 값의 추세성분을 구할 수 없고, 따라서 나머지 성분의 추정값도 구할 수 없다. 두 번째 문제는 분해법에서는 계절성분이 매년 반복된다고 가정하는데 이러한 가정은 어떤 자료에서는 적용

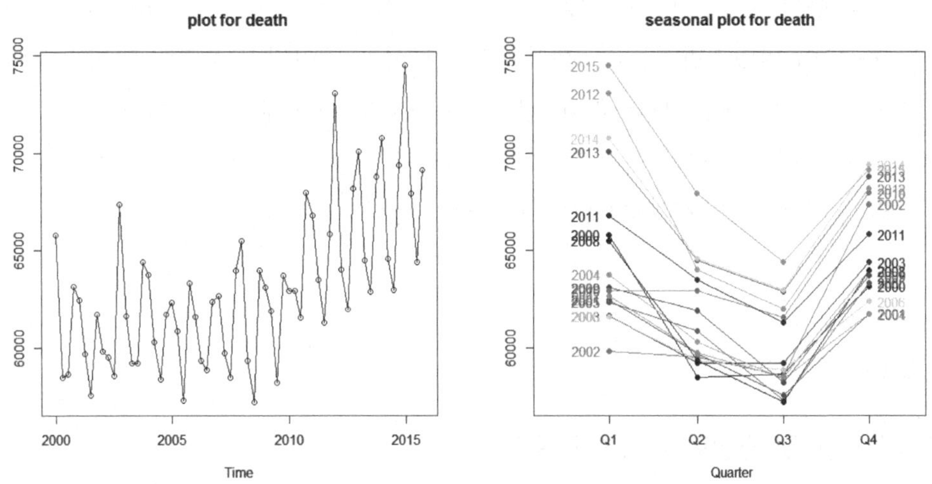


```
death <-ts(read_excel("H:\\R\\death.xlsx",col_names=FALSE), start=c(2000,1), frequency = 4)
par(mfrow=c(1, 2))
plot(death, ylab="",type="o", main="plot for death")
seasonplot(death, main="seasonal plot for death", year.labels=TRUE, year.labels.left=TRUE, col=1:20, pch=19)
```

그림 4.13 분기별 사망건수 시계열도 및 계절 시계열도

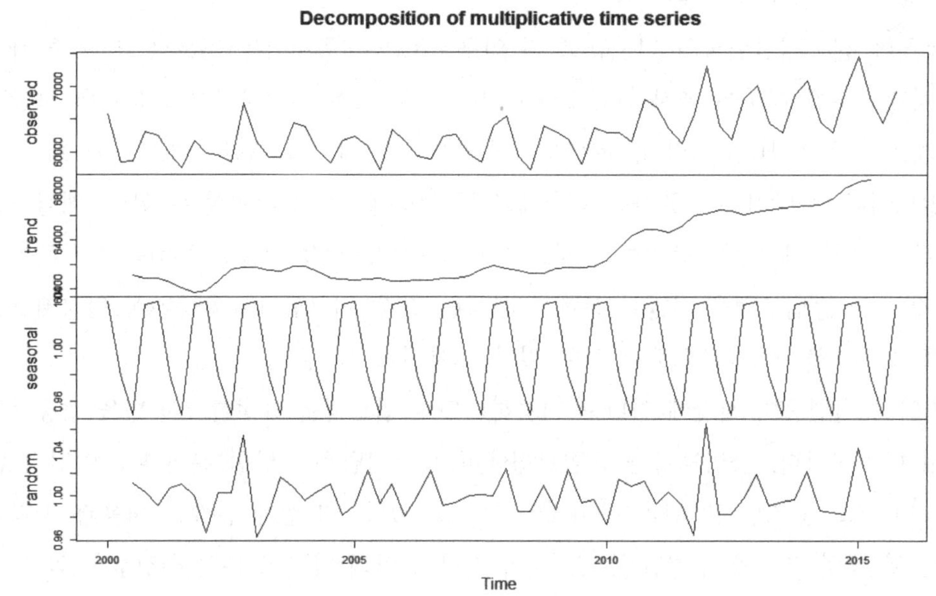


```
fit1 <- decompose(death, type="multiplicative")
plot(fit1)
```

|그림 4.14| 분기별 사망건수의 승법모형을 가정한 분해

되지 않을 수 있다는 것이다. 예를 들면 전기사용량에서 과거에는 히터의 사용으로 겨울 사용량이 많았지만 지금은 생활환경의 변화로 에어컨 사용량이 많아지면서 여름 사용량이 겨울 사용량보다 많다. 분해법은 이러한 계절패턴의 변화를 잘 감지하지 못한다. 또한 어떤 특별한 사건으로 인해 일정기간 동안 시계열이 다른 형태를 보이는 경우, 분해법은 바람직하지 않다고 알려져 있다.

2) SAS

(1) 이동평균 및 중심화 이동평균 예제

앞서 활용했던 월간 전력사용량 자료에 대해 이동평균과 중심화 이동평균을 수행한다. 4-기간 이동평균과 중심화 4-기간 이동평균을 수행한 결과를 [표 4.15]와 [그림 4.15], [그림 4.16]으로 나타내었다.

|표 4.15| 전력사용량 자료에 대한 이동평균 및 중심화 이동평균

날짜	실제값	이동평균값	
		4-기간 단순이동평균	중심화 4-기간 이동평균
JAN01	21300441		
FEB01	21096795	–	–
MAR01	21179431	21127539.00	21019357.25
APR01	20933489	20911175.50	20906254.88
MAY01	20434987	20945408.00	20923371.13
JUN01	21057430	21320610.50	21816553.63
⋮	⋮	⋮	⋮
JUL14	40010750	39629242.25	40427291.25
AUG14	40047644	38787588.00	39208415.13
SEP14	38174482	38630870.75	38709229.38
OCT14	37828850	38826141.50	38728506.13
NOV14	38743663	39022063.25	–
DEC14	42638778	–	

```
/**4-이동평균**/
proc expand data=wattage out=mwout;
  convert wattage=m4/transformout=(movave 4);
run;
proc print data=mwout; run;
/**중심화 4-이동평균(4-기간 이동평균을 한 후 다시 2-기간 이동평균을 한 중심화 4-기간 이동평균)**/
proc expand data=wattage  out=mwoutout;
  convert wattage=cm4/transformout=(cmovave 4);
run;
proc print data=mwoutout; run;
```

2001년 2월과 2001년 3월의 4-기간 이동평균은 각각 21,127,539.00 = (21,300,411 + 21,096,795 + 21,179,431 + 20,933,489)/4, 20,911,175.50 = (21,096,795 + 21,179,431 + 20,933,489 + 20,434,987)/4로 계산한 결과이다. 2001년 3월과 2001년 4월의 중심화 4-기간 이동평균은 각각 21,019,357.25 = (21,127,539.00 + 20,911,175.50)/2, 20,906,254.88 = (20,911,175.50 + 20,945,408.00)/2와 같이 계산한 결과이다.

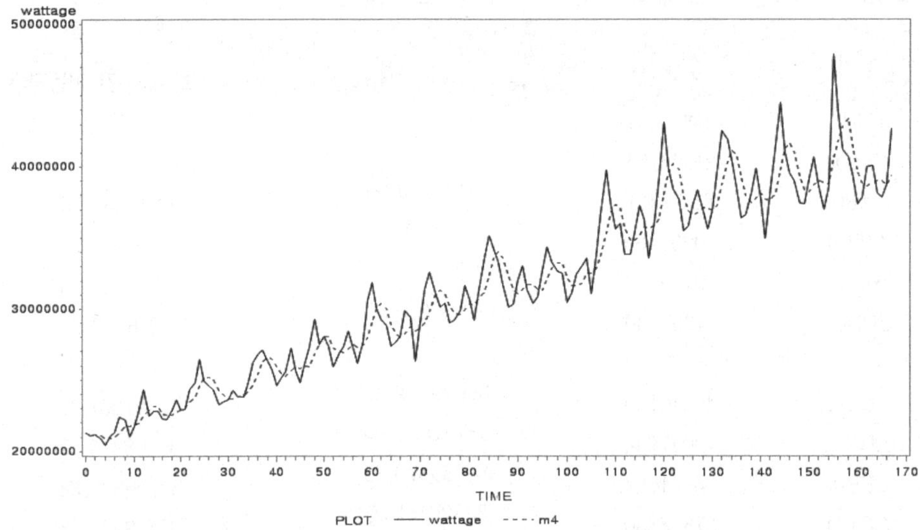


```
symbol1 h=1 l=1 i=join v=none c=black;
symbol2 h=1 l=2 i=join v=none c=blue;
proc gplot data=mwout;
plot wattage*time=1 m4*time=2/frame overlay legend; run;
```

|그림 4.15| 원자료와 4항 단순이동평균에 의한 시계열 그래프

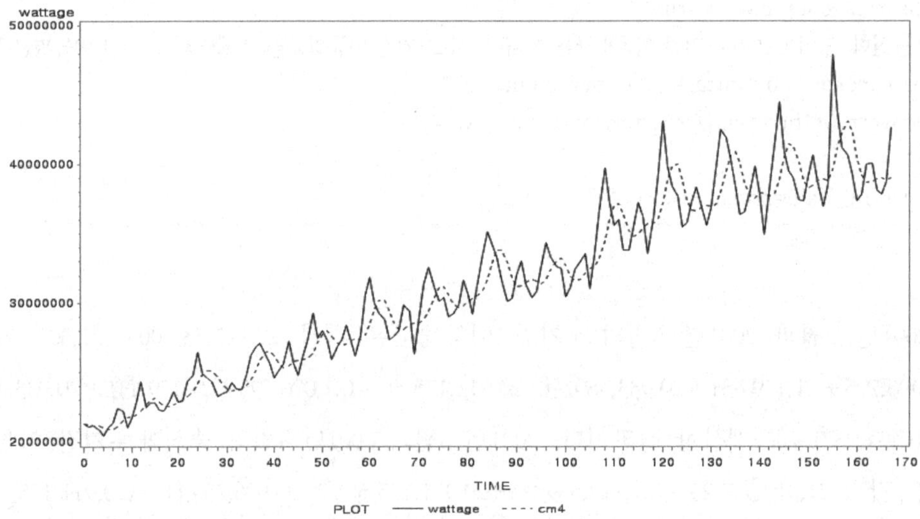


```
symbol1 h=1 l=1 i=join v=none c=black;
symbol2 h=1 l=2 i=join v=none c=blue;
proc gplot data=mwoutout;
plot wattage*time=1 cm4*time=2/frame overlay legend; run;
```

|그림 4.16| 원자료와 4항 중심화 이동평균에 의한 시계열 그래프

(2) 분해법 예제

[표 4.16]은 전력사용량 자료를 가법모형의 각각의 구성성분으로 분리한 결과이고 [표 4.17]은 승법모형의 각각의 구성성분으로 분리한 결과이다.

표 4.16 전력사용량 자료의 가법모형에서의 시계열분해

OBS	date	wattage	추세순환성	계절성	불규칙성	계절조정
1	JAN01	21300441	.	3321788.53	.	17978652.47
2	FEB01	21096795	.	1484414.99	.	19612380.01
3	MAR01	21179431	.	592980.50	.	20586450.50
4	APR01	20933489	.	−96333.57	.	21029822.57
5	MAY01	20434987	.	−1783009.01	.	22217996.01
6	JUN01	21057430	.	−1607225.84	.	22664655.84
7	JUL01	21355726	21604475.29	−646950.09	398200.80	22002676.09
8	AUG01	22434299	21789568.83	492461.08	152269.08	21941837.92
9	SEP01	22211627	21916784.21	−650320.05	945162.84	22861947.05
10	OCT01	21063675	22064398.33	−2298690.19	1297966.86	23362365.19
⋮	⋮	⋮	⋮	⋮	⋮	⋮
159	MAR14	40637619	40172860.83	592980.50	−128222.33	592980.50
160	APR14	39266561	40183572.29	−96333.57	−820677.72	−96333.57
161	MAY14	37390795	40228333.96	−1783009.01	−1054529.95	−1783009.01
162	JUN14	37855377	40018199.83	−1607225.84	−555596.99	−1607225.84
163	JUL14	40010750	.	−646950.09	.	−646950.09
164	AUG14	40047644	.	492461.08	.	492461.08
165	SEP14	38174482	.	−650320.05	.	−650320.05
166	OCT14	37828850	.	−2298690.19	.	40127540.19
167	NOV14	38743663	.	−716156.96	.	39459819.96
168	DEC14	42638778	.	1907040.62	.	40731737.38

```
proc expand data=wattage out=mulwattage2;
convert wattage=tc/transformout=(cd_tc 12);
convert wattage=s/transformout=(cda_s 12);
convert wattage=i/transformout=(cda_i 12);
convert wattage=sa/transformout=(cda_sa 12);
run;
proc print data=mulwattage2; run;
```

| 표 4.17 | 전력사용량 자료의 승법모형에서의 시계열분해

OBS	date	wattage	추세순환성	계절성	불규칙성	계절조정
1	JAN01	21300441	.	1.10242	.	19321491.62
2	FEB01	21096795	.	1.04479	.	20192377.21
3	MAR01	21179431	.	1.01858	.	20793018.91
4	APR01	20933489	.	0.99769	.	20982040.83
5	MAY01	20434987	.	0.94572	.	21607813.17
6	JUN01	21057430	.	0.95160	.	22128522.25
7	JUL01	21355726	21604475.29	0.97892	1.00977	21815653.85
8	AUG01	22434299	21789568.83	1.01589	1.01349	22083412.40
9	SEP01	22211627	21916784.21	0.97981	1.03433	22669207.59
10	OCT01	21063675	22064398.33	0.97909	1.02739	22668695.71
⋮	⋮	⋮	⋮	⋮	⋮	⋮
159	MAR14	40637619	40172860.83	1.01858	0.99311	39896198.36
160	APR14	39266561	40183572.29	0.99769	0.97945	39357633.42
161	MAY14	37390795	40228333.96	0.94572	0.98281	39536766.65
162	JUN14	37855377	40018199.83	0.95160	0.99407	39780901.67
163	JUL14	40010750	.	0.97892	.	40872441.99
164	AUG14	40047644	.	1.01589	.	39421273.56
165	SEP14	38174482	.	0.97981	.	38960912.55
166	OCT14	37828850	.	0.92920	.	40711352.11
167	NOV14	38743663	.	0.97909	.	39571132.20
168	DEC14	42638778	.	1.05629	.	40366473.73

```
proc expand data=wattage out=mulwattage;
convert wattage=tc/transformout=(cd_tc 12);
convert wattage=s/transformout=(cd_s 12);
convert wattage=i/transformout=(cd_i 12);
convert wattage=sa/transformout=(cd_sa 12);
run;
proc print data=mulwattage; run;
```

[그림 4.17] ~ [그림 4.20]은 각각 전력사용량 자료와 추정된 추세순환성분, 계절성분, 불규칙 성분, 계절조정된 성분의 시계열도를 나타낸다.

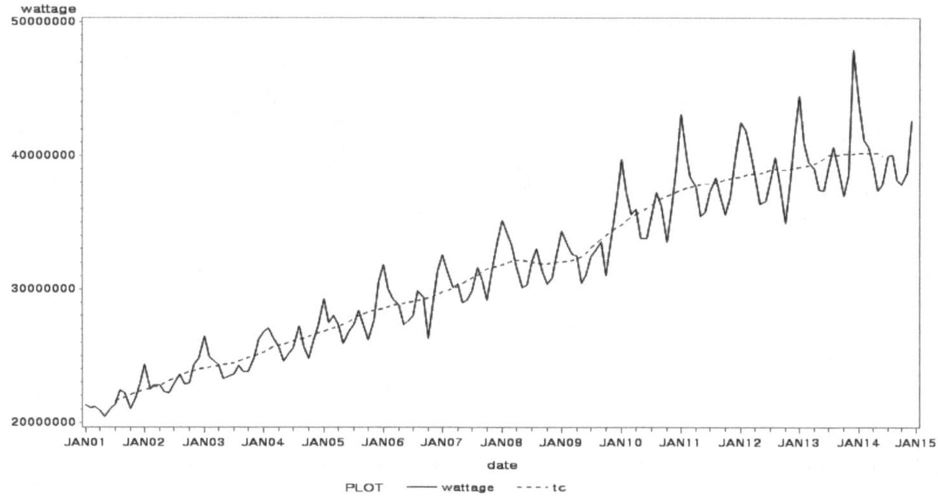


```
/*원시계열과 추정된 추세순환성분의 시계열 그래프  */
symbol1 h=1 l=1 i=join v=none c=black;
symbol2 h=1 l=2 i=join v=none c=blue;
proc gplot data=mulwattage;
plot wattage*date=1 tc*date=2/ frame overlay legend;
run;
```

|그림 4.17| 원자료와 추정된 추세순환성분의 시계열도

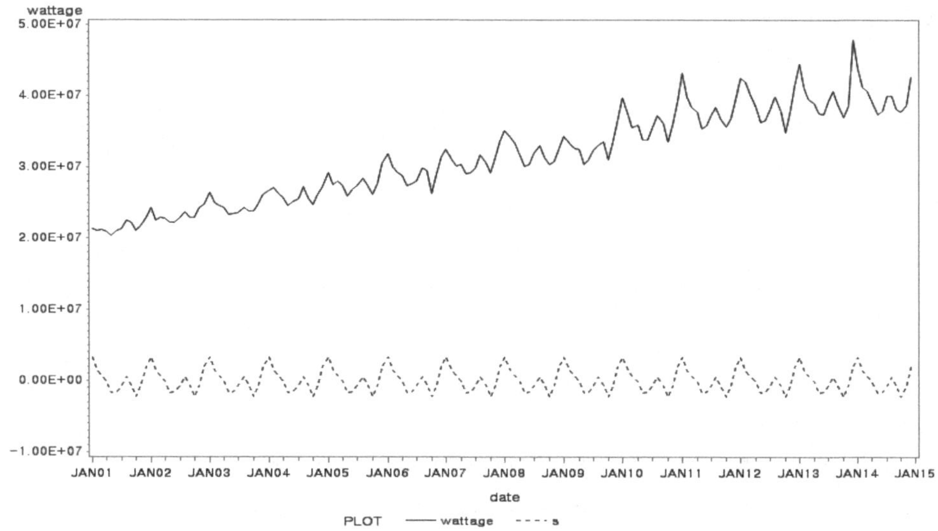


```
/*원시계열과 추정된 계절성분의 시계열 그래프 */
symbol1 h=1 l=1 i=join v=none c=black;
symbol2 h=1 l=2 i=join v=none c=blue;
proc gplot data=mulwattage;
plot wattage*date=1 s*date=2/ frame overlay legend; run;
```

|그림 4.18| 원자료와 추정된 계절성분의 시계열 그래프

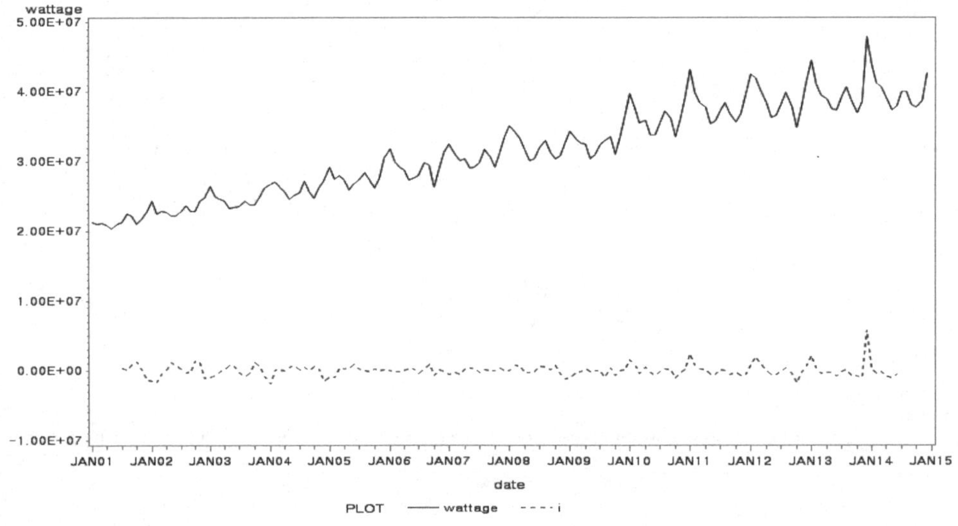


```
/*원시계열과 추정된 불규칙 성분의 시계열 그래프 */
symbol1 h=1 l=1 i=join v=none c=black;
symbol2 h=1 l=2 i=join v=none c=blue;
plot wattage*date=1 i*date=2/ frame overlay legend;
run;
```

ㅣ그림 4.19ㅣ 원자료와 추정된 불규칙성분의 시계열 그래프

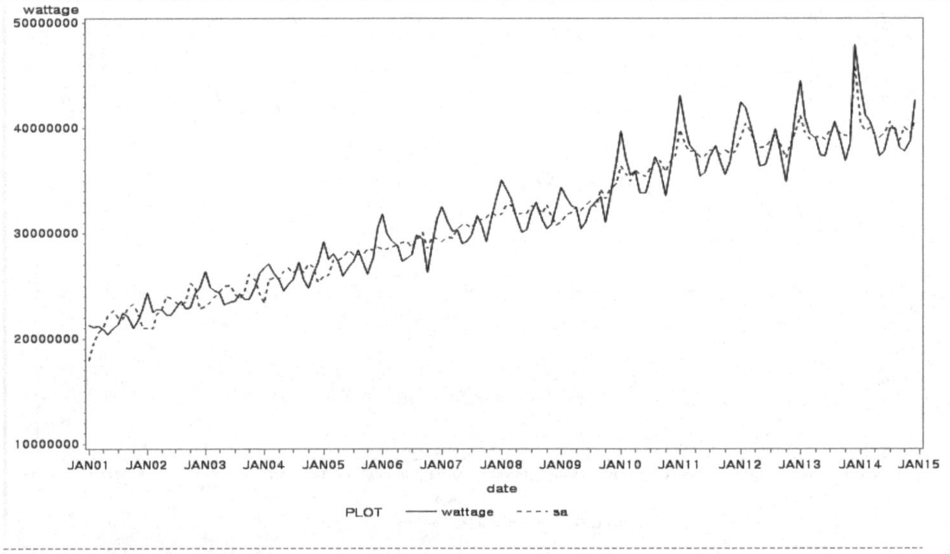


```
/*원시계열과 추정된 계절조정된 성분의 시계열 그래프 */
symbol1 h=1 l=1 i=join v=none c=black;
symbol2 h=1 l=2 i=join v=none c=blue;
proc gplot data=mulwattage;
plot wattage*date=1 sa*date=2/ frame overlay legend;
run;
```

ㅣ그림 4.20ㅣ 원자료와 추정된 계절조정된 성분의 시계열 그래프

(3) X-12-ARIMA 예제

X-13-ARIMA는 SAS/ETS 14.1 이상에서 지원하므로 SAS 9.4를 이용한 X-12-ARIMA 방법을 사용하여 한국의 월별 건축허가면적(Building Construction Permit in whole country: BCP) 자료를 변동요인별로 분해하고, 계절조정된 계열을 추정해 보기로 하자.

분석을 위하여 사용한 표본자료의 기간은 1980년 1월부터 1995년 1월까지이며 자료의 수는 181개이다.

[그림 4.21]은 X-12-ARIMA를 이용한 분해결과를 나타낸 것이고 [그림 4.22]는 원계열과 최종 계절조정된 계열을 그래프로 나타낸 것이다. 여기서 D10, D11, D12, D13은 분해과정에서 작성되는 표로서 D10은 최종 계절변동, D11은 최종 계절조정된 계열, D12는 최종 추세·순환 변동, D13은 최종 불규칙 변동을 나타낸다.

Table D 10: Final Seasonal Factors
Seasonal filter: 3 x 5 moving average
(Expressed as Percent)
For Variable area

Year	JAN	FEB	MAR	APR	MAY	JUN	JUL	AUG	SEP	OCT	NOV	DEC	Avg
1980	51.246	58.063	110.244	129.106	131.967	110.316	105.089	104.296	115.839	103.066	89.163	92.073	100.039
1981	50.463	57.340	110.291	129.461	132.083	112.557	106.248	103.589	114.780	101.487	89.184	92.380	99.989
1982	49.012	56.651	110.356	131.261	133.258	114.905	107.521	102.194	113.626	99.008	88.639	92.394	99.902
1983	47.734	56.409	111.991	132.767	133.747	117.091	108.417	101.508	112.940	95.592	87.219	92.625	99.837
1984	46.328	58.103	113.787	134.454	132.439	118.555	108.809	102.233	112.839	91.827	86.275	91.329	99.748
1985	45.492	61.124	116.952	133.969	130.391	119.792	107.826	105.350	113.063	88.099	84.338	89.914	99.692
1986	45.079	65.095	120.335	132.800	128.619	120.213	106.457	108.399	112.752	85.509	83.001	87.621	99.657
1987	46.488	68.459	123.989	130.385	127.390	119.677	105.136	111.443	110.897	84.670	80.763	87.155	99.704
1988	50.095	71.955	124.744	127.756	125.605	118.213	107.790	111.141	107.911	83.902	79.401	88.697	99.767
1989	55.266	75.549	124.021	125.356	124.167	114.488	112.337	107.949	103.261	84.692	77.598	94.165	99.904
1990	61.642	79.235	122.170	122.700	121.444	110.269	117.366	100.642	99.937	85.336	77.798	103.288	100.152
1991	67.226	82.370	121.311	119.250	116.758	105.992	119.514	94.288	96.874	86.657	79.819	115.074	100.428
1992	70.365	84.983	120.367	114.941	110.296	104.161	120.768	88.447	96.293	86.213	82.730	126.619	100.515
1993	70.547	86.834	120.750	110.923	105.089	102.910	120.263	85.800	95.087	86.265	85.408	135.317	100.433
1994	69.163	87.646	121.463	108.418	101.947	102.756	119.920	83.814	94.502	86.411	86.876	139.674	100.216
1995	68.302	.	.	.	.	.	.	.	.	.	.	.	68.302
Avg	55.903	69.988	118.185	125.570	123.680	112.793	111.564	100.740	106.707	89.916	83.881	101.888	

(a) 최종 계절변동

Table D 11: Final Seasonally Adjusted Data
For Variable area

Year	JAN	FEB	MAR	APR	MAY	JUN	JUL	AUG	SEP	OCT	NOV	DEC	Total
1980	3604.20	3189.62	2615.12	2250.87	2124.02	1898.19	1956.44	1981.86	1880.19	1831.83	1980.64	1507.49	26820.5
1981	1670.53	1815.48	1751.74	1916.41	1794.32	1708.47	1537.91	1641.10	1784.28	1810.08	1671.83	1671.36	20773.5
1982	2007.67	1888.77	2044.30	1845.93	2716.53	2050.40	2289.78	2529.50	3343.42	2839.15	2699.73	3283.78	29539.0
1983	2972.74	2995.96	3098.47	3359.26	2986.24	3457.99	3576.94	3371.16	3203.46	3525.41	3605.87	3429.96	39583.5
1984	3155.79	2893.14	3236.76	3106.64	3492.16	3698.72	3303.95	2822.97	2757.90	2595.09	2945.23	5560.11	39568.5
1985	2501.56	3105.17	2570.29	3352.27	3491.81	2742.26	3111.49	2912.20	3200.00	5049.99	3293.90	2867.17	38198.1
1986	2082.99	3066.29	3857.56	3673.20	3107.64	3468.83	3345.02	3703.90	4613.65	4096.63	3608.41	4159.97	42784.1
1987	3796.64	4529.71	3695.48	3455.16	3490.87	3836.15	3996.72	4332.26	4460.91	3947.07	4840.08	4318.75	48699.8
1988	4186.08	5011.48	5228.32	5135.58	5217.14	5201.64	4564.45	5681.08	4943.89	4873.56	4146.07	4881.79	59071.1
1989	4614.01	5192.63	7393.09	6457.59	7237.01	8471.66	7614.57	7510.93	6143.63	8249.94	10537.7	8520.15	87942.9
1990	9576.25	8664.12	8547.13	9119.00	10353.7	8939.03	9316.19	11596.6	9964.31	11283.7	10691.8	8789.98	116842
1991	11315.6	9864.03	8512.81	10456.2	9255.01	9381.80	11087.4	8027.55	9205.79	6926.18	5879.52	4756.09	104668
1992	13778.2	7815.67	4717.24	6930.50	6731.86	5438.71	7758.68	6930.69	6940.30	10150.4	9057.14	10385.5	96634.9
1993	11639.0	10157.3	9842.64	9026.10	1540.60	9983.47	8155.45	8384.57	10433.6	8902.77	12690.8	9257.54	110014
1994	7751.27	7258.77	8439.61	7236.82	8187.62	10702.0	9371.23	11773.7	10177.6	10278.8	13145.2	11670.8	115993
1995	8548.84	.	.	.	.	.	.	.	.	.	.	.	8548.84
Avg	5825.09	5163.21	5036.70	5154.77	4781.77	5398.62	5399.08	5546.67	5536.86	5757.37	6052.93	5670.69	

(b) 최종 계절조정된 계열

Table D 12: Final Trend Cycle For Variable area													
Year	JAN	FEB	MAR	APR	MAY	JUN	JUL	AUG	SEP	OCT	NOV	DEC	Total
1980	3002.25	2825.19	2645.30	2475.35	2315.16	2168.59	2040.33	1936.82	1863.76	1819.04	1796.22	1787.08	26675.1
1981	1781.91	1771.53	1756.66	1739.88	1724.81	1713.63	1708.46	1709.56	1716.75	1730.42	1751.02	1781.03	20885.7
1982	1821.63	1874.18	1940.23	2021.09	2115.84	2225.30	2346.31	2473.10	2599.84	2722.80	2838.09	2941.99	27920.4
1983	3032.19	3109.56	3178.54	3240.53	3296.05	3341.26	3371.81	3385.90	3386.81	3379.42	3368.18	3353.99	39444.2
1984	3334.55	3310.23	3279.75	3243.56	3201.00	3152.33	3101.32	3053.70	3015.70	2989.47	2975.05	2973.29	37629.9
1985	2986.86	3014.02	3049.03	3080.80	3100.79	3107.30	3104.58	3101.77	3105.25	3116.33	3134.91	3162.51	37064.1
1986	3199.75	3248.60	3306.42	3373.48	3450.00	3536.91	3630.62	3720.61	3796.51	3849.63	3880.29	3889.68	42882.5
1987	3884.95	3874.45	3864.64	3860.92	3872.85	3908.73	3971.28	4063.32	4177.07	4306.19	4445.05	4589.32	48818.8
1988	4727.26	4850.22	4948.10	5010.00	5030.71	5010.84	4956.41	4890.28	4845.25	4855.33	4944.98	5117.87	59187.2
1989	5377.52	5710.53	6098.48	6522.05	6955.97	7368.15	7739.03	8056.74	8307.01	8501.21	8653.52	8785.19	88075.4
1990	8922.57	9074.96	9244.28	9433.25	9633.42	9830.69	10011.9	10159.7	10267.1	10323.0	10328.5	10294.2	117523
1991	10229.5	10130.7	9990.90	9802.11	9560.07	9269.45	8948.32	8596.66	8222.94	7852.02	7491.73	7166.73	107261
1992	6897.90	6695.94	6592.09	6606.86	6746.84	7012.86	7378.49	7817.84	8306.13	8791.10	9233.60	9588.97	91668.6
1993	9819.61	9918.09	9900.02	9793.09	9633.59	9453.63	9265.39	9076.74	8892.92	8719.28	8563.20	8433.79	111469
1994	8344.94	8337.89	8444.85	8670.92	8999.90	9387.78	9805.91	10205.5	10534.0	10802.1	11024.9	11254.3	115813
1995	11430.2	.	.	.	.	.	.	.	.	.	.	.	11430.2
Avg	5549.60	5183.07	5215.95	5258.26	5309.13	5365.83	5425.34	5483.21	5535.80	5583.82	5628.62	5674.66	

(c) 최종 추세 · 순환 변동

Table D 13: Final Irregular Component (Expressed as Percent) For Variable area													
Year	JAN	FEB	MAR	APR	MAY	JUN	JUL	AUG	SEP	OCT	NOV	DEC	S.D.
1980	120.050	112.899	98.859	90.932	91.744	87.531	95.889	102.325	100.882	100.703	110.267	84.355	10.203
1981	93.749	102.481	99.720	110.146	104.030	99.699	90.017	95.996	103.933	104.603	95.477	93.842	5.592
1982	110.213	100.779	105.364	91.334	128.390	92.140	97.591	102.280	128.601	104.273	95.125	111.618	13.174
1983	98.039	96.347	97.481	103.664	90.601	103.494	106.084	99.565	94.586	104.320	107.057	102.265	4.810
1984	94.639	87.400	98.689	95.779	109.096	117.333	106.534	92.444	91.451	86.807	98.998	187.002	26.626
1985	83.752	103.024	84.299	108.812	112.610	88.252	100.223	93.888	103.051	162.049	105.072	90.661	20.216
1986	65.099	94.388	116.669	108.885	90.077	98.075	92.134	99.551	121.523	106.416	92.993	106.949	14.061
1987	97.727	116.912	95.623	89.491	90.137	98.143	100.641	106.619	106.795	91.661	108.887	94.104	8.140
1988	88.552	103.325	105.663	102.507	103.706	103.808	92.092	116.171	102.036	100.375	83.844	95.387	8.263
1989	85.802	90.931	121.228	99.012	104.040	114.977	98.392	93.225	73.957	97.044	121.773	96.983	13.524
1990	107.326	95.473	92.459	96.669	107.477	90.930	93.051	114.143	97.051	109.306	103.517	85.388	8.415
1991	110.617	97.367	85.206	106.673	96.809	101.212	123.905	93.380	111.953	88.209	78.480	66.363	15.509
1992	199.746	116.723	71.559	104.899	99.778	77.553	105.153	88.652	83.556	115.462	98.089	108.307	32.020
1993	118.528	102.412	99.420	92.168	15.992	105.605	88.021	92.374	117.324	102.105	148.202	109.767	29.474
1994	92.886	87.058	99.938	83.461	90.974	114.000	95.567	115.367	96.616	95.156	119.231	103.701	10.967
1995	74.792	.	.	.	.	.	.	.	.	.	.	.	25.208
S.D.	29.093	9.113	11.971	8.084	24.016	10.736	8.714	8.716	13.835	17.692	16.856	25.450	

(d) 최종 불규칙 변동

```
proc x12 data=const date=date seasons=12;
  var area;
  x11;
 output out=constout a1 d11; run;
```

그림 4.21 X-12-ARIMA를 이용한 분해 결과

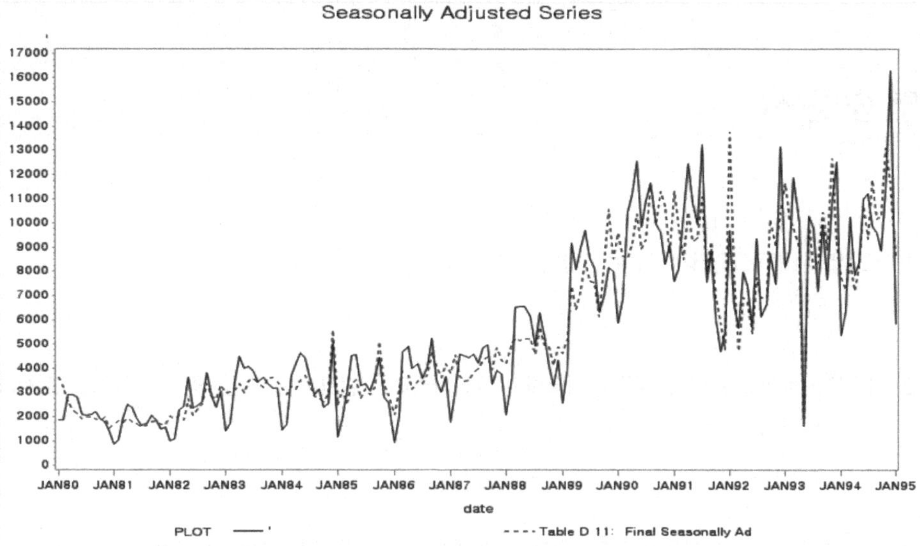


```
data constout; set constout;
  label area="";
run;
symbol1 i=join cv=black v=none;
symbol2 l=2 i=join cv=blue v=none;
proc gplot data=constout;
  title "Seasonally Adjusted Series";
  plot area*date=1 area_d11*date=2/ frame overlay legend;
run;
```

|그림 4.22| X-12-ARIMA를 이용한 최종 계절조정된 계열

연습문제

1. 시계열의 변동요인에 대하여 간략히 기술하시오.

2. 계절변동조정에 관하여 간략히 기술하고 우리나라에서 발표되는 계절조정된 계열들을 조사하여 나열하시오.

3. 다음은 2000년 1분기에서 2005년 4분기까지의 분기별 국내총생산(GDP, 단위: 일조 원)에 관한 시계열자료이다.

	2000	2001	2002	2003	2004	2005
1분기	36.12	43.72	0.58	50.99	58.03	66.96
2분기	40.45	49.24	55.53	57.86	65.26	75.29
3분기	43.81	52.63	58.20	61.62	70.51	81.17
4분기	52.34	62.61	67.41	71.08	82.26	92.37

1) 이 시계열을 그래프로 나타내고, 어떠한 종류의 변동이 포함되고 있는지를 설명하시오.
2) 비 이동평균법을 사용하여 변동요인별로 분해하시오.
3) 분해법을 사용하여 2006년의 1분기에서 4분기까지의 예측값을 구하여 실제값과 비교해 보시오.

5장

확률적 시계열분석의 기초

분해법은 시계열의 변동요인이 각각 분해될 수 있다는 가정하에서 시계열을 분석하는 방법으로, 대부분의 시계열자료는 변동요인들이 복합적으로 얽혀 있어 쉽게 분해될 수 없는 약점을 가지고 있다. 이에 따라 Box-Jenkins(1970)는 시계열분석에 대한 새로운 접근방법을 정립하였고, 또 이 방법을 더욱 더 일반화하여 통합자기회귀이동평균(Autoregressive integrated moving average: ARIMA) 모형화를 토대로 하는 통계적인 이론 체계를 구축하게 되었다. 이 분석방법은 관찰된 시계열자료를 하나의 시계열 모집단(모형)으로부터 구축된 표본으로 간주하여 이들이 어떤 확률적 성질을 만족하는가를 조사하고 통계적 추정 및 검정을 통하여 적절한 시계열모형을 수립하는 것이다. 구체적으로 Box-Jenkins 방법은 관찰된 시계열자료가 어떤 확률적 성질을 가지고 있으며 어떤 시계열모형(ARIMA 모형)이 적합한가를 찾기 위한 모형식별(model identification), 모수추정(parameter estimation), 모형의 적합성 진단(model diagnostic checking)의 세 단계를 거친다. 모형식별은 관찰된 시계열자료에 대하여 적절할 것이라고 생각되는 몇 개의 모형을 선정한 후 자료의 그래프, 관련 통계량 등을 비교하여 가장 적절한 하나의 모형을 선정하는 것이다. 이렇게 선정된 모형은 잠정적인 것으로 계속적인 분석을 통하여 개선시켜야 한다. 모형을 선정하는 데 주의해야 할 점은 모수절약의 원칙(principle of parsimony)에 충실해야 한다는 것이다. 이는 관찰된 자료를 적절히 표현하면서 모수의 수가 가장 작은 모형을 선정하는 것으로, 가능한 한 단순하게 표현하려는 것이다.

선정된 모형은 하나 이상의 모수를 포함하고 있는데 이 모수는 관찰된 자료로부터 추정할 수 있다. 모수의 추정방법으로는 적률법, 최우추정법, 최소제곱법 등이 주로 사용된다.

모형이 선정되고 나면 이것이 원래의 시계열자료를 얼마나 잘 표현하는가를 검정해야 하는데 이를 모형의 적합성진단이라고 한다.

만일 모든 가정과 조건이 만족하면 그 모형은 적절한 것이고, 따라서 그 모형을 기초로 미래값을 예측할 수 있다. 그러나 가정 및 조건이 만족되지 않는다면 다시 모형식별 단계로 되돌아가서 적절한 모형이 찾아질 때까지 위의 세 단계를 반복하여야 할 것이다.

Box-Jenkins의 시계열분석 단계를 도식화하면 다음과 같다.

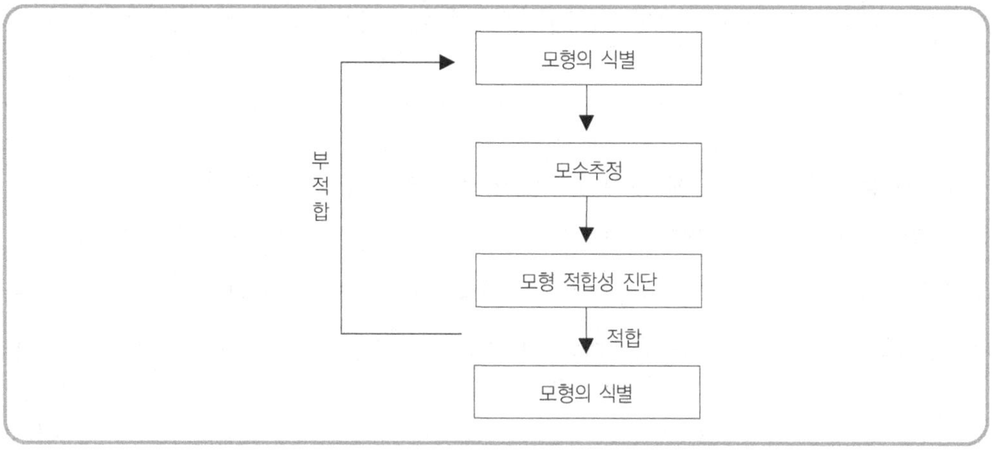

| 그림 5.1 | Box-Jenkins 방법론

이와 같은 Box-Jenkins의 시계열분석방법은 확률모형에 근거를 두고 있으며 이론적으로도 충분한 설득력을 갖고 있고 실제 분석에서도 정확한 예측값을 제공한다. 먼저 5장에서는 확률과정과 그것의 정상성, 자기상관과 편자기상관함수 등에 대한 기초 개념을 설명한다.

5.1 확률과정과 정상성

앞에서 제시된 여러 가지 시계열자료들에 대하여 확률적 구조를 설명하면 다음과 같다. 임의의 시점 t에서의 시계열을 Z_t로 표시하고 이를 하나의 확률변수(random variable)라고 하면 실제적으로 관찰된 자료는 확률변수 Z_t의 모집단으로부터 각 시점에서 얻어진 표본으로서 이를 실현값(realization)이라고 한다. 일반적으로 확률변수들의 집합인 $\{Z_t, t = 0, \pm 1, \pm 2, \cdots\}$를 확률과정(stochastic process)이라고 하고 하고, 특히 t가 시간을 나타낼 때 이 확률과정을 시계열과정 또는 시계열모형이라고 한다. 여기서 Z_t는 시점 t에서의 확률변수를 나타내고 z_t는 그 실현값을 나타낸다.

유한개의 관찰된 시계열자료로부터 모집단인 시계열모형에 관한 통계적 추정 및 검정을 하기 위해서는 분석을 단순화시키는 어떤 가정이 필요하다. 이 중 가장 중요한 것은 시계열모형의 확률적 성질이 시간에 따라 변하지 않는다고 가정하는 정상성(stationarity) 가정이다.

이제 확률과정 $\{Z(t) : t = 0, \pm 1, \pm 2, \cdots\}$으로부터 어떤 유한한 확률변수의 집합

$\{Z_{t1}, Z_{t2}, \cdots, Z_{tn}\}$을 생각해 보자. n차원 분포함수는 다음 식과 같이 정의된다.

$$F(z_{t1}, \cdots, z_{tn}) = p\{z(t_1) \geq z_{t1}, \cdots, z(t_n) \leq z_{tn}\} \tag{5.1.1}$$

일차원 분포함수가 시점에 관계없이 불변이면 확률과정이 1차 정상적이라고 한다. 즉, 어떤 정수 t_1과 k에 대해서 $F(z_{t_1}) = F(z_{t_1+k})$이 된다. 또한 어떤 정수들 t_1, t_2, k에 대해서 $F(z_{t_1}, z_{t_2}) = F(z_{t_1+k}, z_{t_2+k})$이면 2차 정상적이라고 한다. 일반적으로 임의의 정수 k와 임의의 시점들 $(t_1, \cdots, t_n)$에 대해 식 (5.1.2)가 성립하면 n차 정상적이라고 한다.

$$F(z_{t_1}, \cdots, z_{t_n}) = F(z_{t_1+k}, \cdots, z_{t_n+k}) \tag{5.1.2}$$

식 (5.1.2)가 임의의 정수 $n\,(n = 1, 2, \cdots)$에 대해 사실이면 이 확률과정은 엄격한 의미의 정상성(strictly stationary)을 갖는다고 한다.

정상성의 정의는 확률변수의 집합, 즉 확률과정 $\{Z_t\}$에 대한 것이기는 하나 편의상 이 확률과정의 실현값인 시계열이 정상성을 갖는다는 것으로 취급하기로 한다.

주어진 확률과정 $\{Z_t, t = 0, \pm 1, \pm 2, \cdots\}$에 대해서 확률과정의 평균함수는 식 (5.1.3)과 같이 정의된다.

$$\mu_t = E(Z_t) \tag{5.1.3}$$

또 분산함수는

$$\sigma_t^{\,2} = E(Z_t - \mu_t)^2 \tag{5.1.4}$$

이며, Z_{t_1}과 Z_{t_2} 간의 공분산함수는 다음과 같다.

$$\gamma(t_1, t_2) = E(Z_{t_1} - \mu_{t_1})(Z_{t_2} - \mu_{t_2}) \tag{5.1.5}$$

따라서 Z_{t_1}과 Z_{t_2} 간의 상관함수는 다음과 같이 나타낼 수 있다.

$$\rho(t_1, t_2) = \frac{\gamma(t_1, t_2)}{\sqrt{\sigma_{t_1}^2}\sqrt{\sigma_{t_2}^2}} \tag{5.1.6}$$

엄격한 의미의 정상확률과정에 대해서 분포함수는 모든 t에 대해서 같으므로 $E(|Z_t|) < \infty$이면, 평균함수는 $\mu_t = \mu$로 t에 관계없이 항상 일정하다. 마찬가지로 $E(Z_t^{\,2}) < \infty$이면 모든 t에 대해서 $\sigma_t^{\,2} = \sigma^2$로 일정하다. 더구나 임의의 정수 t_1, t_2와 k

에 대해서 $F(z_{t_1}, z_{t_2}) = F(z_{t_1+k}, z_{t_2+k})$가 되므로 공분산은 다음과 같은 관계가 성립한다.

$$\gamma(t_1,\ t_2) = \gamma(t_1+k,\ t_2+k) \tag{5.1.7}$$

그리고 상관함수는

$$\rho(t_1,\ t_2) = \rho(t_1+k,\ t_2+k) \tag{5.1.8}$$

와 같은 관계가 성립한다. 여기서 $t_1 = t-k$와 $t_2 = t$라고 놓으면 공분산함수와 상관함수는 다음 식이 성립된다.

$$\gamma(t_1,\ t_2) = \gamma(t-k,\ t) = \gamma(t,\ t+k) = \gamma_k \tag{5.1.9}$$

$$\rho(t_1,\ t_2) = \rho(t-k,\ t) = \rho(t,\ t+k) = \rho_k \tag{5.1.10}$$

두 시점 t_1, t_2 간의 공분산함수와 상관함수는 시차 k에 의해서 결정된다.

시계열 $\{Z_t\}$가 약한 정상성(weakly stationarity)을 가지면
첫째, 평균값 $E(Z_t)$는 일정하다. 즉, 시점 t에 의존하지 않는다.
둘째, 분산 σ_t^2도 시점 t에 의존하지 않는다.
셋째, Z_t와 Z_{t+k} 간의 공분산과 상관함수는 단지 시차 k에만 의존하고 실제 시점들 t와 $t+k$에 의존하지 않는다.

위의 세 가지 조건을 만족하는 시계열은 넓은 의미로 정상적(stationary), 약하게 정상적(weakly stationary) 또는 이차 정상적(second order stationary)이라고도 한다. 어떤 시계열이 엄격한 의미의 정상성을 가지면 넓은 의미로도 정상적이다. 그러나 그 역은 성립하지 않는다.

일반적으로 어떤 시계열이 엄격한 의미로 정상적인지를 조사하는 것은 거의 불가능한 일이다. 따라서 대부분의 통계분석에서 정상성을 가정할 때는 넓은 의미의 정상성을 의미한다. 이후 이 책에서의 정상성은 넓은 의미의 정상성을 뜻하기로 한다.

예제 5-1

엄격한 의미의 정상성과 넓은 의미의 정상성과의 관계를 알아보자. Z_t를 표준정규분포 $N(0,1)$와 1 혹은 -1에 같은 확률 1/2을 갖고 2개의 값만 갖는 이산 균일분포를 번갈아 하는 독립 확률변수들의 집합이라고 하자. 그러면 정규분포 및 균일분포의 평균과 분산으로부터 모든 t에 대해서 $E(Z_t)=0$이고 $E(Z_t^2)=1$임을 알 수 있다. 한편 이들의 공분산과 상관관계는 다음과 같음을 알 수 있다.

$$E(Z_t,\ Z_s)=\begin{cases}0\ , & t\neq s\\ 1\ , & t=s\end{cases}$$

$$\rho(t,s)=\frac{E(Z_t,\ Z_s)}{\sqrt{E(Z_t^2)}\sqrt{E(Z_s^2)}}=\begin{cases}0 & t\neq s\\ 1 & t=s\end{cases}$$

따라서 이 시계열은 시간에 따라 분포함수가 변하므로 넓은 의미로 정상적이지만 엄격한 의미로는 정상적이 아니다. 사실 이것은 어떤 차수에 대해서도 정상적이 아니다.

확률과정의 결합확률분포가 정규분포이면 확률과정은 정규과정 혹은 가우시안 과정(Gaussian process)이라고 한다. 정규분포가 일차 및 이차 적률에 의해서 특성을 나타내기 때문에 엄격한 의미에서의 정상적인 것과 약한 의미에서의 정상적인 것은 가우시안 과정에 대해서는 같다. 특별히 언급을 하지 않은 한 본 책에서 설명할 과정은 가우시안 과정으로 가정한다.

5.2 자기공분산함수와 자기상관함수(ACF)

정상과정 $\{Z_t\}$는 모든 t에 대해서 일정한 평균 $E(Z_t)=\mu$과 분산 $Var(Z_t)=E(Z_t-\mu)^2=\sigma^2$을 가지며, 단지 공분산 $Cov(Z_t,\ Z_{t+k})$은 시차 k의 함수가 된다. 즉 Z_t와 Z_{t+k}의 공분산(covariance)은 다음과 같다.

$$\gamma_k=Cov(Z_t,\ Z_{t+k})=E(Z_t-\mu)(Z_{t+k}-\mu) \tag{5.2.1}$$

한편 Z_t와 Z_{t+k}의 상관함수(correlation function)는 다음과 같이 정의된다.

$$\rho_k=\frac{Cov(Z_t,\ Z_{t+k})}{\sqrt{Var(Z_t)}\sqrt{Var(Z_{t+k})}}=\frac{\gamma_k}{\gamma_0} \tag{5.2.2}$$

여기서 $Var(Z_t)=Var(Z_{t+k})=\gamma_0$이고, γ_k는 k의 함수이므로 자기공분산함수(Autocovariance function)라고 하고, ρ_k는 자기상관함수(Autocorrelation function: ACF)라고 한다. 자기공분산함수(Autocovariance function)와 자기상관함수(Autocorrelation function: ACF)는 단지 k시차로 분리된, 같은 과정에서의 Z_t와 Z_{t+k} 사이의 공분산함수와 상관함수를 나타낸다.

정상과정에서 자기공분산함수 γ_k와 자기상관함수 ρ_k는 임의의 시차 k에 대하여 다음과 같은 성질을 갖고 있다.

1. $\gamma_0 = Var(Z_t)$; $\rho_0 = 1$
2. $|\gamma_k| \le \gamma_0$; $|\rho_k| \le 1$
3. 모든 k에 대하여 $\gamma_k = \gamma_{-k}$, $\rho_k = \rho_{-k}$, 즉 γ_k와 ρ_k는 $k=0$인 최초시점에서 대칭인 대칭함수이다.

Box-Jenkins 모형을 이용한 시계열분석은 자기상관함수로 시계열의 특성을 파악하게 된다. 그러나 실제로 모집단의 자기상관함수를 알 수 없으므로 관찰된 자료로부터 추정해야 하는데, 이 추정량을 표본자기상관함수(sample autoco- rrelation function: SACF)라고 하고 다음과 같이 정의한다.

$$r_k = \hat{\rho}_k = \frac{\hat{\gamma}_k}{\hat{\gamma}_0} = \frac{\sum_{t=1}^{n-k}(Z_t - \overline{Z})(Z_{t+k} - \overline{Z})}{\sum_{t=1}^{n}(Z_t - \overline{Z})^2}, \quad k = 0,\ 1,\ 2, \cdots \tag{5.2.3}$$

시차 k에 대한 $\hat{\rho}_k$의 그래프를 표본상관도(sample correlogram)라고 하며, 이것은 시계열의 특성을 파악하고 모형을 식별하는 데 유용하게 쓰인다. 또한 n이 큰 경우 r_k는 근사적으로 평균 ρ_k를 갖는다.

이때 r_k는 n이 크고 평균 $\rho_k = 0$인 경우(단, $k > m$)에는 분산이 다음과 같은 정규분포에 근사한다.

$$Var(\gamma_k) \cong \frac{1}{n}(1 + 2\rho_1^2 + 2\rho_2^2 + \cdots + 2\rho_m^2)$$

따라서 r_k의 표준오차(standard error)의 추정은 다음과 같이 할 수 있다.

$$S_{\gamma_k} = \sqrt{\frac{1}{n}(1 + 2\gamma_1^2 + \cdots + 2\gamma_m^2)}$$

또한

$$\hat{\rho}_k = \frac{\sum_{t=1}^{n-k}(Z_t - \overline{Z})(Z_{t+k} - \overline{Z})}{\sum_{t=1}^{n}(Z_t - \overline{Z})^2} \tag{5.2.4}$$

$$= \frac{\sum_{t=k+1}^{n}(Z_t - \overline{Z})(Z_{t-k} - \overline{Z})}{\sum_{t=1}^{n}(Z_t - \overline{Z})^2}$$

$$= \hat{\rho}_{-k}$$

이므로 표본자기상관함수는 $k = 0$을 중심으로 대칭이 된다.

5.3 편자기상관함수(PACF)

Z_t와 Z_{t+k}의 자기상관함수와 더불어 다음 8장에서 다룰 모형식별에서 중요한 또 하나의 개념은 편자기상관함수(partial autocorrelation function: PACF)이다. 부분자기상관함수라고도 하며, 임의의 시차 k에 대하여 Z_t와 Z_{t+k}의 상관관계에서 그것들 사이에 끼어 있는 $Z_{t+1}, Z_{t+2}, \cdots, Z_{t+k-1}$의 상호 선형 의존성을 제거한 후의 Z_t와 Z_{t+k}만의 자기상관함수로 다음과 같은 조건부자기상관함수로 표현된다.

$$\phi_{kk} = Corr\,(Z_t,\ Z_{t+k} \mid Z_{t+1} = z_{t+1}, \cdots, Z_{t+k-1} = z_{t+k-1}) \qquad (5.3.1)$$

이와 같은 편자기상관함수 ϕ_{kk}는 시차 k의 함수이며 다음과 같은 회귀모형을 고려하여 얻을 수 있다.

$$Z_{t+k} = \phi_{k1}\ Z_{t+k-1} + \phi_{k2}\ Z_{t+k-2} + \cdots + \phi_{kk}\ Z_t + a_{t+k} \qquad (5.3.2)$$

여기서 ϕ_{kj}는 j번째 회귀계수이고 a_{t+k}는 정규오차항으로 $Z_{t+k-j}, j \geq 1$와 상관되지 않는다. 편자기상관함수 ϕ_{kk}를 얻기 위하여 식 (5.3.2)의 양변에 Z_{t+k-j}를 곱하고 기댓값을 취해 주면 아래의 자기공분산함수 식을 얻는다.

$$\begin{aligned} E(Z_{t+k}Z_{t+k-j}) = {} & \phi_{k1}E(Z_{t+k-1}Z_{t+k-j}) \\ & + \phi_{k2}\,E(Z_{t+k-2}Z_{t+k-j}) + \cdots + \phi_{kk}\ E(Z_t\ Z_{t+k-j}), \end{aligned} \qquad (5.3.3)$$

혹은

$$\gamma_j = \phi_{k1}\ \gamma_{j-1} + \phi_{k2}\ \gamma_{j-2} + \cdots + \phi_{kk}\gamma_{j-k}\ . \qquad (5.3.4)$$

여기서 분산 γ_0를 양변에 나누어주면 다음과 같은 자기상관함수의 식을 얻을 수 있다.

$$\rho_j = \phi_{k1}\rho_{j-1} + \phi_{k2}\ \rho_{j-2} + \cdots + \phi_{kk}\ \rho_{j-k}\ . \tag{5.3.5}$$

여기서 $j = 1, 2, \cdots, k$로부터 자기상관함수들의 방정식을 다음과 같이 구할 수 있는데 이를 Yule-Walker 방정식이라고 한다.

$$\begin{aligned} \rho_1 &= \phi_{k1}\rho_0 + \phi_{kk}\rho_1 + \cdots + \phi_{kk}\rho_{k-1} \\ \rho_2 &= \phi_{k1}\rho_1 + \phi_{kk}\rho_0 + \cdots + \phi_{kk}\rho_{k-2} \\ &\vdots \\ \rho_k &= \phi_{k1}\rho_{k-1} + \phi_{kk}\rho_{k-2} + \cdots + \phi_{kk}\rho_0 \end{aligned} \tag{5.3.6}$$

그리고 Cramer의 해법을 $k = 1, 2, \cdots$에 반복적으로 적용하면 다음과 같은 편자기상관함수 ϕ_{kk}를 얻을 수 있고, 이것은 모형식별을 하는 데 중요한 역할을 하게 된다.

$$\phi_{11} = \rho_1 \tag{5.3.7}$$

$$\phi_{22} = \frac{\begin{vmatrix} 1 & \rho_1 \\ \rho_1 & \rho_2 \end{vmatrix}}{\begin{vmatrix} 1 & \rho_1 \\ \rho_1 & 1 \end{vmatrix}} = \frac{\rho_2 - \rho_1^2}{1 - \rho_1^2} \tag{5.3.8}$$

$$\phi_{33} = \frac{\begin{vmatrix} 1 & \rho_1 & \rho_1 \\ \rho_1 & 1 & \rho_2 \\ \rho_2 & \rho_1 & \rho_3 \end{vmatrix}}{\begin{vmatrix} 1 & \rho_1 & \rho_2 \\ \rho_1 & 1 & \rho_1 \\ \rho_2 & \rho_1 & 1 \end{vmatrix}} \tag{5.3.9}$$

$$\vdots$$

$$\phi_{kk} = \frac{\begin{vmatrix} 1 & \rho_1 & \rho_2 & \cdots & \rho_{k-2} & \rho_1 \\ \rho_1 & 1 & \rho_1 & \cdots & \rho_{k-3} & \rho_2 \\ \vdots & \vdots & \vdots & & \vdots & \vdots \\ \rho_{k-1} & \rho_{k-2} & \rho_{k-3} & \cdots & \rho_1 & \rho_k \end{vmatrix}}{\begin{vmatrix} 1 & \rho_1 & \rho_2 & \cdots & \rho_{k-2} & \rho_{k-1} \\ \rho_1 & 1 & \rho_1 & \cdots & \rho_{k-3} & \rho_{k-2} \\ \vdots & \vdots & \vdots & & \vdots & \vdots \\ \rho_{k-1} & \rho_{k-2} & \rho_{k-3} & \cdots & \rho_1 & 1 \end{vmatrix}} \tag{5.3.10}$$

표본편자기상관함수(sample partial autocorrelation function: SPACF) $\hat{\phi}_{kk}$는 식 (5.3.6)에서 ρ_i 대신에 $\hat{\rho}_i$를 대체하여 구한다. 식 (5.3.10)에서 시차 k가 크면 복잡한 행렬식을

계산하는 대신 다음과 같은 Durbin-Levinson의 알고리즘을 이용한 축소모형을 사용한다.

$$\hat{\phi}_{k+1,k+1} = \frac{r_{k+1} - \sum_{j=1}^{k} \phi_{kj} r_{k+1-j}}{1 - \sum_{j=1}^{k} \phi_{kj} r_j} \tag{5.3.11}$$

$$\hat{\phi}_{k+1,j} = \hat{\phi}_{kj} - \hat{\phi}_{k+1,k+1} \hat{\phi}_{k,k+1-j} \qquad j = 1, \cdots, k \tag{5.3.12}$$

귀무가설이 $\phi_{kk} = 0$인 경우에는 $\hat{\phi}_{kk}$의 분산은 근사적으로 다음과 같이 된다.

$$Var(\hat{\phi}_{kk}) \simeq \frac{1}{n}$$

따라서 $\phi_{kk} = 0$의 가설을 검정할 때 95% 신뢰구간은 $\hat{\phi}_{kk} \pm 1.96\sqrt{\frac{1}{n}}$ 을 사용할 수 있다.

5.4 백색잡음과정

확률과정$\{ a_t,\ t = 0, \pm 1, \pm 2, \cdots \}$들이 서로 독립이고 동일한 분포를 가지며, 평균 $E(a_t) = \mu_a$(일반적으로 0으로 가정)와 분산 $Var(a_t) = \sigma_a^2$, 그리고 0이 아닌 모든 k에 대하여 공분산 $\gamma_k = Cov(a_t,\ a_{t+k}) = 0$을 가질 때 이를 백색잡음과정(white noise process)이라고 한다. 정의에 의해서 백색잡음 $\{a_t\}$는 평균과 분산, 공분산이 시간에 의존하지 않으므로 정상성을 갖는다. 백색잡음의 자기공분산함수 및 ACF, PACF는 다음과 같다.

자기공분산함수

$$\gamma_k = \begin{cases} \sigma_a^2 , & k = 0 \\ 0 , & k \neq 0 \end{cases} \tag{5.4.1}$$

자기공분산함수

$$\rho_k = \begin{cases} 1 , & k = 0 \\ 0 , & k \neq 0 \end{cases} \tag{5.4.2}$$

편자기상관함수

$$\phi_{kk} = \begin{cases} 1 , & k - 0 \\ 0 , & k \neq 0 \end{cases} \tag{5.4.3}$$

시차가 0인 경우 ACF와 PACF는 $\rho_0 = \phi_{00} = 1$이고 일반적으로 ACF와 PACF를 정의할 때 ρ_k와 ϕ_{kk}로 사용한다. 백색잡음과정의 기본적 현상은 $k \neq 0$인 경우 ACF와 PACF가 동일하게 0이라는 것이다.

백색잡음과정은 어떤 이론적인 전개를 목적으로 한 수리적 모형으로서 시계열모형 수립에 매우 중요한 기본적인 역할을 한다.

SAS를 사용하여 백색잡음과정을 생성한 후 산점도, ACF, PACF를 그래프로 나타내면 [그림 5.2]~[그림 5.3]과 같다.

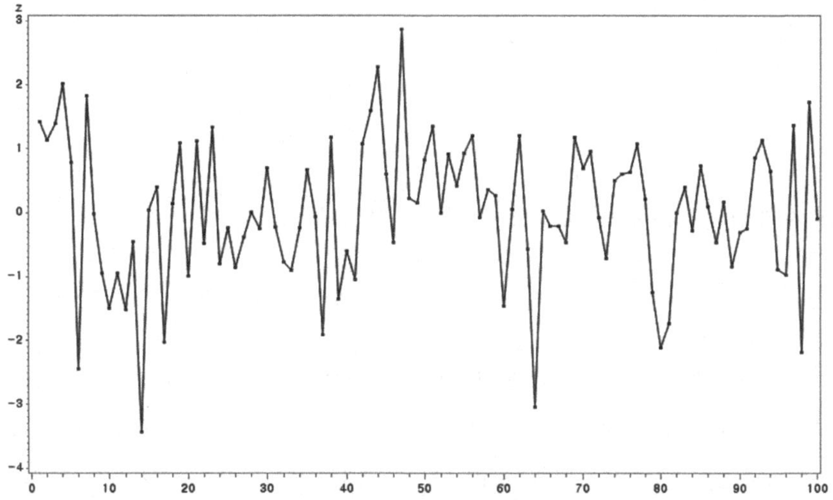

|그림 5.2| 백색잡음과정의 시계열산포도

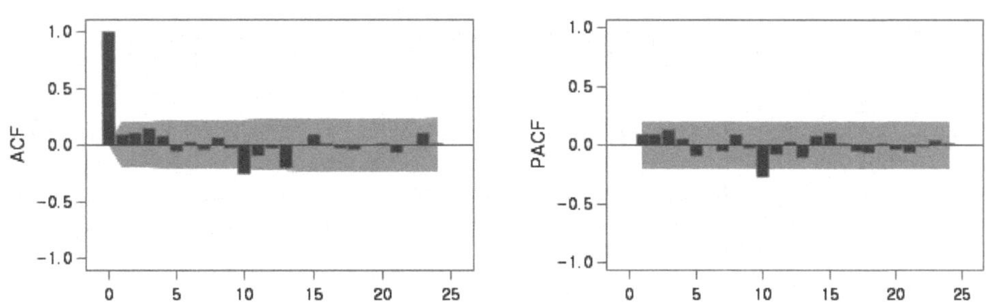

|그림 5.3| 백색잡음과정의 ACF와 PACF

5.5 확률보행과정

$\{ a_t,\ t = 0, \pm 1, \pm 2, \cdots \}$가 백색잡음과정, 즉 독립적이고 동일한 분포를 가지며 $E(a_t) = 0$, $Var(a_t) = \sigma_a^2$를 갖는다고 할 때, 다음과 같은 시계열 $\{ Z_t,\ t = 0, \pm 1, \pm 2, \cdots \}$를 고려하자.

$$
\begin{aligned}
Z_1 &= a_1 \qquad (5.5.1)\\
Z_2 &= a_1 + a_2\\
&\ \vdots\\
Z_t &= a_1 + a_2 + \cdots + a_t = \sum_{i=1}^{t} a_i
\end{aligned}
$$

이러한 시계열은 다음과 같은 모형으로 간단하게 표현된다.

$$Z_t = Z_{t-1} + a_t,\ t = 1,\ 2,\ \cdots,\ \text{단 } Z_0 = 0 \qquad (5.5.2)$$

$\{a_t\}$가 시점 t에서 어떤 사람이 한 방향으로 움직인 보폭이라고 하면 Z_t는 시점 t에서 그 사람의 위치가 되므로, 식 (5.5.2)와 같은 모형을 확률보행과정(random walk process) 또는 임의보행과정이라고 한다. 확률보행과정의 평균과 분산은 다음과 같다.

$$\mu_t = E(Z_t) = E(a_1 + a_2 + \cdots + a_t) = 0 \qquad (5.5.3)$$

$$\sigma_Z^2 = Var(Z_t) = Var(a_1 + a_2 + \cdots + a_t) = t\,\sigma_a^2 \qquad (5.5.4)$$

또한 자기공분산함수와 자기상관함수는 임의의 시차 h에 대하여 다음과 같다.

$$
\begin{aligned}
\gamma_h &= Cov(Z_t,\ Z_{t+h}) \qquad (5.5.5)\\
&= Cov(a_1 + a_2 + \cdots + a_t, a_1 + a_2 + a_3 + \cdots + a_{t+h})\\
&= t\,\sigma_a^2
\end{aligned}
$$

위 식으로부터 확률보행과정은 평균과 분산이 시간 t에 따라 변하고 자기공분산함수도 시간에 따라 변하므로 비정상(non-stationary)시계열이다. 그러나 이 확률보행과정을 1차 차분하면 백색잡음과정이 되고 정상성을 만족하게 된다.

$$Z_t - Z_{t-1} = (a_1 + a_2 + \cdots + a_t) - (a_1 + a_2 + \cdots + a_{t-1}) = a_t \tag{5.5.6}$$

이와 같은 확률보행과정은 주가지수 또는 비커 속의 물 위에 떨어뜨린 꽃가루 입자가 비커 바닥에 닿을 때까지의 궤적 등 다양한 확률모형을 설명해 주는 중요한 확률과정 모형이다. 이것은 시차 h가 작을수록, 즉 서로 이웃하면 할수록 자기상관계수가 커져서 상관정도가 매우 크게 되는 속성을 갖고 있다.

다음은 확률보행의 시계열자료를 100개 생성하기 위한 프로그램에 의한 시계열산포도와 ACF, PACF 그리고 1차 차분 후의 시계열산포도와 ACF, PACF가 [그림 5.4]~[그림 5.7]에 나타나 있다.

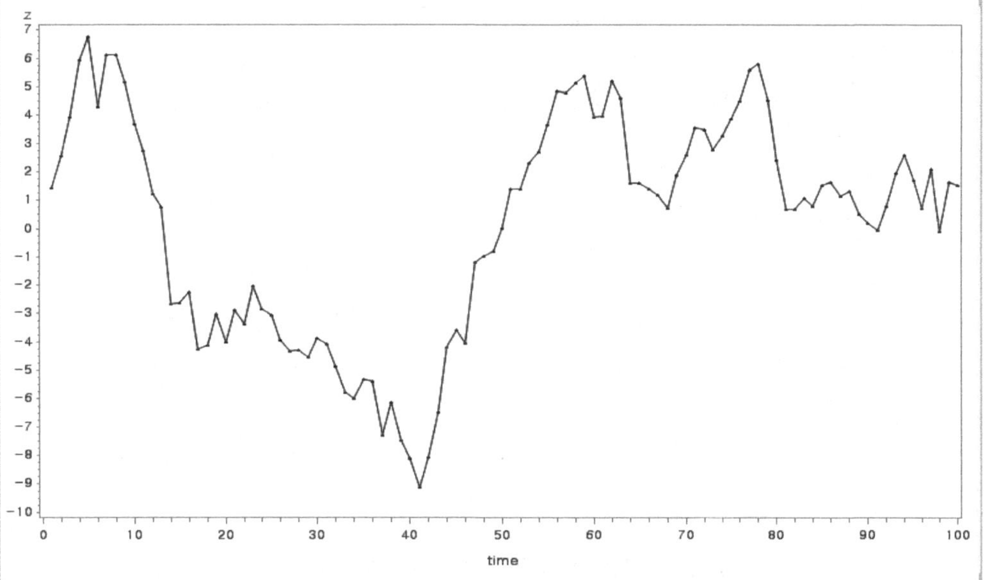

|그림 5.4| 확률보행과정의 시계열산포도

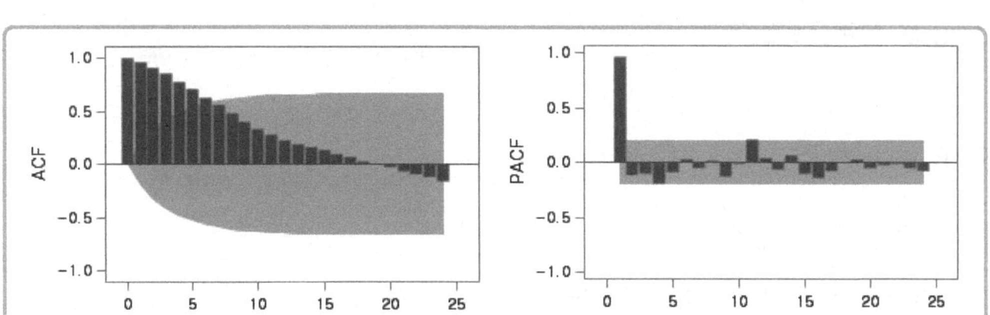

|그림 5.5| 확률보행과정의 ACF와 PACF

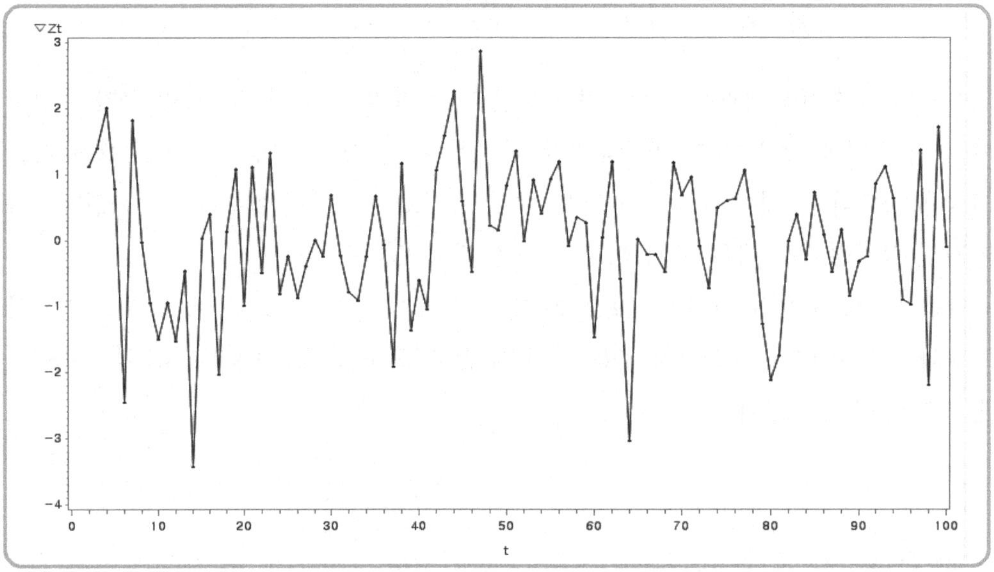

그림 5.6 확률보행과정을 1차 차분한 시계열산포도

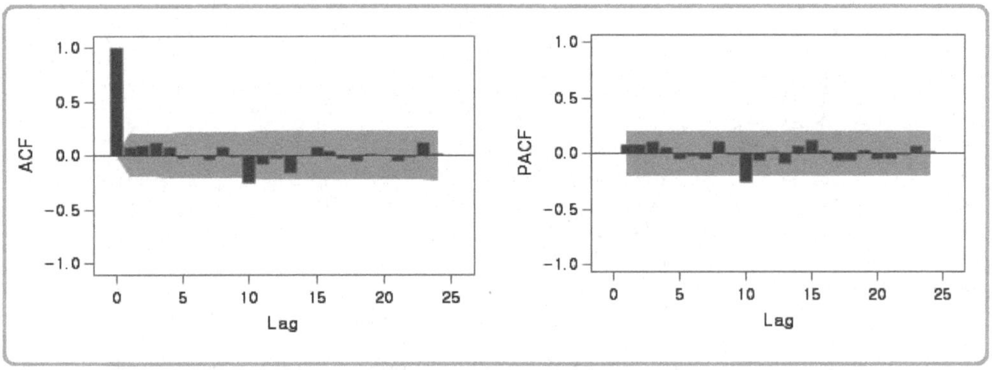

그림 5.7 확률보행과정의 1차 차분 후 ACF와 PACF

5.6 통계프로그램

1) R

(1) 백색잡음과정 예제

[그림 5.8]은 100개의 백색잡음과정을 생성하여 그린 시계열도이며, [그림 5.9]는 생성한 백색잡음과정의 ACF와 PACF를 나타낸 그래프이다.

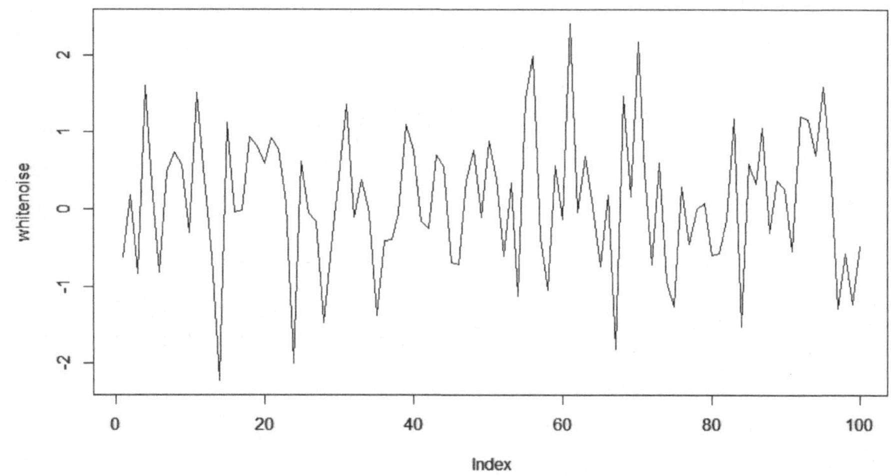

```
set.seed(1)
whitenoise<-rnorm(100)
plot(whitenoise,type="l")
whitenoise1<-arima.sim(list(), n=100)
plot(whitenoise1,type="l")
```

| 그림 5.8 | 백색잡음의 시계열도

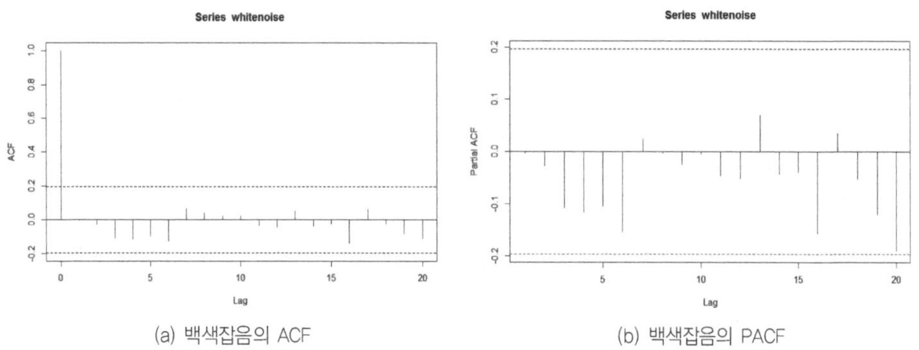

```
acf(whitenoise)
pacf(whitenoise)
```

| 그림 5.9 | 백색잡음의 ACF와 PACF

(2) 확률보행과정 예제

[그림 5.10]은 1000개의 확률보행과정을 생성하여 그린 시계열도이고 [그림 5.11]은 생성한 확률보행과정의 ACF와 PACF 그래프이다. [그림 5.12]와 [그림 5.13]은 각각 확률보행과정을 1차 차분한 후의 시계열도와 ACF와 PACF를 나타낸 그래프이다.

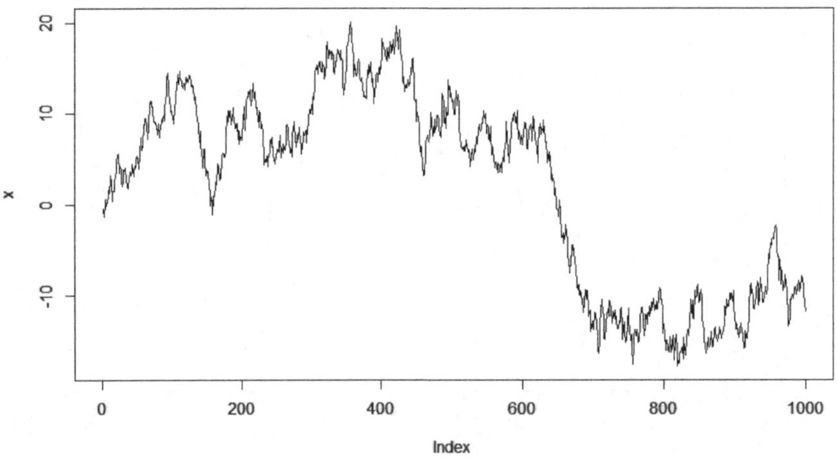


```
set.seed(1)
x <- w <- rnorm(1000)
for (t in 2:1000) x[t]<-x[t-1]+w[t]
plot(x,type="l")
```

ı그림 5.10ı 확률보행의 시계열도

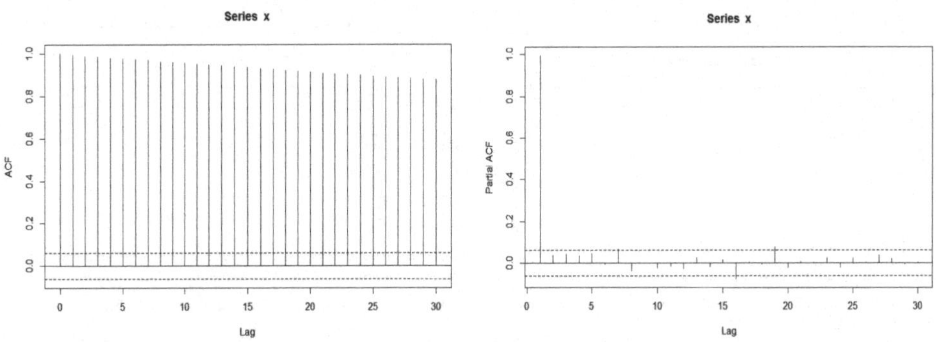

(a) 확률보행의 ACF (b) 확률보행의 PACF

```
acf(x)
pacf(x)
```

ı그림 5.11ı 확률보행의 ACF와 PACF

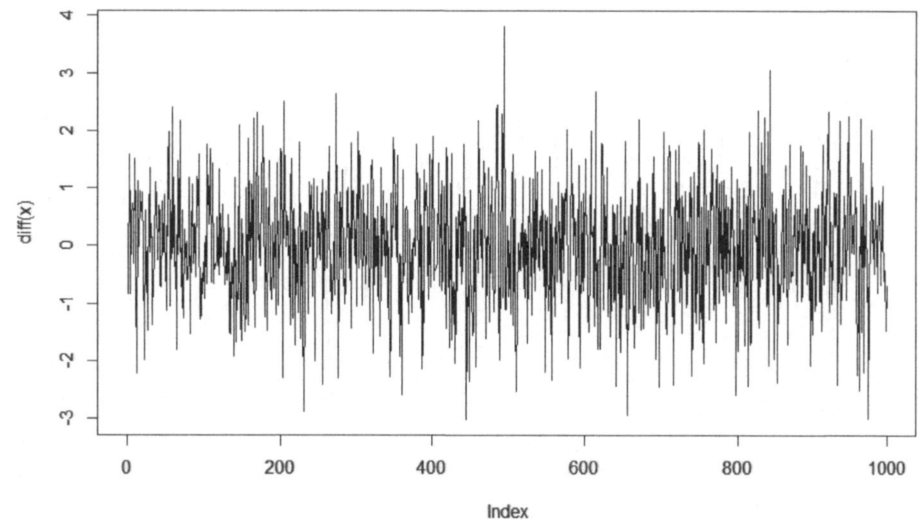

plot(diff(x),type="l")

그림 5.12 확률보행자료의 차분 후 시계열도

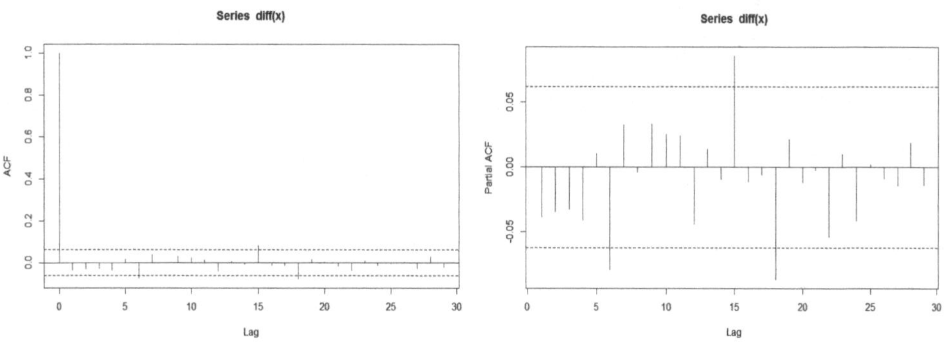

(a) 확률보행 차분 후　　(b) 확률보행 차분 후 PACF

acf(diff(x))
pacf(diff(x))

그림 5.13 확률보행자료의 차분 후 ACF와 PACF

2) SAS

(1) 백색잡음과정 예제

[그림 5.14]는 100개의 백색잡음과정을 생성하여 그린 시계열도이며, [그림 5.15]는 생성한 백색잡음과정의 ACF와 PACF를 나타낸 그래프이다.

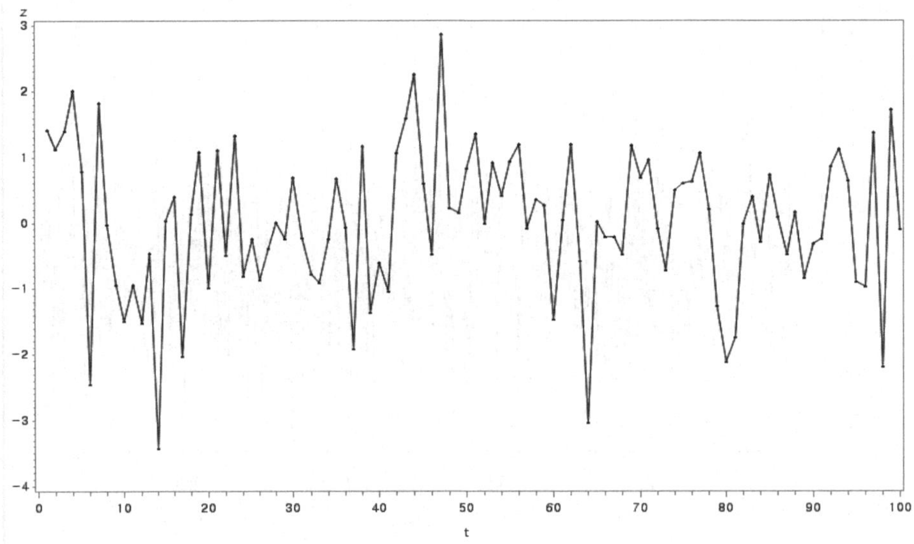

```
/* 백색잡음과정을 따르는 난수생성 */
data wn;
do t=1 to 100;
  a=rannor(1234);
  z=a;
  output;
end; run;
/* 난수발생 자료로 백색잡음과정 시계열 그래프 그리기 */
symbol1 ci=black v=dot cv=black i=join h=0.5;
proc gplot data=wn;
 plot z*t=1/frame vref=10 haxis=0 to 100 by 10;
run; quit;
```

|그림 5.14| 백색잡음의 시계열도

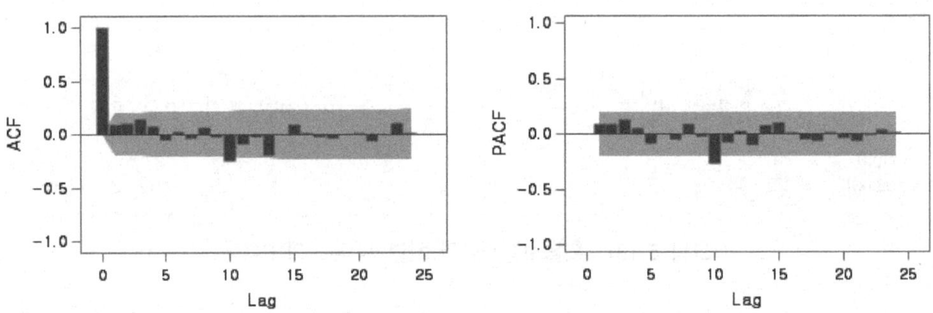

```
proc arima data=wn;
identify var=z nlag=24;
run;
```

|그림 5.15| 백색잡음과정의 ACF와 PACF

(2) 확률보행과정 예제

[그림 5.16]은 100개의 확률보행과정을 생성하여 그린 시계열도이고 [그림 5.17]은 생성한 확률보행과정의 ACF와 PACF 그래프이다.

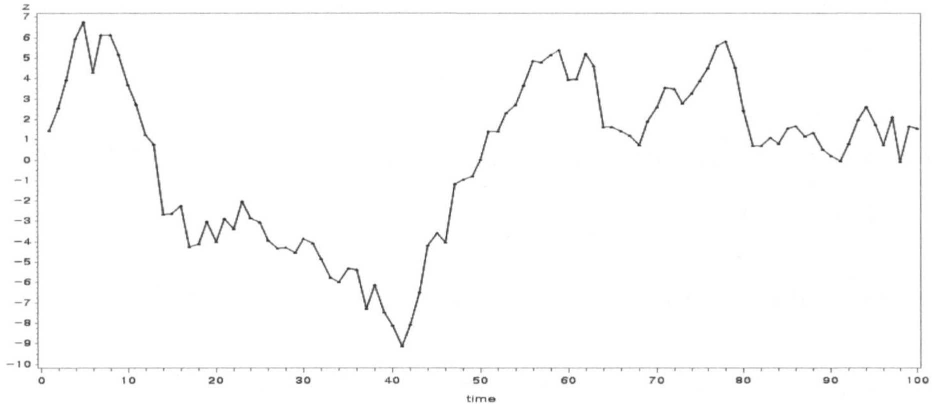

```
/* 확률보행과정을 따르는 난수생성 */
data rw;
z1=0;
do t=1 to 100;
  a=rannor(1234);
  z=z1+a;
  output;
  z1=z;
end; run;
/* 난수발생 자료로 확률보행과정 시계열 그래프 그리기 */
symbol1 ci=black v=dot cv=black i=join h=0.5;
proc gplot data=rw;
plot z*t=1; run; quit;
```

그림 5.16 확률보행과정의 시계열도

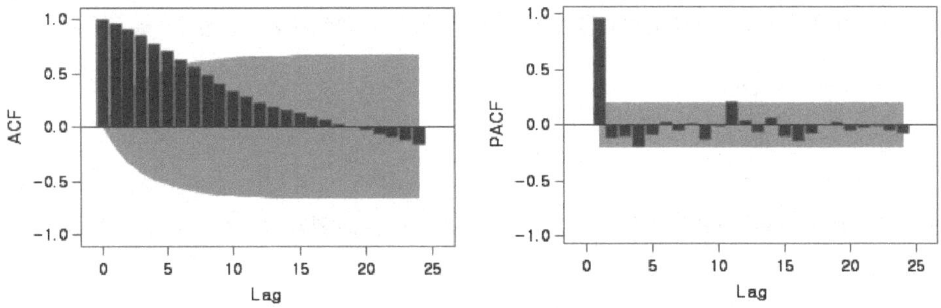

```
proc arima data=rw;
  identify var=z nlag=24;
run;
```

그림 5.17 확률보행과정의 ACF와 PACF

연습문제

1. $E(X)=2, Var(2)=9$, $E(Y)=0$, $Var(Y)=4$, $Corr(X,Y)=\frac{1}{4}$일 때 다음을 구하시오.
   1) $Var(X+Y)$
   2) $Cov(X,X+Y)$
   3) $Corr(X+Y,X-Y)$

2. X는 평균이 μ이고, 분산이 σ^2인 분포를 갖고, 모든 t에 대하여 $Z_t=X$라고 가정하자.
   1) Z_t가 강한 정상성과 약한 정상성을 만족함을 보이시오.
   2) Z_t의 ACF를 구하시오.
   3) Z_t의 전형적인 시계열그림을 그리시오.

3. $\{a_t\}$는 평균 0이고 분산이 σ_a^2인 백색잡음과정이라고 할 때 다음의 각 시계열모형은 정상성을 만족하는가?
   1) $Z_t=a_t+a_{t-1}$
   2) $Z_t=a_t\ a_{t-1}$
   3) $Z_t=50+0.3Z_{t-1}+a_t$
   4) $Z_t=0.6Z_{t-1}+a_t-0.3a_{t-1}$

4. $\{a_t\}$이 평균이 0인 백색잡음과정이라고 하자. 다음 두 과정의 자기상관함수를 찾으시오.
   1) $Z_t=a_t+\frac{1}{3}a_{t-1}$
   2) $Z_t=a_t+3a_{t-1}$

5. $\{X_t\}$가 자기공분산함수 γ_k를 가지는 평균이 0인 정상시계열일 때, $Z_t=5+2t+X_t$를 가정하자.
   1) $\{Z_t\}$의 평균함수를 구하시오.
   2) $\{Z_t\}$의 자기공분산함수를 구하시오.
   3) $\{Z_t\}$는 정상적인가?

6. SAS를 이용하여 평균 0, 분산이 1인 정규분포에 따르는 백색잡음 $\{a_t\}$를 100개 생성하고, 다음을 만족하는 $\{Z_t\}$를 100개 생성한 후 다음을 수행하시오.

$$Z_t = 0.7Z_{t-1} + a_t, \quad Z_0 = 1$$

1) $\{Z_t\}$의 시계열그림을 그리시오.
2) 표본상관도표(SACF)를 그리시오.
3) 표본편상관도표(SPACF)를 그리시오.
4) $\{Z_t\}$가 정상성을 가지는지 논하시오.

6장

정상시계열모형

이 장에서는 Box-Jenkins의 정상자기회귀모형과 정상이동평균모형을 포함한 자기회귀이동평균모형을 소개한다. 이 모형들은 시계열분석에 있어서 매우 폭넓게 사용되는 통계적 모형들로서 모수 절약의 원칙하에 자기상관함수 및 편자기상관함수에 의해서 그 특징들이 식별된다.

6.1 일반선형모형

일반선형모형(general linear model)은 정상시계열모형을 모두 포함하는 개념으로 다음과 같이 백색잡음들의 가중선형결합(weighted linear combination)으로 모든 시계열을 표현할 수 있다(Wold, 1938).

즉, 자기상관이 존재하는 시계열 Z_t는 다음과 같이 서로 독립인 확률변수들의 선형결합으로 나타낼 수 있다.

$$Z_t = a_t + \psi_1 a_{t-1} + \psi_2 a_{t-2} + \cdots = \sum_{i,j=0} \psi_i a_{t-i} \qquad (6.1.1)$$

여기서 $\psi_0 = 1$, $\{a_t\}$는 평균 0, 분산 σ_a^2 그리고 $Cov(a_t,\ a_{t+k}) = E(a_t\ a_{t+k}) = 0$을 갖는 백색잡음과정이고 $\sum_{i=0}^{\infty} \psi_i a_{t-i} < \infty$이다. 또, Z_t의 평균은 기술의 편의상 0인 경우로 한정한다.

이 모형이 정상적이기 위해서는 평균, 분산 및 공분산함수가 시점 t에 의존하지 않아야 하므로 먼저 일반선형모형의 공분산구조(covariance structure)인 평균, 분산, 자기공분산함수, 자기상관함수를 구하면 다음과 같다.

- **평균**

$$\begin{aligned} E(Z_t) &= E(a_t + \psi_1 a_{t-1} + \psi_2 a_{t-2} + \cdots) \qquad (6.1.2) \\ &= E(a_t) + \psi_1 E(a_{t-1}) + \psi_2 E(a_{t-2}) + \cdots \\ &= 0 \end{aligned}$$

- **분산**

$$\begin{aligned} \gamma_0 &= Var(Z_t) \qquad (6.1.3) \\ &= E(a_t + \psi_1 a_{t-1} + \psi_2 a_{t-2} + \cdots)^2 \end{aligned}$$

$$= E(a_t^2) + \psi_1^2 E(a_{t-1}^2) + \psi_2^2 E(a_{t-2}^2) + \cdots$$

$$= \sigma_a^2 \sum_{i=0}^{\infty} \psi_i^2$$

■ **자기공분산함수**

$$\begin{aligned} \gamma_k &= E(Z_t - \mu_Z)(Z_{t+k} - \mu_Z) \\ &= E(Z_t\ Z_{t+k}) \\ &= E(\psi_k a_t^2 + \psi_1 \psi_{k+1} a_{t-1}^2 + \psi_2 \psi_{k+2} a_{t-2}^2 + \cdots) \\ &= \sigma_a^2 \sum_{i=0}^{\infty} \psi_i \psi_{i+k} \end{aligned} \tag{6.1.4}$$

■ **자기상관함수**

$$\rho_k = \frac{\sum_{i=0}^{\infty} \psi_i \psi_{i+k}}{\sum_{i=0}^{\infty} \psi_i^2} \tag{6.1.5}$$

(6.1.4)와 (6.1.5)에서의 자기공분산함수와 자기상관함수는 단지 시차 k에 대한 함수이다. 그러나 그들은 무한 합을 포함하므로 정상성을 만족시키려면 γ_k가 각각의 k에 대하여 유한하다는 것을 보여 주어야 한다.

$$|\gamma_k| = |\ E\ (Z_t\ \ Z_{t+k})\ | \geq \sqrt{[Var(Z_t)\ Var(Z_{t+k})]} = {\sigma_a}^2 \sum_{i=0}^{\infty} {\psi_i}^2 \tag{6.1.6}$$

그러므로 $\sum_{i=0}^{\infty} \psi_i^2 < \infty$은 일반선형모형으로 정의된 모든 시계열의 정상성을 만족하는 필요조건이다. 이와 같은 일반선형모형은 모든 정상시계열이 백색잡음의 현재와 과거의 가중선형결합으로 이루어져 있으므로 확률충격모형(random shock form)이라고도 하고 "Wold의 표현 방법(1983)"으로도 알려져 있다.

6.2 자기회귀모형: [AR 모형]

자기회귀모형(autoregressive model; AR 모형)은 시계열 $\{Z_t\}$를 종속변수로 그 이전 시점의 시계열 $\{Z_{t-1}, Z_{t-2}, \cdots, Z_{t-p}\}$를 독립변수로 갖는 회귀모형의 형태로 다음과 같은 일반선형모형으로부터 얻어진다.

일반선형모형 (6.1.1)은 다음과 같은 a_t의 식으로 쓸 수 있다.

$$a_t = Z_t - \psi_1 a_{t-1} - \psi_2 a_{t-2} - \cdots \tag{6.2.1}$$

이 식은 모든 t에 대해 성립하므로 a_{t-1}의 식을 다음과 같이 얻는다.

$$a_{t-1} = Z_{t-1} - \psi_1 a_{t-2} - \psi_2 a_{t-3} - \cdots \tag{6.2.2}$$

일반선형모형 (6.1.1)의 a_{t-1}항에 식 (6.2.2)의 우변을 대입하여 a_{t-1}을 소거시키면 다음과 같다.

$$Z_t = a_t + \psi_1 Z_{t-1} + (\psi_2 - \psi_1^2)\, a_{t-2} + (\psi_3 - \psi_1\ \psi_2)\, a_{t-3} + \cdots \tag{6.2.3}$$

순차적으로 $a_{t-2}, a_{t-3}, \cdots$를 계속 대입하고 소거하면 다음과 같은 Z_t, Z_{t-1}, Z_{t-2}, $\cdots$ 들의 차분방정식(difference equation)을 얻을 수 있다.

$$Z_t = \phi_1 Z_{t-1} + \phi_2 Z_{t-2} + \cdots + a_t \tag{6.2.4}$$

여기서 ϕ_i들은 ψ_i들의 함수 형태로서 복잡하지만 구할 수 있다.

식 (6.2.4)는 Z_t가 그 이전의 값들에 대한 무한선형결합을 나타내고 있으나 만약 Z_t가 임의의 정수 p에 대하여 $Z_{t-1}, Z_{t-2}, \cdots, Z_{t-p}$ 만의 선형결합, 즉 $(t-p)$시차까지만 영향을 받는다면 다음과 같은 식을 얻을 수 있을 것이다.

$$Z_t = \phi_1 Z_{t-1} + \phi_2 Z_{t-2} + \cdots + \phi_p Z_{t-p} + a_t \tag{6.2.5}$$

이 식을 p차 자기회귀모형이라고 하고 AR(p)로 표시한다. 이와 같이 AR 모형은 어떤 시계열의 현재가치가 그것의 과거가치에 확률적 충격(random shock)을 더한 값에 의존하는 상황을 설명하는 데 유용하며 Yule(1927)은 태양흑점현상과 단순진자운동을 설명하는데 AR 모형을 이용하였다.

6.2.1 1차 자기회귀모형: [AR(1) 모형]

1차 자기회귀모형[AR(1) 모형]은 다음과 같다.

$$Z_t = \phi_1 Z_{t-1} + a_t \tag{6.2.6}$$

여기서 $\{a_t\}$는 평균 0, 분산 σ_a^2인 백색잡음과정이다. 이러한 모형에 따르는 확률변수 $\{Z_t\}$는 단지 바로 앞 시점인 Z_{t-1}에만 의존하므로 마르코프 과정(Marcov process)으로 생각할 수 있다.

식 (6.2.6)은 모든 시점 t에 대하여 성립하므로 다음과 같이 백색잡음의 가중선형결합으로 나타낼 수 있다.

$$\begin{aligned} Z_t &= \phi_1 Z_{t-1} + a_t \\ &= \phi_1(\phi_1 Z_{t-2} + a_{t-1}) + a_t \\ &= \phi_1^2(\phi_1 Z_{t-3} + a_{t-2}) + \phi_1 a_{t-1} + a_t \\ &= \phi_1^3(\phi_1 Z_{t-4} + a_{t-3}) + \phi_1^2 a_{t-2} + \phi_1 a_{t-1} + a_t \\ &\vdots \\ &= a_t + \phi_1 a_{t-1} + \phi_1^2 a_{t-2} + \phi_1^3 a_{t-3} + \cdots + \phi_1^{t-1} a_1 + \phi_1^t Z_0 \end{aligned} \tag{6.2.7}$$

1) $|\phi_1| < 1$인 경우

(1) 초깃값 Z_0가 a_t와 독립이고 평균 = 0, 분산 = $\dfrac{\sigma_a^2}{(1-\phi_1^2)}$인 경우

$$E(Z_t) = E(a_t + \phi_1 a_{t-1} + \phi_1^2 a_{t-2} + \cdots + \phi_1^t Z_0) = 0 \tag{6.2.8}$$

$$\begin{aligned} \gamma_0 &= Var(Z_t) \\ &= Var(a_t + \phi_1 a_{t-1} + \phi_1^2 a_{t-2} + \cdots + \phi_1^{2t} Z_0) \\ &= \sigma_a^2 + \phi_1^2 \sigma_a^2 + \phi_1^4 \sigma_a^2 + \cdots + \phi_1^{2(t-1)} \sigma^2 + \phi_1^{2t} Var(Z_0) \\ &= \sigma_a^2 (1 + \phi_1^2 + \phi_1^4 + \cdots + \phi_1^{2(t-1)}) + \frac{\phi_1^{2t} \sigma_a^2}{1-\phi_1^2} \\ &= \frac{\sigma_a^2}{1-\phi_1^2} \end{aligned} \tag{6.2.9}$$

또 임의의 시차 k에 대하여 자기공분산함수 γ_k는 다음과 같다.

$$\begin{aligned} \gamma_k = \; & E[(a_t + \phi_1 a_{t-1} + \phi_1^2 a_{t-2} + \cdots + \phi_1^{t-1} a_1 + \phi_1^t Z_0) \\ & (a_{t+k} + \phi_1 a_{t+k-1} + \phi_1^2 a_{t+k-2} + \cdots + \phi_1^{t+k-1} a_1 + \phi_1^{t+k} Z_0)] \\ = \; & \phi_1^k E[a_t^2 + \phi_1^2 a_{t-1}^2 + \cdots + \phi_1^{2(t-1)} a_1^2 + \phi_1^{2t} {Z_0}^2] \\ = \; & \phi_1^k \gamma(0) \end{aligned} \tag{6.2.10}$$

따라서 이와 같은 경우의 일차 자기회귀모형은 시간에 의존하지 않으므로 정상성을 만족한다.

(2) $Z_0 = 0$인 경우

초깃값 $Z_0 = 0$이면 Z_t는 a_t에서부터 a_1까지의 가중선형결합으로 나타내진다.

$$\begin{aligned} Z_t &= \phi_1 Z_{t-1} + a_t \\ &= a_t + \phi_1 a_{t-1} + \phi_1^2 a_{t-2} + \cdots + \phi_1^{t-1} a_1 \end{aligned} \tag{6.2.11}$$

평균 및 분산은 다음과 같다.

$$\begin{aligned} E(Z_t) &= E(a_t + \phi_1 a_{t-1} + \phi_1^2 a_{t-2} + \cdots + \phi_1^{t-1} a_1) \\ &= 0 \end{aligned} \tag{6.2.12}$$

$$\begin{aligned} \gamma_0 &= E(a_t + \phi_1 a_{t-1} + \phi_1^2 a_{t-2} + \cdots + \phi_1^{t-1} a_1)^2 \\ &= \sigma_a^2 (1 + \phi_1^2 + \phi_1^4 + \cdots + \phi_1^{2(t-1)}) \\ &= \sigma_a^2 \frac{1-\phi_1^{2t}}{1-\phi_1^2} \end{aligned} \tag{6.2.13}$$

식 (6.2.13)에서 볼 수 있듯이 분산이 시간에 의존하게 된다. 즉, 시간에 따라 서로 다른 분산을 갖게 되어 비정상적(non-stationary)이다. 한편 자기공분산함수도 시차 k뿐만 아니라 시간 t에도 의존한다.

$$\begin{aligned} \gamma_k &= E[(a_t + \phi_1 a_{t+1} + \cdots + \phi_1^{t-1} a_1) \\ &\qquad (a_{t+k} + \phi_1 a_{t+k-1} + \cdots + \phi_1^{t+k-1} a_1)] \\ &= \phi_1^k E[a_t^2 + \phi_1^2 a_{t+1}^2 + \cdots + \phi_1^{2(t-1)} a_1^2] \\ &= \phi_1^k \gamma(0) \\ &= \phi_1^k \frac{\sigma_a^2}{1-\phi_1^2} \end{aligned} \tag{6.2.14}$$

그러나 $t \to \infty$, 즉 시계열자료가 충분히 많을 경우 $|\phi_1| < 1$이므로, ϕ_1^{2t}는 0으로 수렴하게 된다. 따라서 두 번째 경우와 같은 1차 자기회귀모형은 점근적 정상성을 갖는다고 하며 일반적으로 $|\phi_1| < 1$이면 초깃값에 상관없이 1차 자기회귀모형은 정상성을 갖는다고 말한다.

2) $|\phi_1| = 1$인 경우

$\phi_1 = 1$인 경우는 앞의 기초개념에서 설명한 확률보행(random walk)이 된다.

$$\begin{aligned} Z_t &= Z_{t-1} + a_t \\ &= (Z_{t-2} + a_{t-1}) + a_t \\ &\vdots \\ &= a_t + a_{t-1} + a_{t-2} + \cdots + a_1 \end{aligned} \tag{6.2.15}$$

식 (5.5.4)와 식 (5.5.5)에서 보인 바와 같이 분산과 자기공분산함수가 시간에 의존하므로 확률보행모형은 비정상적 시계열모형이다.

3) $|\phi_1| > 1$인 경우

$\phi_1 > 1$인 경우는 분산과 자기공분산함수 안에 있는 ϕ_1^{2t}의 t가 무한히 커져도 0으로 수렴하지 않아 분산과 자기공분산함수가 시간에 따라 변화하게 되므로 비정상적인 시계열이다.

1차 자기회귀모형의 자기상관함수(ACF)와 편자기상관함수(PACF)는 각각 식 (6.2.16), 식 (6.2.17)과 같다.

AR(1)의 ACF

$$\rho_k = \frac{\gamma_k}{\gamma_0} = \frac{\phi^k \sigma_a^2 / (1-\phi_1^2)}{\sigma_a^2 / (1-\phi_1^2)} = \phi_1^k \tag{6.2.16}$$

AR(1)의 PACF

$$\phi_{kk} = \begin{cases} \rho_1 = \phi_1 &, k = 1 \\ 0 &, k \geq 2 \end{cases} \tag{6.2.17}$$

예제 6-1

ϕ_1=.9를 가지는 $(1-\phi_1 B)(Z_t - 10) = a_t$인 AR(1) 모형으로부터 250개의 값을 모의실험하여 추출하였다. 백색잡음과정인 a_t는 독립인 정규분포 N(0,1)에 따르는 확률변수이다. 명백하게 표본자기상관함수(SACF) $\hat{\rho}_k$는 지수적으로 감소하고 표본편자기상관함수(SPACF) $\hat{\phi}_{kk}$는 시차 1이후에 절단된다. 왜냐하면 SPACF의 어떤 값도 이 시점 외에서는 통계적으로 유의하지 않기 때문이다. 그리고 더 중요한 것은 통계적으로 유의하지 않은 $\hat{\phi}_{kk}$가 어떤 패턴을 보이지 않는다

는 것이다. SACF $\hat{\rho}_k$와 관련된 표준오차는

$$s_{\hat{\rho}_k} \simeq \sqrt{\frac{1}{n}(1+2\hat{\rho}_1^{\,2}+\cdots+2\hat{\rho}_{k-1}^{\,2})} \tag{6.2.18}$$

에 의해 추정되고 SPACF $\hat{\phi}_{kk}$의 표준오차는 다음과 같은 값으로 근사된다.

$$s_{\hat{\phi}_{kk}} \simeq \sqrt{\frac{1}{n}} \tag{6.2.19}$$

다음은 AR(1) 모형에 따르는 시계열자료를 생성시키는 난수발생 시뮬레이션 프로그램에 의한 PLOT 및 ACF와 PACF를 그림으로 나타낸 것이다. 8장에서 시계열모형 식별을 할 때 유용하게 쓰이며, 이때 $\phi_1=0.7$을 사용하였다. $|\phi_1|<1$인 여러 가지 ϕ_1들을 사용하여 실습해 보라.

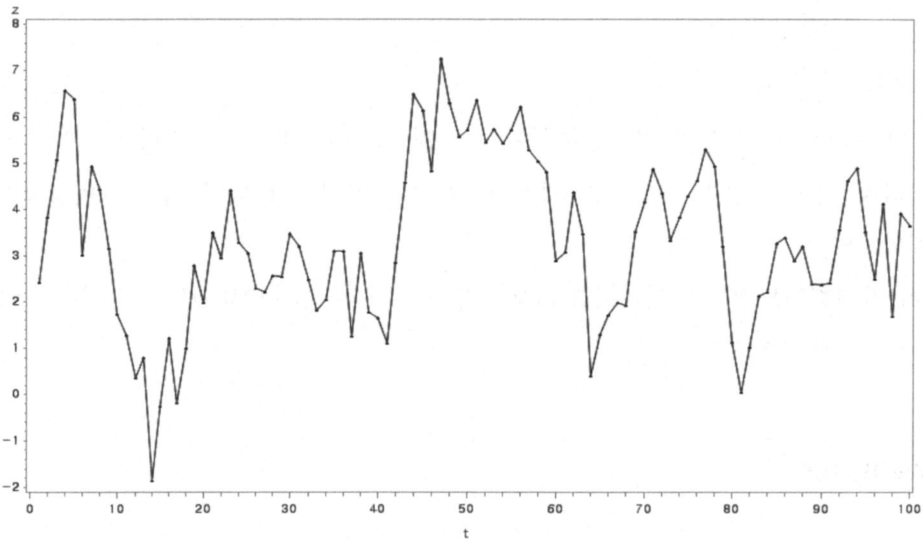

|그림 6.1| AR(1) 모형의 시계열도

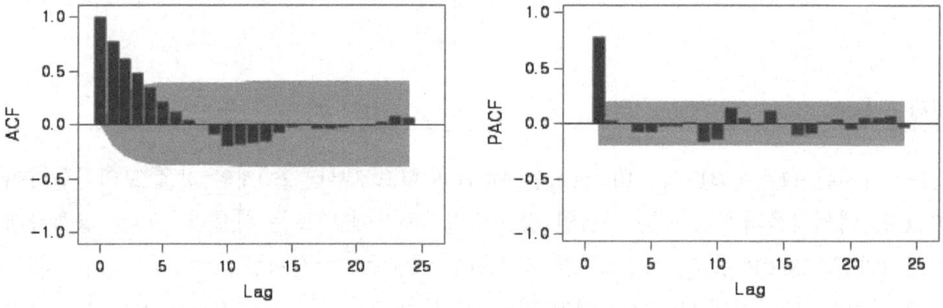

|그림 6.2| AR(1) 모형의 ACF 및 PACF

6.2.2 2차 자기회귀모형: [AR(2) 모형]

2차 자기회귀모형[AR(2) 모형]은 다음과 같다.

$$Z_t = \phi_1 Z_{t-1} + \phi_2 Z_{t-2} + a_t \tag{6.2.20}$$

이 모형이 정상성을 만족하기 위해서는 특성방정식(characteristic equation) $\phi(B) = (1 - \phi_1 B - \phi_2 B^2) = 0$의 근의 절댓값이 1보다 커야 한다. 여기서 B는 후진연산자(Backward shift operator)로서 다음을 나타낸다.

$$B Z_t = Z_{t-1}, B^2 Z_t = Z_{t-2}, \cdots, B^p Z_t = Z_{t-p} \tag{6.2.21}$$

예를 들어 $(1 - 1.5B + 0.56B^2) Z_t = a_t$ 과정은 정상적이다. 왜냐하면 $(1 - 1.5B + 0.56B^2) = (1 - 0.7B)(1 - 0.8B) = 0$에서 $B = \frac{1}{0.7}$, $B = \frac{1}{0.8}$로 절댓값이 1보다 크기 때문이다. 하지만 $(1 - 0.2B + 0.8B^2) Z_t = a_t$는 $(1 - 0.2B + 0.8B^2) = 0$의 근 하나가 $B = 1$이기 때문에 정상적이 아니다.

AR(2) 모형의 정상조건 역시 그 모수들의 조건에서 표현될 수 있다. B_1, B_2가 특성방정식 $(1 - \phi_1 B - \phi_2 B^2) = 0$ 또는 $\phi_2 B^2 + \phi_1 B - 1 = 0$의 근이 된다고 하자. 그러면 다음과 같은 값을 얻을 수 있다.

$$B_1 = \frac{-\phi_1 + \sqrt{\phi_1^2 + 4\phi_2}}{2\phi_2}, \quad B_2 = \frac{-\phi_1 - \sqrt{\phi_1^2 + 4\phi_2}}{2\phi_2} \tag{6.2.22}$$

$$\frac{1}{B_1} = \frac{\phi_1 + \sqrt{\phi_1^2 + 4\phi_2}}{2}, \quad \frac{1}{B_2} = \frac{\phi_1 - \sqrt{\phi_1^2 + 4\phi_2}}{2} \tag{6.2.23}$$

시계열이 정상성을 만족하기 위해서는 특성방정식의 근의 절댓값 $|B_1|$, $|B_2|$이 1보다 커야 하므로 $|B_j| > 1\ (i = 1,2)$, 즉 $|\frac{1}{B_j}| < 1\ (i = 1,2)$이 된다. 따라서 $|\frac{1}{B_1} \cdot \frac{1}{B_2}| = |\phi_2| < 1$, $|\frac{1}{B_1} + \frac{1}{B_2}| = |\phi_1| < 2$이다.

위 식을 만족하는 ϕ_1, ϕ_2의 범위 식 (6.2.24)는 근이 실수 또는 복소수에 관계없이 정상성을 갖게 되는 필수조건이다.

$$\{-1 < \phi_2 < 1,\ -2 < \phi_1 < 2\} \tag{6.2.24}$$

한편 실수근에 대해서는 $\phi_1^2 + 4\phi_2 \ge 0$이어야 하므로 다음이 성립한다.

$$-1 < \frac{1}{B_2} = \frac{\phi_1 - \sqrt{\phi_1^2 + 4\phi_2}}{2} \le \frac{\phi_1 + \sqrt{\phi_1^2 + 4\phi_2}}{2} = \frac{1}{B_1} < 1$$

이것을 풀면 다음과 같은 모수조건을 얻는다.

$$\{\phi_2 + \phi_1 < 1,\ \phi_2 - \phi_1 < 1\ \} \tag{6.2.25}$$

복소수근에 대해서는 $\phi_2 < 0$, $\phi_1^2 + 4\phi_2 < 0$이다. 따라서 AR(2) 모형의 정상조건은 다음을 만족하는 삼각영역에 의해 주어진다.

$$\{\phi_2 + \phi_1 < 1,\ \phi_2 - \phi_1 < 1,\ -1 < \phi_2 < 1\ \} \tag{6.2.26}$$

AR(2) 모형의 ACF는 식 (6.2.27)과 같다. 이 식의 유도과정은 다음과 같다. 식 (6.2.20)의 양변에 Z_{t-k}를 곱하고 기댓값을 취하면 다음과 같이 된다.

$$E(Z_{t-k}Z_k) = \phi_1 E(Z_{t-k}Z_{t-1}) + \phi_2 E(Z_{t-k}Z_{t-2}) + E(Z_{t-k}a_t) \tag{6.2.27}$$

여기서 Z_{t-1}와 a_t는 독립이므로 다음과 같은 자기공분산함수를 얻는다.

$$\gamma_k = \phi_1\gamma_{k-1} + \phi_2\gamma_{k-2},\ (k \ge 1) \tag{6.2.28}$$

AR(2) 모형의 ACF

$$\rho_k = \phi_1\rho_{k-1} + \phi_2\rho_{k-2},\ (k \ge 1) \tag{6.2.29}$$

AR(2)의 PACF

$$\phi_{11} = \rho_1 = \frac{\phi_1}{1-\phi_2} \tag{6.2.30}$$

$$\phi_{22} = \begin{vmatrix} 1 & \rho_1 \\ \rho_1 & \rho_2 \end{vmatrix} \Big/ \begin{vmatrix} 1 & \rho_1 \\ \rho_1 & 1 \end{vmatrix} = \frac{\rho_2 - \rho_1^2}{1-\rho_1^2} \tag{6.2.31}$$

$$= \frac{\left(\frac{\phi_1^2 + \phi_2 - \phi_2^2}{1-\phi_2}\right) - \left(\frac{\phi_1}{1-\phi_2}\right)^2}{1 - \left(\frac{\phi_1}{1-\phi_2}\right)^2} = \phi_2$$

$$\phi_{33} = \frac{\begin{vmatrix} 1 & \rho_1 & \rho_1 \\ \rho_1 & 1 & \rho_2 \\ \rho_2 & \rho_1 & \rho_3 \end{vmatrix}}{\begin{vmatrix} 1 & \rho_1 & \rho_2 \\ \rho_1 & 1 & \rho_1 \\ \rho_2 & \rho_1 & 1 \end{vmatrix}} = 0 \tag{6.2.32}$$

특히 식 (6.2.33)에서 $k = 1$과 $k = 2$인 경우는 다음과 같다.

$$\rho_1 = \phi_1 + \phi_2 \rho_1, \ \rho_2 = \phi_1 \rho_1 + \phi_2 \tag{6.2.33}$$

따라서 ACF ρ_1, ρ_2는 식 (6.2.33)에서 다음과 같이 구할 수 있다.

$$\rho_1 = \frac{\phi_1}{1-\phi_2}, \ \rho_2 = \frac{\phi_1^2}{1-\phi_2} + \phi_2 = \frac{\phi_1^2 + \phi_2 - \phi_2^2}{1-\phi_2} \tag{6.2.34}$$

AR(2) 모형에 대한 ACF를 살펴보면, 매우 다양한 형태를 보이는데 대체로 시차가 커짐에 따라 지수적으로 감소하는 형태를 보이나 어떤 경우에는 진폭이 점점 작아지는 사인곡선의 형태를 보이기도 한다. AR(2) 모형은 원래 단순 주기 활동을 설명하기 위해 1921년 G. U. Yule에 의해 사용되었다. 그러므로 이 과정 역시 때때로 Yule 과정이라고 한다.

한편 AR(2) 모형의 PACF는 식 (5.3.10)과 식 (6.2.29)로부터 식 (6.2.30) ~ 식 (6.2.32)와 같이 구한다. 또한 분자의 마지막 열이 첫 번째 2열의 선형결합이므로 3차 이상의 PACF는 $\phi_{kk} = 0$, $(k \geq 3)$이 됨을 보일 수 있다. 그러므로 AR(2)의 PACF는 시차 2 이후에 절단된다.

다음은 AR(2) 모형에 따르는 시계열자료를 생성시키는 난수발생 시뮬레이션 프로그램에 의한 PLOT 및 ACF와 PACF를 그림으로 나타낸 것이다. 이때 $\phi_1 = 0.5$, $\phi_2 = 0.4$을 사용하였다.

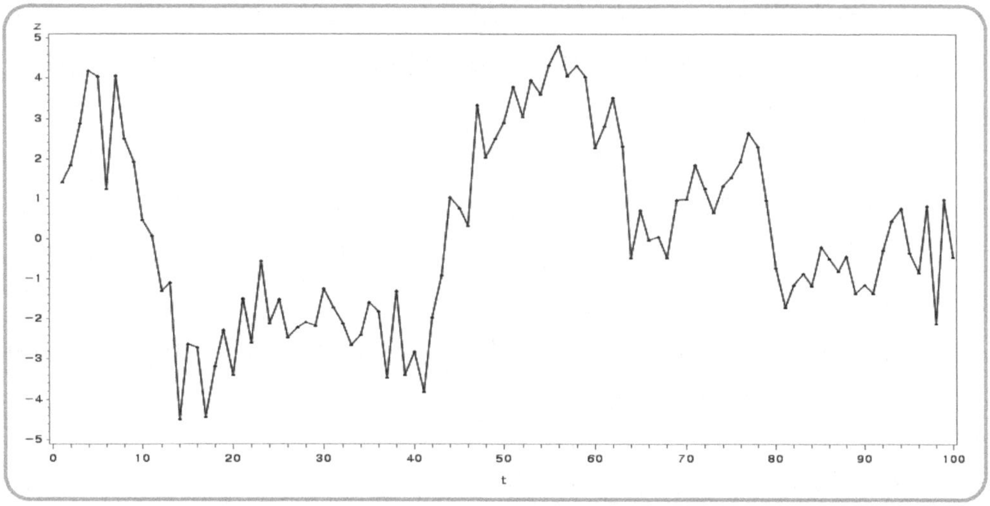

|그림 6.3| AR(2) 모형의 시계열도

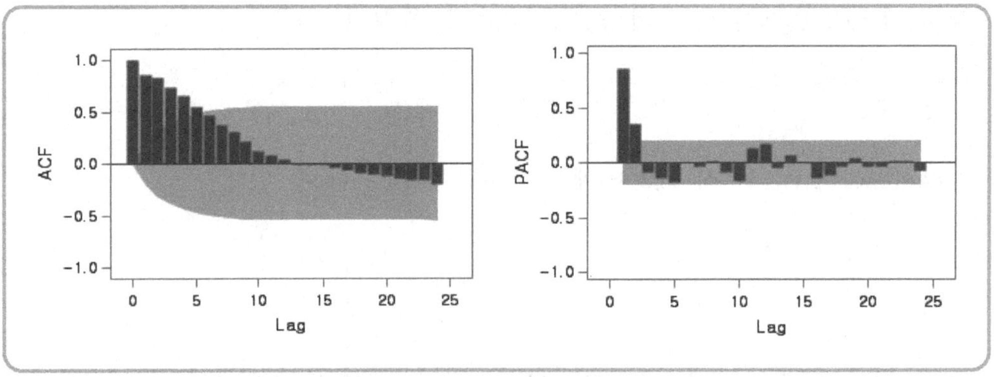

|그림 6.4| AR(2) 모형의 ACF 및 PACF

6.2.3 p차 자기회귀모형: [AR(p) 모형]

■ **모형 및 정상성 조건**

p차 자기회귀과정 AR(p)는 다음과 같이 정의된다.

$$Z_t = \phi_1 Z_{t-1} + \phi_2 Z_{t-2} + \cdots + \phi_p Z_{t-p} + a_t \qquad (6.2.35)$$

이 모형에 대한 특성함수는 다음과 같다.

$$\phi(B) = 1 - \phi_1 B - \phi_2 B^2 - \cdots - \phi_p B^p \qquad (6.2.36)$$

따라서 AR(p) 모형의 정상조건도 특성방정식 $\phi(B) = 0$의 p개의 근의 절댓값이 모두 1보다 커야 한다는 것이나 이를 만족하는 조건을 구하기는 매우 어렵다. Schur(1974)는 AR(p) 모형의 정상조건을 구하는 알고리즘을 개발하였으나 실제로 사용되고 있지는 않다.

AR(p)의 ACF

$$\rho_k = \phi_1 \rho_{k-1} + \cdots + \phi_p \rho_{k-p}, \ (k > 0) \qquad (6.2.37)$$

자기공분산함수를 구하기 위해 Z_{t-k}를 식 (6.2.35) 양변에 곱하고 기댓값을 취하면 다음과 같은 자기공분산함수를 얻을 수 있다.

$$E(Z_{t-k} Z_t) = \phi_1 E(Z_{t-k} Z_{t-1}) + \cdots + \phi_p E(Z_{t-k} Z_{t-p}) + E(Z_{t-k} a_t) \qquad (6.2.38)$$

$$\gamma_k = \phi_1 \gamma_{k-1} + \phi_2 \gamma_{k-2} + \cdots + \phi_p \gamma_{k-p} \tag{6.2.39}$$

따라서 식 (6.2.37)과 같은 자기상관함수를 얻는다.

이 식에 각각의 $k = 1, 2, \cdots, p$를 대입하면 p개의 연립방정식을 얻는다.

$$\begin{aligned} \rho_1 &= \phi_1 + \phi_2 \rho_1 + \cdots + \phi_p \rho_{p-1} \\ \rho_2 &= \phi_1 \rho_1 + \phi_2 + \cdots + \phi_p \rho_{p-2} \\ &\vdots \\ \rho_p &= \phi_1 \rho_{p-1} + \phi_2 \rho_{p-2} + \cdots + \phi_p \end{aligned} \tag{6.2.40}$$

이 p개의 선형연립방정식을 풀면 각 시차에서의 자기상관함수를 구할 수 있으나 실제로는 매우 어렵다. 일반적으로 AR(p) 모형의 자기상관함수는 시차가 커짐에 따라 지수적으로 감소하거나 또는 진폭이 점점 작아지는 사인 곡선의 형태를 나타낸다.

AR(p) 모형의 편자기상관함수(PACF)는 $\rho_k = \phi_1 \rho_{k-1} + \cdots + \phi_p \rho_{k-p} (k > 0)$라는 사실을 이용해서 $k > p$일 때는 ϕ_{kk}의 분자에 있는 행렬의 마지막 열이 같은 행렬의 이전 열들의 선형결합으로 표현되어질 수 있으므로 ϕ_{kk}는 0이 된다. 그러므로 PACF ϕ_{kk}는 차수 p 이후에 사라진다. 이것은 다음 장에서 토론될 시계열모형의 설정에서 AR 모형을 식별하는 데 유용한 특성이 된다.

6.3 이동평균모형: [MA 모형]

일반선형모형 식 (6.1.1)에서 $\psi_1 = -\theta_1, \psi_2 = -\theta_2, \cdots, \psi_q = -\theta_q$이고 $\psi_k = 0 (k > q)$일 때, 이런 모형을 시차 q의 이동평균(moving average; MA)모형이라고 한다.

$$Z_t = a_t - \theta_1 a_{t-1} - \cdots - \theta_q a_{t-q} \tag{6.3.1}$$

$$Z_t = \theta(B) a_t, \ \theta(B) = (1 - \theta_1 B - \cdots - \theta_q B^q) \tag{6.3.2}$$

이동평균모형은 항상 정상성을 만족하고, $\theta(B) = 0$의 근이 단위원(unit circle) 밖에 있다면 가역성(Invertibility)을 만족한다. 이동평균모형은 사건들이 단기간 동안 지속되는 즉시 효과를 생성하는 현상을 설명하는 데 유용하다. 이 모형은 Slutzky(1927)가 확률사건의 이동평균효과를 연구하면서 얻어졌다.

MA(q) 모형의 특성을 알아보기 위해 먼저 MA(1) 모형에 대한 특징을 알아보고자 한다.

6.3.1 1차 이동평균모형: [MA(1) 모형]

1차 이동평균모형 MA(1)은 $\theta(B) = (1-\theta_1 B)$인 경우로 다음과 같다.

$$Z_t = a_t - \theta_1 a_{t-1} \tag{6.3.3}$$

여기서 $\{a_t\}$는 평균이 0인 백색잡음과정으로 분산 σ_a^2을 갖는다.

MA(1)의 ACF

$$\rho_k = \begin{cases} \dfrac{-\theta_1}{(1+\theta_1^2)}, & k=1 \\ 0 \quad , & k \geq 2 \end{cases} \tag{6.3.4}$$

MA(1) 모형의 ACF는 식 (6.3.4)와 같고 유도과정은 다음과 같다. MA(1) 모형의 평균, 분산 및 자기공분산함수는 다음과 같이 얻어진다.

$$E(Z_t) = E(a_t - \theta_1 a_{t-1}) = 0 \tag{6.3.5}$$

$$\begin{aligned} \gamma_k &= E(Z_t Z_{t+k}) \\ &= E[(a_t - \theta_1 a_{t-1})(a_{t+k} - \theta_1 a_{t+k-1})] \\ &= \begin{cases} (1+\theta_1^2)\sigma_a^2 \ , k=0 \\ -\theta_1 \sigma_a^2 \quad , k=1 \\ 0 \quad\quad , k>1 \end{cases} \end{aligned} \tag{6.3.6}$$

위 식에서 볼 수 있듯이 MA(1) 모형의 ACF는 시차가 2보다 클 때 시계열 간의 상관이 없는 것을 알 수 있다. 이것이 MA(1) 모형의 가장 중요한 특성으로 시차 1 이후의 ACF 절단현상은 모형 식별 시 중요한 기준이 된다.

1) 가역성

MA(1) 모형의 ACF를 보면 MA(1) 모형은 항상 정상적이다. 그러나 식 (6.3.6)에서 ρ_1의 값을 구할 때 θ 대신에 $\frac{1}{\theta}$를 대입해도 ρ_1의 값은 변하지 않는다. 다시 말해서

$\rho_1 = 0.4$에 대하여 θ_1의 값은 0.5와 $\frac{1}{0.5} = 2$의 두 개의 θ_1 값으로 대응되고, 이것은 곧 하나의 자기상관함수에 두 개의 MA(1) 모형이 존재하게 되어 시계열모형을 수립할 때 유일한 모형으로 분석할 수 없게 된다. 이와 같은 것은 MA(q) 모형에서도 마찬가지이며, 따라서 가역성(invertibility)은 이러한 문제점을 해결하기 위하여 하나의 MA 모형만을 취하도록 하는 제약조건이다. 여기서 '가역성'이란 이동평균모형이 자기회귀모형으로 가역될(invertible) 수 있다는 것을 의미하며 이것은 MA(q) 모형을 AR(∞) 모형으로 변환시킬 수 있다는 뜻으로, AR(∞)로의 수렴조건을 가역조건이라고 한다. 예를 들면 MA(1) 모형, $Z_t = a_t - \theta_1 a_{t-1}$은 다음과 같이 나타낼 수 있다.

$$\begin{aligned} a_t &= Z_t + \theta_1 a_{t-1} \\ &= Z_t + \theta_1 (Z_{t-1} + \theta_1 a_{t-2}) \\ &= Z_t + \theta_1 Z_{t-1} + \theta_1^2 (Z_{t-2} + \theta_1 a_{t-3}) \\ &\ \ \vdots \\ &= Z_t + \theta_1 Z_{t-1} + \theta_1^2 Z_{t-2} + \cdots \end{aligned} \tag{6.3.7}$$

만약 $|\theta_1| < 1$이면 식 (6.3.7)은 수렴하고, 이는 AR(∞) 모형이다. 즉, $|\theta_1| < 1$이 바로 MA(1) 모형의 가역조건이 되는 것이다. MA 모형의 가역성은 AR 모형의 정상성과 그 수학적 의미가 같아서 MA(q) 모형의 가역조건은 바로 AR(p) 모형의 정상조건과 같은 방법으로 구할 수 있다.

가역조건이 만족되면 MA(q) 모형을 다음과 같은 AR(∞) 모형으로 나타낼 수 있다.

$$\begin{aligned} Z_t &= \Pi_1 Z_{t-1} + \Pi_2 Z_{t-2} + \cdots + a_t \\ &= \sum_{j=1}^{\infty} \Pi_j Z_{t-j} + a_t \end{aligned} \tag{6.3.8}$$

단 여기서 Π_j는 $\theta_1, \theta_2, \cdots, \theta_q$의 함수이다.

따라서 MA(q) 모형의 가역조건은 $\sum_{j=1}^{\infty} {\Pi_j}^2 < \infty$이고, 이는 일반선형모형의 정상조건 $\sum_{i=1}^{\infty} \psi_i^2 < \infty$와 같은 형태임을 알 수 있다. 식 (6.3.7)은 시계열 Z_t의 차분방정식(difference equation) 형태를 가지며, 한편 AR(p) 모형은 유한개의 계수만을 가지므로 항상 수렴하고, 따라서 항상 가역적이다.

MA(1) 모형의 편자기상관함수는 식 (5.3.7)과 식 (6.3.6)을 이용하여 구하면 식 (6.3.9)와 같다.

MA(1)의 PACF

$$\phi_{11} = \rho_1 = \frac{-\theta_1}{(1+\theta_1^2)} = \frac{-\theta_1(1-\theta_1^2)}{(1-\theta_1^4)} \tag{6.3.9}$$

$$\phi_{22} = \frac{-\rho_1^2}{(1-\rho_1^2)} = \frac{-\theta_1^2}{(1+\theta_1^2+\theta_1^4)} = \frac{-\theta_1^2(1-\theta_1^2)}{(1-\theta_1^6)}$$

$$\phi_{33} = \frac{\rho_1^3}{(1-2\rho_1^2)} = \frac{-\theta_1^3}{(1+\theta_1^2+\theta_1^4+\theta_1^6)} = \frac{-\theta_1^3(1-\theta_1^2)}{(1-\theta_1}$$

$$\phi_{kk} = \frac{-\theta_1^k(1-\theta_1^2)}{(1-\theta_1^{2(k+1)})},, (k \geq 1)$$

시차 1 이후에 절단되는 ACF와 반대로, MA(1) 모형의 PACF는 θ_1의 부호에 의존하는 두 형태 중 하나에서 지수적으로 감소한다. 만일 부호의 엇갈림이 있다면, 양의 값으로 시작한다. 그렇지 않다면 음의 값 쪽으로 감소한다.

다음은 MA(1) 모형에 따르는 시계열자료를 생성하는 난수발생 시뮬레이션 프로그램에 의한 결과들로 $\theta=0.7$로 모수를 주었다. 8장에서 설명하게 될 모형식별을 위하여 눈여겨보아야 할 결과들이다. AR(1) 모형의 ACF와 PACF가 반대되는 특징을 가짐에 주목하라.

AR(p)	항상 가역적	정상조건 확인
MA(q)	항상 정상적	가역조건 확인
ARMA(p,q)	정상조건 확인	가역조건 확인

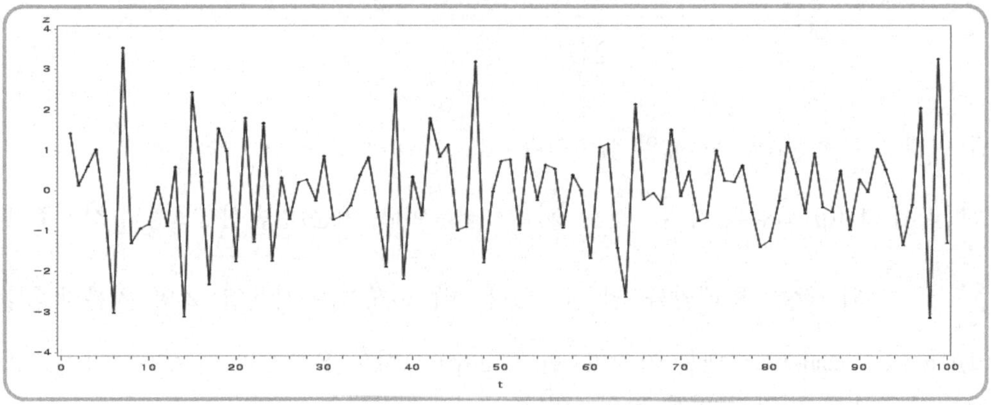

그림 6.5 MA(1) 모형의 시계열도

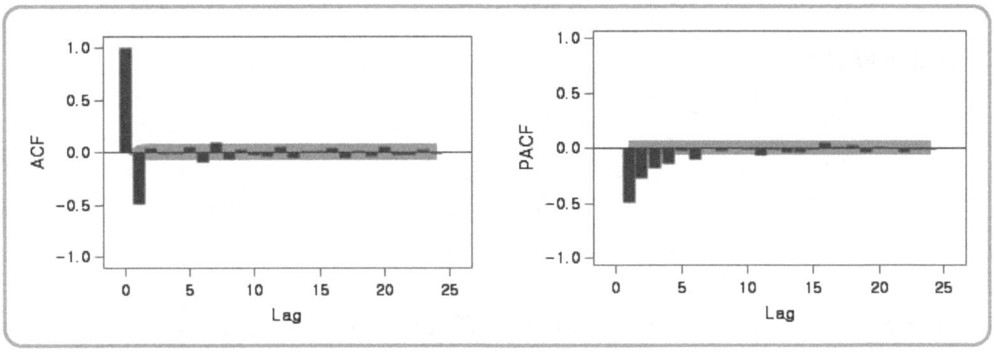

그림 6.6 MA(1) 모형의 ACF 및 PACF

6.3.2 2차 이동평균모형: [MA(2) 모형]

2차 이동평균모형 MA(2)는 다음과 같이 두 개의 이동평균계수를 갖는 모형이다.

$$Z_t = a_t - \theta_1 a_{t-1} - \theta_2 a_{t-2} \tag{6.3.10}$$

여기서 $\{a_t\}$는 평균이 0이고 분산이 σ_a^2 인 백색잡음과정이다. 유한 차수의 이동평균모형으로서 MA(2) 모형은 항상 정상적이다. 가역성에 대해서는 특성함수 $\theta(B) = (1-\theta_1 B - \theta_2 B^2) = 0$의 근이 단위원 외부에 있어야 한다. 즉,

$$|\theta_j| > 1, \ j = 1, 2 \tag{6.3.11}$$

그러므로 AR(2) 모형의 정상조건과 같이 MA(2) 모형의 가역조건은 다음과 같다.

$$\begin{cases} \theta_2 + \theta_1 < 1 \\ \theta_2 - \theta_1 < 1 \\ -1 < \theta_2 < 1 \end{cases} \tag{6.3.12}$$

MA(2)의 ACF

$$\rho_k = \begin{cases} \dfrac{-\theta_1(1-\theta_2)}{(1+\theta_1^2+\theta_2^2)}, & k=1 \\ \dfrac{-\theta_2}{(1+\theta_1^2+\theta_2^2)}, & k=2 \\ 0 & , k > 2 \end{cases} \tag{6.3.13}$$

MA(2)의 PACF

$$\phi_{11} = \rho_1 \tag{6.3.14}$$

$$\phi_{22} = (\rho_2 - \rho_1^2) / (1 - \rho_1^2)$$

$$\phi_{33} = (\rho_1^3 - \rho_1 \rho_2 (2 - \rho_2)) / (1 - \rho_2^2 - 2\rho_1^2 (1 - \rho_2))$$

MA(2) 모형의 ACF는 식 (6.3.13)과 같고 유도과정은 아래와 같다. MA(2) 모형의 평균, 분산 및 자기공분산함수는 다음과 같다.

$$E(Z_t) = E(a_t - \theta_1 a_{t-1} - \theta_2 a_{t-2}) = 0 \tag{6.3.15}$$

$$\begin{aligned} \gamma_0 &= Var(Z_t) \\ &= Var(a_t) + \theta_1^2 Var(a_{t-1}) + \theta_2^2 Var(a_{t-2}) \\ &= (1 + \theta_1^2 + \theta_2^2)\, \sigma_a^2 \end{aligned} \tag{6.3.16}$$

$$\begin{aligned} \gamma_1 &= Cov\,(Z_t, Z_{t+1}) \\ &= E[(a_t - \theta_1 a_{t-1} - \theta_2 a_{t-2})(a_{t+1} - \theta_1 a_t - \theta_2 a_{t-1})] \\ &= (-\theta_1 + \theta_1 \theta_2)\, \sigma_a^2 \end{aligned} \tag{6.3.17}$$

$$\begin{aligned} \gamma_2 &= Cov\,(Z_t, Z_{t+2}) \\ &= -\theta_2 \sigma_a^2 \end{aligned}$$

$$\gamma_k = 0,\ k \geq 3$$

MA(2) 모형에서는 시차가 3보다 크면 시계열 간의 상관관계가 없다. 따라서 시차 2 이후에 ACF는 절단된다.

MA(2)의 편자기상관함수는 정의로부터 식 (6.3.14)와 같이 구할 수 있다. MA(2) 모형은 특별한 경우로 MA(1)을 포함한다. 그러므로 PACF는 지수적으로 감소하거나 부호와 θ_1, θ_2의 크기에 의존하는 또는 특성방정식 $(1 - \theta_1 B - \theta_2 B^2) = 0$의 근에 따라 지수적으로 감소하거나 사인곡선을 그리면서 감소한다.

다음은 MA(2) 모형에 따르는 시계열자료를 생성하여 얻은 결과들로 $\theta_1 = 0.8$, $\theta_2 = -0.6$로 모수를 주었다. 8장에서 설명하게 될 모형식별을 위하여 눈여겨보아야 할 결과들이다.

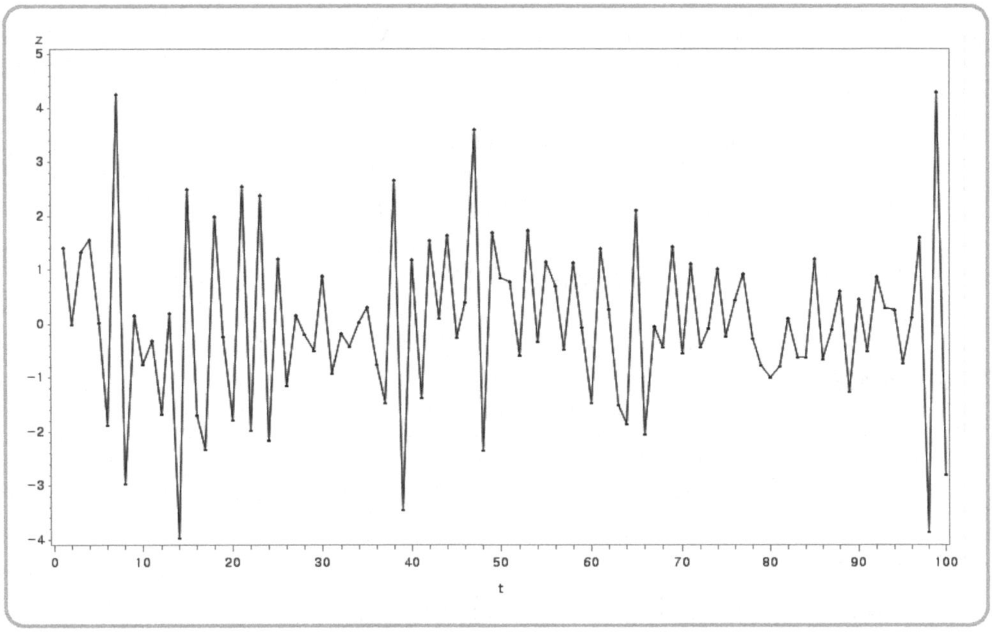

|그림 6.7| MA(2) 모형의 시계열도

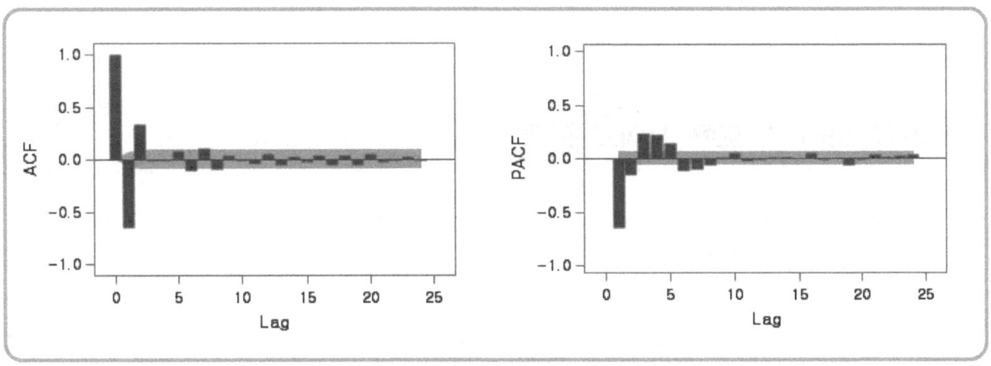

|그림 6.8| MA(2) 모형의 ACF 및 PACF

6.3.3 q차 이동평균모형: [MA(q) 모형]

q차 이동평균모형 MA(q)은 다음과 같다.

$$Z_t = a_t - \theta_1 a_{t-1} - \theta_2 a_{t-2} - \cdots - \theta_q a_{t-q} \tag{6.3.18}$$

일반적인 MA(q) 모형에 대해 분산 및 자기공분산함수는 다음과 같다.

$$\gamma_0 = (1+\theta_1^2+\theta_2^2+\cdots+\theta_q^2)\,\sigma_a^2 = \sigma_a^2 \sum_{j=0}^{q} \theta_j^2 \tag{6.3.19}$$

$$\gamma_k = \begin{cases} \sigma_a^2\,(-\theta_k+\theta_1\,\theta_{k+1}+\cdots+\theta_{q-k}\,\theta_q), & k=1,2,\cdots,q \\ 0 & , k>q \end{cases} \tag{6.3.20}$$

여기서 $\theta_0=1$이고, 또 자기상관함수는 다음과 같다.

MA(q)의 ACF

$$\rho_k = \begin{cases} \dfrac{(-\theta_k+\theta-1\,\theta_{k-1}+\cdots+\theta_{q-k}\,\theta_q)}{(1+\theta_1^2+\cdots+\theta_q^2)}, & k=1,2,\cdots,q \\ 0 & , k>q \end{cases} \tag{6.3.21}$$

MA(q) 모형의 자기상관함수의 특징은 시차 q 이후에 자기상관함수가 절단되어 소멸된다는 것이다. 그러나 편자기상관함수는 계수 θ_i들에 따라 차이가 있으나 대체로 사인곡선을 그리며 감소하거나 지수적으로 완만하게 감소한다.

6.4 AR과 MA 모형 사이의 관계

AR(p) 모형은 다음과 같다.

$$\phi_p(B)\,Z_t = a_t\,,\ \phi_p(B) = (1-\phi_1\,B-\cdots-\phi_p\,B^p) \tag{6.4.1}$$

그러면 Z_t는 다음과 같이 표현될 수 있다.

$$Z_t = \frac{1}{\phi_p(B)}\,a_t = \psi(B)\,a_t \tag{6.4.2}$$

만약 또 다른 후진연산자로 이루어진 차분방정식 $\psi(B)$를 다음과 같이 나타내면 $\phi_p(B)\cdot\psi(B)=1$를 만족하는 $\psi(B)$를 얻을 수 있다.

$$\psi(B) = 1+\psi_1\,B+\psi_2\,B^2+\cdots \tag{6.4.3}$$

즉, $\phi_p(B)$와 $\psi(B)$ 양변의 B^j들의 계수들을 같게 하여 ψ 가중값들을 유도할 수 있다.

예를 들어 AR(2) 과정은 다음과 같이 표현된다.

$$Z_t = \frac{1}{(1-\phi_1 B - \phi_2 B^2)} a_t = (1 + \psi_1 B + \psi_2 B^2 + \cdots) a_t \tag{6.4.4}$$

이것은 $(1-\phi_1 B - \phi_2 B^2)(1 + \psi_1 B + \psi_2 B^2 + \psi_3 B^3 + \cdots) = 1$로부터

$$\begin{aligned} &1 + \psi_1 B + \psi_2 B^2 + \psi_3 B^3 + \cdots \\ &\qquad - \phi_1 B - \psi_1 \phi_1 B^2 - \psi_2 \phi_1 B^3 - \cdots \\ &\qquad\qquad - \phi_2 B^2 - \psi_1 \phi_2 B^3 - \cdots = 1 \end{aligned} \tag{6.4.5}$$

이다. 양변의 B^i의 같은 차수의 계수를 비교하면 다음과 같다.

$$\begin{aligned} B^1 &: \psi_1 - \phi_1 = 0 && \rightarrow \psi_1 = \phi_1 \\ B^2 &: \psi_2 - \psi_1 \phi_1 - \phi_2 = 0 && \rightarrow \psi_2 = \psi_1 \phi_1 + \phi_2 = \phi_1^2 + \phi_2 \\ B^3 &: \psi_3 - \psi_2 \phi_1 - \psi_1 \phi_2 = 0 && \rightarrow \psi_3 = \psi_2 \phi_1 + \psi_1 \phi_2 \\ &\vdots \end{aligned} \tag{6.4.6}$$

따라서 $i \geq 2$에 대해 $\psi_i = \psi_{i-1}\phi_1 + \psi_{i-2}\phi_2$와 같은 ψ_i의 일반식을 얻는다. 단, $\psi_0 = 1$이다. 예를 들어 $\phi_2 = 0$인 AR(1)인 경우는 $\psi_i = \phi_1^i$, $(i \geq 0)$임을 알 수 있다. AR(1) 모형에서 $Z_t = \frac{1}{(1-\phi_1 B)} a_t = (1 + \phi_1 B + \phi_1^2 B^2 + \cdots) a_t$를 얻을 수 있다. 이것은 유한 차수의 정상적인 AR 과정이 무한 차수의 MA 과정과 같다는 것을 의미한다.

일반적으로 가역성을 만족하는 MA(q) 모형은 $Z_t = \theta_q(B) a_t$로 주어진다. 따라서 $a_t = \frac{1}{\theta_q(B)} Z_t = \pi(B) Z_t$로 나타낼 수 있다. 여기서 $\theta_q(B) = (1 - \theta_1 B - \cdots - \theta_q B^q)$이고, $\pi(B)$는 다음과 같다.

$$\pi(B) = 1 - \pi_1 B - \pi_2 B^2 - \cdots = \frac{1}{\theta_q(B)} \tag{6.4.7}$$

예를 들어 MA(2) 모형인 경우에 다음과 같이 표현된다.

$$(1 - \pi_1 B - \pi_2 B^2 - \pi_3 B^3 - \cdots) Z_t = \frac{1}{(1 - \theta_1 B - \theta_2 B^2)} Z_t = a_t \tag{6.4.8}$$

여기서

$$(1-\theta_1 B-\theta_2 B^2)(1-\pi_1 B-\pi_2 B^2-\pi_3 B^3-\cdots)=1 \qquad (6.4.9)$$

위 식을 전개하면 다음과 같다.

$$\begin{aligned}
&1-\pi_1 B-\pi_2 B^2-\pi_3 B^3-\cdots \\
&\quad -\theta_1 B+\pi_1\theta_1 B^2+\pi_2\theta_1 B^3+\cdots \\
&\quad\quad -\theta_2 B^2+\pi_1\theta_2 B^3+\cdots=1
\end{aligned} \qquad (6.4.10)$$

π의 가중값들을 B^i의 계수들을 같게 하여 다음과 같이 유도할 수 있다.

$$\begin{aligned}
&B^1 : -\pi_1-\theta_1=0 &&\rightarrow \pi_1=-\theta_1 \\
&B^2 : -\pi_2+\pi_1\theta_1-\theta_2=0 &&\rightarrow \pi_2=\pi_1\theta_1-\theta_2=-\theta_1^2-\theta_2 \\
&B^3 : -\pi_3+\pi_2\theta_1+\pi_1\theta_2=0 &&\rightarrow \pi_3=\pi_2\theta_1+\pi_1\theta_2 \\
&\qquad\vdots
\end{aligned} \qquad (6.4.11)$$

식 (6.4.12)를 일반화하면 다음과 같은 일반식 $\pi_i=\pi_{i-1}\theta_1+\pi_{i-2}\theta_2$를 얻을 수 있다. 단, $(i \geq 3)$이다.

만약 $\theta_2=0$일 때 이 과정은 $\pi_i=-\theta_1^i$, $(i \geq 1)$을 식 (6.4.12)에 대입하면 다음과 같은 MA(1) 모형이 된다.

$$(1+\theta_1 B+\theta_1^2 B^2+\theta_1^3 B^3+\cdots)Z_t=\frac{1}{(1-\theta_1 B)}Z_t=a_t \qquad (6.4.12)$$

즉, 유한 차수의 가역적인 MA 모형은 무한 차수의 AR 모형으로, 또 유한 차수의 정상적 AR(p) 모형은 무한 차수의 MA(∞) 모형으로 나타낼 수 있다. AR(p)와 MA(q) 사이의 상대적 관련성은 그것의 ACF와 PACF에 깊이 의존한다.

요약하면, AR(p) 모형은 서서히 감소하는 ACF를 갖고, 절단이 되는 PACF를 갖는다. 그러나 MA(q) 모형은 절단이 되는 ACF와 서서히 감소하는 PACF를 갖는다.

6.5 자기회귀이동평균모형: [ARMA 모형]

6.5.1 일반적인 ARMA(p,q) 모형

정상적이고 가역적인 시계열은 이동평균모형 형태나 자기회귀모형 형태로 표현될 수 있다. 하지만 이 모형들이 갖는 문제점은 이들이 너무 많은 모수를 포함할 수도 있다는 것이다. 일반적으로 모수가 많은 경우 추정에 있어 효율성을 감소시킨다. 따라서 시계열모형에서 자기회귀항과 이동평균항을 혼합한 혼합자기회귀이동평균(mixed autoregressive moving average) 모형의 설정은 자연스러운 모형설정이 될 것이다. 이를 일반적으로 자기회귀이동평균(ARMA)모형이라고 한다.

자기회귀이동평균모형은 다음과 같다.

$$\phi_p(B)\, Z_t = \theta_q(B)\, a_t \tag{6.5.1}$$

여기서 $\phi_p(B) = 1-\phi_1 B - \cdots - \phi_p B^p$, $\theta_q(B) = 1-\theta_1 B - \cdots - \theta_q B^q$이며 B는 후진연산자이다. 또한 $\{a_t\}$는 평균 0, 분산 σ_a^2인 백색잡음과정이다.

이 시계열이 가역적이 되기 위해서는 $\theta_q(B)=0$의 근들이 단위원 외부에 있어야 하고 정상적이 되기 위해서는 $\phi_p(B)=0$의 근들도 단위원 외부에 있어야 한다. 또한 $\phi_p(B)=0$와 $\theta_q(B)=0$의 어떤 공통된 근들도 공유하지 않음을 가정한다. 여기서 p와 q는 관련된 자기회귀와 이동평균 다항식의 차수들을 지정하는 데 사용된다. 정상적이고 가역적인 ARMA 모형은 앞에서 언급하였듯이 다음과 같이 자기회귀모형으로 나타낼 수 있다.

$$\pi(B)\, Z_t = a_t \tag{6.5.2}$$

여기서

$$\pi(B) = \frac{\phi_p(B)}{\theta_q(B)} = (1-\pi_1 B - \pi_2 B^2 - \cdots) \tag{6.5.3}$$

이다. 또한 이동평균모형으로도 나타낼 수 있다. 즉,

$$Z_t = \psi(B)\, a_t \tag{6.5.4}$$

$$\psi(B)=\frac{\theta_q(B)}{\phi_p(B)}=(1+\psi_1 B+\psi_2 B^2+\cdots) \tag{6.5.5}$$

ARMA(p,q)의 ACF

$$\rho_k=\phi_1\rho_{k-1}+\cdots+\phi_p\rho_{k-p}\ ,\ k\geq(q+1) \tag{6.5.6}$$

자기상관함수는 식 (6.5.6)과 같이 주어진다. 유도과정은 다음과 같다. 자기공분산함수를 이끌어내기 위해 식 (6.5.1)을 다음과 같이 쓸 수 있다.

$$Z_t=\phi_1 Z_{t-1}+\cdots+\phi_p Z_{t-p}+a_t-\theta_1 a_{t-1}-\cdots-\theta_q a_{t-q} \tag{6.5.7}$$

그리고 양변에 Z_{t-k}를 곱하고 기댓값을 취하면 다음과 같다.

$$Z_{t-k}Z_t=\phi_1 Z_{t-k}Z_{t-1}+\cdots+\phi_p Z_{t-k}Z_{t-p}+Z_{t-k}a_t \tag{6.5.8}$$
$$-\theta_1 Z_{t-k}a_{t-1}-\cdots-\theta_q Z_{t-k}a_{t-q}$$
$$\gamma_k=\phi_1\gamma_{k-1}+\cdots+\phi_p\gamma_{k-p}+E(Z_{t-k}a_t) \tag{6.5.9}$$
$$-\theta_1 E(Z_{t-k}a_{t-1})-\cdots-\theta_q E(Z_{t-k}a_{t-q})$$

여기서 $(k>i)$일 때 Z_{t-k}와 a_{t-i}들은 서로 독립이므로 $E(Z_{t-k}a_{t-i})=0$이 된다. 따라서 ARMA 모형의 자기공분산함수는 다음과 같다.

$$\gamma_k=\phi_1\gamma_{k-1}+\cdots+\phi_p\gamma_{k-p},\ k\geq(q+1)$$

식 (6.5.6)은 AR(p) 과정에서의 자기상관함수처럼 p차 차분방정식을 만족한다. 그러므로 ARMA(p,q) 모형의 ACF는 AR(p) 과정처럼 시차 q 이후에 지수적으로 감소한다. 이것은 ARMA 자기상관함수는 자기회귀모수들에만 의존하기 때문이다. 그러나 처음 q개의 자기상관들 $\rho_q, \rho_{q-1}, \cdots, \rho_1$은 모형 속의 AR 모수와 MA 모수들에 의존한다. 그리고 이들은 자기상관함수에 대한 초깃값들의 역할을 한다. 이 특징은 모형식별에 유용하게 사용된다.

1) ARMA(p, q)의 PACF

ARMA 모형은 어떤 특별한 경우로서 MA 과정을 포함하기 때문에 ARMA 모형의 편자기상관함수는 지수적인 감소와 $\phi(B)=0$와 $\theta(B)=0$의 근들에 의존하는 사인곡선을 하면서 감소하는 혼합 형태를 보인다. ARMA(p, q) 모형의 특성을 다음과 같이 ARMA(1,1) 모형을 설명하면서 살펴보자.

6.5.2 1차 혼합 자기회귀이동평균모형: [ARMA(1,1) 모형]

■ **정상 및 가역조건**

ARMA(1,1) 모형은 다음과 같다.

$$Z_t = \phi_1 Z_{t-1} + a_t - \theta_1 a_{t-1} \tag{6.5.10}$$

여기서 $\{a_t\}$는 평균 0, 분산 σ_a^2을 갖는 백색잡음이다.

이 모형의 정상조건을 구하기 위해 MA(∞) 형태로 변화시키면 다음과 같다.

$$\begin{aligned} Z_t &= \phi_1 (\phi_1 Z_{t-2} + a_{t-1} - \theta_1 a_{t-2}) + a_t - \theta_1 a_{t-1} \\ &= \phi_1^2 Z_{t-2} + a_t + (\phi_1 - \theta_1) a_{t-1} + \phi_1 \theta_1 a_{t-2} \\ &= \phi_1^3 Z_{t-3} + a_t + (\phi_1 - \theta_1) a_{t-1} + \phi_1 (\phi_1 - \theta_1) a_{t-2} - \phi_1^2 \theta_1 a_{t-3} \\ &\quad \vdots \\ &= a_t + (\phi_1 - \theta_1) a_{t-1} + \phi_1 (\phi_1 - \theta_1) a_{t-2} + \phi_1 \end{aligned} \tag{6.5.11}$$

이 모형이 정상적이기 위해서는 계수들의 제곱합 $(\phi_1 - \theta_1)^2 \sum_{i=0}^{\infty} \phi_1^{2i} < \infty$을 만족해야 하는데, 이는 $|\phi_1| < 1$일 때 만족하므로 ARMA(1,1) 모형의 정상조건은 $|\phi_1| < 1$이다. 한편 가역조건도 마찬가지 방법으로 식 (6.5.10)을 AR(∞) 형태로 변환시켜 구할 수 있다.

$$\begin{aligned} Z_t &= \phi_1 Z_{t-1} + a_t - \theta_1 a_{t-1} \\ &= \phi_1 Z_{t-1} + a_t - \theta_1 (Z_{t-2} - \phi_1 Z_{t-1} + \theta_1 a_{t-2}) \\ &\quad \vdots \\ &= (\phi_1 - \theta_1) Z_{t-1} + \theta_1 (\phi_1 - \theta_1) Z_{t-2} + \theta_1^2 (\phi_1 - \theta_1) Z_{t-3} + \cdots + a_t \end{aligned} \tag{6.5.12}$$

따라서 이 모형에 대한 가역조건은 역시 계수들의 제곱합 $(\phi_1 - \theta_1)^2 \sum_{i=0}^{\infty} \phi_1^{2i} < \infty$을 만족해야 하고, 이 수렴조건 $|\theta_1| < 1$이 바로 가역조건이 된다.

ARMA(1,1)의 ACF

$$\rho_k = \begin{cases} 1 & , k = 0 \\ \dfrac{(\phi_1 - \theta_1)(1 - \phi_1 \theta_1)}{1 + \theta_1^2 - 2\phi_1 \theta_1} & , k = 1 \\ \phi_1 \rho_{k-1} & , k \geq 2 \end{cases} \tag{6.5.13}$$

ARMA(1,1)의 ACF는 식 (6.5.13)과 같고 유도과정은 아래와 같다. $\{Z_t\}$에 대한 자기공분산함수를 구하기 위해 (6.5.10) 양변에 Z_{t-k}을 곱한다.

$$Z_{t-k} Z_t = \phi_1 Z_{t-k} Z_{t-1} + Z_{t-k} a_t - \theta_1 Z_{t-k} a_{t-1} \tag{6.5.14}$$

그리고 양변에 기댓값을 취하면 다음과 같은 자기공분산함수를 얻을 수 있다.

$$\gamma_k = \phi_1 \gamma_{k-1} + E(Z_{t-k} a_t) - \theta_1 E(Z_{t-k} a_{t-1}) \tag{6.5.15}$$

여기서 $k = 0$이면 $\gamma_0 = \phi_1 \gamma_1 + E(Z_t a_t) - \theta_1 E(Z_t a_{t-1})$이고, 또 $E(Z_{t-k} a_t)$와 $E(Z_{t-k} a_{t-1})$은 다음과 같다.

$$E(Z_t a_t) = \sigma_a^2 \tag{6.5.16}$$

$$\begin{aligned} E(Z_t a_{t-1}) &= \phi_1 E(Z_{t-1} a_{t-1}) + E(a_t a_{t-1}) - \theta_1 E(a_{t-1}^2) \\ &= (\phi_1 - \theta_1) \sigma_a^2 \end{aligned} \tag{6.5.17}$$

따라서 식 (6.5.16)과 식 (6.5.17)을 이용하여 자기공분산함수를 구할 수 있다.

$$\gamma_0 = \phi_1 \gamma_1 + \sigma_a^2 - \theta_1(\phi_1 - \theta_1) \sigma_a^2 \tag{6.5.18}$$

만약 $k = 1$일 때는 $\gamma_1 = \phi_1 \gamma_0 - \theta_1 \sigma_a^2$ 이 되고, γ_1을 식 (6.5.18)에 대입하면 다음과 같은 분산, 자기공분산함수를 얻을 수 있다.

$$\begin{aligned} \gamma_0 &= \phi_1^2 \gamma_0 - \phi_1 \theta_1 \sigma_a^2 + \sigma_a^2 - \phi_1 \theta_1 \sigma_a^2 + \theta_1^2 \sigma_a^2 \\ &= \frac{(1 + \theta_1^2 - 2\phi_1 \theta_1)}{(1 - \phi_1^2)} \sigma_a^2 \end{aligned} \tag{6.5.19}$$

$$\gamma_1 = \phi_1 \gamma_0 - \theta_1 \sigma_a^2 \tag{6.5.20}$$

$$= \frac{\phi_1 (1+\theta_1^2 - 2\phi_1 \theta_1)}{(1-\phi_1^2)} \sigma_a^2 - \theta_1 \sigma_a^2$$

$$= \frac{(\phi_1 - \theta_1)(1-\phi_1 \theta_1)}{(1-\phi_1^2)} \sigma_a^2$$

$$\gamma_k = \phi_1 \gamma_{k-1}, \ (k \geq 2) \qquad (6.5.21)$$

ARMA(1,1) 모형의 ACF는 AR(1)와 MA(1) 모형 모두의 특성들이 혼합되어 있다. 즉, ρ_1은 MA(1) 모형의 계수인 θ_1이 포함되어 있으나 시차 2 이후의 ACF는 AR(1) 모형의 ACF와 같은 형태를 갖는다.

1) ARMA(1,1)의 PACF

ARMA(1,1) 모형의 편자기상관함수의 일반적인 형태는 매우 복잡하고 다양한 형태를 보인다. ARMA(1,1) 모형은 특별한 경우로서 MA(1)을 포함하기 때문에 ARMA(1,1)의 PACF 역시 계수들의 부호와 ϕ_1, θ_1의 크기에 의존하고 ARMA(1,1) 모형의 ACF처럼 지수적으로 서서히 감소한다. ACF와 PACF 둘 다 서서히 감소한다는 사실이 혼합 ARMA 모형의 특징이라고 할 수 있다.

다음은 ARMA(1,1) 모형에 따르는 시계열자료를 생성하는 난수발생 시뮬레이션 프로그램에 의한 결과들로, 모수는 각각 $\phi_1 = 0.8$, $\theta_2 = -0.6$로 주었다. 8장에서 설명하게 될 모형식별을 위하여 눈여겨보아야 할 결과들이다.

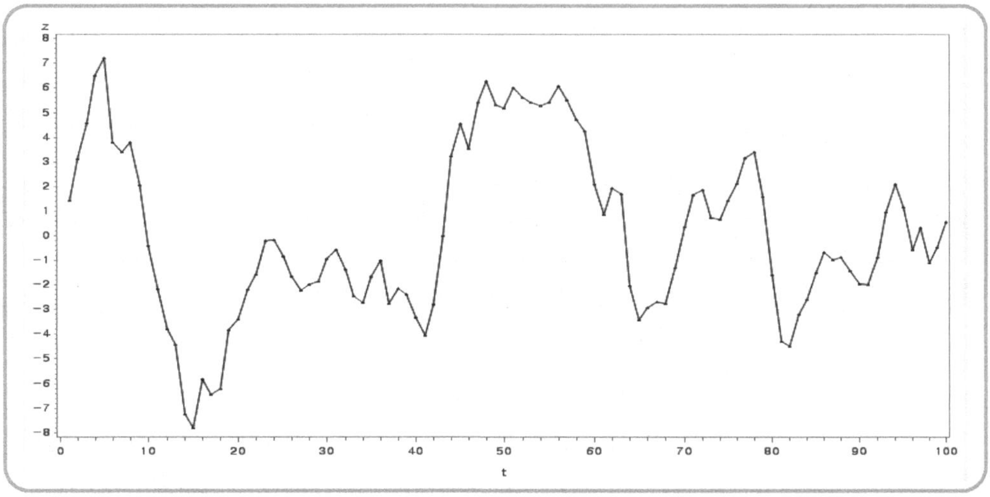

|그림 6.9| ARMA(1,1) 모형의 시계열도

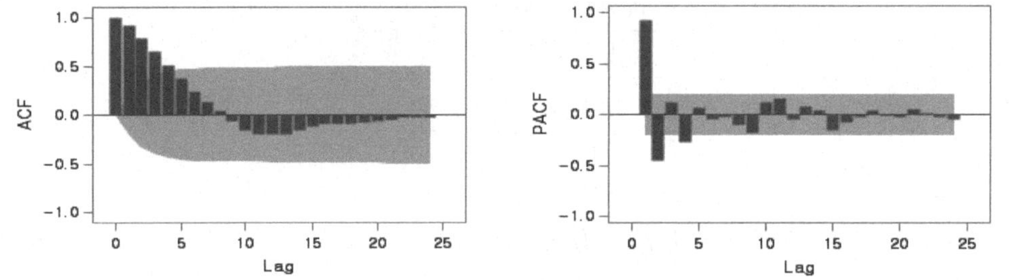

| 그림 6.10 | ARMA(1,1) 모형의 ACF 및 PACF

6.6 통계프로그램

1) R

(1) AR 모형 예제

R을 이용하여 $\phi = 0.9$ 인 AR(1) 모형을 따르는 난수를 100개 생성하여 그린 산포도와 ACF, PACF 그래프는 [그림 6.11]에 나타나 있다.

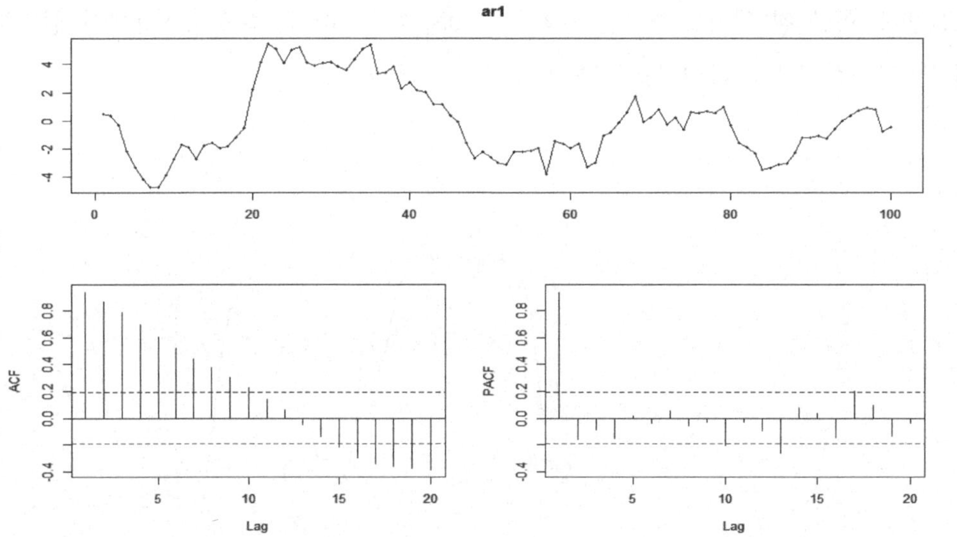

```
ar1 <- arima.sim(n = 100, list(ar = 0.9))
tsdisplay(ar1)
```

| 그림 6.11 | AR(1) 모형의 시계열도와 ACF 및 PACF

$\phi_1 = 0.5$이고 $\phi_2 = 0.4$인 AR(2) 모형을 따르는 난수를 100개 생성하여 그린 산포도와 ACF, PACF 그래프는 [그림 6.12]에 나타나 있다.

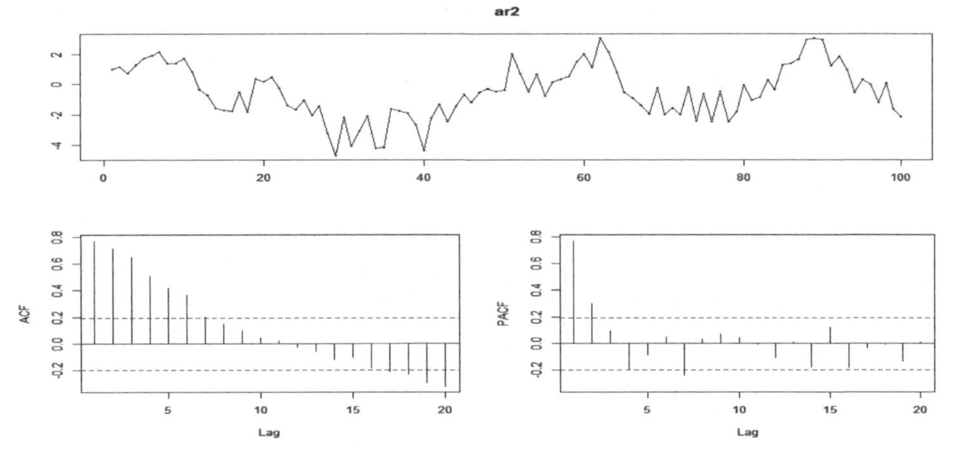

```
ar2 <- arima.sim(n = 100, list(ar = c(0.5, 0.4)))
tsdisplay(ar2)
```

그림 6.12 AR(2) 모형의 시계열도와 ACF 및 PACF

(2) MA 모형 예제

다음으로 $\theta = 0.7$인 MA(1) 모형을 따르는 난수를 100개 생성하여 그린 산포도와 ACF, PACF 그래프는 [그림 6.13]에 나타나 있다.

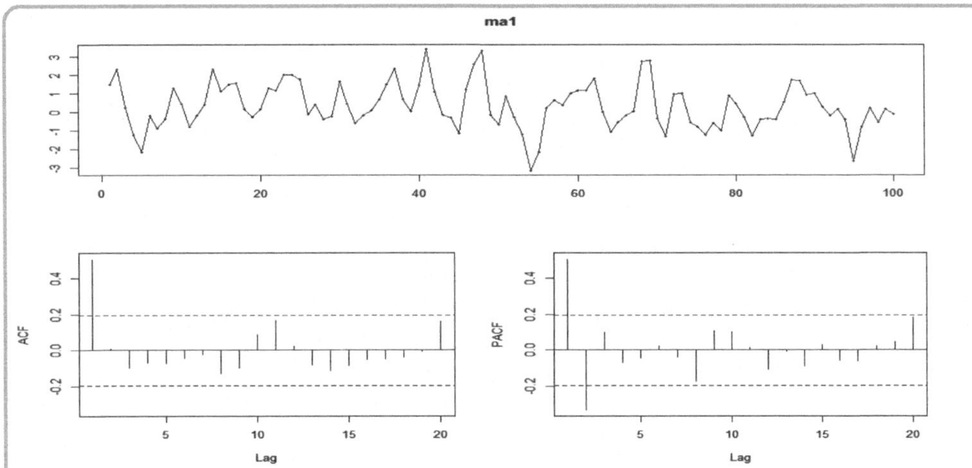

```
ma1 <- arima.sim(n = 100, list(ma = 0.7))
tsdisplay(ma1)
```

그림 6.13 MA(1) 모형의 시계열도와 ACF 및 PACF

$\theta_1 = 0.8$이고 $\theta_2 = -0.6$인 MA(2) 모형을 따르는 난수를 100개 생성하여 그린 산포도와 ACF, PACF 그래프는 [그림 6.14]에 나타나 있다.

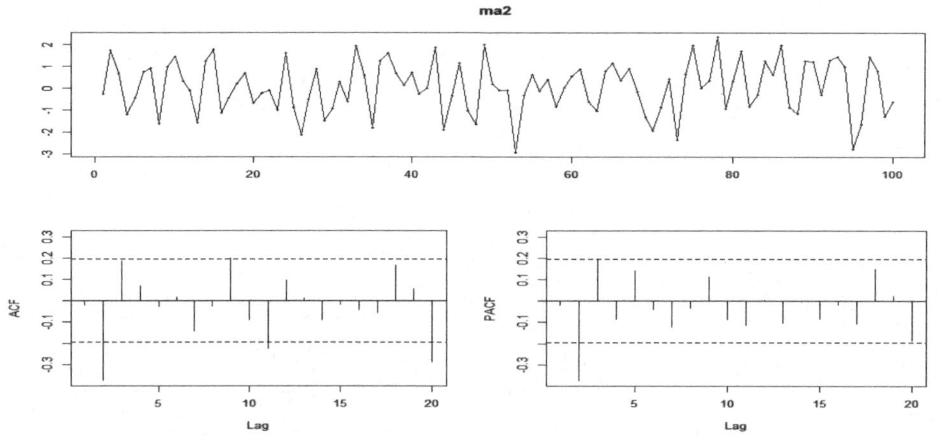


```
ma2 <- arima.sim(n = 100, list(ma = c(0.8, -0.6)))
tsdisplay(ma2)
```

그림 6.14 MA(2) 모형의 시계열도와 ACF 및 PACF

(3) ARMA 모형 예제

마지막으로 $\phi = 0.8$, $\theta = -0.6$인 ARMA(1,1) 모형을 따르는 난수를 100개 생성하여 그린 산포도와 ACF, PACF 그래프는 [그림 6.15]에 나타나 있다.

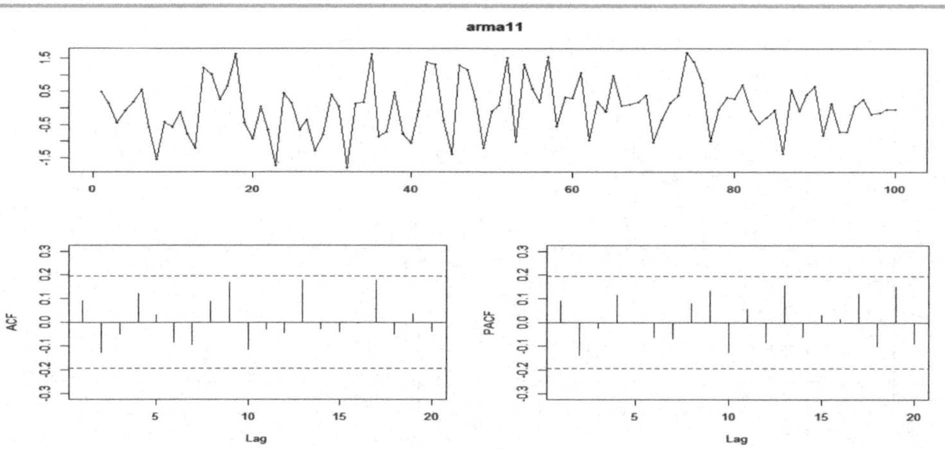


```
arma11 <- arima.sim(n = 100, list(ar=0.8, ma = -0.6))
tsdisplay(arma11)
```

그림 6.15 ARMA(1,1) 모형의 시계열도와 ACF 및 PACF

2) SAS

(1) 예제

[그림 6.16]과 [그림 6.17]은 각각 $\phi_1 = 0.9$인 AR(1) 모형의 시계열도와 AR(1) 모형에 대한 ACF와 PACF를 나타낸 것이다. [그림 6.17]에서 ACF는 지수적으로 감소하고 PACF는 시차 1 이후 절단된 것을 알 수 있다.

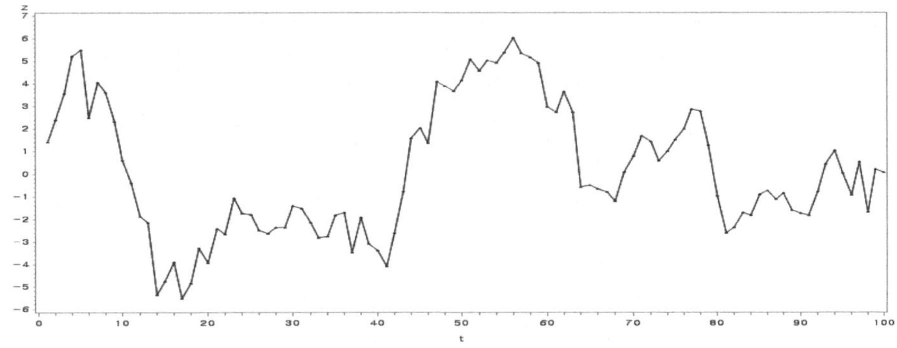


```
/* φ1 = 0.9인 AR(1) 모형을 따르는 난수생성*/
data ar1;
 z0=0;
   do t=1 to 100;
         at=rannor(1234);
          z=0.9*z0+at;
          output;
          z0=z;
   end; run;
/*난수발생 자료로 AR(1) 모형 시계열 그래프 그리기*/
symbol1 ci=black v=dot cv=black i=join h=0.5;
proc gplot data=ar1;
plot z*t=1; run; quit;
```

|그림 6.16| AR(1) 모형의 시계열산포도

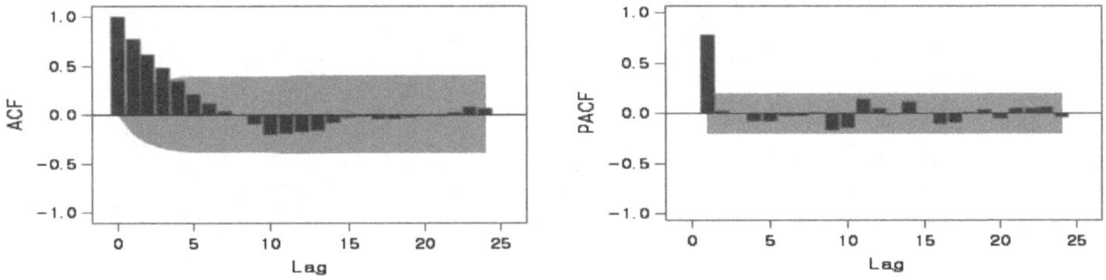


```
proc arima data=ar1;
  identify var=z nlag=24;
run;
```

|그림 6.17| AR(1) 모형의 ACF 및 PACF

다음 [그림 6.18]과 [그림 6.19]는 각각 $\theta_1 = 0.9$인 MA(1) 모형의 시계열도와 MA(1) 모형에 대한 ACF와 PACF를 나타낸 것이다. [그림 6.19]에서 볼 수 있듯이 ACF는 시차 1 이후 절단되었고 PACF는 진폭이 점점 작아지는 사인 곡선의 형태를 나타낸다. 이를 통해 MA 모형은 AR 모형의 ACF, PACF가 반대되는 특징을 가진다는 것을 알 수 있다.

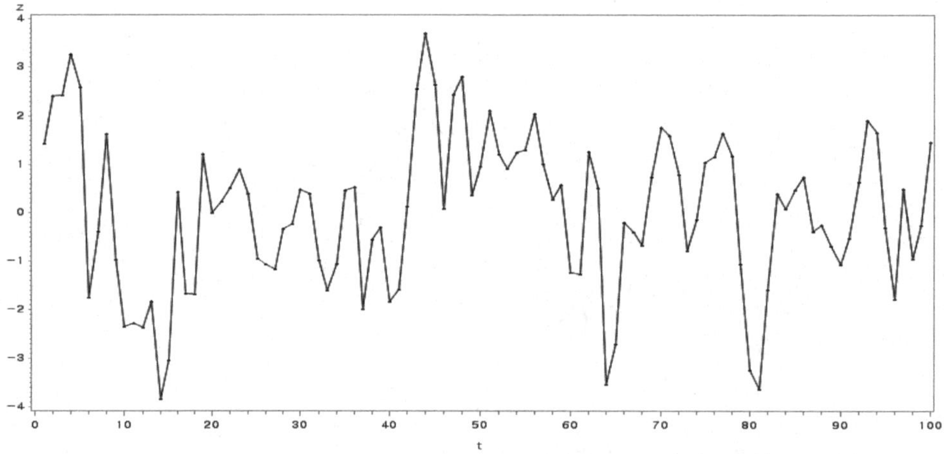

```
/* θ1 =0.9 인 MA(1) 모형을 따르는 난수생성*/
data ma1;
 at0=0;
   do t=1 to 1000;
          at=rannor(1234);
                    z=at+0.9*at0;
          output;
          at0=at;
   end; run;
/*난수발생 자료로 AR(1)모형 시계열 그래프 그리기*/
symbol1 ci=black v=dot cv=black i=join h=0.5;
proc gplot data=ma1;
plot z*t=1;
run; quit;
```

그림 6.18 MA(1) 모형의 시계열산포도

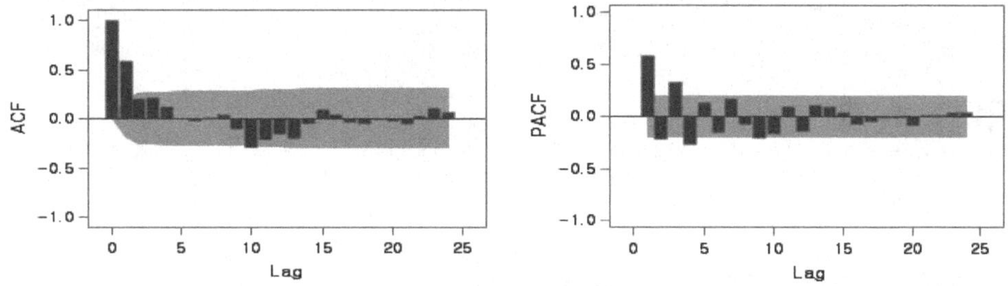


```
proc arima data=ma1;
  identify var=z nlag=24;
run;
```

|그림 6.19| MA(1) 모형의 ACF 및 PACF

연습문제

1. 다음의 각 ARMA 모형들의 ACF 그림을 그리시오.

1) $\phi_1 = 1.2,\ \phi_2 = -0.7$을 갖는 AR(2) 모형
2) $\phi_1 = -1,\ \phi_2 = -0.6$을 갖는 AR(2) 모형
3) $\theta_1 = 1.2,\ \theta_2 = -0.7$을 갖는 MA(2) 모형
4) $\theta_1 = -1,\ \theta_2 = -0.6$을 갖는 MA(2) 모형
5) $\phi = 0.7,\ \theta = 0.4$를 갖는 ARMA(1,1) 모형
6) $\phi = 0.7,\ \theta = -0.4$를 갖는 ARMA(1,1) 모형

2. $\{a_t\}$이 평균이 0인 백색잡음과정이라고 할 때 다음 시계열모형의 정상성 및 가역성을 조사하시오.

1) $Z_t - 0.2Z_{t-1} + 0.5Z_{t-2} = a_t$
2) $Z_t - 0.5Z_{t-1} = a_t + 0.3a_{t-1}$
3) $Z_t - 1.5Z_{t-1} + 0.7Z_{t-2} = 100 + a_t - 0.3a_{t-1}$

3. 다음 시계열모형의 ACF, PACF를 구하고 각각의 상관도표를 그린 후 정상성 및 가역성을 만족함을 보이시오.

1) $\phi_1 = 0.3,\ \phi_2 = 0.5$인 AR(2) 모형
2) $\theta_1 = 1.2,\ \theta_2 = -0.4$인 MA(2) 모형
3) $\phi_1 = 0.7,\ \theta_1 = -0.2$인 ARMA(1,1) 모형

4. 다음과 같은 ARMA(2,1) 모형을 일반선형모형으로 변환시켰을 때 계수를 구하시오.

$$Z_t = 0.5Z_{t-1} - 0.04Z_{t-2} + a_t + 0.25a_{t-1}$$

5. AR(2) 모형을 따르는 시계열자료를 R 또는 SAS를 이용하여 생성하고, 이 자료의 시계열그림과 ACF, PACF 그림을 그리시오.

6. MA(2) 모형을 따르는 시계열자료를 R 또는 SAS를 이용하여 생성하고, 이 자료의 시계열그림과 ACF, PACF 그림을 그리시오.

7. ARMA(2,1) 모형을 따르는 시계열자료를 R 또는 SAS를 이용하여 생성하고, 이 자료의 시계열그림과 ACF, PACF 그림을 그리시오.

7장

비정상시계열

우리가 지금까지 언급한 시계열들은 모두 정상시계열이었다. 그러나 응용되는 많은 시계열, 특히 경제나 경영에 관계되어서 발생되는 시계열은 비정상시계열이 대부분이다. 비정상시계열은 정상시계열의 공분산구조에 비해 많은 어려움이 있다. 비정상시계열은 평균이 일정하지 않거나, 시간에 따라 변하는 이차적률을 가져서 분산이 일정하지 않거나, 또는 이 두 가지 성질을 모두 가진다.

이 장에서 우리는 동질적인 비정상시계열모형인 통합자기회귀모형(Autoregressive Integrated Moving Average: ARIMA)의 사용방법에 대해 설명하고자 한다. 또한 비정상시계열을 정상시계열로 변환하는 방법으로 차분과 분산안정화변환을 소개하고자 한다.

7.1 평균의 비정상성

평균이 비정상인 시계열은 반복 실현값 없이 시간에 종속된 평균함수를 추정하는데 이는 매우 심각한 문제를 야기한다.

다행히도 시간에 종속되는 현상을 단일 실현값으로부터 모형의 구조를 세울 수 있다. 평균이 비정상적인 시계열모형에서 매우 유용한 두 가지 모형을 이번 장에서 소개하였다.

7.1.1 결정적 추세모형

비정상계열의 평균함수는 시간에 의한 결정적 추세로 재표현할 수 있다. 이러한 경우에는 회귀모형을 사용할 수도 있다. 예를 들면, 만약 평균함수 μ_t가 선형추세 $\mu_t = \alpha_0 + \alpha_1 t$를 따른다면 다음과 같은 1차 선형추세모형을 얻을 수 있다.

$$Z_t = \alpha_0 + \alpha_1 t + a_t \tag{7.1.1}$$

여기서 a_t는 평균이 0인 백색잡음이다. 그리고 이차평균함수 $\mu_t = \alpha_0 + \alpha_1 t + \alpha_2 t^2$에 대해서는 다음과 같은 2차 선형추세모형을 얻을 수 있다.

$$Z_t = \alpha_0 + \alpha_1 t + \alpha_2 t^2 + a_t \tag{7.1.2}$$

보다 일반화하면 시간에 대한 k차 선형추세모형은 다음과 같다.

$$Z_t = \alpha_0 + \alpha_1 t + \cdots + \alpha_k t^k + a_t \tag{7.1.3}$$

또 사인-코사인 곡선으로 결정적 추세를 표현한다면 다음과 같은 모형을 세울 수 있다.

$$\begin{aligned} Z_t &= \nu_0 + \nu \cos(\omega t + \theta) + a_t \\ &= \nu_0 + \alpha \cos(\omega t) + \beta \sin(\omega t) + a_t \end{aligned} \tag{7.1.4}$$

여기서

$$\alpha = \nu \cos\theta \ , \ \beta = -\nu \sin\theta \ , \ \nu = \sqrt{\alpha^2 + \beta^2}, \tag{7.1.5}$$

그리고

$$\theta = \tan^{-1}(-\beta/\alpha) \tag{7.1.6}$$

여기서 ν는 진폭이고, ω는 진동수, θ는 위상이라고 한다. m차 사인-코사인 곡선으로 일반화하면 다음과 같다.

$$Z_t = \nu_0 + \sum_{j=1}^{m} (\alpha_j \cos \omega_j t + \beta_j \sin \omega_j t\ ) + a_t \tag{7.1.7}$$

이 모형을 대개 숨겨진 주기성 모형이라고 한다. 이러한 모형은 표준회귀분석을 통하여 조절할 수 있다.

7.1.2 확률적 추세모형과 차분

많은 시계열이 비정상임에도 불구하고 어떤 평형의 힘 때문에 계열이 지역적으로 다른 평균수준을 가지는 것을 제외하면 계열의 다른 부분들은 매우 유사한 형태를 띤다. Box-Jenkins(1976, p.85)는 동질적인 비정상성과 같은 비정상성의 종류에 대하여 언급하였다. ARMA 모형의 관점에서 보면 AR 모형의 다항식의 근이 단위원 밖에 존재한다면 그 계열은 비정상적이다. 그러나 동질적인 특성에 의하여 동질적인 비정상계열의 이러한 종류의 지역적 특성은 각각의 수준과는 독립이다. 그러므로 특성을 표현하는 자기회귀연산자를 $\Psi(B)$ 로 놓으면 임의의 상수 C에 대하여 다음과 같은 식을 얻을 수 있다.

$$\Psi(B)(Z_t + C) = \Psi(B) Z_t \tag{7.1.8}$$

여기서 $\Psi(B)$는 다음과 같다.

$$\Psi(B) = \phi(B)(1-B)^d \qquad (7.1.9)$$

여기서 d는 0보다 큰 상수이고, $\phi(B)$는 정상자기회귀연산자를 의미한다. 그러므로 동질적 비정상계열은 일반적으로 적절한 차분을 취하면 정상계열로 변환할 수 있다. 다시 말하면, 계열 $\{Z_t\}$는 비정상적이나 d차 차분한 계열 $\{(1-B)^d Z_t\}$은 정상적이다. 예를 들어 d차 차분한 계열이 백색잡음의 형태를 따르면 다음과 같이 표현할 수 있다.

$$(1-B)^d Z_t = a_t \qquad (7.1.10)$$

또한 식 (7.1.10)에서 $d=1$인 경우를 고려하여 보자.

$$(1-B)Z_t = a_t \qquad (7.1.11)$$

또는 다음과 같이 나타낼 수 있다.

$$Z_t = Z_{t-1} + a_t \qquad (7.1.12)$$

즉, 이 모형은 과거의 정보 $Z_{t-1}, Z_{t-2}, \cdots$가 주어질 때 시점 t에서의 계열의 수준은 시점 $(t-1)$에서의 오차항의 영향을 받는다. 다시 말하면 $(1-B)^d Z_t$에서의 계열 Z_t의 평균의 수준은 시점에 따라 확률적으로 바뀌고, 확률적인 추세를 갖는 것으로 계열을 특징지을 수 있다.

7.2 누적자기회귀이동평균모형(ARIMA 모형)

7.2.1 일반적인 ARIMA 모형

비정상시계열에 적당한 차분을 취하여 얻어진 정상시계열은 식 (7.1.12)와 같은 백색잡음이 필요하지 않다. 더욱이 일반적으로 차분된 시계열은 정상 ARMA(p,q) 계열을 따른다. 그러므로 다음과 같은 식을 얻을 수 있다.

$$\phi_p(B)(1-B)^d Z_t = \theta_0 + \theta_q(B)\, a_t \qquad (7.2.1)$$

여기서 $\phi_p(B) = (1-\phi_1 B - \cdots - \phi_p B^p)$는 정상 AR 연산자이고, $\theta_q(B) = (1-\theta_1 B - \cdots$

$-\theta_q B^q)$는 가역 MA 연산자로서 공통 요인으로 나누어지지 않는다. 모수 θ_0은 d의 값에 따라 매우 다른 역할을 하게 된다. $d=0$인 경우 원계열은 정상적이고, θ_0는 계열의 평균과 관련된, 즉 $\theta_0 = \mu(1-\phi_1- \cdots -\phi_p)$가 된다. 그러나 $d \geq 1$인 경우에는 θ_0가 결정적 추세항이 된다.

식 (7.2.1)에서의 비정상모형의 결과는 차수가 (p,d,q)인 누적자기회귀이동평균(autoregressive integrated moving average: ARIMA)모형을 설명한 것이고, ARIMA(p,d,q)라고 정의한다. $p=0$인 경우 ARIMA(p,d,q) 모형은 차수가 (d,q)인 누적이동평균모형이라고 하고, IMA(d,q)라고 정의한다.

7.2.2 확률보행모형

식 (7.2.1)에서 $p=0$, $d=1$, $q=0$이라고 하면 이 모형은 잘 알려진 확률보행모형이 된다.

$$(1-B)Z_t = a_t \tag{7.2.2}$$

$$Z_t = Z_{t-1}+a_t \tag{7.2.3}$$

이 모형은 주식시장에서 주가 흐름의 특성을 표현하는 데 폭넓게 사용되고 있다. 확률보행모형에서 시점 t에서의 값은 시점 $(t-1)$에서의 값에 확률충격(random shock)을 더한 값과 같다. 이러한 특성은 술에 취한 사람의 시점 t에서의 위치가 시점 $(t-1)$에서의 위치에서 임의의 방향으로 한 걸음 옮긴 것과 유사하다.

확률보행모형은 AR(1) 계열 $(1-\phi B)Z_t = a_t$에서 ϕ가 1인 경우의 시계열로 정의된다. AR(1) 계열의 ACF는 $\rho_k = \phi^k$이고 ϕ가 1이기 때문에 임의보행모형의 현상은 원계열 $\{Z_t\}$의 ACF의 값들이 서서히 감소하는 경향을 보이지만 일차 차분한 $\{(1-B)Z_t\}$에 대해서는 SACF가 0으로 유의하지 않는다고 특징지을 수 있다.

다음으로, 식 (7.2.2)의 간단한 수정식에 0이 아닌 상수항이 있다고 생각하자.

$$(1-B)Z_t = \theta_0 + a_t \tag{7.2.4}$$

$$Z_t = Z_{t-1}+\theta_0+a_t \tag{7.2.5}$$

여기서 원 시점 k에 대하여 축차적으로 대입하면 다음과 같다.

$$
\begin{aligned}
Z_t &= Z_{t-1} + \theta_0 + a_t \\
&= Z_{t-2} + 2\theta_0 + a_t + a_{t-1} \\
&\vdots \\
&= Z_k + (t-k)\theta_0 + \sum_{j=k+1}^{t} a_j
\end{aligned} \tag{7.2.6}
$$

여기서 $t > k$이다. 그러므로 Z_t는 결정적 추세의 기울기 또는 이동 θ_0를 포함하고 있는 것이 명확하다. 일반적으로 d차 차분계열 $\{(1-B)^d Z_t\}$을 포함한 모형에 대하여 식 (7.2.1)의 0이 아닌 θ_0는 결정적 추세, $\alpha_0 + \alpha_1 t + \cdots + \alpha_d t^d$에서 t^d의 계수 α_d와 일치함을 알 수 있다. 따라서 $d > 0$일 때, θ_0은 결정적 추세항과 같다고 할 수 있다.

일반적으로 $d > 0$일 때, 자료나 문제의 특성으로부터 결정적 요소가 명확히 요구되지 않는 경우에는 $\theta_0 = 0$로 가정한다.

식 (7.2.4)에서 θ_0가 0이 아닌 계열을 일반적으로 이동을 갖는 확률보행모형이라고 한다. 그리고 식 (7.2.4)에서 $Z_{t-1}, Z_{t-2}, \cdots$ 가 주어지면 시점 t에서 평균의 수준은 결정적 요소뿐만 아니라 시점 $(t-1)$에서의 확률적 교란항의 영향을 받는다. 만약 θ_0만이 존재할 경우, 이 모형은 단지 확률적인 추세만을 가진다.

예제 7-1

이 장에서 논의되는 확률보행모형의 결과를 설명하기 위해 100개의 자료를 모형 $(1-B)Z_t = a_t$와 $(1-B)Z_t = 4 + a_t$로부터 각각 얻었다. 여기서 a_t는 iid(independently identifical distribution: 독립이면서 동일한 분포) N(0,1)의 백색잡음이다. 원계열의 SACF와 SPACF는 [표 7.1]과 [그림 7.2]에 나와 있다. 두 시계열 각각의 SACF가 매우 천천히 감소한다는 사실은 모형이 비정상임을 말해 준다. 모형을 정확하게 식별하기 위해 [표 7.2]와 [그림 7.4]에서 보여 준 바와 같이 차분한 계열의 SACF와 SPACF를 계산하면 우리가 예상한 바와 같이 백색잡음과정의 현상을 보인다. 사실 $\widehat{\rho_k}$과 $\widehat{\phi_{kk}}$의 값은 두 모형에서 일치한다. [표 7.1]의 (a)와 같은 전형적인 임의보행모형과 (b)와 같은 경향을 가진 임의보행모형 사이의 차이는 무엇인가? (a)와 같은 임의보행의 SACF는 (b)의 경향을 가진 임의보행의 ACF보다 비교적 급격히 감소한다. 어쨌든 [그림 7.4]나 [그림 7.8]에서 그려진 바와 같은 SACF의 형태를 보인다면 우리의 차분은 적중한 것이다. 경향을 띠는 임의보행모형은 기울기 4를 가지는 결정적인 선형추세에 의해 확실해진다. 반면, 경향을 띠지 않는 임의보행모형의 비정상성은 확률적 추세를 통해 보여진다.

| 표 7.1 | 모의실험한 확률보행모형으로부터의 원계열 Z_t의 SACF와 SPACF

(a) $(1-B)Z_t = a_t$로부터의 Z_t										
k	1	2	3	4	5	6	7	8	9	10
$\hat{\rho}_k$	.94	.88	.83	.77	.71	.66	.60	.53	.46	.40
St.E	.10	.17	.21	.24	.26	.28	.30	.31	.32	.32
$\hat{\phi}_{kk}$	.94	−.07	−.01	−.04	.02	−.07	−.04	−.15	.02	−.04
St.E	.10	.10	.10	.10	.10	.10	.10	.10	.10	.10
(b) $(1-B)Z_t = 4+a_t$로부터의 Z_t										
k	1	2	3	4	5	6	7	8	9	10
$\hat{\rho}_k$	.94	.94	.91	.88	.85	.82	.79	.76	.73	.70
St.E	.10	.17	.22	.25	.28	.30	.33	.34	.36	.38
$\hat{\phi}_{kk}$	.97	−.01	−.01	−.02	−.01	−.01	−.02	−.02	−.01	−.01
St.E	.10	.10	.10	.10	.10	.10	.10	.10	.10	.10

| 표 7.2 | 모의실험한 확률보행모형으로부터의 1차 차분계열 $W_t = (1-B)Z_t$의 SACF와 SPACF

(a) $(1-B)Z_t = a_t$로부터의 $W_t = (1-B)Z_t$										
k	1	2	3	4	5	6	7	8	9	10
$\hat{\rho}_k$	.11	.03	.00	.00	.11	.02	.06	.01	−.02	.06
St.E	.10	.10	.10	.10	.10	.10	.10	.10	.10	.10
$\hat{\phi}_{kk}$	.11	.02	.00	.00	.11	.00	.05	.00	−.03	.05
St.E	.10	.10	.10	.10	.10	.10	.10	.10	.10	.10
(b) $(1-B)Z_t = 4+a_t$로부터의 $W_t = (1-B)Z_t$										
k	1	2	3	4	5	6	7	8	9	10
$\hat{\rho}_k$	.11	.03	.00	.00	.11	.02	.06	.01	−.02	.06
St.E	.10	.17	.22	.25	.28	.30	.33	.34	.36	.38
$\hat{\phi}_{kk}$	.11	.02	.00	.00	.11	.00	.05	.00	−.03	.05
St.E	.10	.10	.10	.10	.10	.10	.10	.10	.10	.10

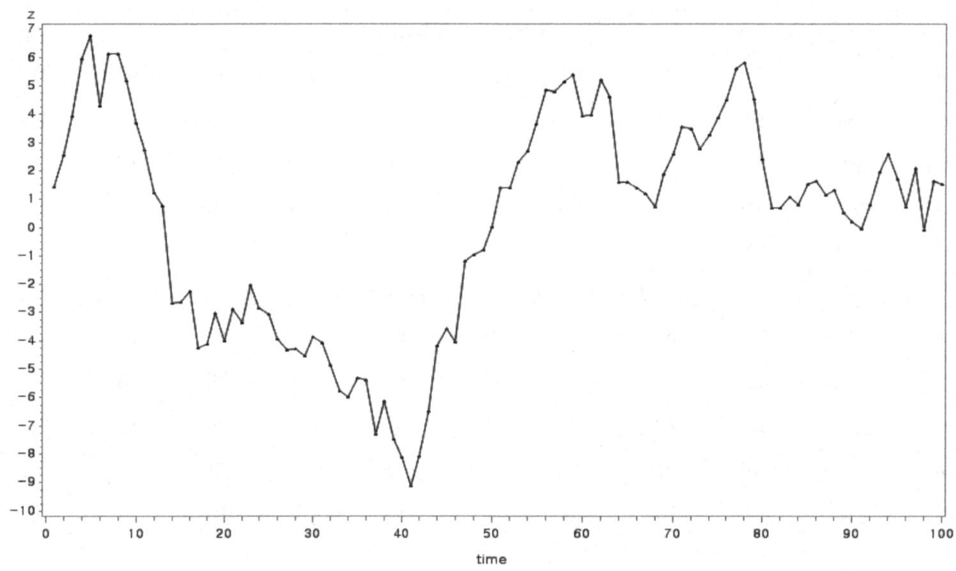

ı**그림 7.1**ı 확률보행과정의 시계열산포도

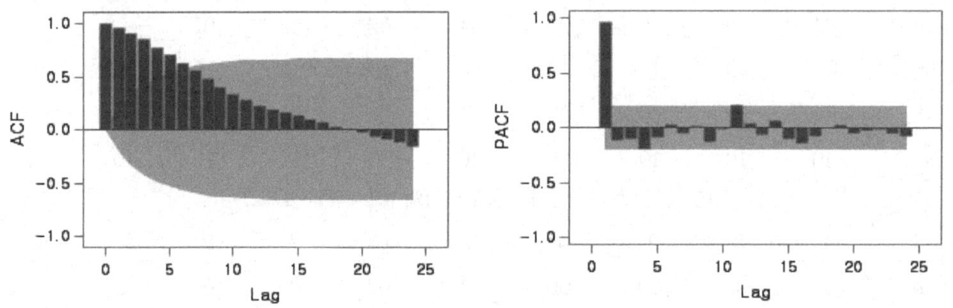

ı**그림 7.2**ı 확률보행과정의 ACF와 PACF

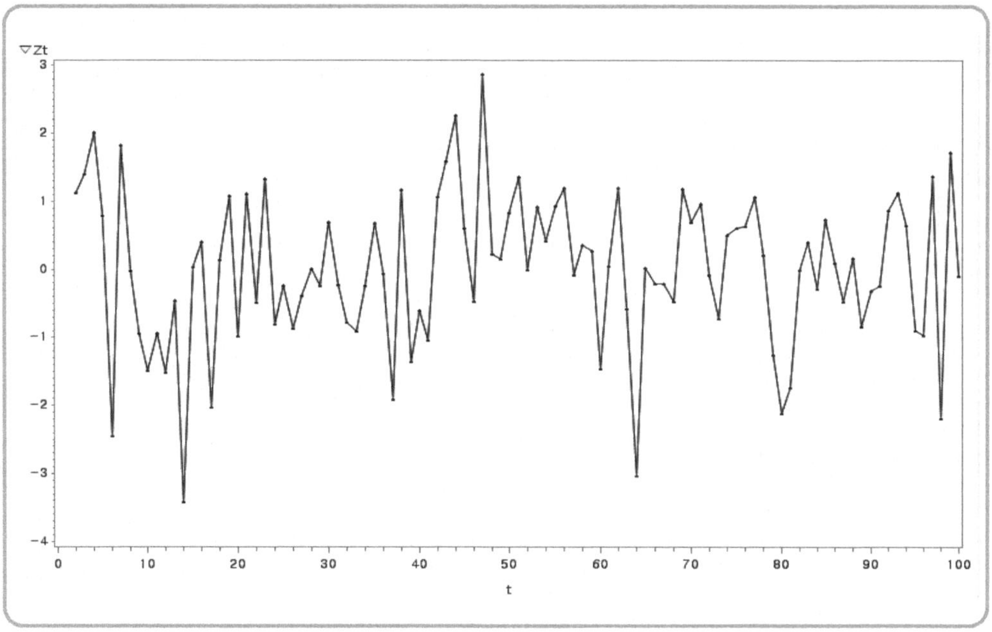

|그림 7.3| 확률보행과정을 1차 차분한 시계열산포도

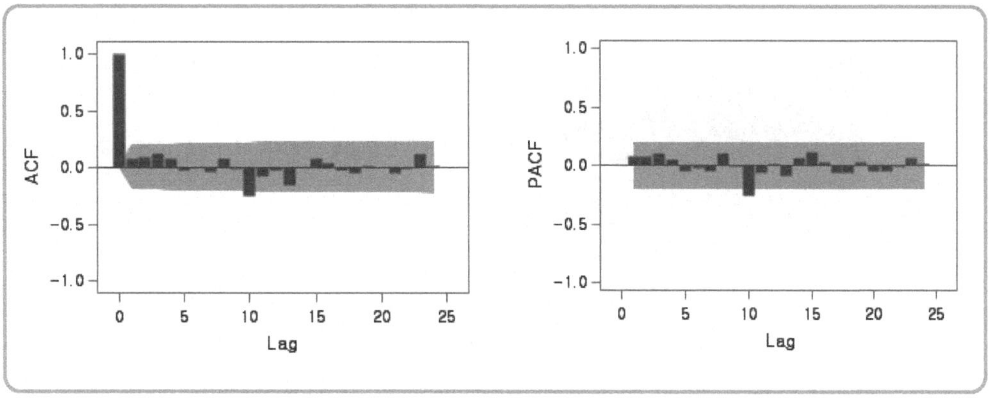

|그림 7.4| 확률보행과정의 1차 차분 후 ACF와 PACF

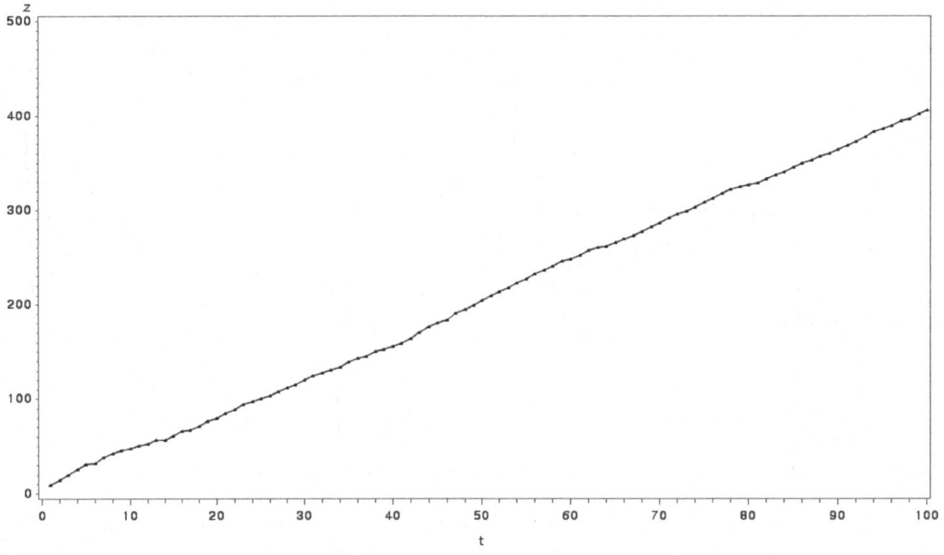

|그림 7.5| $(1-B)Z_t = 4 + a_t$인 확률보행과정의 시계열도

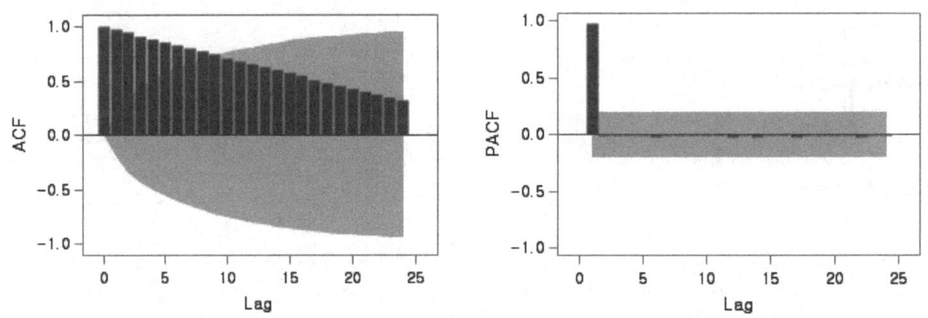

|그림 7.6| $(1-B)Z_t = 4 + a_t$인 확률보행과정의 ACF 및 PACF

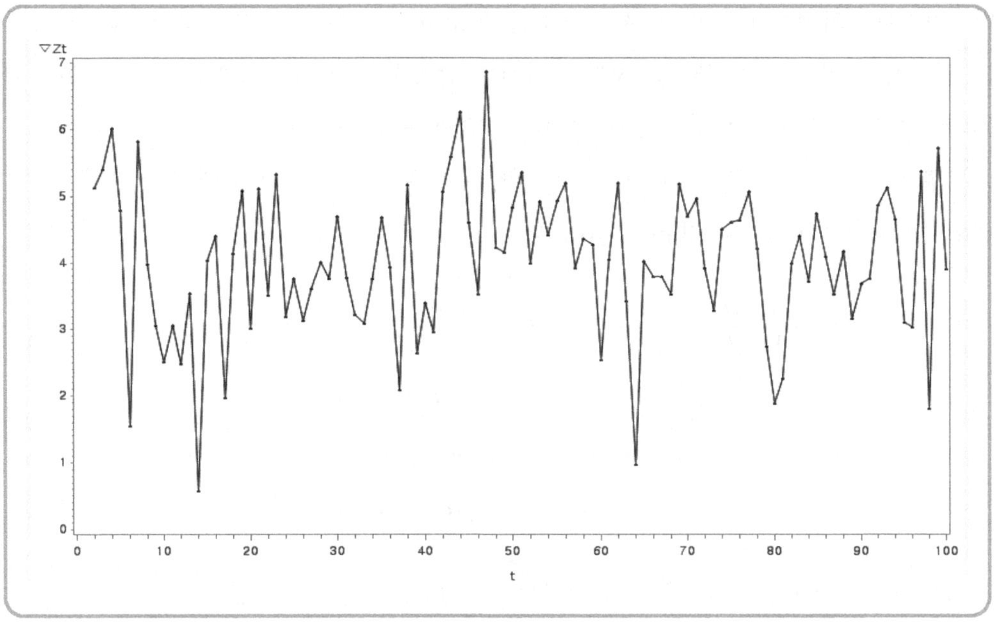

그림 7.7 $(1-B)Z_t = 4 + a_t$인 확률보행과정을 1차 차분한 후의 시계열도

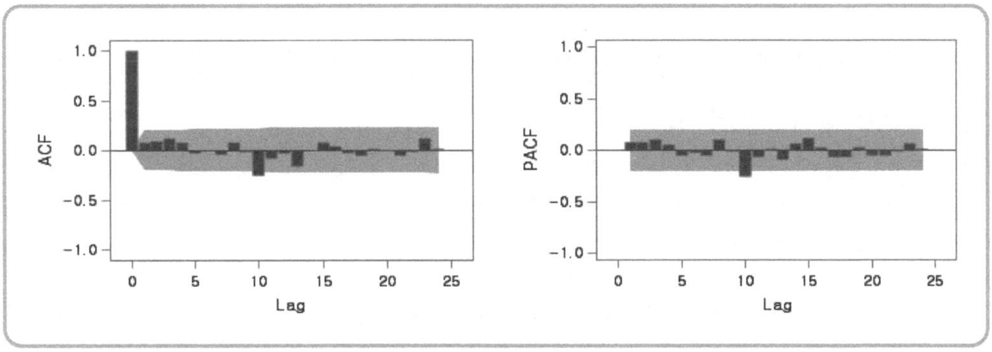

그림 7.8 $(1-B)Z_t = 4 + a_t$인 확률보행과정을 1차 차분한 후의 ACF 및 PACF

7.2.3 ARIMA(0,1,1) 모형 또는 IMA(1,1) 모형

$p=0,\ d=1,\ q=1$일 때, 식 (7.2.1)의 모형은 다음과 같이 된다.

$$(1-B)Z_t = (1-\theta B)\,a_t \tag{7.2.7}$$

$$Z_t = Z_{t-1} + a_t - \theta a_{t-1},\ -1 < \theta < 1 \tag{7.2.8}$$

이와 같은 IMA(1,1) 모형은 1차 차분을 취한 후의 정상 MA(1) 계열로 축소될 수 있다. 확률보행과정은 IMA(1,1)에서 $\theta = 0$인 특수한 경우이다. 그러므로 IMA(1,1) 모형의 기본적인 형태는 원계열의 SACF가 서서히 감소하는 형태를 보이고 1차 차분한 계열의 SACF는 1차 이동평균모형의 형태로 주어진다.

모형 (7.2.7)은 $(1-\theta B)^{-1}(1-B)Z_t = a_t$와 같이 나타낼 수 있고, 또 $-1 < \theta < 1$일 때의 $(1-\theta B)^{-1}(1-B)$는 다음과 같이 된다.

$$\begin{aligned}\frac{(1-B)}{(1-\theta B)} &= (1-B)(1+\theta B+\theta^2 B^2+\cdots) \\ &= 1+\theta B+\theta^2 B^2+\cdots-B-\theta B^2-\cdots \\ &= 1-(1-\theta)B-(1-\theta)\theta B^2-(1-\theta)\theta^2 B^3-\cdots \\ &= 1-\alpha B-\alpha(1-\alpha)B^2-\alpha(1-\alpha)^2 B^3-\cdots\end{aligned} \tag{7.2.9}$$

여기서 $\alpha = (1-\theta)$이다. 그러므로 이 모형은 다음과 같이 나타낼 수 있다.

$$Z_t = \alpha\sum_{j=1}^{\infty}(1-\alpha)^{j-1}Z_{t-j} + a_t \tag{7.2.10}$$

이 모형은 AR 모형으로 재표현한 것이고, Z_t에 대한 최적의 예측값 $\widehat{Z}_t$는 회귀모형으로 다음과 같이 주어진다.

$$\widehat{Z}_t = \alpha\sum_{j=1}^{\infty}(1-\alpha)^{j-1}Z_{t-j} \tag{7.2.11}$$

바꾸어 말하면, 시점 t에서 Z_t의 최적의 예측값은 지난 시점의 값($Z_{t-1}, Z_{t-2}, \cdots$)들에 대하여 지수적으로 감소하는 가중값을 사용하는 가중이동평균이다. 또한 식 (7.2.11)은 다음과 같이 나타낼 수 있다. 이 결과는 3장 기술된 지수평활식과 같음을 알 수 있다.

$$\begin{aligned}\hat{Z}_{t+1} &= \alpha\sum_{j=1}^{\infty}(1-\alpha)^{j-1}Z_{t+1-j} \\ &= \alpha Z_t+(1-\alpha)\alpha\sum_{j=2}^{\infty}(1-\alpha)^{j-2}Z_{t+1-j} \\ &= \alpha Z_t+(1-\alpha)\alpha\sum_{i=1}^{\infty}(1-\alpha)^{i-1}Z_{t-i} \\ &= \alpha Z_t+(1-\alpha)\widehat{Z}_t\end{aligned} \tag{7.2.12}$$

즉, 다음 시점에 대한 Z에 대한 새로운 예측값은 가장 마지막의 예측값과 새로운 관측값의 가중평균과 일치한다. 계수 α는 종종 지수평활법에서 평활지수라고 한다.

그러므로 일반적 ARIMA(p,d,q) 모형은 특별한 경우로 많은 평활법을 포함하고 있다. 지수적 평활법과 ARIMA 모형 사이의 관계에 대해서 더욱 더 자세한 논의는 Abraham & Ledolter(1983)을 참조하기 바란다.

7.3 분산과 자기공분산의 비정상성

7.3.1 ARIMA 모형의 분산과 자기공분산

평균이 정상적인 계열이라도 분산과 자기공분산이 항상 정상적인 것은 아니다. 그러나 평균이 비정상인 계열은 분산과 공분산도 비정상적이다. 7.2절에서 보았던 것 같이 ARIMA 모형의 평균함수는 시간에 종속되어 있다. 이번 절에서는 ARIMA 모형의 분산, 공분산함수가 비정상성임을 보일 것이고, 또한 ARIMA 모형에 대한 기본적인 구조에 대해 언급하고자 한다. 즉, 모형이 비정상적이기는 하지만 계열의 완벽한 특성을 유한한 모수(ϕ_i, θ_j, σ_a^2)를 이용하여 모든 시간에 대하여 결정할 수 있다.

따라서 미래의 예측값은 주어진 자료인 $\{Z_1, Z_2, \cdots, Z_n\}$를 이용하여 얻은 ARIMA 모형으로부터 얻을 수 있다.

예를 들면 n_0개의 관측값을 다음과 같은 IMA(1,1) 모형으로 적합하였다고 가정하자.

$$(1-B)Z_t = (1-\theta B)a_t \tag{7.3.1}$$

또는

$$Z_t = Z_{t-1} + a_t - \theta a_{t-1} \tag{7.3.2}$$

이때 $t > n_0$에 대해서 다음과 같이 나타낼 수 있다.

$$\begin{aligned} Z_t &= Z_{t-1} + a_t - \theta a_{t-1} \\ &= Z_{t-2} + a_t + (1-\theta)a_{t-1} - \theta a_{t-2} \\ &\ \vdots \\ &= Z_{n_0} + a_t + (1-\theta)a_{t-1} + \cdots + (1-\theta)a_{n_0+1} - \theta a_{n_0} \end{aligned} \tag{7.3.3}$$

유사하게 $t-k > n_0$에 대하여

$$Z_{t-k} = Z_{n_0} + a_{t-k} + (1-\theta)a_{t-k-1} + \cdots + (1-\theta)a_{n_0+1} - \theta a_{n_0} \tag{7.3.4}$$

이다. 그러므로 초기시점 n_0에 대하여

$$\begin{aligned} Var(Z_t) &= [1+(t-n_0-1)(1-\theta)^2]\sigma_a^2 \\ Var(Z_{t-k}) &= [1+(t-k-n_0-1)(1-\theta)^2]\sigma_a^2 \\ Cov(Z_{t-k}, Z_t) &= [(1-\theta)+(t-k-n_0-1)(1-\theta)^2]\sigma_a^2 \end{aligned} \tag{7.3.5}$$

이다. 여기서 Z_{n_0}, a_{n_0}는 초기시점 n_0에 관하여 알려진 값이다. 그리고

$$\begin{aligned} Corr(Z_{t-k}, Z_t) &= \frac{Cov(Z_{t-k}, Z_t)}{\sqrt{Var(Z_{t-k})\,Var(Z_t)}} \\ &= \frac{(1-\theta)+(t-k-n_0-1)(1-\theta)^2}{\sqrt{[1+(t-k-n_0-1)(1-\theta)^2][1+(t-n_0-1)(1-\theta)^2]}} \end{aligned} \tag{7.3.6}$$

이다. 식 (7.3.5)를 통하여 다음의 중요한 결과를 얻을 수 있다.

1. ARIMA 계열의 분산 $Var(Z_t)$은 시간에 종속되어 있고 $k \neq 0$인 경우 $Var(Z_t) \neq Var(Z_{t-k})$이다.
2. 분산 $Var(Z_t)$는 $t \to \infty$일 때 무한하다.
3. 계열의 자기공분산함수 $Cov(Z_{t-k}, Z_t)$와 자기상관함수 $Corr(Z_{t-k}, Z_t)$도 시간에 종속되어 있으므로 시간의 변화에 대하여 불변이 아니다. 바꾸어 말하면 시차 k의 함수일 뿐 아니라 시점 t와 초기시점 n_0의 함수이기도 하다.
4. 만약 k에 비하여 n_0가 크다면, 식 (7.3.6)으로부터 $Corr(Z_{t-k}, Z_t) \simeq 1$ 이 되고, 또 이것은 $|Corr(Z_{t-k}, Z_t)| \leq 1$ 이기 때문에 자기상관함수는 k가 증가함에 따라 천천히 사라지게 되는 것을 의미한다.

일반적으로 단지 하나의 실현값에서 평균과 자기공분산 또는 자기상관함수가 비정상적인 계열에 대한 통계적인 추론을 얻기는 매우 어렵거나 불가능하다. 다행히도 동질적인 비정상계열인 경우에는 적당한 차분을 적용하여 정상계열로 축소할 수 있다. 즉, 원계열 Z_t가 비정상적일지라도 적당한 차분을 취한 계열 $W_t = (1-B)^d Z_t$은 다음과 같이 정상적인 ARMA 계열로 재표현할 수 있다.

$$\phi(B)W_t = \theta(B)a_t \tag{7.3.7}$$

여기서 $\phi(B) = (1-\phi_1 B- \cdots -\phi_p B^p)$, $\theta(B) = (1-\theta_1 B- \cdots -\theta_q B^q)$의 모든 근은 단위원 밖에 존재한다. 즉, 계열 Z_t 의 비정상적인 특성을 조절하는 모수 ϕ_i, θ_j, σ_a^2 는 차분된 계열 W_t 로부터 정상적인 경우와 같은 방법으로 정확하게 추정할 수 있다.

7.3.2 분산안정화변환

모든 비정상성의 문제를 차분만을 통해서 해결할 수는 없다. 평균이 정상적이고 분산이 비정상적인 시계열은 흔히 접하게 된다. 이러한 문제를 극복하기 위해 적당한 분산안정화변환이 필요하다.

비정상계열의 분산은 각각의 수준이 변화함에 따라 변화하는 것이 매우 보편적이다. 즉, 임의의 상수 c와 함수 f에 대하여 다음이 성립된다.

$$Var(Z_t) = c\,f(\mu_t) \tag{7.3.8}$$

변환된 계열 $T(Z_t)$이 일정한 분산을 가질 수 있는 함수 T를 어떻게 찾아야 하는가? 이 문제는 어느 시점 μ_t 에 대한 1차 테일러 전개를 이용하여 원하는 함수로 근사시킴으로써 해결할 수 있다. 즉,

$$T(Z_t) \simeq T(\mu_t) + T'(\mu_t)(Z_t - \mu_t) \tag{7.3.9}$$

여기서 $T'(\mu_t)$는 $T(Z_t)$의 1차 미분에 μ_t 를 넣은 값이다. 이때 $T(Z_t)$의 분산은 다음과 같이 된다.

$$\begin{aligned} Var[T(Z_t)] &= [T'(\mu_t)]^2\, Var(Z_t) \\ &= c[T'(\mu_t)]^2 f(\mu_t) \end{aligned} \tag{7.3.10}$$

그러므로 $T(Z_t)$의 분산을 일정하게 하기 위하여 분산안정화변환 $T(Z_t)$는 다음과 같이 선택되어야 한다.

$$T'(\mu_t) = \frac{1}{\sqrt{f(\mu_t)}} \tag{7.3.11}$$

혹은 다음과 같이 나타낼 수 있다.

$$T(\mu_t) = \int \frac{1}{\sqrt{f(\mu_t)}} d\mu_t \tag{7.3.12}$$

예를 들어 계열의 표준편차가 수준에 비례하여 $Var(Z_t) = c^2\mu_t^2$와 같이 된다면 계열의 대수변환 $\ln(Z_t)$으로 일정한 분산을 얻을 수 있다. 즉,

$$T(\mu_t) = \int \frac{1}{\sqrt{\mu_t^2}} d\mu_t = \ln(\mu_t) \tag{7.3.13}$$

그러므로 계열의 대수변환 $\ln(Z_t)$은 일정한 분산을 갖게 된다.

그리고 계열의 분산이 수준에 비례하여 $Var(Z_t) = c\mu_t$ 와 같이 된다면 계열의 제곱근 변환 $\sqrt{Z_t}$ 으로 일정한 분산을 얻을 수 있다. 즉,

$$T(\mu_t) = \int \frac{1}{\sqrt{\mu_t}} d\mu_t = 2\sqrt{\mu_t} \tag{7.3.14}$$

만약 계열의 표준편차가 수준의 제곱에 비례하여 $Var(Z_t) = c^2\mu_t^4$와 같이 된다면 일정한 분산을 얻기 위한 적절한 변환은 역변환 $\frac{1}{Z_t}$을 사용할 수 있다.

$$T(\mu_t) = \int \frac{1}{\sqrt{\mu_t^4}} d\mu_t = -\frac{1}{\mu_t} \tag{7.3.15}$$

일반적으로 분산을 안정화하기 위하여 Box & Cox(1964)에 의해 소개된 다음과 같은 멱변환을 사용하여 분산안정화변환을 얻을 수 있다.

$$T(Z_t) = Z_t^{(\lambda)} = \frac{Z_t^{\lambda} - 1}{\lambda} \tag{7.3.16}$$

이때 λ는 변환모수라고 하고, 일반적으로 많이 사용하는 λ값과 변환은 다음과 같다.

표 7.3 λ에 따른 멱변환

λ	변환
−1.0	$\frac{1}{Z_t}$
−0.5	$\frac{1}{\sqrt{Z_t}}$
0.0	$\ln Z_t$
0.5	$\sqrt{Z_t}$
1.0	Z_t

대수변환과 $\lambda = 0$이 연관되어 있는 이유를 살펴보기 위하여 다음과 같이 정리할 수 있다.

$$\lim_{\lambda \to 0} T(Z_t) = \lim_{\lambda \to 0} Z_t^{(\lambda)} = \lim_{\lambda \to 0} \frac{Z_t^{\lambda} - 1}{\lambda} = \ln(Z_t). \tag{7.3.17}$$

분산안정화변환 방법에 대해 몇 가지 중요한 요점을 정리하면 다음과 같다.

1. 분산안정화변환은 양수값을 갖는 계열에 대해서만 정의된다. 음수값이 있는 경우에는 적절한 상수를 더하여 양수값으로 바꾸어 사용할 수 있다.
2. 분산안정화변환은 만약 필요하다면 차분과 같은 다른 분석을 하기 전에 수행하여야 한다.
3. 멱변환에서 λ는 관측된 계열로부터 추정한 모형의 모수와 함께 구한다. λ의 최우추정량(MLE)은 잔차의 제곱합을 최소로 하는 값이다. λ의 값이 주어진 경우에는 잔차의 제곱합은 적합된 모형으로부터 계산된다. λ의 최우추정량(MLE)은 모든 λ의 값 중에서 가장 작은 잔차제곱합을 가지는 값이다. 실제 적용에서 모형의 잔차제곱합은 종종 λ의 값에 기준을 두고 계산한다.
4. 이와 같은 변환은 분산안정화뿐만 아니라 가끔 정규근사를 달성하기 위하여서도 사용된다.

7.4 통계프로그램

1) R

(1) 확률보행과정

R 프로그램을 활용하여 〈예제 7-1〉의 확률보행과정의 결과를 나타내 보자. 모형 $(1-B)Z_t = a_t$인 확률보행과정을 난수발생하여 시계열도 및 ACF, PACF를 나타낸 결과는 [그림 7.9]와 같다. [그림 7.9]에서 나타나 있듯이 확률보행과정의 시계열도는 시간에 따라 증가하며 ACF는 천천히 감소하는 형태를 보여 비정상임을 알 수 있다. 1차 차분한 후의 시계열도 및 ACF, PACF는 [그림 7.10]에 나타나 있다. 예상처럼 차분 후 시계열은 백색잡음과정의 현상을 보인다.

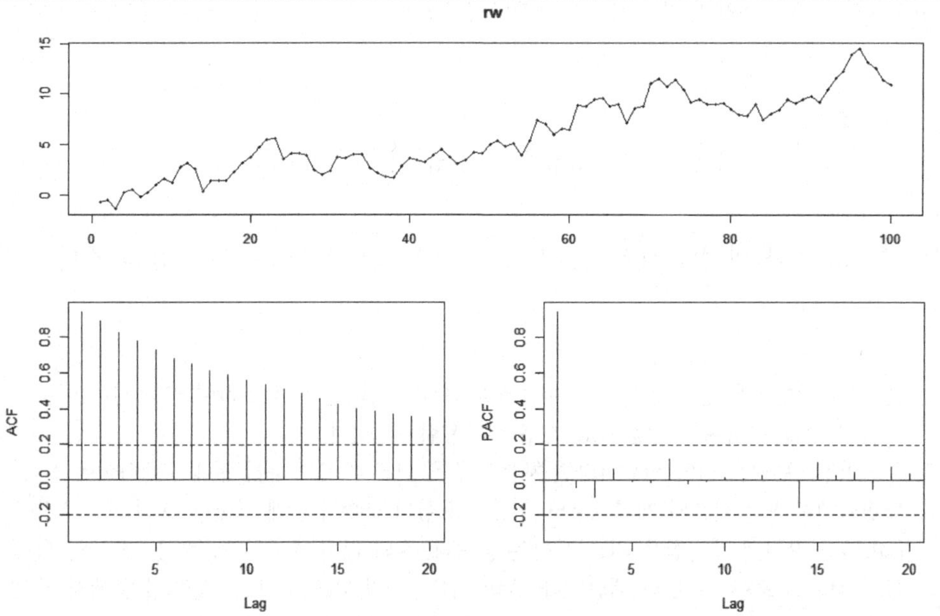


```
set.seed(1)
rw <- w <- rnorm(100)
for (t in 2:100) rw[t]<-rw[t-1]+w[t]
tsdisplay(rw)
```

|그림 7.9| 확률보행과정의 시계열도와 ACF 및 PACF

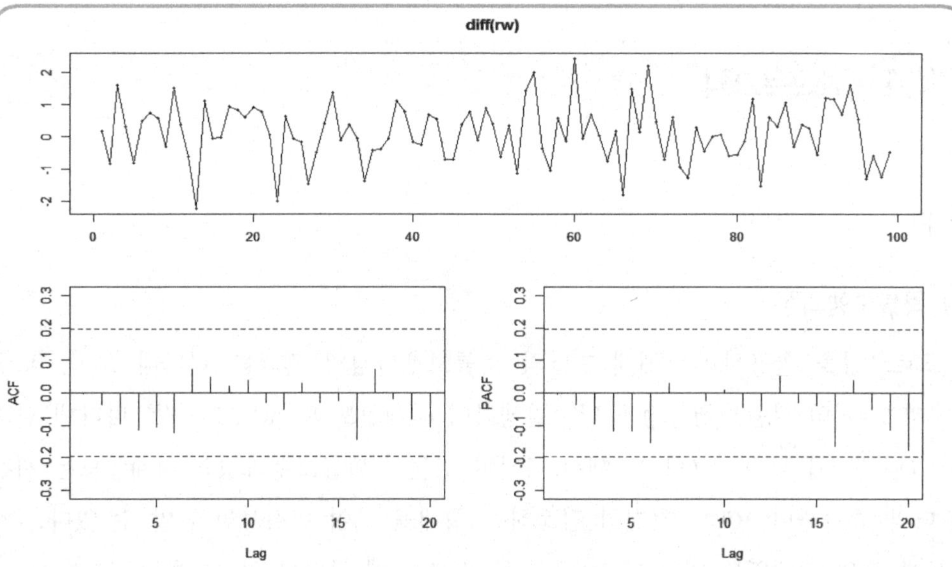


```
tsdisplay(diff(rw))
```

|그림 7.10| 확률보행과정을 1차 차분한 후 시계열도와 ACF 및 PACF

다음은 $(1-B)Z_t = 4 + a_t$인 확률보행과정을 생성하여 시계열도와 ACF, PACF를 [그림 7.11]에 나타내었다. $(1-B)Z_t = a_t$을 따르는 확률보행과정과 마찬가지로 [그림 7.11]을 보면 확률보행과정의 시계열도는 시간에 따라 확실하게 증가하는 것을 확인할 수 있고 ACF는 천천히 감소하는 형태를 보여 비정상시계열임을 알 수 있다. 1차 차분한 후의 시계열도 및 ACF, PACF는 [그림 7.12]에 나타나 있다. 이 역시 $(1-B)Z_t = a_t$을 따르는 확률보행과정과 마찬가지로 차분 후 시계열은 백색잡음과정의 현상을 보인다.

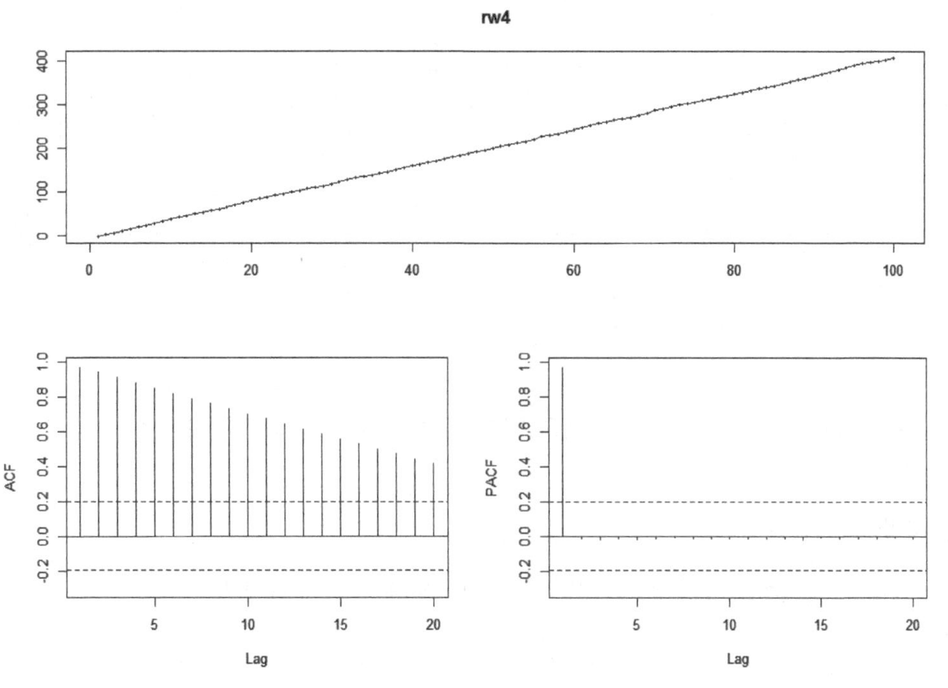


```
set.seed(1)
rw4 <- w <- rnorm(100)
for (t in 2:100) rw4[t]<-4+rw4[t-1]+w[t]
tsdisplay(rw4)
```

|그림 7.11| $(1-B)Z_t = 4 + a_t$인 확률보행과정의 시계열도와 ACF, PACF

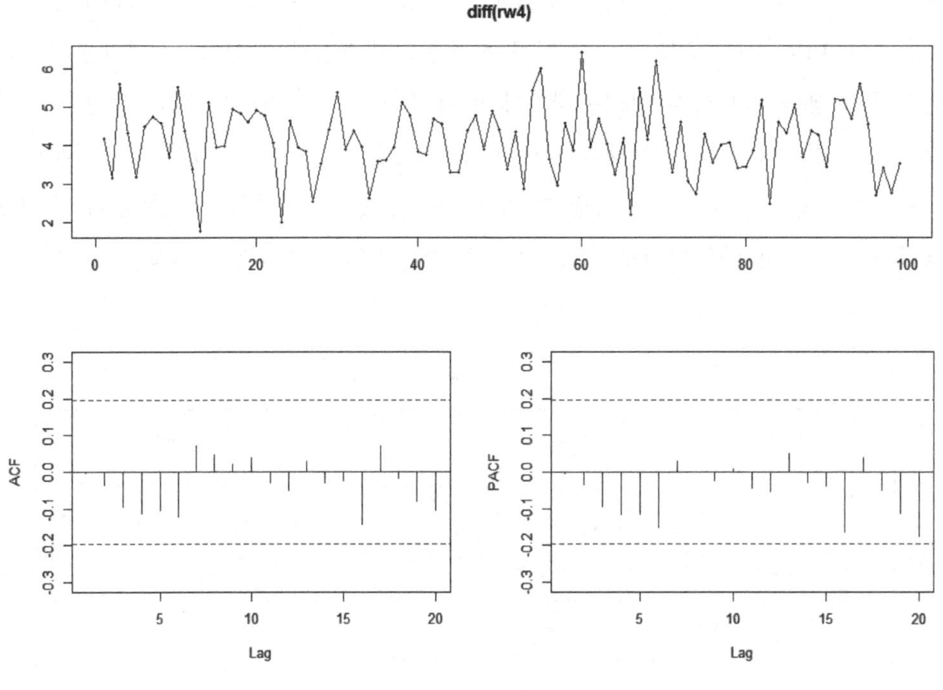


```
tsdisplay(diff(rw4))
```

|그림 7.12| $(1-B)Z_t = 4 + a_t$인 확률보행과정을 1차 차분한 후의 시계열도와 ACF, PACF

(2) ARIMA(1,1,1)

다음은 a_t가 백색잡음과정 $N(0,1)$을 따를 때 ARIMA(1,1,1) 확률과정

$$(1-0.7B)(1-B)Z_t = (1-0.3B)a_t$$

에 의해 생성된 250개 모의실험 자료의 시계열그림과 ACF, PACF는 [그림 7.13]에 나타나 있다. 이 시계열은 평균수준이 시간이 흐름에 따라 일정하지 않고 증가와 감소를 반복하고 있으며 ACF가 점차적으로 감소하는 형태를 띠어 비정상시계열임을 알 수 있다. 비정상시계열을 1차 차분한 후 시계열도와 ACF, PACF는 [그림 7.14]와 같다. 1차 차분 후 평균이 0이며 ACF가 급격히 감소하는 정상시계열의 형태를 보이는 것을 확인할 수 있다.

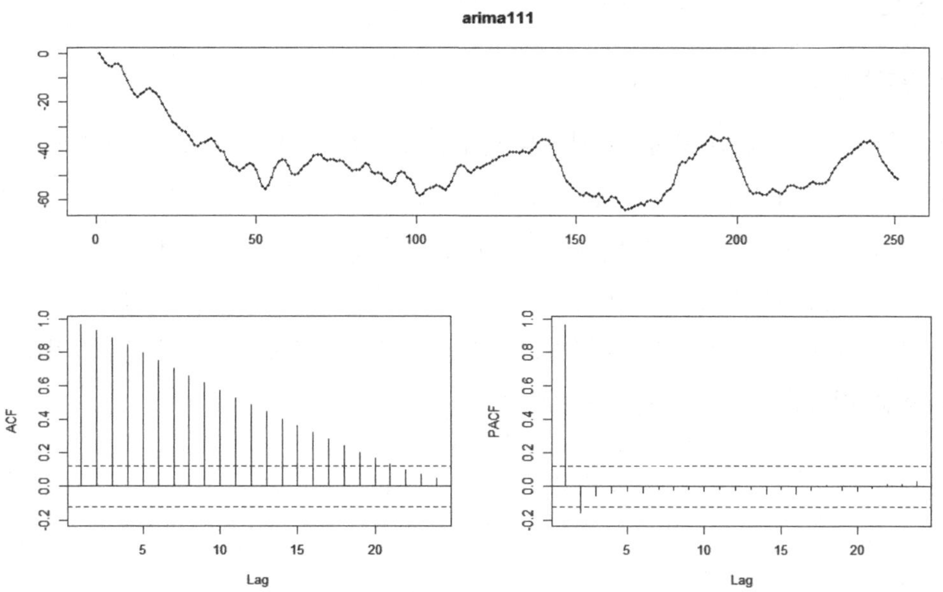

```
arima111<-arima.sim(list(order=c(1,1,1), ar = 0.7, ma=0.3), n =250)
tsdisplay(arima111)
```

그림 7.13 ARIMA(1,1,1)인 확률과정의 시계열도와 ACF, PACF

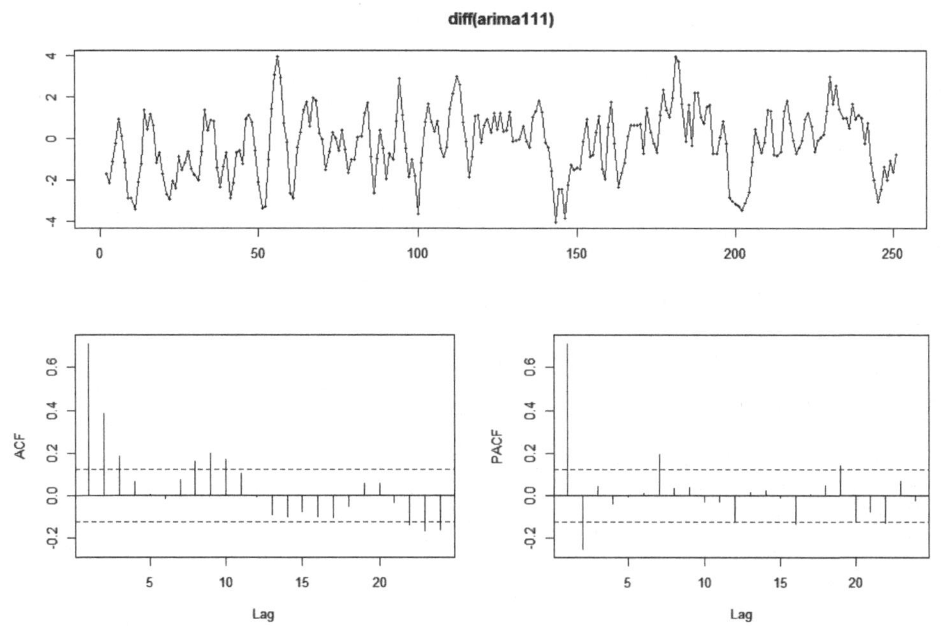

```
tsdisplay(diff(arima111))
```

그림 7.14 ARIMA(1,1,1)인 확률과정을 1차 차분한 후의 시계열도와 ACF, PACF

2) SAS

(1) 확률보행과정

모형 $(1-B)Z_t = 4 + a_t$인 확률보행과정을 난수발생하여 시계열도 및 ACF, PACF를 나타낸 결과는 각각 [그림 7.15], [그림 7.16]과 같다. [그림 7.15]와 [그림 7.16]에서 나타나 있듯이 확률보행과정의 시계열도는 시간에 따라 증가하며 ACF는 천천히 감소하는 형태를 보여 비정상임을 알 수 있다. 따라서 1차 차분을 취해준다. 1차 차분한 후의 시계열도 및 ACF, PACF는 각각 [그림 7.17], [그림 7.18]에 나타나 있다. 예상처럼 차분 후 시계열은 백색잡음과정의 현상을 보인다.

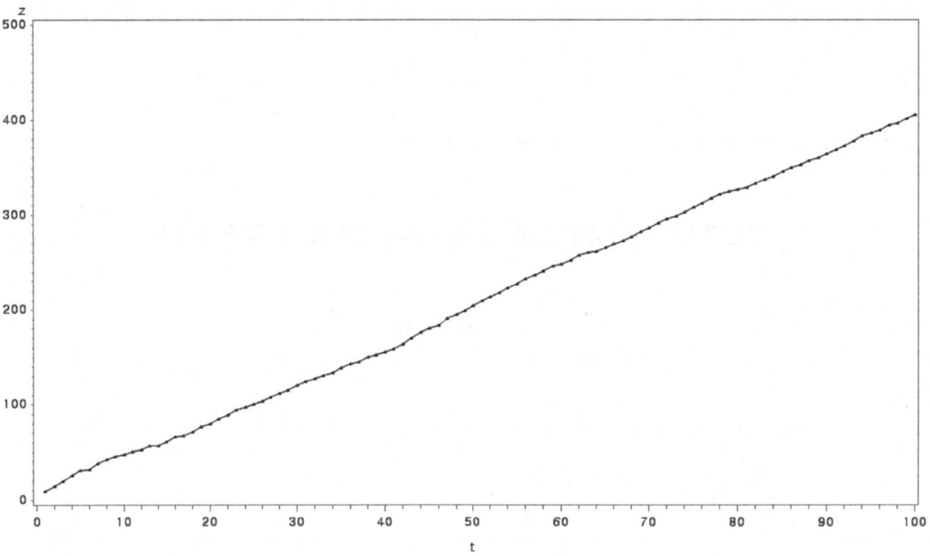


```
/*확률보행과정 (1-B)Z_t = 4+a_t를 따르는 난수생성*/
data rw4;
  z1=4;
  do t=1 to 100;
    a=rannor(1234);
    z=z1+a+4;
    output;
    z1=z;
  end; run;
/*난수 발생 자료로 확률보행과정 시계열 그래프 그리기 */
symbol1 ci=black v=dot cv=black i=join h=0.5;
proc gplot data=rw4;
  plot z*t=1; run;
```

그림 7.15 $(1-B)Z_t = 4 + a_t$인 확률보행과정의 시계열도

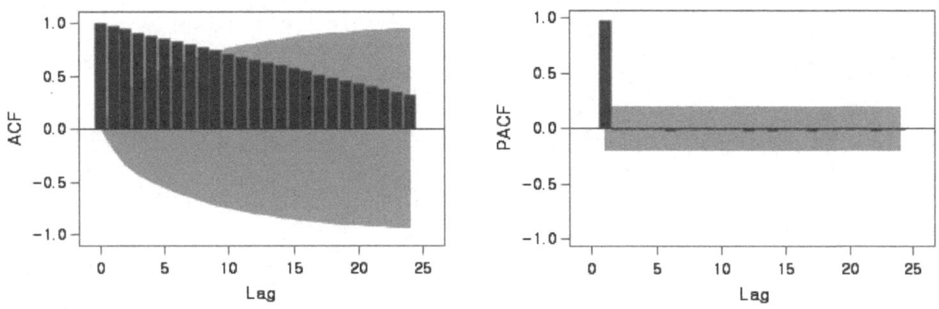

```
proc arima data=rw;
identify var=z nlag=24;
run;
```

|그림 7.16| $(1-B)Z_t=4+a_t$인 확률보행과정의 ACF 및 PACF

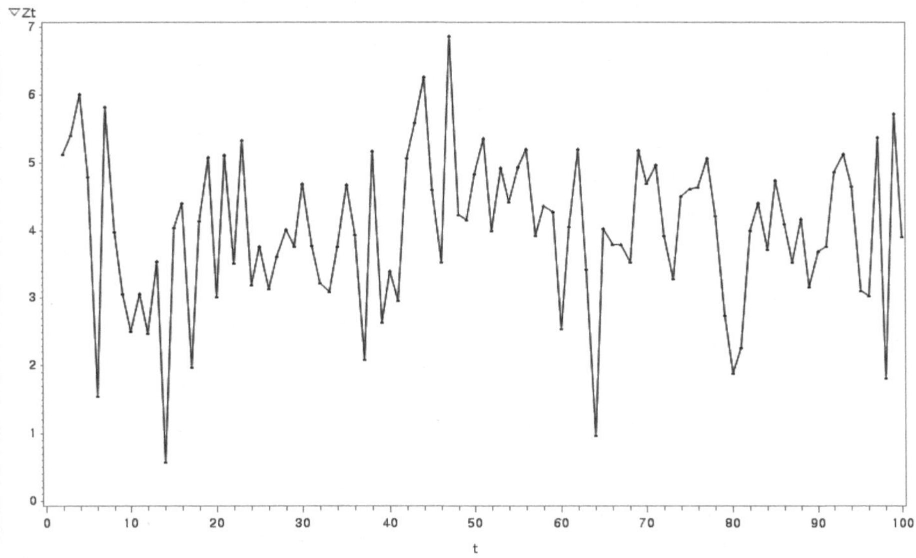

```
/*확률보행과정 (1-B)Zt=4+at의 1차 차분  */
data drw; set rw;
dif1=dif1(z);
run;
/*난수발생 자료로 1차 차분한 확률보행과정  그래프 그리기 */
symbol1 ci=black v=dot cv=black i=join h=0.5;
proc gplot data=drw;
label dif1='∇Zt';
plot dif1*t=1; run;  quit;
```

|그림 7.17| $(1-B)Z_t=4+a_t$인 확률보행과정을 1차 차분한 후의 시계열도

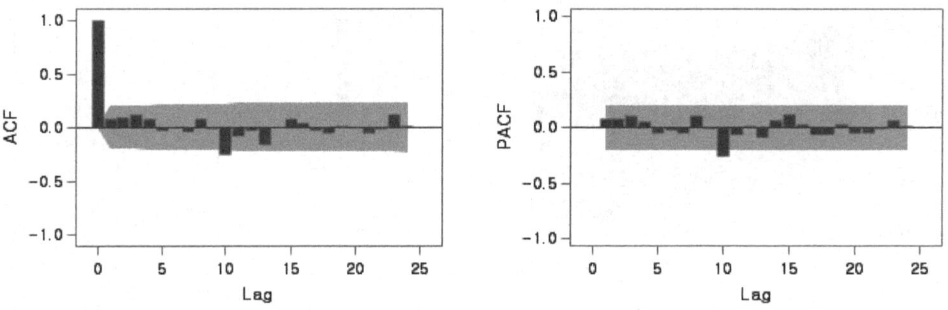


```
proc arima data=drw;
identify var=dif1 nlag=24;
run;
```

|그림 7.18| $(1-B)Z_t = 4 + a_t$인 확률보행과정을 1차 차분한 후의 ACF 및 PACF

연습문제

1. 다음의 모형들을 ARIMA 모형으로 식별하시오.

1) $Z_t = Z_{t-1} - 0.25Z_{t-2} + a_t + 0.5a_{t-1}$

2) $Z_t = 2Z_{t-1} - Z_{t-2} + a_t$

3) $Z_t = 0.5Z_{t-1} + 0.5Z_{t-2} + a_t - 0.5a_{t-1} + 0.25a_{t-2}$

2. $\{a_t\}$이 평균이 0인 백색잡음과정이라고 할 때 다음의 확률과정에 대하여 물음에 답하시오.

$$(1-B)^2(1-B^{12})Z_t = (1-0.4B)a_t$$

1) Z_t는 정상시계열인가?

2) $W_t = (1-B)Z_t$는 정상시계열인가?

3) $W_t = Z_t - 2Z_{t-1} + Z_{t-2}$는 정상시계열인가?

4) $W_t = Z_t - Z_{t-12}$는 정상시계열인가?

5) $W_t = (1-B)^2(1-B^{12})Z_t$는 정상시계열인가?

3. 시계열 $\{Z_t\}$가 다음을 만족한다고 할 때 물음에 답하시오.

$$Z_t = a_t + ae_{t-1} + ae_{t-2} + \cdots + ae_1,\ t \ge 1$$

1) $\{Z_t\}$는 정상적인가?

2) $\{\nabla Z_t\}$는 정상적인가?

3) $\{Z_t\}$는 어떤 ARIMA 모형인가?

4. $\phi = 0.3$일 때의 ARI(1,1) 모형을 R 또는 SAS를 이용하여 생성하고, 이 자료의 그래프와 ACF, PACF 그림을 그리시오.

5. $\theta = -0.7$일 때의 IMA(1,1) 모형을 R 또는 SAS를 이용하여 생성하고, 이 자료의 그래프와 ACF, PACF 그림을 그리시오.

6. $\phi = 0.6,\ \theta = -0.4$일 때의 ARIMA(1,1,1) 모형을 R 또는 SAS를 이용하여 생성하고, 이 자료의 그래프와 ACF, PACF 그림을 그리시오.

8장

모형식별

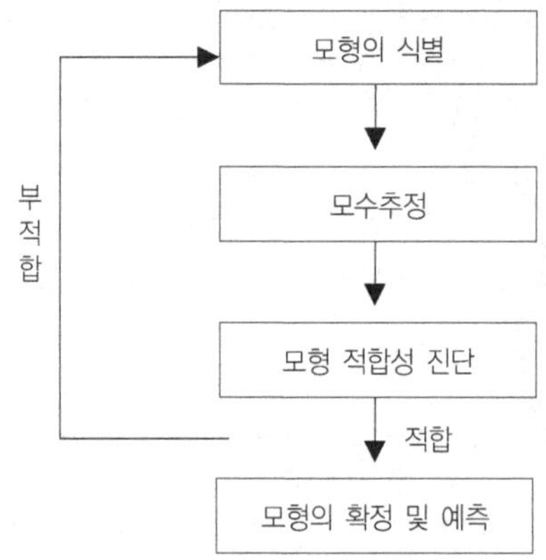

|그림 8.1| Box-Jenkins 방법론

Box-Jenkins의 시계열분석방법은 앞에서 설명한 바와 같이 관찰된 시계열자료를 가지고 적절한 통계량을 구하고 그것으로부터 모형을 식별한 후 가정된 모형의 모수를 추정하고 나아가 자료와 수립된 모형과의 적합 여부를 모형검진단계를 거쳐 조정하는 세 단계를 되풀이 수행하는 것이다.

관찰된 한 시계열에 대하여 여러 가지 유사한 모형을 세울 수 있지만 중요한 것은 모수절약의 원칙(principles of parsimony)에 따라 가급적 모수의 수를 적게 포함하는 모형을 설정하여야 한다.

이 장에서는 Box-Jenkins의 시계열분석방법에서 첫 번째 단계인 관찰된 자료가 어떤 시계열모형으로부터 추출된 표본으로 볼 수 있는지를 밝히는 모형식별(model identification) 단계에 대하여 알아보고자 한다.

8.1 모형식별 과정

모형식별이란 관찰된 시계열자료에 의하여 적합한 잠정적인 누적자기회귀이동평균모형(ARIMA model)을 찾아내는 단계를 말하며, 먼저 다음의 ARIMA(p,d,q) 일반모형을 고려하자.

$$(1-\phi_1 B-\cdots-\phi_p B^p)(1-B)^d Z_t = \theta_0 + (1-\theta_1 B-\cdots-\theta_q B^q)\, a_t \tag{8.1.1}$$

구체적으로 모형식별은 주어진 자료에 대하여 가정된 위 모형 (p,d,q)의 차수를 결정하는 방법을 말하며, 다음과 같은 단계를 거쳐 모형을 식별한다.

[단계 1] 시계열자료의 산점도를 나타내고 적당한 변환을 선택한다.

모든 시계열분석에서의 첫 번째 단계에서는 자료의 산점도를 통하여 시계열의 경향, 계절성, 이상치, 일정하지 않은 분산, 비정규성 등 비정상성의 현상을 갖고 있는지에 대한 견해들을 얻게 된다. 이러한 작업은 종종 자료변환에 대한 기초 정보를 제공한다. 시계열분석에서 가장 일반적으로 사용되는 변환은 분산안정화변환과 차분이다. 차분은 음의 값을 만들 수 있기 때문에 차분을 하기 전에 항상 분산안정화 변환을 먼저 해야 한다. 일정한 분산을 갖지 않는 시계열은 종종 대수변환을 필요로 한다. 좀 더 일반적으로 분산을 안정시키기 위하여 Box-Cox's의 멱변환을 적용할 수 있다.

[단계 2] 필요한 차분의 정도를 확인하기 위하여 시계열의 SACF와 SPACF를 계산하고 관찰한다.

일반적인 규칙은 다음과 같다.

1. SACF가 완만하게 줄어들고 SPACF가 시차 1 이후에 절단현상이 나타나면 이것은 차분이 필요함을 의미한다. 즉, 1차 차분$(1-B)\,Z_t$를 취한다.
2. 좀 더 일반적인 비정상성을 제거하기 위해서는 $d>1$에 대한 차분$(1-B)^d\,Z_t$이 필요할 수도 있다. 그러나 대부분의 경우, d는 0, 1 또는 2이다. 하지만 불필요한 차분은 과모수화를 일으키므로 피해야 한다.

[단계 3] SACF와 SPACF로 p와 q를 식별한다.

차수 p와 q의 식별을 위하여 적당하게 변환하고 차분된 시계열의 SACF와 SPACF를 계산하고 살펴본다. 하지만 SACF와 SPACF로 p와 q를 식별하는 것이 애매한 경우가 많고, AR과 MA가 혼합된 ARMA 모형에 대해서도 식별이 어려울 수 있다. 이때 모형식별을 위한 통계량으로 AIC와 BIC 통계량이나 SBC 통계량을 사용하게 되는데 각 모형의 통계량을 비교하여 가장 작은 값을 가지는 모형으로 식별하는 것이 보다 정확할 수 있다. 선택 p는 AR 특성함수 $(1-\phi_1 B-\cdots-\phi_p B^p)$에서 가장 상위의 차수이고, q는 MA 특성함수 $(1-\theta_1 B-\cdots-\theta_q B^q)$에서 가장 상위의 차수이다. 일반적으로 이러한 p

와 q의 필요한 차수들은 3보다 작거나 같다. AR과 MA 모형 사이에는 강한 상대적인 면이 존재하는 것으로 알려져 있다. 적당한 ARIMA 모형을 세우기 위해서 이상적으로는 최소 $n = 50$인 관측값이 필요하고 SACF와 SPACF의 개수는 약 $n/4$이 필요하다. 물론 때때로 양질의 데이터에 대하여 아주 적은 표본수로 적당한 모형을 식별할 수도 있지만 일반적으로 50개 이상이 요구된다.

8.2 ARMA 모형의 식별

7장에서 비정상시계열모형은 차분을 사용하여 정상시계열로 변환시킬 수 있음을 보았다. 즉, $d-$차분을 통하여 ARIMA(p,d,q) 모형은 ARMA(p,q) 모형으로 변환할 수 있는 것이다. 실제 주어진 시계열이 정상적이냐 비정상적이냐의 판단 기준은 일반적으로 시계열 산점도와 ACF에 의존한다. 즉, 시계열이 정상적이면 시차가 증가할 때 ACF의 절댓값이 감소하여 0에 수렴하게 되지만 비정상시계열의 경우는 시차가 증가하더라도 매우 서서히 감소한다. 따라서 시계열자료가 주어졌을 때 모형식별을 하기 위해서는 먼저 차분의 차수 d를 결정해야 한다. 이때 d는 ACF가 급격하게 감소할 때의 차수로 결정하면 된다. d가 결정된 후에는 ARMA(p,q)의 차수인 p와 q를 결정해야 하는데 이때는 6장에서 살펴본 각 모형의 형태를 표본의 ACF와 표본 PACF가 어떤 차수의 모형에 맞는가를 살펴보면 된다. 일반적으로 AR(p) 모형, MA(q) 모형 및 ARMA(p,q) 모형의 각 모형들에서 나타나는 다음과 같은 ACF와 PACF의 형태를 바탕으로 차수 p와 q를 결정한다.

(1) AR(p) 모형: ACF는 지수적으로 감소하나 PACF는 시차 $(p+1)$ 이후 절단현상이 일어난다.

(2) MA(q) 모형: AR(p)모형의 경우와 반대로 ACF가 시차 $(q+1)$ 이후 절단현상이 나타나고 PACF는 지수적으로 감소한다.

(3) ARMA(p,q) 모형: ACF가 시차 $(q-p)$ 이후에 지수적으로 감소하며 PACF는 시차 $(p-q)$ 이후에 지수적으로 감소한다. 그러나 ARMA(p,q) 모형의 식별은 일반적으로 쉽지 않고 이것이 Box-Jenkins 분석방법의 큰 약점이기도 하다. 따라서 8.3절의 식별을 위한 통계량 등을 고려해서 종합적으로 판단해야 한다.

|표 8.1| 각 모형의 ACF와 PACF 형태

모형		ACF ρ_k	PACF ϕ_{kk}
AR(1)	(1,0)	지수감소함수	$\phi_{kk}=0,\ k>1$
AR(2)	(2,0)	지수감소함수 혹은 점차적으로 진폭이 줄어드는 사인곡선을 보인다.	$\phi_{kk}=0,\ k>2$
AR(p)	(p,0)	지수감소함수 혹은 점차적으로 진폭이 줄어드는 사인곡선을 보인다.	$\phi_{kk}=0,\ k>p$
MA(1)	(0,1)	$\rho_k=0,\ k>1$	지수감소함수
MA(2)	(0,2)	$\rho_k=0,\ k>2$	지수감소함수 또는 점차적으로 진폭이 줄어드는 사인곡선의 양상으로 나타난다.
MA(q)	(0,q)	$\rho_k=0,\ k>q$	지수감소함수 또는 점차적으로 진폭이 줄어드는 사인곡선의 양상으로 나타난다.
ARMA(1,1)	(1,1)	시차 k=1에서부터 지수감소함수	시차 k=1에서부터 지수감소함수
ARMA(p,q)	(p,q)	시차 (q−p) 이후부터 지수감소함수 또는 감소사인곡선을 보인다.	시차 (p−q) 이후부터 지수감소함수 또는 감소사인곡선을 보인다.

SAS나 R, Minitab 등과 같은 통계패키지에서 ACF나 PACF의 존재 유무에 대해서는 점선으로 제공하고 있다. 즉, 점선 내에 ACF나 PACF의 막대그래프가 들어가 있으면 ACF의 값이 존재한다는 가설이 기각되어 ACF나 PACF가 0인지 아닌지는 점선 내에 있는가 아닌가로 판단하면 된다. 지금까지 설명한 각 모형의 ACF와 PACF의 형태를 요약하면 [표 8.1]과 같다.

8.3 모형식별을 위한 통계량

ACF와 PACF를 이용한 ARMA 모형식별방법은 AR 모형이나 MA 모형에는 비교적 식별이 잘 되고 효과적이지만 그것들이 혼합된 모형인 ARMA 모형에 대한 식별은 일반적으로 어렵다고 알려져 있고 주관적인 결정에 의존하게 되어 Box-Jenkins 방법의 약점으로 알려져 있다. 이러한 약점을 극복하기 위한 노력이 1970년대 이래 계속되고 있다. Akaike(1970)의 FPE(Final Prediction Error Function), Akaike(1972)의 AIC(Akaike

Information Criterion), BIC(Baysian Information Criterion), Schwartz(1978)의 SBC(Schwartz's Bayesian Criterion) 등이 모형식별을 위한 통계량들로서 이들에 대하여 간략히 소개하고자 한다.

8.3.1 Akaike의 AIC와 BIC 기준

모수들의 개수가 M개인 통계적 모형이 자료에 적합하다고 가정하자. 모형 및 차수의 적합을 위한 통계적인 근거를 위하여 Akaike(1973, 1974a)는 다음과 같은 정보기준을 소개했다. 이 기준은 AIC(Akaike's information criteria)로 불리고

$$\text{AIC}(\text{M}) = -2\ln[\text{max}imum\, likelihood] + 2M \tag{8.3.1}$$

와 같이 정의된다. 여기서 M은 모형에서의 모수들의 개수이다. ARMA 모형에 대한 n개의 관측값에 대하여 로그우도함수는 다음과 같다.

$$\ln L = -\frac{n}{2}\ln 2\pi\sigma_a^2 - \frac{1}{2\sigma_a^2}S(\phi, \mu, \theta) \tag{8.3.2}$$

ϕ, μ, θ의 측면에서 식 (8.3.2)를 최대화하면 다음과 같은 식을 얻을 수 있다.

$$\ln \hat{L} = -\frac{n}{2}\ln(2\pi\hat{\sigma}_a^2) - \frac{n}{2}(1 + \ln 2\pi) \tag{8.3.3}$$

식 (8.3.3)의 두 번째 항이 상수이므로 AIC 기준은

$$AIC(M) = n\ln\hat{\sigma}_a^2 + 2M \tag{8.3.4}$$

로 축소된다.

ARMA(p,q) 모형의 최적 차수는 AIC(M)이 최소화되는 p와 q의 함수인 M(즉, $M = p + q$)의 값에 의하여 선택된다. Shibata(1976)은 AIC 기준이 AR 차수를 과추정하려는 경향이 있음을 보였다. 좀 더 최근에 Akaike(1978, 1979)는 다음의 항

$$BIC(M) = n\ln\hat{\sigma}_a^2 - (n-M)\ln\left(1-\frac{M}{n}\right) + M\ln n + M\ln\left[\frac{\left\{\left(\frac{\hat{\sigma}_z^2}{\hat{\sigma}_a^2}\right)-1\right\}}{M}\right] \tag{8.3.5}$$

을 갖는 BIC(Baysian Information Criterion)라고 하는 최소화 AIC 절차의 Baysian 전개를

개발하였다. 여기서 $\hat{\sigma}_a^2$는 σ_a^2의 최우추정량, M은 모수들의 개수이고, $\hat{\sigma}_z^2$은 시계열의 표본분산이다. 시뮬레이션 연구를 통하여 Akaike(1978)는 BIC가 AR의 차수를 낮게 추정하려는 경향이 있다고 주장하였다.

8.3.2 Schwartz의 SBC 기준

Akaike의 BIC와 유사하게 Schwartz(1978)은 SBC(Schwartz's Bayesian Criterion)라고 하는 모형선택의 다음과 같은 베이즈 기준을 제시하였다.

$$SBC(M) = n \ln \hat{\sigma}_a^2 + M \ln n \tag{8.3.6}$$

위에서 $\hat{\sigma}_a^2$은 σ_a^2의 최우추정량, M은 모형에서의 모수들의 개수, 즉 $M = p + q$이고 n은 시계열에서 계산될 수 있는 잔차들의 개수와 동일한 관측값들의 개수이다.

8.4 실제 자료의 식별 예제

예제 8-1

한국 월별 종합주가지수자료의 식별

1972년 1월부터 1990년 1월까지의 한국의 월별 종합주가지수를 기록한 시계열자료를 분석하기 위해 적합한 ARIMA 모형을 식별하고자 한다. [그림 8.2]는 한국 종합주가지수의 시계열산포도이다. 이 그림을 보면 어떠한 추세가 보이므로 정상성을 만족하지 않음을 쉽게 알 수 있고, [그림 8.3] (a)의 ACF를 보아도 시차가 커짐에 따라 지수적으로 감소하는 형태를 보이지 않으므로 이 시계열은 추세가 존재하는 비정상시계열임을 알 수 있다. 또한 시간의 경과에 따라 변동 폭이 증가하는 형태를 보이므로 우리는 이 자료를 분석하기 위하여 로그변환을 시도하고 1차 차분을 해본다. [그림 8.4]에서 보는 바와 같이 로그변환을 하고 1차 차분한 시계열의 그림은 어떠한 추세나 계절성도 보이지 않고 랜덤한 형태의 산포를 보이므로 정상성을 만족한다. [그림 8.5] (a)의 로그변환 후 1차 차분한 ACF는 경우에 따라 시차 1 이후 절단 현상을 나타낸다고 볼 수도 있고, 지수적으로 감소하는 형태를 띤다고 볼 수도 있다. [그림 8.5]의 (b)도 마찬가지이다. ACF와 PACF만으로 판단이 어려운 경우, ACF와 PACF로 몇 가지의 모형을 추려내 그 모형들의 AIC, BIC 통계량을 비교한다. [그림 8.5]를 보면 ARIMA(1,1,0) 모형이나 ARIMA(0,1,1) 모형 또는 ARIMA(1,1,1) 모형일 가능성이 있다고 판단된다. 이 중 어떤 모형이 적합한지 [표 8.2]를 통해 AIC 통계량과 SBC 통계량을 비교한 결과, ARIMA(1,1,1) 모형의 SBC 통계량은 상대적으로 크게 나타났으나 AIC 통계량이 가장 작고 모수들이 모두 유의하므로 ARIMA(1,1,1) 모형을 잠정적인 모형으로 식별한다.

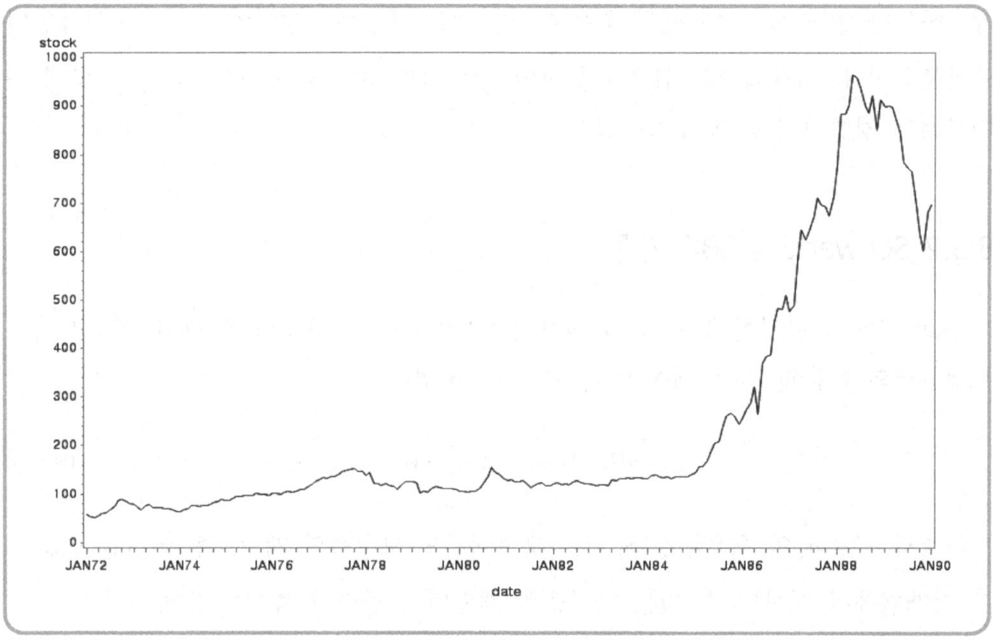

ㅣ그림 8.2ㅣ 한국의 월별종합주가지수의 시계열산포도

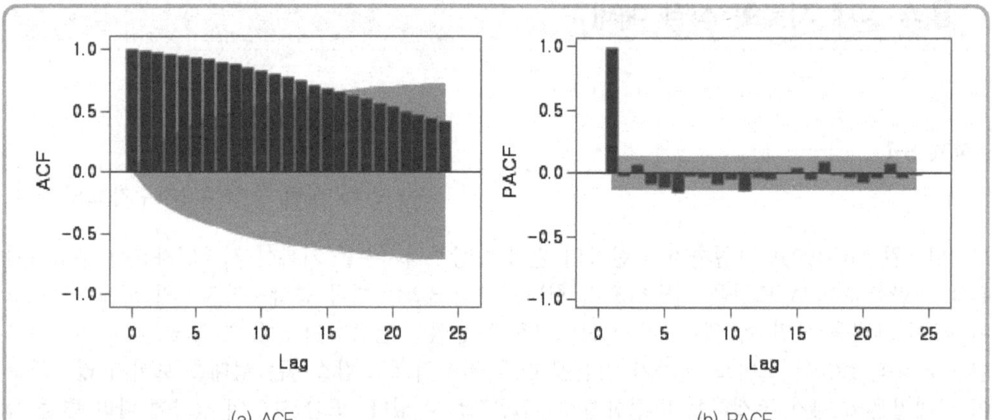

(a) ACF (b) PACF

ㅣ그림 8.3ㅣ 한국의 월별종합주가지수의 ACF와 PACF

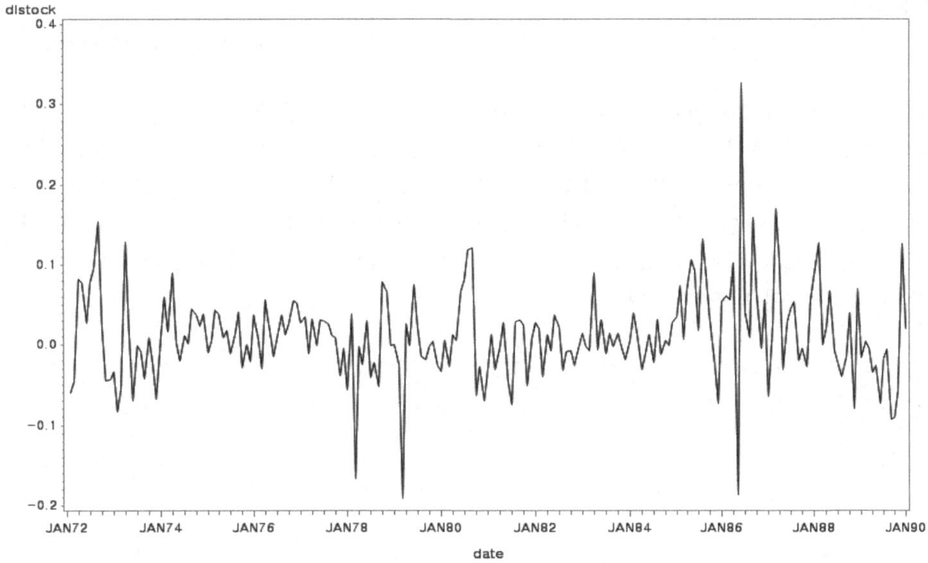

|그림 8.4| 한국 월별종합주가지수를 로그변환 후 1차 차분한 시계열산포도

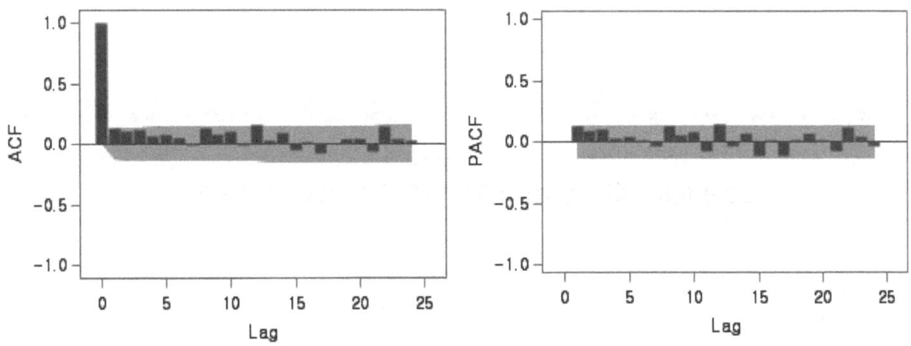

(a) ACF (b) PACF

|그림 8.5| 한국 월별종합주가지수를 로그변환 후 1차 차분한 ACF와 PACF

|표 8.2| 잠정적 모형의 AIC, SBC 비교 결과

모형	AIC	SBC
ARIMA(1,1,0)	−621.045	−614.294
ARIMA(0,1,1)	−620.767	−614.016
ARIMA(1,1,1)	−621.636	−611.510

예제 8-2

미국의 실업률 자료의 식별

1986년 1/4분기부터 2016년 1/4분기까지의 계절조정된 미국의 실업률 자료를 ARIMA 모형으로 식별해 보자. [그림 8.6]은 이미 계절조정된 실업률 자료이므로 특별한 추세나 계절성이 보이지 않고 [그림 8.7] (a)의 ACF도 지수적으로 감소하는 형태를 보이므로 정상성을 만족한다고 볼 수 있으며 [그림 8.7] (b)에서 볼 수 있듯이 PACF가 시차 2 이후 절단현상을 나타내므로 이 계절조정된 미국의 실업률 자료는 AR(2) 모형으로 식별된다. ARIMA(2,0,0) 모형의 AIC 통계량과 SBC 통계량은 [표 8.3]에 나타나 있다.

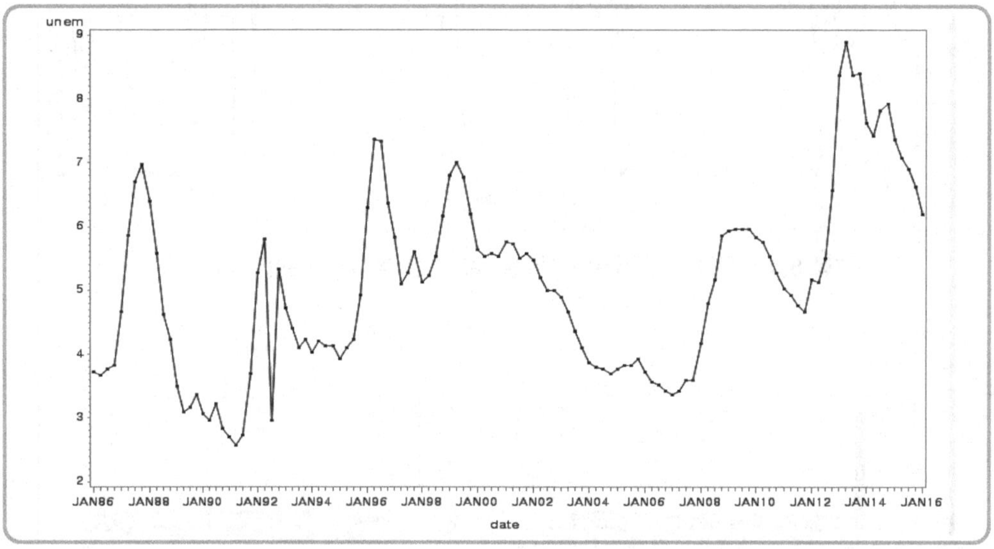

|그림 8.6| 미국의 계절조정된 실업률 자료의 시계열산포도

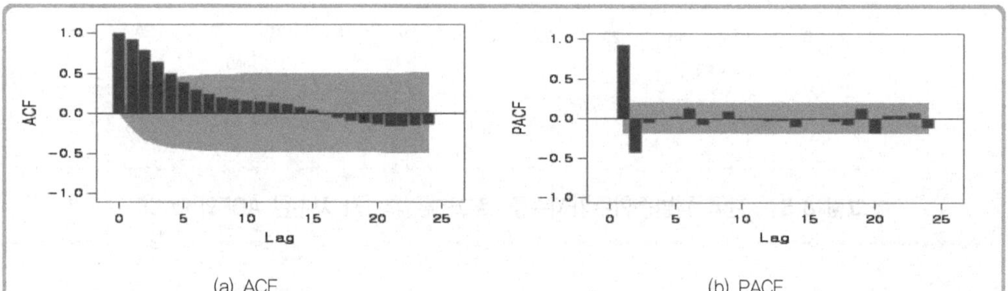

(a) ACF (b) PACF

|그림 8.7| 미국의 계절조정된 실업률 자료의 ACF와 PACF

|표 8.3| 잠정적 모형의 AIC, SBC 비교 결과

모형	AIC	SBC
ARIMA(2,0,0)	209.6417	218.0291

8.5 통계프로그램

1) R

(1) KOSPI 거래량 자료에 대한 식별 예제

자료는 한국은행에서 2015년 1월 2일부터 2015년 12월 30일까지 거래일 248시점 동안 조사한 KOSPI 잠정치 거래량에 대한 시계열자료이다. 먼저 [그림 8.8]의 KOSPI 거래량 자료의 시계열 산점도를 살펴보면 추세가 보이고 변동의 폭이 불안정해 보이므로 자료가 정상성을 만족하지 않는 것을 확인할 수 있다.

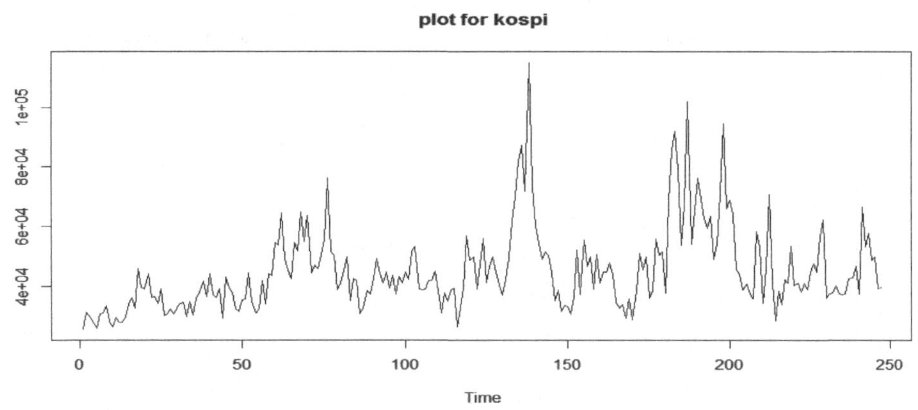


```
kospi <- ts(read_excel("H:\\R\\kospi.xlsx", col_names=FALSE))
plot.ts(kospi,ylab="", main="plot for kospi")
```

|그림 8.8| KOSPI 거래량 자료의 산점도

자료의 단위에 따라 산포가 크므로 로그변환을 실시하였으며 로그변환 후 산점도와 ACF와 PACF는 [그림 8.9]와 [그림 8.10]에 나타내었다. [그림 8.10]의 ACF를 보면 시차가 커짐에 따라 감소하는 형태를 보이기는 하지만 불분명하다. R에서 제공하는 nsdiff 함수를 사용하여 1차 차분이 필요함을 확인하였다(ndiffs(log(kospi))).

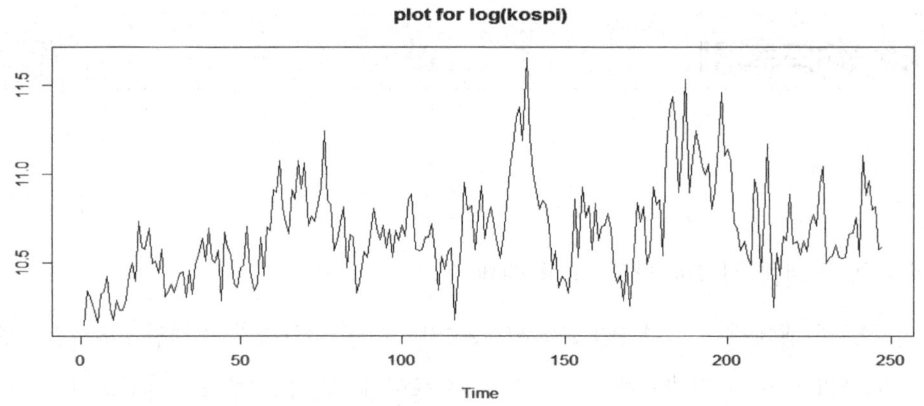


```
plot.ts(log(kospi), ylab="", main="plot for log(kospi)")
```

|그림 8.9| 로그변환한 KOSPI 거래량의 산점도

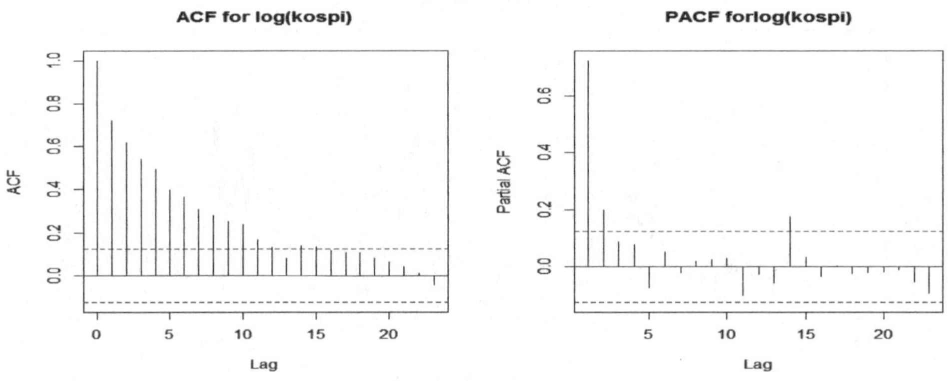


```
par(mfrow=c(1, 2))
acf(log(kospi), main="ACF for log(kospi)")
pacf(log(kospi), main="PACF forlog(kospi)")
```

|그림 8.10| 로그변환한 KOSPI 거래량의 ACF와 PACF

[그림 8.11]은 로그변환 후 1차 차분한 KOSPI 거래량 자료의 산점도이다. 그림을 보면 1차 차분 후 정상성을 만족해 보임을 알 수 있다. [그림 8.12]는 1차 차분한 로그변환 KOSPI 자료의 ACF와 PACF로 ACF는 2차 이후 절단, PACF는 3차 이후 절단되는 형태를 보임을 확인할 수 있다. ARMA(p, q) 모형에서 ACF와 PACF가 교란되는 현상이 발생할 수 있으므로 우리는 잠정적으로 몇 가지의 ARIMA 모형을 생각하고 AIC를 비교해 본 결과는 [표 8.4]와 같다. [표 8.4]의 결과를 살펴보면 ARIMA(1,1,2) 모형의 AIC가 가장 작아 잠정적인 모형으로 선택하였다.

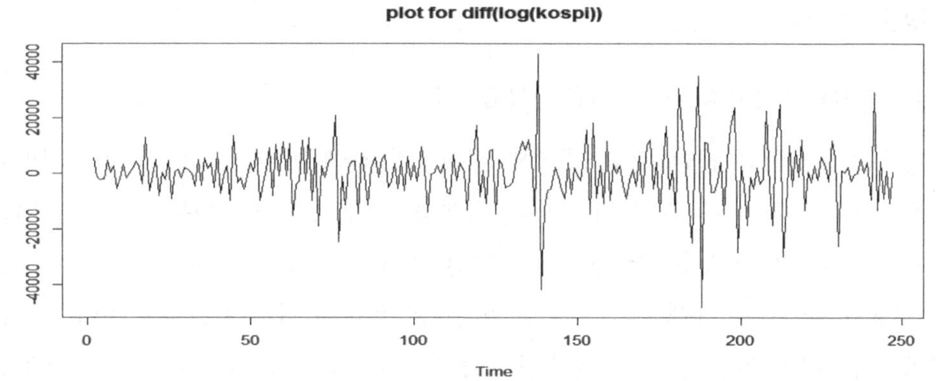


```
plot(diff(kospi), ylab="", main="plot for diff(log(kospi))")
```

|그림 8.11| 1차 차분한 로그(KOSPI 거래량)의 산점도

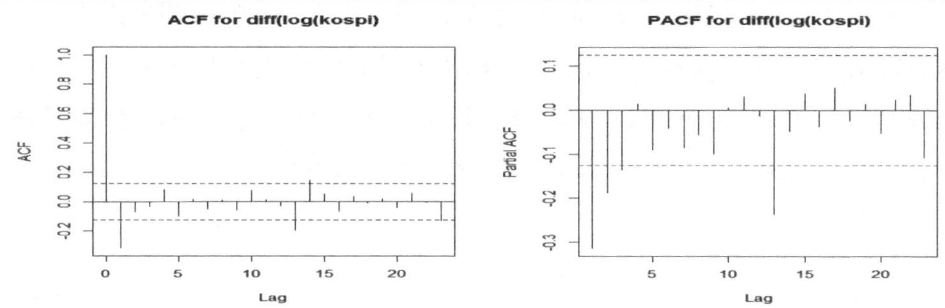


```
par(mfrow=c(1, 2))
acf(diff(kospi), main="ACF for diff(log(kospi)")
pacf(diff(kospi),  main="PACF for diff(log(kospi)")
```

|그림 8.12| 1차 차분한 로그(KOSPI 거래량)의 ACF와 PACF

|표 8.4| 잠정적 모형의 AIC 비교 결과

모형	AIC
ARIMA(2,1,3)	−130.53
ARIMA(2,1,2)	−129.86
ARIMA(2,1,4)	−130.06
ARIMA(1,1,3)	−126.61
ARIMA(1,1,2)	−130.99

```
arima(log(kospi), order=c(2,1,3))
arima(log(kospi), order=c(2,1,2), fixed=c(NA,NA,0,NA))
arima(log(kospi), order=c(2,1,4))
arima(log(kospi), order=c(1,1,3))
arima(log(kospi), order=c(1,1,2))
```

2) SAS

(1) 순상품교역조건지수 자료에 대한 식별 예제

한국은행은 일정기간 동안 국내거주자와 비거주자 간에 발생한 모든 경제적 거래를 체계적으로 기록하여 우리나라의 대내외 경제정책수립과 정책효과분석을 위한 기초자료를 제공하고자 국제수지에 관련한 통계를 조사한다. 수출 1단위로 수입할 수 있는 수입량을 나타내는 데에 이의 변동을 파악하기 위하여 실제 이용되는 것이 순상품교역조건지수이며 이는 수출단가지수를 수입단가지수로 나눈 후 100을 곱해 결정된다. 이 자료는 한국은행이 조사한 2000년 1월부터 2015년 12월까지의 월별 순상품교역조건지수자료이며 ARIMA 모형에 적합하여 모수를 추정하고 예측하기 위해 분석을 실시한다.

제일 먼저 [그림 8.13]의 순상품교역조건지수 원자료의 시계열 산점도를 살펴보면 순상품교역조건지수가 시간의 흐름에 따라 점점 감소하는 추세가 보이고 변동의 폭도 불안정하다. [그림 8.14] 또한 정상성을 만족하지 않는다고 볼 수 있으므로 분산안정화를 위한 로그변환과 1회의 차분이 필요함을 확인하였다.

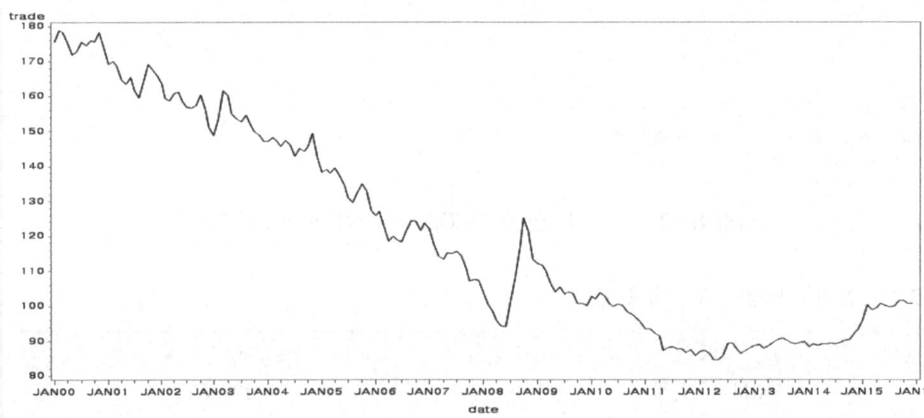


```
data trade;
  infile 'G:₩trade index.csv';
  input trade;
  date=intnx('month', '01jan01'd, _n_-1);
  format date monyy.;
run;
symbol1 i=join cv=black;
proc gplot data=trade;
  plot trade*date=1; run;
```

|그림 8.13| 순상품교역조건지수 자료의 산점도

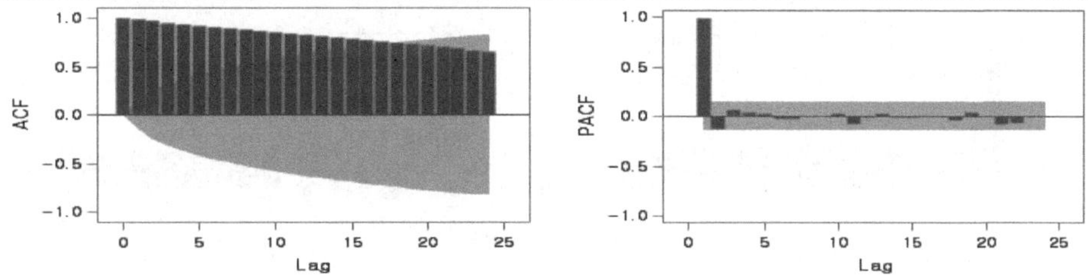


```
proc arima data=trade;
  identify var=trade nlag=24;
run;
```

|그림 8.14| 순상품교역조건지수의 ACF와 PACF

[그림 8.15]는 원자료에 분산안정화변환을 취하고 1차 차분을 한 후의 시계열 산점도이다. 변동의 폭에 약간 의심이 가긴 하지만 어느 정도 일정하고, 추세도 존재하지 않으므로 정상성을 만족한다고 볼 수 있다. [그림 8.16]의 ACF가 시차 1 이후 절단, PACF가 지수적으로 감소하는 형태를 띠는 것으로 보아 ARIMA(0,1,1) 모형으로 판단되지만 ACF와 PACF가 교란되는 현상이 발생할 수 있으므로 잠정적으로 몇 가지의 ARIMA 모형을 더 생각하고 [표 8.5]에서 비교한 결과 ARIMA(0,1,1) 모형이 AIC 통계량과 SBC 통계량 모두 가장 작으므로 이 모형을 잠정적인 모형으로 선택하였다.

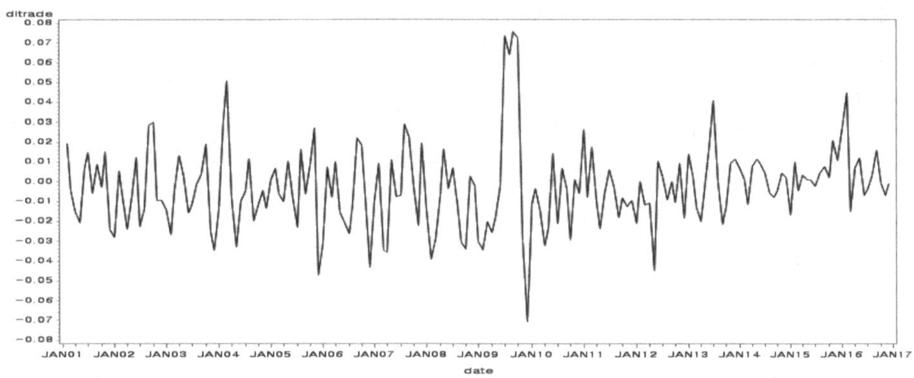


```
data dltrade;
  set trade;
    ltrade=log(trade);
    dltrade=dif(ltrade);
            date=intnx('month', '01jan00'd, _n_-1);
 run;
 symbol1 i=join cv=black;
 proc gplot data=dltrade;
   plot dltrade*date=1; run;
```

|그림 8.15| 로그변환과 1차 차분을 취한 순상품교역조건지수 자료의 산점도

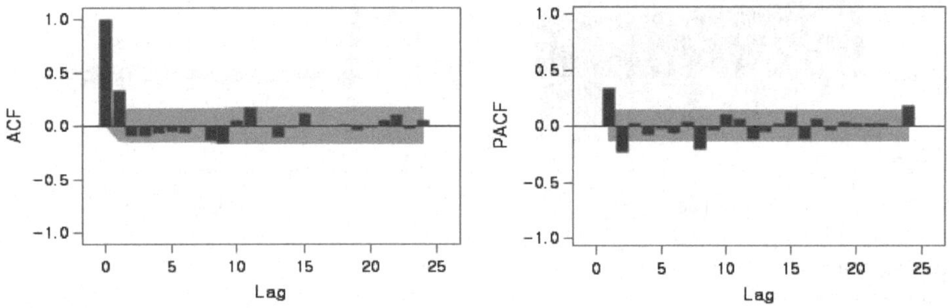


```
proc arima data=dltrade;
  identify var=dltrade nlag=24; run;
```

|그림 8.16| 순상품교역조건지수의 ACF와 PACF

|표 8.5| 잠정적 모형의 AIC 비교 결과

모형	AIC	SBC
ARIMA(0,1,1)	−966.874	−960.370
ARIMA(0,1,2)	−965.779	−956.023
ARIMA(1,1,0)	−956.722	−950.217
ARIMA(1,1,1)	−965.948	−955.948

```
proc arima data=dltrade;
  identify var=dltrade nlag=24; run;
   estimate q=1; run;
   estimate q=2; run;
   estimate p=1; run;
   estimate p=1 q=1; run;
```

연습문제

1. 100개의 관찰된 시계열자료로부터 SACF를 계산한 결과 다음과 같았다.

$$r_1 = -0.49,\ r_2 = 0.31,\ r_3 = -0.21,\ r_4 = 0.11,\ |r_k| \le 0.09,\ k > 4$$

관찰된 시계열은 어떤 모형으로 식별될 수 있는가?

2. 121개의 관찰된 시계열자료로부터 SPACF를 계산한 결과가 다음과 같았다.

$$\widehat{\phi_{11}} = 0.8,\ \widehat{\phi_{22}} = -0.6, \widehat{\phi_{33}} = 0.08, \widehat{\phi_{44}} = 0.00$$

관찰된 시계열은 어떤 모형으로 식별될 수 있는가?

3. 관찰된 100개의 시계열과 그 시계열을 1차 차분한 자료로부터 SACF를 계산하여 다음과 같은 결과를 얻었다.

ACF	1	2	3	4	5	6
Z_t	0.97	0.97	0.93	0.85	0.80	0.71
∇Z_t	−0.42	0.18	−0.02	0.07	−0.10	−0.09

위의 결과로부터 관찰된 시계열은 어떤 모형으로 식별될 수 있는가?

4. 64개 시계열자료의 SPACF가 다음과 같이 주어졌다.

1	2	3	4	5	6
0.47	−0.34	0.20	0.02	0.15	−0.06

위의 결과로부터 관찰된 시계열은 어떤 모형으로 식별될 수 있는가?

5. 다음은 임의의 자료이다. 다음 시계열자료의 모형을 R 또는 SAS를 이용하여 식별하시오.

0.66	0.70	0.74	0.63	0.70	0.66	0.61	0.52	0.60	0.61	0.70	1.10
1.17	1.23	0.85	0.78	0.71	0.55	0.56	0.74	0.80	0.75	0.74	0.79
0.78	1.00	1.05	1.09	1.05	0.75	0.73	0.77	0.77	0.84	0.66	0.68
0.67	0.56	0.62	0.73	0.70	0.74	0.93	1.00	1.50	1.30	1.18	1.15
1.34	1.37	1.13	1.04	0.92	1.15	0.99	1.32	1.46	1.24	1.01	1.04
1.08	0.94	0.81	1.00	0.98	1.02	1.16	0.96	1.23	1.10	1.02	1.08
1.30	0.97	0.96	0.80	0.62	0.51	0.56	0.84	0.87	0.87	0.76	0.86
0.81	0.77	0.74	0.80	0.78	0.72	0.66	0.92	0.99	0.98	0.70	0.65
0.78	0.57	0.41	0.61	0.85	0.85	1.11	1.05	0.96	1.31	1.49	1.35
1.32	1.24	1.47	1.32	1.23	1.33	1.48	1.49	1.48	1.49	1.55	1.73
1.70	1.43	1.44	1.37	1.20	1.19	1.39	1.41	1.40	1.39	1.62	1.59
1.36	1.31	0.99	0.89	0.87	0.94	1.03	1.27	1.20	1.10	0.93	1.00
1.04	1.10	1.10	1.09	1.05	0.70	0.88	0.81	1.08	1.39	1.16	0.49
0.74	0.90	0.91									

6. 다음은 2002년 1월부터 2009년 6월까지의 어떤 중장비 회사의 서비스센터의 접수 자료이다. 다음 시계열자료를 R 또는 SAS를 이용하여 모형을 식별하시오.

954	765	867	940	913	1014	801	990	712	959	828	965
915	891	991	971	1129	1091	1195	1295	1046	1121	1033	1222
1199	1012	1404	1137	1421	1162	1639	1545	1420	1916	1491	1295
1764	1727	1654	1811	1520	1635	1984	1898	1853	2015	1709	1667
1625	1562	2121	1783	1474	1657	1746	1763	1517	1457	1388	1501
1227	1342	1666	2091	1629	1451	1727	1736	1952	1420	1345	842
1576	1485	1928	2072	1887	2175	2199	1961	2091	1993	1595	1372
1607	1871	2594	1743	2267	2602	2565	2567	2344	2805		

7. 다음은 어느 회사의 연간 목재 생산량 자료이다. 다음 시계열자료를 R 또는 SAS를 이용하여 모형을 식별하시오.

29.0	35.2	41.0	39.5	41.0	39.8	37.3	36.8	38.7	29.4
20.0	13.5	17.2	18.8	22.9	27.6	29.0	24.8	28.8	31.2
36.5	36.3	34.3	32.9	28.1	34.1	35.4	37.0	32.2	38.0
37.2	37.5	36.7	36.4	37.4	38.2	32.9	33.4	37.2	32.9
32.0	33.2	34.7	36.6	36.8	36.6	34.7	36.5	35.8	34.7
37.0	37.7	38.6	34.6	32.6	36.3	39.4	40.5	40.6	35.4
31.7	30.0	30.8	29.6	28.5	31.2	32.9	35.6	36.7	31.5

9장

모수추정

이 장에서는 관찰된 시계열 $Z_1, Z_2, \cdots, Z_n$으로 ARIMA 모형의 모수를 추정하는 문제를 다룬다. 먼저 8장에서 우리의 자료에 알맞은 모형으로 잘 식별되었다고 가정하고, 그래서 차수 p, d, q가 결정되었다고 하자. 비정상시계열도 d만큼 차분하면 정상시계열로 고려될 수 있으므로 이 장에서는 정상 ARIMA 모형만 다루기로 한다. 여러 가지 모수추정방법 중 여기서는 가장 많이 사용되는 적률추정법, 최우추정법, 최소제곱추정법에 의한 모수추정에 대하여 설명한다.

9.1 적률추정법

적률추정법(method of moment estimation)은 모수추정에 있어서 가장 간단한 방법으로, 모집단의 k차 적률로 추정하는 방법이다. 가장 간단한 예는 모평균 μ를 표본평균 $\bar{Z}$로 추정하는 것으로 시계열모형의 모수추정은 ACF를 SACF와 같게 놓고 이를 풀어서 모수의 추정량을 구하는 것이다.

(1) AR(p) 모형의 적률추정

AR(1) 모형의 경우를 먼저 고려하자. 이 모형의 1차 ACF $\rho_1 = \phi_1$이므로 ϕ_1의 적률추정량 $\hat{\phi}_1$은 1차 SACF r_1, 즉

$$\hat{\phi}_1 = r_1 \tag{9.1.1}$$

이다. 여기서 $r_1 = \dfrac{\sum_{t=1}^{n-1}(Z_t - \bar{Z})(Z_{t-1} - \bar{Z})}{\sum_{t=1}^{n}(Z_t - \bar{Z})^2}$ 이다.

AR(2) 모형의 경우는 Yule-walker 방정식

$$\rho_1 = \phi_1 + \rho_1\phi_2,$$
$$\rho_2 = \rho_1\phi_1 + \phi_2$$

에서 ρ_1, ρ_2 대신 SACF r_1, r_2를 대입하여 모수 ϕ_1과 ϕ_2에 대하여 풀면 다음과 같은 적률추정량 $\hat{\phi}_1$, $\hat{\phi}_2$을 구할 수 있다.

$$\hat{\phi}_1 = \frac{r_1(1-r_2)}{1-r_1^2} \tag{9.1.2}$$

$$\hat{\phi}_2 = \frac{r_2 - r_1^2}{1-r_1^2}$$

일반적인 AR(p) 모형에서 적률추정값을 구하려면 다음과 같은 Yule-walker 방정식에 ρ_k 대신 r_k를 대입하여 ϕ_1, ϕ_2, $\cdots$, ϕ_p에 대하여 풀면 된다.

$$\begin{aligned} r_1 &= \phi_1 + r_1\phi_2 + \cdots + r_{p-1}\phi_p \\ r_2 &= r_1\phi_1 + \phi_2 + \cdots + r_{p-2}\phi_p \\ &\vdots \\ r_p &= r_{p-1}\phi_1 + r_{p-2}\phi_2 + \cdots + \phi_p \end{aligned} \tag{9.1.3}$$

(2) MA(q) 모형

MA 모형에 대한 적률추정량은 쉽게 얻어지지도 않고 좋은 추정량도 아니다. MA(1) 모형의 1차 ACF를 고려하자.

$$\rho_1 = \frac{-\theta}{1+\theta^2} \tag{9.1.4}$$

식 (9.1.4)에 ACF ρ_1 대신에 SACF r_1을 대입하여 θ에 대해 풀면 $|r_1| < 0.5$일 때 두 개의 근

$$\frac{-1}{2r_1} \pm \sqrt{\frac{1}{2r_1^2} - 1}$$

을 얻을 수 있고, 이 중 가역조건 $|\theta| < 1$을 만족하는 다음과 같은 $\hat{\theta}$이 적률추정량이 된다.

$$\hat{\theta} = \frac{-1 + \sqrt{1-4r_1^2}}{2r_1} \tag{9.1.5}$$

여기서 만약 $|r_1| > 0.5$이면 식 (9.1.4)의 실수근이 존재하지 않고, 따라서 적률추정이 불가능해진다. q차 이동평균모형, MA(q)에 대한 적률추정은 더욱 복잡하고 좋지 않은 추정량을 제공하므로 실제로 거의 사용되지 않는다. 이론적으로는 ρ_k 대신에 r_k를 대

입하여 q개의 모수 $\theta_1, \theta_2, \cdots, \theta_q$에 대하여 풀면 구할 수 있고 컴퓨터에 의한 수치 해석적으로 풀이가 가능하다.

(3) ARMA(p,q) 모형

ARMA(1,1) 모형에 대한 적률추정은 다음과 같은 ACF로부터 구해진다.

$$\rho_k = \frac{(1-\theta\phi)(\phi-\theta)}{1-2\phi\theta+\theta^2}\phi^{k-1} = \rho_1\phi^{k-1} \tag{9.1.6}$$

$k=2$일 때 $\rho_2 = \rho_1\phi$가 되고 ρ_1과 ρ_2 대신 SACF r_1과 r_2를 대입하여 풀면 모수 ϕ에 대한 적률추정량은 다음과 같이 쉽게 구해진다.

$$\hat{\phi} = \frac{r_1}{r_2} \tag{9.1.7}$$

한편 모수 θ에 대한 적률추정량을 구하기 위해서 식 (9.1.6)에 식 (9.1.7)을 대응하여 풀면 다음 식을 얻을 수 있다.

$$r_1 = \frac{(1-\theta\hat{\phi})(\hat{\phi}-\theta)}{1-2\hat{\phi}\theta+\theta^2} \tag{9.1.8}$$

식 (9.1.8)을 ϕ에 대하여 풀면 이차식이므로 두 개의 근이 구해지고 이 중 가역조건을 만족하는 근이 θ의 적률추정량이 된다. 일반적인 ARMA(p,q)에 대해서도 이제까지 설명한 수치 해석적 방법으로 적률추정량을 구할 수 있으나 그다지 효율적인 추정량이 되지 못하므로, 일반적으로는 앞으로 다룰 최소제곱추정량이나 최우추정량의 초깃값 정도로만 사용된다.

(4) 백색잡음분산의 추정

모수추정에서 마지막으로 추정해야 하는 모수는 백색잡음의 분산, σ_a^2이다. Z_t가 어떤 모형이더라도 $r_0 = Var(Z_t)$의 추정량은 표본분산은

$$S^2 = \frac{\sum_{t=1}^{n}(Z_t - \overline{Z})^2}{n-1} \tag{9.1.9}$$

이다. 이때 $\overline{Z}$는 표본평균으로 $\frac{\sum_{t=0}^{n} Z_t}{n}$이다. 백색잡음의 분산에 대한 적률추정량은 위

의 표본분산의 함수로 얻어지는데 AR(p) 모형에 있어서 백색잡음의 분산 적률추정량은 다음과 같다.

$$\hat{\sigma}_a^2 = (1-\hat{\phi}_1 r_1 - \hat{\phi}_2 r_2 - \cdots - \hat{\phi}_p r_p) S^2 \quad (9.1.10)$$

예를 들어 AR(1) 모형인 경우는 $\hat{\phi}_1 = r_1$이므로 $\sigma_a^2 = (1-r_1^2) S^2$이 백색잡음의 분산추정량이다.

마찬가지로 MA(q) 모형의 경우도 모분산 대신 표본분산을 대입하여 다음과 같은 백색잡음의 분산에 대한 적률추정량을 구한다.

$$\hat{\sigma}_a^2 = \frac{S^2}{1+\hat{\theta}_1^2+\cdots+\hat{\theta}_q^2} \quad (9.1.11)$$

또한 ARMA(1,1) 모형의 경우 백색잡음의 분산추정량은 다음과 같다.

$$\hat{\sigma}_a^2 = \frac{(1-\hat{\phi}^2) S^2}{1-2\hat{\theta}\hat{\phi}+\hat{\theta}^2} \quad (9.1.12)$$

9.2 최우추정법

9.2.1 조건부최우추정법

시계열 $Z_1, Z_2, \cdots, Z_n$이 다음과 같은 정상 ARMA(p,q) 모형에 따른다고 하자.

$$Z_t = \phi_1 Z_{t-1} + \phi_2 Z_{t-2} + \cdots + \phi_p Z_{t-p} + a_t - \theta_1 a_{t-1} - \cdots - \theta_q a_{t-q} \quad (9.2.1)$$

그리고 백색잡음 $\underline{a} = (a_1, a_2, \cdots, a_n)'$의 결합밀도함수는 다음과 같이 정규분포 $N(0, \sigma_a^2)$에 따른다고 가정한다.

$$P(\underline{a} \mid \underline{\phi}, \mu, \underline{\theta}, \sigma_a^2) = (2\pi\sigma_a^2)^{-n/2} \exp[-\frac{1}{2\sigma_a^2}\sum_{t=1}^{n} a_t^2] \quad (9.2.2)$$

여기서 $\underline{Z} = (Z_1, Z_2, \cdots, Z_n)'$이라고 하고 과거값들로 이루어진 $\underline{Z_*} = (Z_{1-p}, \cdots, Z_{-1}, Z_0)'$와 $\underline{a_*} = (a_{1-q}, \cdots, a_{-1}, a_0)'$를 가정한다. 그러면 조건부 로그우도함수는 다음과 같다.

$$\ln L_*(\underline{\phi},\mu,\underline{\theta},\sigma_a^2) = -\frac{n}{2}ln\,2\pi\sigma_a^2 - \frac{S_*(\underline{\phi},\mu,\underline{\theta})}{2\sigma_a^2} \tag{9.2.3}$$

여기서 조건부제곱합함수 $S_*(\underline{\phi},\mu,\underline{\theta})$는 다음과 같다.

$$S_*(\underline{\phi},\mu,\underline{\theta}) = \sum_{t=1}^{n} a_t^2(\underline{\phi},\mu,\underline{\theta} \mid \underline{Z_*},\underline{a_*},\underline{Z}) \tag{9.2.4}$$

조건부우도함수를 최대로 하는 $\hat{\underline{\phi}}$, $\hat{\mu}$, $\hat{\underline{\theta}}$는 조건부최우추정량이다. 이는 식 (9.2.3)을 모수에 대해 편미분하여 0으로 놓고 풀면 구할 수 있다. 조건부최우추정법은 $\ln L_*(\underline{\phi},\mu,\underline{\theta},\sigma_a^2)$가 단지 $S_*(\underline{\phi},\mu,\underline{\theta})$로 이루어진 함수이므로 조건부제곱합인 $S_*(\underline{\phi},\mu,\underline{\theta})$을 최소화하는 조건부최소제곱추정법과 일치함을 알 수 있다. 조건 $\underline{Z_*}$와 $\underline{a_*}$를 특성화시키는 다른 방법으로 $\{Z_t\}$가 정상적이고 $\{a_t\}$가 $i.i.d$ $N(0,\sigma_a^2)$인 확률변수라는 가정을 통해서도 구할 수 있다. 식 (9.2.1)에서의 모형에 대하여 $a_p = a_{p-1} = a_{p+1-q} = 0$를 가정할 수 있고, 식 (9.2.1)을 이용하여 $t \ge (p+1)$에 대하여 a_t를 계산할 수 있다. 따라서 식 (9.2.4)에서의 조건부제곱합함수를 다음과 같이 얻을 수 있다.

$$S_*(\underline{\phi},\mu,\underline{\theta}) = \sum_{t=p+1}^{n} a_t^2(\underline{\phi},\mu,\underline{\theta} \mid \underline{Z}) \tag{9.2.5}$$

조건부최우추정량 $\hat{\underline{\phi}}$, $\hat{\mu}$, $\hat{\underline{\theta}}$를 얻은 후에는 σ_a^2의 추정값 $\widehat{\sigma_a^2}$는 다음과 같다.

$$\widehat{\sigma_a}^2 = \frac{S_*(\hat{\underline{\phi}},\hat{\mu},\hat{\underline{\theta}})}{d.f.} \tag{9.2.6}$$

여기서 자유도 $d.f.$의 개수는 $S_*(\underline{\phi},\mu,\underline{\theta})$의 합에서 사용된 항의 수에서 추정된 모수의 개수를 뺀 개수와 같다. 한편 식 (9.2.5)에서의 자유도는 $d.f. = (n-p)-(p+q+1)$ $= n-(2p+q+1)$이다.

9.2.2 비조건부최우추정법

시계열모형의 가장 중요한 기능 중의 하나는 알려지지 않은 미래의 값을 예측하는 것이다. 자연스럽게 제곱합과 우도함수들의 계산에 필요한 알려지지 않은 $\underline{Z_*}=$

$(Z_{1-p}, \cdots, Z_{-1}, Z_0)'$와 $\underline{a}_* = (a_1 - q, \cdots, q_{-1}, q_0)'$을 후향예측(back-forecast)을 할 수 있는지 궁금할 것이다. 실제로 ARMA 모형의 전향형태(forward form)는 다음과 같다.

$$(1-\phi_1 B - \cdots - \phi_p B^p) Z_t = (1-\theta_1 B - \cdots - \theta_q B^q) a_t \tag{9.2.7}$$

그리고 후향형태(backward form)로는 다음과 같이 나타낼 수 있다.

$$(1-\phi_1 F - \cdots - \phi_p F^p) Z_t = (1-\theta_1 F - \cdots - \theta_q F^q) e_t \tag{9.2.8}$$

여기서 $F^j Z_t = Z_{t+j}$이다. 정상성 때문에 식 (9.2.7)과 식 (9.2.8)은 같은 자기공분산 구조를 가져야 한다. 이것은 $\{e_t\}$가 평균이 0이고 분산이 σ_e^2인 백색잡음계열임을 의미한다. 따라서 우리가 실현값 $(Z_1, Z_2, \cdots, Z_n)$에 기초하여 $j > 0$에 대하여 알려지지 않은 미래의 값 Z_{n+j}를 예측하기 위하여 전향형태의 식 (9.2.7)을 이용하는 것과 같은 방법으로 우리는 실현값 $(Z_n, Z_{n-1}, \cdots, Z_1)$에 기초하여 $j \le 0$에 대하여 미지의 Z_j의 과거값을 역예측하고, 또 a_j를 계산하기 위하여 후향형태인 식 (9.2.8)을 이용할 수 있다. 추정에서의 나은 개선을 위하여 Box-Jenkins(1976)는 다음과 같은 비조건부 로그우도함수(unconditional loglikelihood function)를 제안하였다.

$$\ln L(\underline{\phi}, \mu, \underline{\theta}, \sigma_a^2) = -\frac{n}{2} ln\, 2\pi\sigma_a^2 - \frac{S(\underline{\phi}, \mu, \underline{\theta})}{2\sigma_a^2} \tag{9.2.9}$$

여기서 $S(\underline{\phi}, \mu, \underline{\theta})$는 다음과 같다.

$$S(\underline{\phi}, \mu, \underline{\theta}) = \sum_{t=-\infty}^{n} [E(a_t | \underline{\phi}, \mu, \underline{\theta}, \underline{Z})]^2 \tag{9.2.10}$$

여기서 $S(\underline{\phi}, \mu, \underline{\theta})$는 비조건부제곱합이고 $E(a_t | \underline{\phi}, \mu, \underline{\theta}, \underline{Z})$는 $\underline{\phi}, \mu, \underline{\theta}, \underline{Z}$에 의하여 주어진 a_t의 조건부기댓값이다. 식 (9.2.9)를 최대화하는 $\hat{\underline{\phi}}, \hat{\mu}, \hat{\underline{\theta}}$는 비조건부최우추정량이다. 비조건부최우추정량은 $S(\underline{\phi}, \mu, \underline{\theta})$를 최소화함으로써 얻어지는 비조건부최소제곱추정량과 일치한다. 실제적으로 식 (9.2.10)은 유한개의 합으로 근사할 수 있다.

$$S(\underline{\phi}, \mu, \underline{\theta}) = \sum_{t=-M}^{n} [E(a_t | \underline{\phi}, \mu, \underline{\theta}, \underline{Z})]^2 \tag{9.2.11}$$

이때 $t \le -(M+1)$에 대하여 $|E(Z_t | \underline{\phi}, \mu, \underline{\theta}, \underline{Z}) - E(Z_{t-1} | \underline{\phi}, \mu, \underline{\theta}, \underline{Z})| < \epsilon$은 임의의 작은 실수)을 만족하고, M은 충분히 큰 정수이다. 이것은 $E(Z_t | \underline{\phi}, \mu, \underline{\theta}, \underline{Z}) \simeq \mu$를 의미

한다. 따라서 $t \leq -(M+1)$에 대하여 $E(a_t | \underline{\phi}, \mu, \underline{\theta}, \underline{Z})$는 무시해도 좋다.

모수추정값 $\hat{\underline{\phi}}, \hat{\mu}, \hat{\underline{\theta}}$를 얻은 후에 σ_a^2의 추정값 $\widehat{\sigma_a}^2$는 다음과 같이 얻을 수 있다.

$$\widehat{\sigma_a}^2 = \frac{S(\hat{\underline{\phi}}, \hat{\mu}, \hat{\underline{\theta}})}{n} \tag{9.2.12}$$

모수추정을 위한 후향예측의 사용은 계절모형이나 비정상성에 가까운 모형, 특히 상대적으로 짧은 시계열에 대하여 중요하다. 대부분의 컴퓨터 프로그램은 이런 선택 사양을 구현한다.

9.2.3 우도함수

앞 절에서 설명한 조건부 및 비조건부우도함수(Exact Likelihood Functions)는 근사식이므로, 여기서는 시계열모형의 정확한 우도함수의 유도과정을 AR(1) 모형을 통해 설명하고자 한다.

가장 간단한 AR(1) 모형은 다음과 같이 주어진다.

$$(1-\phi B)Z_t = a_t \tag{9.2.13}$$

$$Z_t = \phi Z_{t-1} + a_t \tag{9.2.14}$$

여기서 $|\phi| < 1$이고 a_t는 $iid \sim N(0, \sigma_a^2)$을 따른다.

식 (9.2.14)를 MA(∞) 모형으로 표현하면 다음과 같다.

$$Z_t = \sum_{j=0}^{\infty} \phi^j a_{t-j} \tag{9.2.15}$$

여기서 Z_t는 $N(0, \frac{\sigma_a^2}{1-\phi^2})$를 따르고, $(Z_1, Z_2, \cdots, Z_n)$의 결합확률밀도함수 $P(Z_1, Z_2, \cdots, Z_n)$와 모수들에 대한 우도함수를 유도하기 위하여 다음을 고려한다.

$$e_1 = \sum_{j=0}^{\infty} \phi^j a_{1-j} = Z_1 \tag{9.2.16}$$

$$a_2 = Z_2 - \phi Z_1$$

$$a_3 = Z_3 - \phi Z_2$$

$$\vdots$$

$$a_n = Z_n - \phi Z_{n-1}$$

위에서 e_1은 정규분포 $N(0, \frac{\sigma_a^2}{1-\phi^2})$을 따르고, $2 \le t \le n$에 대하여 a_t는 정규분포 $N(0, \sigma_a^2)$를 따르며, 또 모두는 서로 독립적이다. 그러므로 $(e_1, a_2, \cdots, a_n)$의 결합확률분포는 다음과 같이 주어진다.

$$
\begin{aligned}
& p(e_1, a_2, \cdots, a_n) \\
&= \sqrt{\frac{(1-\phi^2)}{2\pi\sigma_a^2}} \exp[\frac{-e_1^2(1-\phi^2)}{2\sigma_a^2}] [\frac{1}{2\pi\sigma_a^2}]^{\frac{(n-1)}{2}} \exp[-\frac{1}{2\sigma_a^2}\sum_{t=2}^{n} a_t^2]
\end{aligned}
\tag{9.2.17}
$$

이제 다음의 변환을 고려하자.

$$
\begin{aligned}
Z_1 &= e_1 \\
Z_2 &= \phi Z_1 + a_2 \\
Z_3 &= \phi Z_2 + a_3 \\
&\vdots \\
Z_n &= \phi Z_{n-1} + a_n
\end{aligned}
\tag{9.2.18}
$$

식 (9.2.18)에서 변환에 대한 자코비안(Jacobian)은 다음과 같다.

$$
J = \begin{vmatrix}
1 & 0 & . & . & . & . & . & 0 \\
-\phi & 1 & 0 & . & . & . & . & 0 \\
0 & -\phi & 1 & 0 & . & . & . & 0 \\
\vdots & \vdots & \vdots & \vdots & \vdots & \vdots & \vdots & \vdots \\
0 & . & . & . & . & 0 & -\phi & 1
\end{vmatrix} = 1
\tag{9.2.19}
$$

결국, 우리가 구하고자 하는 변환을 통한 Z에 대한 결합확률분포와 로그우도함수는 다음과 같게 된다.

$$
\begin{aligned}
P(Z_1, Z_2, \cdots, Z_n) &= P(e_1, a_2, \cdots, a_n)|J| \\
&= [\frac{(1-\phi^2)}{2\pi\sigma_a^2}]^{\frac{1}{2}} \exp[\frac{-Z_1^2(1-\phi^2)}{2\sigma_a^2}] \\
&\quad [\frac{1}{2\pi\sigma_a^2}]^{\frac{(n-1)}{2}} \exp[-\frac{1}{2\sigma_a^2}\sum_{t=2}^{n}(Z_t - \phi Z_{t-1})^2]
\end{aligned}
\tag{9.2.20}
$$

$$
\begin{aligned}
\ln L(Z_1, \cdots, Z_n | \phi, \mu, \sigma_a^2) &= -\frac{n}{2} ln\, 2\pi + \frac{1}{2} ln\,(1-\phi^2) \\
&\quad - \frac{n}{2} ln\, \sigma_a^2 - \frac{S(\phi, \mu)}{2\sigma_a^2}
\end{aligned}
\tag{9.2.21}
$$

여기서 제곱합함수 $S(\phi,\mu)$는 다음과 같다.

$$S(\phi,\mu) = (Z_1-\mu)^2(1-\phi^2)+\sum_{t=2}^{n}[(Z_t-\mu)-\phi(Z_{t-1}-\mu)]^2 \qquad (9.2.22)$$

9.3 최소제곱추정법

최소제곱추정법(ordinary least squares estimation: OLS)은 통계적 자료분석에서 가장 많이 사용되는 기법으로, 백색잡음의 초깃값 $a_1=0$인 조건하에서 추정하는 조건부최소제곱추정법과 후향예측값을 구하여 추정하는 비조건부최소제곱추정법으로 나눌 수 있다. 최소제곱추정법을 이용하면 Gauss-Markov의 성격, 즉 가장 좋은 선형추정량을 얻을 수 있다.

9.3.1 조건부최소제곱추정법

(1) AR(p) 모형

먼저 AR(1) 모형에서 조건부최소제곱추정량을 구하는 문제를 고려해 보자.

$$Z_t=\phi_1 Z_{t-1}+a_t \qquad (9.3.1)$$

여기서 $\{a_t\}$는 평균 0, 분산 σ_a^2를 갖는 백색잡음이다. 식 (9.3.1)은 Z_{t-1}를 독립변수로, Z_t를 종속변수로 생각하면 단순회귀모형(ordinary simple regression model)이 되므로 최소제곱추정량은 오차의 제곱합 $\sum_{t=1}^{n} a_t^2$을 최소로 하는 추정량이 된다.

식 (9.3.1)을 백색잡음 a_t의 식으로 표현하면 다음과 같다.

$$a_t=Z_t-\phi_1 Z_{t-1} \qquad (9.3.2)$$

이제 시계열 $Z_1, Z_2, \cdots, Z_n$이 주어졌을 때 백색잡음 a_t의 제곱합은 다음과 같이 나타낼 수 있다.

$$S(\phi,\mu)=\sum_{t=1}^{n} a_t^2=\sum_{t=1}^{n}(Z_t-\phi_1 Z_{t-1})^2 \qquad (9.3.3)$$

여기서 관찰된 자료는 $Z_1, Z_2, \cdots, Z_n$이므로 Z_0를 위한 조건이 필요한데 이는 $a_1 = 0$인 조건이 주어지면 충분하다. 따라서 조건부제곱합은 다음과 같다.

$$S^*(\phi, \mu) = \sum_{t=2}^{n} a_t^2 = \sum_{t=2}^{n} (Z_t - \phi_1 Z_{t-1})^2 \tag{9.3.4}$$

식 (9.3.4)의 조건부제곱합을 ϕ_1에 대하여 편미분하여 0으로 놓고 풀면 다음과 같은 자기회귀계수 ϕ_1에 대한 조건부최소제곱추정량을 얻는다.

$$\hat{\phi}_1 = \frac{\sum_{t=2}^{n} (Z_t - \bar{Z})(Z_{t-1} - \bar{Z})}{\sum_{t=2}^{n} (Z_{t-1} - \bar{Z})^2} \tag{9.3.5}$$

이 조건부최소제곱추정량은 적률추정량, 즉 r_1에 분모의 끝 값 $(Z_n - \bar{Z})^2$이 빠진 것과 같다. 그러나 역시 시계열자료수 n이 크면 끝 값의 영향이 상대적으로 작으므로 우리는 AR(1) 모형의 계수 ϕ_1의 최소제곱추정량으로는 일차 SACF r_1을 근삿값으로 사용한다.

일반 AR(p) 모형의 p개의 자기회귀계수의 최소제곱추정량들도 AR(1) 모형에서와 같이 모두 적률추정량과 근사적으로 같다.

(2) MA(q) 모형

먼저 MA(1) 모형에서 최소제곱추정량을 구하는 문제를 고려하자.

$$Z_t = a_t - \theta_1 a_{t-1} \tag{9.3.6}$$

이 모형은 $|\theta_1| < 1$일 때 가역성을 가지므로 다음과 같이 $AR(\infty)$ 형태로 나타낼 수 있다.

$$Z_t = a_t + \theta_1 Z_{t-1} + \theta_1^2 Z_{t-2} + \cdots \tag{9.3.7}$$

그러므로 θ_1의 최소제곱추정량은 다음과 같은 제곱합을 최소화함으로써 얻을 수 있다.

$$S(\theta_1) = \sum_{t=1}^{n} a^2 = \sum_{t=1}^{n} (Z_t - \theta_1 Z_{t-1} - \theta_1{}^2 Z_{t-2} - \cdots)^2 t^2 \tag{9.3.8}$$

이 제곱합함수는 θ_1에 대하여 비선형이므로 백색잡음의 초깃값 a_0를 평균 0, 즉

$a_0=0$이라는 조건하에서 Gauss-Newton 알고리즘을 이용하여 최적해를 구할 수 있다. 즉, $a_1, a_2, \cdots, a_n$을 θ_1의 함수로써 $Z_1, Z_2, \cdots, Z_n$의 값으로 먼저 만든다.

$$
\begin{aligned}
a_1(\theta_1) &= Z_1+\theta_1 a_0 = Z_1 \\
a_2(\theta_1) &= Z_2+\theta_1 a_1 = Z_2+\theta_1 Z_1 \\
a_3(\theta_1) &= Z_2+\theta_1 a_2 = Z_3+\theta_1(Z_2+\theta_1 Z_1) \\
&\vdots \\
a_n(\theta_1) &= Z_n+\theta_1 a_{n-1}
\end{aligned}
\tag{9.3.9}
$$

따라서 특별한 값 θ_1에 대하여 백색잡음의 초깃값 조건 $a_0=0$하에서의 오차합 $S(\theta_1)=\sum_{t=1}^{n} a_t^2$을 구할 수 있다. 그런 다음 $a_t(\theta_1)$을 초깃값 θ_1에 관한 선형으로 근사시키기 위해 다음과 같이 1차 Taylor 전개를 이용한다.

$$
a_t(\theta_1) \approx a_t(\theta_1^*)+(\theta_1-\theta_1^*)\frac{da_t(\theta_1^*)}{d\theta_1} \tag{9.3.10}
$$

여기서 $a_t(\theta_1)=Z_t+\theta_1 a_{t-1}(\theta_1)$을 θ_1에 대하여 미분하면 다음과 같은 미분항을 얻을 수 있다.

$$
\frac{da_t(\theta_1)}{d\theta_1}=\frac{\theta_1 da_{t-1}(\theta_1)}{d\theta_1}+a_{t-1}(\theta_1) \tag{9.3.11}
$$

이때 초기 추정값 θ_1^*는 임의로 정할 수도 있으나 적률추정값을 주로 사용한다.

식 (9.3.11)에서 미분항들의 초깃값을 $\frac{da_t(\theta_1)}{d\theta_1}=0$으로 놓고 $t=1,2,\cdots,n$에 대해 축차적으로 계산하여 식 (9.3.10)에 대입하면 $\sum_{t=1}^{n} a_t^2(\theta_1)$은 θ_1에 대하여 이차식이 되므로 이 식을 최소화시키는 θ_1값을 찾을 수 있다. 이 θ_1값을 $\theta_1^{(1)}$이라고 하고 식 (9.3.11)에서 $\theta_1^{(1)}$ 대신 $\theta_1^{(0)}$로 대치한다. 이러한 반복적인 방법을 거듭하여 최소의 오차제곱합을 찾아간다. 즉, θ_1의 값의 변화와 오차제곱합의 변화가 동시에 아주 작은 곳에서 계산을 중지하게 되고 그때의 값이 최소제곱추정량이 되는 것이다. MA(q) 모형에 대한 조건부최소제곱추정량도 마찬가지 방법으로 다음 식으로부터 $a_t=a_t(\theta_1, \theta_2, \cdots, \theta_q)$를 축차적으로 계산한다.

$$a_t = Z_t + \theta_1 a_{t-1} + \theta_2 a_{t-2} + \cdots + \theta_q a_{t-q} \tag{9.3.12}$$

이때 초깃값 $a_0 = a_{-1} = \cdots = a_{1-q} = 0$이라고 가정하고 다변량 Gauss-Newton 알고리즘을 사용하여 a_t의 제곱합을 최소화시키는 $\theta_1, \theta_2, \cdots, \theta_q$를 구하면 그것들이 조건부최소제곱추정량이 되는 것이다.

(3) ARMA 모형

먼저 다음과 같은 ARMA(1,1) 모형에서 조건부최소제곱추정량을 구해 보자.

$$Z_t = \theta_1 Z_{t-1} + a_t - \theta_1 a_{t-1} \tag{9.3.13}$$

제곱합 $S(\phi_1, \theta_1) = \sum_{t=1}^{n} a_t^2$을 최소화하기 위하여 먼저 $a_t(\phi_1, \theta_1)$를 구한다.

$$a_t(\phi_1, \theta_1) = Z_t - \phi_1 Z_{t-1} + \theta_1 a_{t-1} \tag{9.3.14}$$

이 식에서 첫 항 $a_1(\phi_1, \theta_1)$을 구하기 위해서 초깃값 a_0와 Z_0를 가정하기도 하고 또는 제곱합을 $\sum_{t=2}^{n} a_t^2$로 정의하여 첫 항을 제외시키기도 한다. 이 오차제곱합을 최소화하기 위해서는 $a_t(\phi_1, \theta_1)$을 초깃값 $\phi_1^{(0)}$와 $\theta_1^{(0)}$에 대해 Tayler 전개를 이용한다. 이에 대한 방법은 MA 모형에서 설명한 바와 같다. 일반적인 ARMA(p, q) 모형에 대해서 초깃값을 $a_p = a_{p-1} = \cdots = a_{p-q} = 0$으로 가정하고 $\sum_{t=p+1}^{n} a_t^2$을 최소화하는$(\phi_1, \cdots, \phi_p, \cdots, \theta_q)$를 다변량 Gauss-Newton 방법을 이용하여 구할 수 있다.

9.3.2 비조건부최소제곱추정법

비조건부최소제곱추정법(unconditional least square estimation)은 후향예측값을 이용하고, 조건부최소제곱추정법과 달리 $a_p = a_{p-1} = \cdots = a_{p-q} = 0$을 가정하지 않고 아래와 같은 비조건부제곱합 식 (9.3.15)를 최소화하는 방법이다. 그러나 이 추정방법은 AR(1) 모형인 경우 비조건부제곱합 $S(\phi, \mu)$에 $(1-\phi_1^2)(Z_1-\mu)^2$항이 포함되어 있어서 $\partial S/\partial \phi_1 = 0$, $\partial S/\partial \mu = 0$과 같은 방정식을 풀 때 비선형이 된다. 따라서 $S(\phi, \mu)$를 최소화하기 위해서는 수치적 반복법을 사용해야 한다.

일반적으로 ARMA(p,q) 모형의 비조건부제곱합은 다음과 같다.

$$S(\phi, \theta, \mu) = \sum_{t=-\infty}^{n} \hat{a}_t^2 \tag{9.3.15}$$

여기서 $\hat{a}_t = E(a_t \mid Z_1, Z_2, ..., Z_n)$으로 시점 t가 0보다 작거나 같은 경우의 $\hat{a}_t$ 값은 $Z_1, Z_2, ..., Z_n$이 주어졌을 때 이것들로부터 계산될 수 있는데 이를 후향예측값(backward forecast 또는 backcast)이라고 한다. ARMA(p,q) 모형에 있어서 비조건부최소제곱추정량은 식 (9.3.15)과 같은 비조건부제곱합을 최소로 하는 모수 $\hat{\phi}, \hat{\theta}, \hat{\mu}$ 값들이다. 그러나 실제 계산할 때 $t=-\infty$까지 제곱합을 구하는 것은 불가능하므로 다음과 같은 유한 제곱합을 고려하게 된다.

$$S^*(\phi, \theta, \mu) = \sum_{t=-N}^{n} \hat{a}_t^2 \tag{9.3.16}$$

여기서 N은 충분히 큰 정수로서 어떤 임의의 작은 실수 $\epsilon > 0$에 대하여 $|\hat{a}_{-N} - \hat{a}_{-N-1}| < \epsilon$를 만족하는 값이다. 한편 백색잡음의 분산에 대한 최소제곱추정량은 다음과 같이 추정된 제곱합함수를 n으로 나눈 값으로 주어진다.

$$\hat{\sigma}_a^2 = \frac{S(\hat{\phi}, \hat{\theta}, \hat{\mu})}{n} \tag{9.3.17}$$

9.4 모수추정 예제

예제 9-1

한국의 월별 종합주가지수자료의 모수추정

앞 8.4절의 실제 자료 식별예제 〈예제 8-1〉의 한국 월별 종합주가지수자료에 대한 모수추정 결과를 SAS 프로그램을 이용해 확인한 결과가 [표 9.1] ~ [표 9.3]에 나타나 있다. [표 9.1]은 조건부 최소제곱추정법, [표 9.2]는 최우추정법에 대한 모수추정 결과를 나타내고 있고 [표 9.3]은 비조건부 최소제곱법에 대한 모수추정 결과를 나타내고 있다. ARIMA(1,1,1) 모형의 모수 μ, ϕ_1, θ_1을 조건부 최소제곱법을 이용해 추정한 결과, $\hat{\phi}_1$과 $\hat{\theta}_1$이 유의하다고 확인되었다. 조건부 최소제곱법에 의해 추정된 모형은 다음과 같다.

$$(1-0.902B)(1-B)Z_t = (1-0.836B)a_t$$

| 표 9.1 | ARIMA(1,1,1) 모형에 대한 조건부 최소제곱추정 결과

Conditional Least Squares Estimation					
Parameter	Estimate	Standard Error	t Value	Approx Pr 〉|t|	Lag
μ	0.01135	0.0063784	1.78	0.0767	0
ϕ_1	0.90182	0.11898	7.58	〈.0001	1
θ_1	0.83588	0.14934	5.60	〈.0001	1

| 표 9.2 | ARIMA(1,1,1) 모형에 대한 최우추정 결과

Maximum Likelihood Estimation					
Parameter	Estimate	Standard Error	t Value	Approx Pr 〉|t|	Lag
μ	0.01133	0.0062975	1.80	0.0721	0
ϕ_1	0.89798	0.12462	7.21	〈.0001	1
θ_1	0.83238	0.15585	5.34	〈.0001	1

| 표 9.3 | ARIMA(1,1,1) 모형에 대한 비조건부 최소제곱추정 결과

Unconditional Least Squares Estimation					
Parameter	Estimate	Standard Error	t Value	Approx Pr 〉|t|	Lag
μ	0.01131	0.0064277	1.76	0.0800	0
ϕ_1	0.90306	0.11784	7.66	〈.0001	1
θ_1	0.83738	0.14851	5.64	〈.0001	1

예제 9-2

미국의 실업률자료의 모수추정

앞 8.4절의 실제 자료 식별예제 〈예제 8-2〉의 미국실업률자료에 대한 모수추정 결과를 SAS 프로그램을 이용해 확인한 결과가 [표 9.4] ~ [표 9.6]에 나타나 있다. [표 9.4]는 조건부 최소제곱추정법, [표 9.5]는 최우추정법에 대한 모수추정 결과를 나타내고 있고 [표 9.6]은 비조건부 최소제곱법에 대한 모수추정 결과를 나타내고 있다. ARIMA(2,0,0) 모형의 모수 μ, ϕ_1, ϕ_2를 조건부 최소제곱법을 이용해 추정한 결과, 세 모수 모두 유의하다고 확인되었다. 조건부 최소제곱법에 의해 추정된 모형은 다음과 같다.

$$(1-1.124B+0.203B^2)(Z_t-4.397)=a_t$$

|표 9.4| ARIMA(2,0,0) 모형에 대한 조건부 최소제곱추정 결과

Conditional Least Squares Estimation					
Parameter	Estimate	Standard Error	t Value	Approx Pr >|t|	Lag
μ	4.39650	0.44648	9.85	<.0001	0
ϕ_1	1.12365	0.09061	12.40	<.0001	1
ϕ_2	−0.20293	0.09107	−2.23	0.0278	2

|표 9.5| ARIMA(2,0,0) 모형에 대한 최우추정 결과

Maximum Likelihood Estimation					
Parameter	Estimate	Standard Error	t Value	Approx Pr >|t|	Lag
μ	5.06419	0.46591	9.85	<.0001	0
ϕ_1	1.10669	0.08939	12.40	<.0001	1
ϕ_2	−0.21021	0.08986	−2.23	0.0278	2

|표 9.6| ARIMA(2,0,0) 모형에 대한 비조건부 최소제곱추정 결과

Unconditional Least Squares Estimation					
Parameter	Estimate	Standard Error	t Value	Approx Pr >|t|	Lag
μ	5.06320	0.49512	10.23	<.0001	0
ϕ_1	1.11559	0.09008	12.38	<.0001	1
ϕ_2	−0.21345	0.09057	−2.36	0.0201	2

9.5 통계프로그램

1) R

(1) KOSPI 거래량 자료에 대한 식별 예제

우리가 잠정적인 모형으로 선택한 ARIMA(1,1,2) 모형의 추정결과는 [그림 9.1]에 나타나 있다. 계수의 유의확률은 [그림 9.2]에 나타나 있고 계수에 대한 신뢰구간은 [그림 9.3]과 같다. 일반적으로 최우추정량이나 비조건부최소제곱추정량이 다른 추정량보다

상대적으로 더 좋은 것으로 알려져 있으며, 정규분포를 가정할 수 있으면 비조건부최소제곱추정량이 더 정확한 것으로 알려져 있다. 또한 표본의 수가 많으면 이들 추정값은 비슷해진다고 알려져 있다. R로 구한 추정량은 조건부최소제곱추정량을 초깃값으로 지정한 최우추정값으로, [그림 9.2]를 보면 모든 계수의 유의확률이 유의수준 0.05 또는 0.01보다 작으므로 추정된 모형은 다음과 같고, 계수의 신뢰구간은 [그림 9.3]에 나타나 있다.

$$(1-0.84B)(1-B)Z_t = (1-1.2820B+0.2984B^2)a_t$$

Call: arima(x = log(kospi), order = c(1, 1, 2))

Coefficients:

	ar1	ma1	ma2
Coefficients	0.8400	-1.2820	0.2984
s.e	0.0628	0.0985	0.0910

sigma^2 estimated as 0.03313: log likelihood = 69.49, aic = -130.99

Training set error measures:

ME	RMSE	MAE	MPE	MAPE	MASE	ACF1
0.016369	0.1816597	0.138632	0.129145	1.290253	0.8927315	0.001021239

```
fit<-arima(log(kospi), order=c(1,1,2))
summary(fit)
```

|그림 9.1| ARIMA(1,1,2) 모형추정결과

z test of coefficients:

	Estimate	Std. Error	z value	Pr(>|z|)
ar1	0.840017	0.062847	13.3661	< 2.2e-16 ***
ma1	-1.281963	0.098518	-13.0125	< 2.2e-16 ***
ma2	0.298404	0.090979	3.2799	0.001038 **

Signif. codes: 0 '***' 0.001 '**' 0.01 '*' 0.05 '.' 0.1 ' ' 1

```
coeftest(fit)
```

|그림 9.2| ARIMA(1,1,2) 모수 추정 및 검정

	2.5 %	97.5 %
ar1	0.7168399	0.9631941
ma1	−1.4750545	−1.0888713
ma2	0.1200891	0.4767196

```
confint(fit)
```

|그림 9.3| ARIMA(1,1,2) 모수의 신뢰구간

2) SAS

(1) 순상품교역조건지수 자료에 대한 추정 예제

우리가 잠정적인 모형으로 선택한 ARIMA(0,1,1) 모형의 추정결과는 [표 9.7]에 나타나 있다. ARIMA(0,1,1) 모형의 모수 μ , θ_1 을 추정한 결과, $\widehat{\theta_1}$ 이 유의하다고 확인되었다. 추정된 모형은 다음과 같다.

$$(1-B)Z_t = (1+0.465B)a_t$$

|표 9.7| 순상품교역조건지수 자료에 대한 모수 추정 결과

Conditional Least Squares Estimation					
Parameter	Estimate	Standard Error	t Value	Approx Pr >|t|	Lag
μ	−0.00281	0.00203	−1.39	0.1677	0
θ_1	−0.46544	0.06443	−7.22	<.0001	1

```
proc arima data=dltrade;
  identify var=dltrade nlag=24; run;
   estimate q=1; run;
```

연습문제

1. 시계열 $Z_1=0,\ Z_2=-1,\ Z_3=\frac{1}{2}$는 평균이 0인 MA(1) 모형을 따른다.

1) θ의 조건부최소제곱추정량이 $\frac{1}{2}$임을 보이시오.

2) 오차항의 분산 σ_a^2의 추정값을 구하시오.

2. 100개의 관찰된 시계열로부터 표본평균, 표본분산, 그리고 SACF를 계산결과 다음과 같았다.

$$\overline{X}=2,\ S^2=5,\ \hat{\rho}_1=0.7,\ \hat{\rho}_2=0.6,\ \hat{\rho}_3=0.5$$

만일 이 시계열을 다음과 같은 AR(2) 모형으로 식별하였을 때 모수 $\delta,\ \phi_1,\ \phi_2$의 적률추정값을 구하시오.

$$Z_t=\delta+\phi Z_{t-1}+\phi_2 Z_{t-2}+a_t$$

3. 다음과 같은 AR(1) 모형을 생각하자.

$$(1-\phi B)(Z_t-\mu)=a_t$$

1) $\mu=0$일 때 ϕ의 최우추정량과 그 분산을 구하시오.

2) $\mu\neq 0$일 때 $\phi,\ \mu$의 최우추정량을 구하시오.

4. 다음의 시계열자료가 $(1-\phi B)Z_t=(1-\theta B)a_t$로 식별되었다고 하자. $\phi=0.4,\ \theta=0.8$일 때 비조건부제곱합을 구하시오.

t	1	2	3	4	5	6	7	8	9	10	11	12
Z_t	−3.1	−0.8	1.2	0.6	2.8	−0.9	0.3	−1.4	−2.5	−1.1	0.9	1.4

5. 8장의 연습문제 5, 6, 7 자료에 대하여 SAS를 이용하여 식별된 모형의 모수를 추정하시오.

10장

모형진단

일단 ARIMA 모형의 계수에 대한 정밀한 추정값을 얻은 후, 우리가 가지고 있는 자료가 그 모형에 잘 적합되었는지를 알아보는 모형진단의 단계를 거쳐야 한다.

이 단계에서는 추정된 모형이 통계적으로 적합한가의 여부를 결정한다. 모형진단 단계는 식별단계와 연관되어 있다. 모형진단에서 모형이 부적합하다고 판명되면 우리는 다른 모형을 선택하기 위하여 식별단계로 되돌아간다. ARIMA 모형의 통계적 적합성을 진단하는 가장 중요한 검정은 잔차들이 독립이라는 가정에 대한 검정이다. 이 장에서는 먼저 이 가정을 만족하느냐의 여부를 검정하기 위하여 잔차의 자기상관함수(ACF)에 관하여 논의한 다음 여러 가지 모형진단기법들에 관하여 고찰해 보기로 한다.

10.1 잔차의 독립성에 대한 검토

관찰값들의 실제값과 적합된 모형으로부터 얻어진 적합된 값(fitted value)과의 차이를 잔차(residuals)라고 한다. 잔차를 수식으로 표현하면 $\hat{a}_t = Z_t - \hat{Z}_t,\ t = 1, 2, \cdots, n$가 된다. 통계적으로 적합한 모형은 잔차들이 서로 독립인데, 이 말은 잔차가 서로 자기상관관계에 있지 않다는 사실을 의미한다. 실제로 백색잡음 a_t를 관찰할 수 없으므로 추정된 백색잡음인 $\hat{a}_t$를 관찰한다. 모형진단단계에서는 잔차들의 독립성에 관한 가설을 검정하기 위하여 추정된 모형으로부터 얻어진 관찰된 잔차에 대한 분석을 실시한다.

백색잡음은 우리가 모형구축을 하는 변수인 Z_t의 요소이다. 그러므로 만약 백색잡음이 서로 연속적이고 상관관계가 있으면 모형의 AR이나 MA 부분에 의하여 설명되지 않는 Z_t 상에 자기상관관계가 존재하게 된다. ARIMA 모형구축의 전반적인 아이디어는 Z_t에 포함된 모든 형태의 자기상관관계를 AR이나 MA 부분을 이용하여 가장 간결한 모형을 구축하는 것이다. 만약 잔차가 자기상관관계가 있으면, 이는 백색잡음이 아니므로 독립성 가설에 부합하는 잔차를 가진 다른 모형을 찾아야만 한다. 잔차가 자기상관관계가 있을 때는 추정된 ARIMA 모형을 어떻게 재형성할 것인가를 고려해야 한다. 이것은 초기의 추정된 자기상관함수와 편자기상관함수를 재검토해야 한다는 사실을 의미한다.

10.1.1 잔차 자기상관함수(ACF)

모형진단단계의 가장 기본적인 분석도구는 잔차의 자기상관함수(ACF)이다. 잔차의 ACF는 근본적으로 다른 추정된 ACF와 동일하다. 유일한 차이점이라면 자기상관계수를 계산하기 위하여 실현값의 관찰값인 Z_t를 사용하는 대신에 추정된 모형에서의 잔차인 $\hat{a}_t$를 사용한다는 점이다. 잔차들의 ACF는 앞 장에서 정의한 바와 같이 다음과 같이 주어진다.

$$r_k(\hat{a}_t) = \frac{\sum_{t=1}^{n-k}(\hat{a}_t - \bar{a})(\widehat{a_{t+k}} - \bar{a})}{\sum_{t=1}^{n}(\hat{a}_t - \bar{a})^2} \tag{10.1.1}$$

만약 추정된 모형이 적당하다면 백색잡음 a_t는 서로 상관관계가 없어야 한다. 백색잡음이 서로 상관되어 있지 않으면 추정된 잔차 $\hat{a}_t$ 역시 상관관계가 없다. 그러므로 적합하게 식별된 ARIMA 모형의 잔차의 ACF는 이상적으로 모두 통계적으로 0인 자기상관계수를 가질 것이다. 그러나 잔차는 추정된 ARIMA 계수를 사용하여 추정값을 사용하므로 설사 우리가 좋은 모형을 찾았다고 할지라도 표준오차에 기인한 0이 아닌 잔차의 ACF가 있을 수 있을 것이다.

10.1.2 *t* 검정

잔차의 ACF가 유의적으로 0과 다른가를 검정하기 위하여 t 검정을 실시한다. 이 t 검정을 실시하기 위한 잔차의 자기상관계수의 표준오차는 다음과 같다.

$$S[r_k(\hat{a}_t)] = \sqrt{1 + 2\sum_{j=1}^{k-j} r_j(\hat{a}_t)^2}\ \sqrt{\frac{1}{n}} \tag{10.1.2}$$

잔차 ACF의 추정된 표준오차를 계산한 다음 우리는 각 잔차 ACF에 대하여 다음과 같은 귀무가설 $H_0 : \rho_k(a) = 0$을 검정할 수 있다. 현실에서 우리는 ρ와 a값을 관찰할 수 없기 때문에 $\rho_k(a)$ 대신에 추정값인 $r_k(\hat{a})$를 사용한다. 얼마나 많은 ACF가 통계적으로 0과 다르냐를 검정하기 위해 우리는 일반적으로 t 값을 계산하여야 한다.

$$t = \frac{r_k(\hat{a}) - 0}{S[r_k(\hat{a})]} \tag{10.1.3}$$

일반적으로 잔차 ACF의 t 절댓값이 시차 1, 2, 3에서 대략 1.25보다 작고 4 이상의 시차에서 1.6보다 작으면 백색잡음은 독립이라고 알려져 있다. 물론 이 결론은 틀릴 수도 있으며 표본의 정보에 근거한 모든 결정은 이와 같은 위험을 항상 내포하고 있다. 만약 잔차 ACF가 위에 제시한 기준값보다 큰 경우에는 우리는 잠정적으로 귀무가설을 기각하고 추정된 모형은 부적합할 수도 있을 것이라는 결론을 내린다. 그 다음 새로운 모형을 잠정적으로 식별하고 추정하여 이 결론이 정당한가를 검토하여야 할 것이다.

불행하게도 잔차 ACF의 표준오차를 계산하기 위하여 사용한 Bartlett 공식 (10.1.2)는 때때로 표준오차의 크기를 과대평가하는 경우가 있다. 이 심각한 문제는 특히 짧은 시차인 1, 2, 3에서 가장 흔히 나타난다. 만약 표준오차가 과대평가되면 이 과대평가된 표준오차의 t 값을 계산하는 대다수의 컴퓨터 프로그램은 이 Bartlett 공식을 사용하고 있으므로 t 값, 특히 짧은 시차에서의 t 값에 대해서는 특별한 주의를 기울여야 한다. 그래야만 우리가 제시한 기준이 일반적인 t 값의 기준인 2임에도 불구하고 왜 시차 1, 2, 3에서는 1.25이고 나머지에서는 1.6인가를 이해할 수 있을 것이다.

10.1.3 포트맨토 검정

잔차의 독립성을 검정하기 위해서는 먼저 모형의 식별과 추정이 올바르게 되어야 한다. 그러나 일반적으로 ARMA 모형의 경우 식별과 추정이 간단하지 않을 때가 많으므로 잔차의 독립성을 검정하는 보다 통계적이고 과학적인 방법이 필요하다. Box와 Pierce(1970)는 잔차들의 독립성을 검정하는 모수적인 방법으로 다음과 같은 포트맨토 검정통계량(Portmanteau statistic)을 제시하였다. 다음과 같은 일련의 귀무가설을 검정한다.

$$H_0 : \rho_1 = \rho_2 = ... = \rho_K = 0$$

즉, H_0 : '모형이 적합하다.'라는 가설을 검정한다.

제안된 포트맨토 검정통계량은 다음과 같다.

$$Q = n \sum_{k=1}^{K} r_k^2 \qquad (10.1.4)$$

여기서 r_k는 시차 k인 백색잡음의 SACF로서

$$r_k = \frac{\sum_{t=1}^{n} \hat{a}_t \widehat{a_{t-k}}}{\sum_{t=1}^{n} \hat{a}_t^2}$$

이며, 이 Q 통계량은 $(K-p-q)$를 자유도로 갖는 χ^2 분포를 따른다고 주장하였다. 그러나 이 통계량은 그 후 많은 학자들에 의해 n이 작을 때 χ^2 분포를 잘 따르지 않는 등 여러 가지 문제가 있음이 밝혀졌다. 이에 Ljung과 Box(1978)는 수정된 포트맨토 검정통계량(Modified portmanteau statistic)을 다음과 같이 제안하였고 SAS 등 대부분의 통계패키지는 수정된 포트맨토 검정을 채택하고 있다.

$$Q^* = n(n+2)\sum_{k=1}^{K} \frac{r_k^2}{n-k} \qquad (10.1.5)$$

이 수정된 포트맨토 검정통계량 Q^*는 일반 ARMA(p,q) 모형에 대하여 좋은 모형진단을 내려주며 Q^* 통계량은 $(K-p-q)$를 자유도로 가지는 χ^2 분포에 잘 따르는 것이 증명되었다. 따라서 Q^*값이 χ^2 분포표에 나타난 기준값과 비교하여 크다면 잔차의 ACF는 유의적으로 0과 다르며 추정된 모형의 백색잡음은 자기상관관계가 있고 우리는 모형을 재검토하고 새로운 모형을 고려해야 한다.

10.2 다른 모형진단방법

t 검정과 카이제곱검정을 이용한 잔차에 대한 분석이 모형진단단계에서 가장 보편적으로 이용되는 기법이다. 여기서는 이 기법에 추가하여 모형의 진단에 이용되는 몇 가지 다른 기법을 언급하기로 한다.

첫 번째 기법은 잔차그림(residual plot)이다. 적합한 모형에서 산출된 잔차는 원래의 실현값(realization)을 그래프로 표시한 것과 마찬가지의 시계열 형태를 나타낸다. 잔차그림에 대한 시각적 분석은 때때로 모형의 적합성에서의 문제점을 발견하는 데 매우 유익하다. 예를 들어 잔차는 시간의 경과에 따른 분산의 변동을 보여 주며, 이때 원래 데이터의 그래프보다는 잔차의 그래프를 통하여 더 잘 발견할 수 있다. 원래의 실현값은 잔차 추정단계에서 식별될 어떤 유형의 패턴을 내포하고 있고, 이 패턴 때문에 분산의 변동을 쉽게 육안으로 식별해 내기가 어렵다. 그러므로 이 잔차그림에 대한 시각적 분석을 통하여 분산이 시간의 경과에 따라 체계적으로 변하고 있는지의 여부를 더 쉽고 분명히 알 수 있다.

잔차그림은 또한 데이터의 오류 혹은 시계열에 영향을 미치는 예외적 사건의 존재 여부를 감지하는 데도 유익하다. 물론 몇몇 잔차는 확률적으로 크다고 기대할 수도 있지만 이 잔차는 데이터의 기록상의 오류 혹은 확실한 돌발적 사건에 의한 경우를 나타낼 수도 있을 것이다. 그러므로 잔차에 대한 섬세한 조사는 보다 정확한 모형의 구축이나 시계열상의 변동을 야기하는 사항의 파악에 도움을 줄 수 있다.

두 번째는 과다적합(overfitting) 분석이다. 이 분석은 모수절약의 원칙을 위배하여 계수 하나를 일정한 규칙이나 임의적으로 부가하여 그 결과가 더 적합한가의 여부를 분석하는 것이다. 과다적합화는 초기에 추정된 ACF와 PACF가 명확하지 못할 경우에 유용하다. 예를 들면 추정된 ACF가 0으로 수렴하고 PACF에서는 시차 1에서 유의한 돌출이 존재하는 경우, 우리는 AR(1)을 잠정적 모형으로 선택할 것이다. 그러나 AR(1) 모형의 ACF에서처럼 시차 2에 t 값이 1.75인 또 하나의 돌출이 존재한다면 비록 이 돌출은 확실히 통계적으로 유의하지는 않지만 어느 정도는 크다고 할 수 있다. 그러므로 AR(2) 모형의 가능성도 완전히 배제할 수는 없을 것이다. 모수절약의 원칙에 의거하여 AR(1) 모형을 잠정적으로 선택은 하였으나 과다적합화 전략에 따라 AR(2) 모형의 적합여부에 대한 명확한 해답도 필요하다.

10.3 모형의 재형성

위에서 논의한 모형진단방법을 통하여 잔차 ACF의 t 값이 경고 범위를 넘어서는 경우 혹은 잔차 ACF에 대한 카이제곱통계량이 너무 큰 경우에 우리는 모형이 통계적으로 부적합하리라는 잠정적인 결론을 내릴 것이다. 이런 경우가 발생하면 우리는 Box-Jenkins 방법에 의거하여 다시 식별단계로 환원하여 새로운 잠정적인 모형을 선택하여야 한다. 물론 더 나은 모형을 선택하리라는 보장은 없다. 왜냐하면 원래 모형에서의 잔차 ACF가 표준오차에 의하여 커질 수 있기 때문이다. 분명히 부적합한 모형을 재형성하는 한 가지 방법은 원래 실현값에서 계산하여 추정된 ACF와 PACF를 재검토하는 것이다. 이 추정값들은 실현값에 근거하고 있기 때문에 데이터를 산출한 과정에 대한 명확한 증거를 제시할 수 없다. 예를 들면, 추정된 ACF와 PACF는 0으로 쇠퇴한다거나 0으로 절단한다는 두 가지 해석이 가능한 패턴을 가질 수 있고, 이 두 가지 해석은 AR 모형 혹은 MA 모형으로 식별될 수 있다. 원래의 ACF와 PACF를 재검토해

봄으로써 초기에는 분명하지 않게 보였던 대체적인 모형을 식별해 낼 수 있을 것이다.

모형을 재형성하는 또 다른 방법은 잔차 ACF에서 실마리를 찾는 것이다. 예를 들면, 추정된 ACF와 PACF를 검토한 결과 ACF가 0으로 급격히 수렴하여 AR(1)을 최초의 모형으로 선택하였다고 하자.

$$(1-\phi_1 B)Z_t = b_t \tag{10.3.1}$$

여기서 b_t는 자기상관관계가 있는 잔차를 나타낸다. b_t에 대한 잔차분석결과, 잔차 ACF는 시차 1에 유의한 돌출이 있었다고 가정한다면 이 잔차는 MA(1) 모형을 형성할 것이다.

$$b_t = (1-\theta_1 B)a_t \tag{10.3.2}$$

여기서 a_t는 자기상관관계가 없는 잔차이다. 식 (10.3.2)를 식 (10.3.1)에 대입하면 그 결과는 원래의 시계열 Z_t에 대한 ARMA(1,1) 모형을 형성할 수 있을 것이다.

$$(1-\phi_1 B)Z_t = (1-\theta_1 B)a_t \tag{10.3.3}$$

10.4 모형진단 예제

예제 10-1

한국의 월별 종합주가지수자료의 모형진단

한국 월별종합주가지수 자료에 대해 잠정적으로 식별한 ARIMA(1,1,0) 모형에 대한 검진 결과는 [그림 10.1], [표 10.1]과 같다. 잔차의 ACF와 PACF 모두 모든 시차에서 작은 값을 가지므로 독립성을 만족한다고 할 수 있다. 또한 포트맨토 검정에 대한 유의확률도 모두 0.05보다 큰 것을 확인할 수 있다. 모든 시차에서 귀무가설 $H_0 : \rho(k) = 0, k \geq 1$을 기각할 수 없으므로 잔차의 자기상관성이 없다고 할 수 있다. 따라서 ARIMA(1,1,0) 모형을 최종모형으로 선택한다.

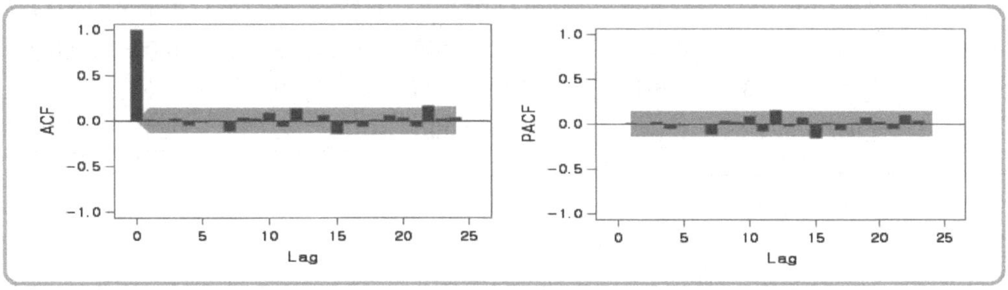

그림 10.1 ARIMA(1,1,0) 모형에 대한 잔차의 ACF와 PACF

|표 10.1| ARIMA(1,1,0) 모형에 대한 잔차의 독립성 검정 – 포트맨토 검정 결과

Autocorrelation Check of Residuals									
To Lag	Chi-Square	DF	Pr >ChiSq	Autocorrelations					
6	0.81	4	0.9336	0.020	0.005	0.021	−0.051	−0.012	−0.003
12	11.84	10	0.2961	−0.117	0.034	0.029	0.090	−0.060	0.144
18	18.63	16	0.2881	−0.009	0.070	−0.136	−0.030	−0.066	0.013
24	28.16	22	0.1705	0.066	0.045	−0.062	0.165	0.023	0.036

예제 10-2

미국의 실업률 자료의 모형진단

[그림 10.2]는 미국의 실업률 자료를 AR(2) 모형으로 적합한 후, 잔차의 ACF, PACF와 수정된 포트맨토 검정 결과가 [그림 10.2]와 [표 10.2]에 각각 나타나 있다. 잔차의 ACF, PACF가 모든 시차에서 작은 값을 가지고 또한 시차 $k = 6, 12, 18, 24$에서 모두 유의확률이 매우 크므로 이 자료는 AR(2) 모형이 적절하다고 판단된다.

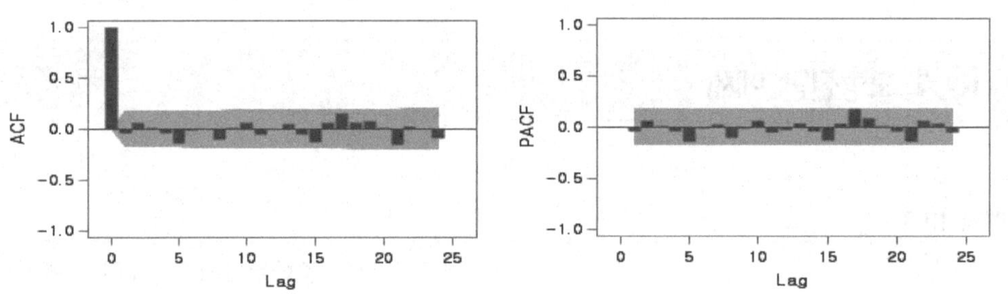

|그림 10.2| ARIMA(2,0,0) 모형에 대한 잔차의 ACF와 PACF

|표 10.2| ARIMA(2,0,0) 모형에 대한 잔차의 독립성 검정 – 포트맨토 검정 결과

Autocorrelation Check of Residuals									
To Lag	Chi-Square	DF	Pr >ChiSq	Autocorrelations					
6	2.97	4	0.5623	−0.019	0.082	0.027	−0.020	−0.123	0.003
12	5.33	10	0.8682	0.012	−0.095	0.018	0.081	−0.038	0.014
18	12.83	16	0.6853	0.067	−0.036	−0.112	0.073	0.157	0.068
24	17.967	22	0.7075	0.081	0.019	−0.144	0.039	0.012	−0.072

10.5 통계프로그램

1) R

(1) KOSPI 거래량 자료에 대한 검진 예제

잠정적으로 추정한 ARIMA(1,1,2) 모형에 대한 검진 결과는 [그림 10.3]과 같다. 잔차의 시계열그림을 보면 0을 기준으로 분포하고 있고, 어떠한 특이한 패턴을 보이지 않으므로 $i.i.d.$ 가정을 충족하는 것으로 보인다. 잔차의 ACF도 1 이상의 시차에서 모두 작은 값을 가지므로 독립성을 만족한다고 할 수 있다. 또한 수정된 포트맨토 검정에 대한 유의확률도 모두 0.05보다 큰 것을 확인할 수 있다. 따라서 모든 시차에서 귀무가설 $H_0 : \rho(k) = 0, k \geq 1$을 기각할 수 없으므로 잔차의 자기상관성이 없다고 할 수 있다. 따라서 ARIMA(1,1,2) 모형을 최종모형으로 선택한다.

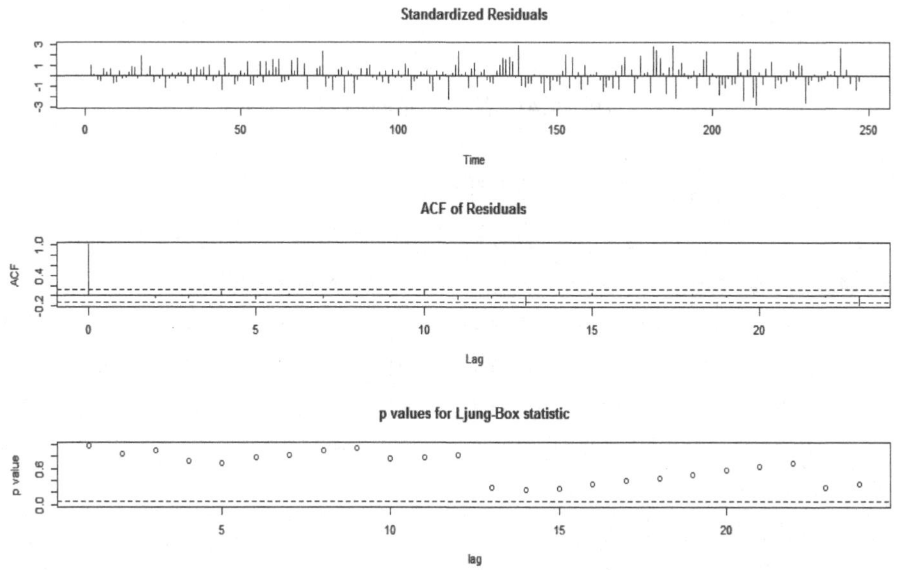


```
tsdiag(fit, gof.lag=24)
```

그림 10.3 ARIMA(1,1,2) 검진 결과

2) SAS

(1) 순상품교역조건지수 자료에 대한 진단 예제

잠정적으로 추정한 ARIMA(0,1,1) 모형에 대한 검진 결과는 [그림 10.4]와 [표 10.3]과 같다. 잔차의 ACF, PACF 모두 모든 시차에서 작은 값을 가지므로 독립성을 만족한다고 할 수 있다. 또한 포트맨토 검정에 대한 유의확률도 모두 0.05보다 큰 것을 확인할 수 있다. 모든 시차에서 귀무가설 $H_0 : \rho(k) = 0, k \geq 1$을 기각할 수 없으므로 잔차의 자기상관성이 없다고 할 수 있다. 따라서 ARIMA(0,1,1) 모형을 최종모형으로 선택한다.

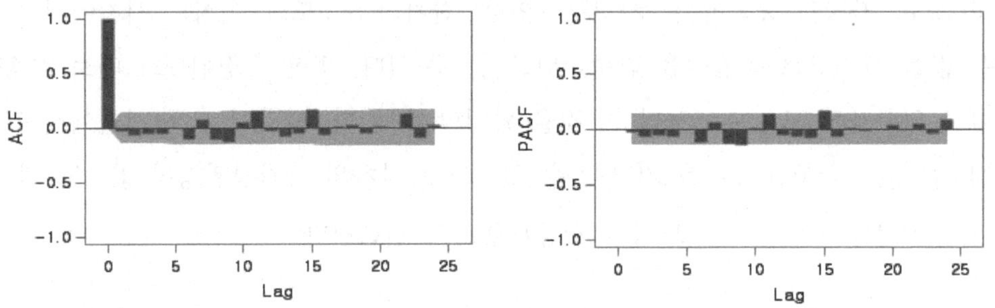


```
proc arima data=dltrade;
  identify var=dltrade nlag=24; run;
  estimate q=2; run;
```

그림 10.4 잔차의 ACF와 PACF

표 10.3 잔차의 독립성검정 - 포트맨토 검정 결과

Autocorrelation Check of Residuals									
To Lag	Chi-Square	DF	Pr >ChiSq	Autocorrelations					
6	3.44	4	0.4869	0.002	-0.005	-0.072	-0.048	-0.003	-0.100
12	14.68	10	0.1443	0.063	-0.117	-0.111	0.037	0.153	-0.024
18	22.38	16	0.1314	-0.064	-0.054	0.160	-0.056	0.024	0.024
24	28.50	22	0.1597	-0.053	0.025	-0.006	0.134	-0.072	0.038

```
proc arima data=dltrade;
  identify var=dltrade nlag=24; run;
   estimate q=1; run;
```

연습문제

1. 관찰된 시계열이 다음과 같은 MA(1) 모형으로 적합되었다고 하자.

$$Z_t = a_t + 0.4a_{t-1}$$

이로부터 잔차의 SACF 및 SPACF를 계산한 결과는 다음과 같다.

시차	1	2	3	4	5	6
SACF	0.799	0.412	0.025	−0.228	−0.316	−0.287
SPACF	0.799	−0.625	−0.044	0.038	−0.020	−0.077

주어진 시계열이 MA(1) 모형에 적합하다고 할 수 있는가?

2. 100개의 관찰된 시계열자료를 AR(2) 모형으로 추정한 결과, $\hat{\phi}_1 = 1.1$, $\hat{\phi}_2 = -0.8$을 얻었고, 잔차의 SACF는 다음과 같았다.

$$\hat{\rho}_1 = 0.13, \quad \hat{\rho}_2 = 0.13, \quad \hat{\rho}_3 = 0.12$$

이로부터 AR(2) 모형이 적합하다고 할 수 있는가?

3. MA(2) 모형을 ARMA(1,1) 모형에 적합시켰을 때, 모수의 중복현상을 설명하시오.

4. 9장의 연습문제 5, 6, 7 자료에 대하여 잔차검정을 하시오.

11장

시계열예측

시계열모형을 수립하는 중요한 목적 중의 하나는 미래시점의 시계열값을 예측할 수 있도록 하는 것이다. 또한 이 예측값들이 얼마나 정확한가를 확인하는 것도 중요하다. 이 장에서는 예측에 대한 문제들을 고려하고 결정적인 추세모형과 ARIMA 모형에 대한 예측에 대하여 설명한다.

이 장의 시계열예측에서는 주어진 모형이 모든 모수에 대해 정확하게 알려져 있다고 가정한다. 이것이 실제적으로는 사실이 아니라 할지라도 표본의 크기가 큰 경우에는 모수 대신 추정값을 사용해도 예측에 심각하게 영향을 미치지는 않는다. 따라서 우리는 모수값이 알려져 있다고 가정하고 예측에 대하여 설명한다. 실제로 시계열을 예측할 때는 9장에서 얻은 모수의 추정값을 사용하여 예측값을 구하면 된다.

11.1 최소평균제곱오차 예측

11.1.1 조건부기댓값

X와 Y의 결합확률밀도함수가 $f(x, y)$이고 X의 주변확률밀도함수가 $f(x)$라면 $X=x$가 주어졌을 때 Y의 조건부확률밀도함수는 다음과 같다.

$$f(y \mid X=x) = \frac{f(x, y)}{f(x)}$$

$X=x$가 주어졌을 때 Y의 조건부기댓값은 $E(Y \mid X=x) = \int_{-\infty}^{\infty} y f(y \mid x) dy$와 같다. 이는 조건부분포의 평균이고 이 조건부기댓값은 일반적인 평균과 기댓값의 성질 모두를 가진다. 예를 들면

$$E(aY+bZ \mid X=x) = aE(Y \mid X=x) + bE(Z \mid X=x) \quad (11.1.1)$$

이고,

$$E[h(Y) \mid X=x] = \int_{-\infty}^{\infty} h(y) f(y \mid x)\, dy \quad (11.1.2)$$

이다. 다음과 같은 조건부기댓값은 특별한 성질을 갖는다.

$$E[h(X) \mid X=x] = h(x) \quad (11.1.3)$$

$X=x$가 주어졌을 때, 확률변수 $h(X)$는 상수처럼 취급할 수 있다. 즉, 확률변수 $h(X)$의 조건부기댓값은 다음과 같이 일반화시킬 수 있다.

$$E[h(x) \mid X=x] = E[h(x,Y) \mid X=x] \tag{11.1.4}$$

$E[Y \mid X=x] = g(x)$라고 한다면 $g(X)$는 확률변수이고, 따라서 그 기댓값 $E[g(X)]$를 다음과 같이 고려할 수 있다.

$$E[g(X)] = E(Y)$$

이는 다음과 같이 표현할 수도 있다.

$$E[E(Y \mid X)] = E(Y) \tag{11.1.5}$$

만약 Y가 X에 대해 독립이라면 다음 식을 만족하게 된다.

$$E(Y \mid X) = E(Y) \tag{11.1.6}$$

11.1.2 최소평균제곱오차 예측의 이론적 배경

확률변수 Y가 평균 μ_Y와 분산 σ_Y^2을 가진다고 가정하자. 우리의 목표가 상수 c를 이용해서 Y를 예측하는 것이라면 c는 어떻게 찾을 것인가? 먼저 가장 정확한 예측값을 찾아야 한다. 보편적인 기준은 예측의 평균제곱오차를 최소화하는 c를 선택하는 것이다. 즉,

$$g(c) = E(Y-c)^2$$

을 최소화하는 것이다.

위의 식 $g(c)$를 전개하면 다음과 같다.

$$g(c) = E(Y^2) - 2cE(Y) + c^2$$

$g(c)$는 c의 이차형식이면서 아래로 볼록인 모양이므로 $g'(c)=0$에서 최솟값을 갖게 된다.

$$g'(c) = -2E(Y) + 2c = 0$$

따라서 최적의 c는 다음과 같다.

$$c = E(Y) = \mu_Y \tag{11.1.7}$$

한편 그에 따른 분산은 다음과 같이 구해진다.

$$\min\ g(c) = E(Y - \mu_Y)^2 = \sigma_Y^2 \tag{11.1.8}$$

이다.

이번에는 확률변수 X를 이용하여 Y를 예측하는 문제를 고려하자. 여기서 X와 Y의 상관계수를 $\rho = corr(X, Y)$로 놓자.

우선 간단하게 하기 위해서 선형함수 $a + bX$를 예측에 사용할 수 있다고 가정하자. 그러면 평균제곱오차는 다음과 같이 주어진다.

$$g(a,b) = E(Y - a - bX)^2$$

다시 $g(a,b)$를 전개하면 다음과 같다.

$$g(a,b) = E(Y^2) + a^2 + b^2E(X^2) - 2aE(Y) + 2abE(X) - 2bE(XY)$$

이것은 또한 a와 b의 이차식이고 아래로 볼록인 형태이다. 따라서 선형식 $\frac{\partial g(a,b)}{\partial a} = 0$, $\frac{\partial g(a,b)}{\partial b} = 0$를 계산하여 최솟값을 찾을 수 있다. 즉,

$$\frac{\partial g(a,b)}{\partial a} = 2a\,2E(Y) + 2bE(X) = 0,$$

$$\frac{\partial g(a,b)}{\partial b} = 2b\,E(X^2) + 2aE(X) + 2E(XY) = 0$$

위 식들을 다시 쓰면 $a + bE(X) = E(Y)$, $aE(X) + bE(X^2) = E(XY)$이다.

첫 번째 식에 $E(X)$를 곱해서 두 번째 식을 빼면 다음과 같이 정리할 수 있다.

$$b = \frac{E(XY) - E(X)E(Y)}{E(X^2) - E(X)^2}$$

또는

$$b = \frac{Cov(X, Y)}{Var(X)}$$

이다. 따라서

$$b = corr(X,Y)\,[\frac{VAR(Y)}{VAR(X)}]^{\frac{1}{2}} \qquad (11.1.9)$$

$$= \rho\frac{\sigma_Y}{\sigma_X}$$

이다. 그러므로 a는 다음과 같이 구할 수 있다.

$$a = E(Y) - bE(X) \qquad (11.1.10)$$

$$= \mu_X - \rho\frac{\sigma_Y}{\sigma_X}\cdot\mu_X$$

$\hat{Y}$를 X의 선형함수에 기초한 Y의 최소평균제곱오차의 예측값이라고 하면, 다음과 같이 정리할 수 있다.

$$\hat{Y} = \mu_Y - \rho\frac{\sigma_Y}{\sigma_X}\cdot\mu_Y + \rho\frac{\sigma_Y}{\sigma_X}\cdot X$$

이것을 다시 정리하면

$$\frac{\hat{Y}-\mu_Y}{\sigma_Y} = \rho\frac{X-\mu_X}{\sigma_X} \qquad (11.1.11)$$

이다. 위의 식을 표준화된 확률변수 Y'과 X'의 형태로 간단히 표기하면 다음과 같다.

$$Y' = \rho X' \qquad (11.1.12)$$

식 (11.1.9)와 식 (11.1.10)을 이용하면 다음과 같이 정리할 수 있다.

$$\min g(a,b) = E[Y - \mu_Y + \rho(\frac{\sigma_Y}{\sigma_X})\mu_X - \rho(\frac{\sigma_Y}{\sigma_X})\mu_Y]^2 \qquad (11.1.13)$$

$$= \sigma_Y^2 E[\frac{Y-\mu_Y}{\sigma_Y} - \rho\frac{X-\mu_X}{\sigma_X}]^2$$

$$= \sigma_Y^2[Var(Y') + \rho^2 Var(X') - 2\rho Cov(Y', X')]$$

$$= \sigma_Y^2(1 + \rho^2 - 2\rho\cdot\rho)$$

$$= \sigma_Y^2(1-\rho^2)$$

(왼쪽 항은 항상 음수가 아니기 때문에 식 (11.1.13)은 $-1 \le \rho \le 1$로 증명된다.)

식 (11.1.8)과 식 (11.1.13)을 비교한다면 Y를 예측하기 위해 X의 선형함수를 사용할 때 얻은 최소평균제곱오차는 무시된 X와 예측을 위해 간단하게 사용하는 상수 μ_Y를 얻은 것과 비교한 $(1-\rho^2)$의 요인에 의해 감소한다는 것을 안다.

임의의 함수 X를 가진 Y를 예측하는 좀 더 일반적인 문제를 고려해 보자. 또 다시 기준은 예측의 평균제곱오차를 최소화하는 것이다.

우리는 함수 $h(X)$를 선택하고자 한다. 즉,

$$E(Y-h(X))^2 \tag{11.1.14}$$

를 최소화하는 함수이다.

식 (11.1.5)를 이용해서 식 (11.1.14)는 다음과 같이 정리할 수 있다.

$$E[Y-h(X)]^2 = E\left[E\{[Y-h(X)]^2 \mid X\}\right] \tag{11.1.15}$$

이중기댓값 식 (11.1.5)를 이용해서 다음과 같이 정리할 수 있다.

$$E\{[Y-h(X)]^2 \mid X=x\} = E\{[Y-h(x)]^2 \mid X=x\} \tag{11.1.16}$$

x의 각각의 값에 대해 $h(x)$는 상수이고, $X=x$로 주어진 Y의 조건부분포에서 식 (11.1.7)의 결과를 적용할 수 있다. 따라서 각각의 x에 대해 $h(x)$의 최선의 선택은 $h(x)=E(Y \mid X=x)$이다. $h(x)$의 이러한 선택은 식 (11.1.15)에서 이중기댓값을 최소화한다. 이것은 또한 식 (11.1.14)의 전체 최솟값이다.

$$h(x) = E(Y \mid X) \tag{11.1.17}$$

위의 식은 X의 모든 함수에 대해서 Y의 가장 좋은 예측값이다. 만약 X와 Y가 이변량 정규분포라면 조건부기댓값의 성질에 의해 다음과 같은 방정식이 성립한다.

$$E(Y \mid X) = \mu_Y + \rho\frac{\sigma_Y}{\sigma_X}(X-\mu_X)$$

따라서 식 (11.1.17)과 식 (11.1.11)의 답은 일치한다.

좀 더 일반적으로, Y가 몇 개의 변수 $X_1, X_2, \cdots, X_n$의 함수에 기초하여 예측한다면 가장 좋은 예측값은 다음과 같은 조건부기댓값의 형태로 나타낼 수 있다. 이후 시계열에서 예측이라고 함은 이와 같은 조건부기댓값을 의미하는 것이다.

$$E(Y \mid X_1, X_2, \cdots, X_n) \tag{11.1.18}$$

11.1.3 시계열에의 적용

t 시점까지 사용 가능한 이전 값 $Z_t, Z_{t-1}, \cdots, Z_1$을 기반으로 하여, 미래 l 시점 이후의 Z_{t+l} 값을 예측하고자 한다. 여기서 시점 t를 예측의 원시점(origin)이라고 하고 l을 예측에 대한 미래시차(leading time)라고 한다.

최소평균제곱오차 예측값(minimum mean square error forecast)을 $\hat{Z}_t(l)$로 표시하면 다음과 같이 주어진다. 즉, $Z_1, Z_2, \cdots, Z_t$의 값을 가지고 l 시점 이후의 값 Z_{t+l}을 예측할 때 예측값과 실젯값의 평균제곱오차가 최소가 되는 것은 다음과 같은 조건부기댓값을 예측값으로 취할 때이다.

$$\hat{Z}_t(l) = E(Z_{t+l} \mid Z_t, Z_{t-1}, \cdots, Z_1) \tag{11.1.19}$$

11.2 결정적인 추세가 있는 모형의 예측

다음과 같은 결정적인 추세모형을 고려하자. 이 모형은 시계열 X_t에 추세 μ_t가 포함된 시계열모형이다.

$$Z_t = \mu_t + X_t \tag{11.2.1}$$

여기서 확률적 요소 X_t는 평균 0을 가진다. 즉, $E(X_t) = 0$이다. 이 절에서 $\{X_t\}$는 사실 분산 γ_0를 가진 백색잡음으로 가정한다.

그러면 예측값 $\hat{Z}_t(l)$는 조건부기댓값의 성질로부터 식 (11.2.1)의 모형에 대하여 다음의 결과를 얻는다.

$$\begin{aligned}\hat{Z}_t(l) &= E(\mu_{t+l} + X_{t+l} \mid Z_t, Z_{t-1}, \cdots, Z_1) \\ &= E(\mu_{t+l} \mid Z_t, Z_{t-1}, \cdots, Z_1) + E(X_{t+l} \mid Z_t, Z_{t-1}, \cdots, Z_1) \\ &= \mu_{t+l} + E(X_{t+l})\end{aligned}$$

또는

$$\hat{Z}_t(l) = \mu_{t+l}, \quad l \geq 1 \tag{11.2.2}$$

이다.

식 (11.2.2)와 같이 되는 이유는 $l \geq 1$에 대하여 X_{t+l}이 $Z_t, Z_{t-1}, \cdots, Z_1$과 독립이기 때문이다. 그러므로 단순모형인 경우 예측은 결정적인 추세를 탐색하기 위한 값이다.

예를 들어 추세가 선형인 경우, 즉 $\mu_t = \beta_0 + \beta_1 t$의 경우 예측은 다음과 같이 얻어진다.

$$\hat{Z}_t(l) = \beta_0 + \beta_1(t+l)$$

결정적인 추세가 있는 시계열모형은 미래에 대하여 동일한 선형추세를 가정하고, 예측은 이 가정을 반영한다. Z_{t+l}과 $Z_t, Z_{t-1}, \cdots, Z_1$의 통계적인 독립성의 결여는 예측에서 μ_{t+l}을 향상시키기 어렵게 만든다. $\mu_t = \mu_{t+12}$인 계절성이 있는 경우에 예측은 $\hat{Z}_t(l) = \mu_{t+l} = \mu_{t+12+l} = \hat{Z}_t(l+12)$가 된다. 그러므로 예측은 원하는 바대로 주기적이 된다.

한편 예측오차 $a_t(l)$은 다음과 같이 주어진다.

$$\begin{aligned} a_t(l) &= Z_{t+l} - \hat{Z}_t(l) \\ &= \mu_{t+l} + X_{t+l} - \mu_{t+l} \\ &= X_{t+l} \end{aligned}$$

따라서 예측오차에 대한 기댓값은

$$\begin{aligned} E[a_t(l)] &= E(X_{t+l}) \\ &= 0 \end{aligned}$$

이 되므로 예측은 불편추정량이 된다. 또한 모든 미래시점 l에 대하여 예측오차에 대한 분산은 다음과 같이 얻어진다.

$$\begin{aligned} Var[a_t(l)] &= Var(X_{t+l}) \\ &= \gamma_0 \end{aligned}$$

11.3 ARIMA 예측

ARIMA 모형에 대하여 예측은 몇 가지 다른 방식으로 표현될 수 있다. 각 표현은 계산, 보완, 정도의 평가 또는 장기 예측 형태 각각에 대한 전체적인 예측절차를 이해하는 데 도움을 준다.

(1) AR(p) 모형

다음과 같이 평균이 0이 아닌 단순 AR(1) 모형을 고려하자.

$$Z_t - \mu = \phi(Z_{t-1} - \mu) + a_t \tag{11.3.1}$$

이 모형은 다음과 같이 상수항이 포함된 모형으로 고려될 수도 있다.

$$\begin{aligned} Z_t &= \mu + \phi Z_{t-1} - \phi\mu + a_t \\ &= \theta_0 + \phi Z_{t-1} + a_t \end{aligned}$$

먼저 미래 1 시점 후에 대한 예측문제, 즉 $\hat{Z}_t(1)$를 구하는 문제를 고려하면, 식 (11.3.1)에서 t를 $(t+1)$ 시점으로 바꾸면 다음을 얻는다.

$$Z_{t+1} - \mu = \phi(Z_t - \mu) + a_{t+1}$$

주어진 $Z_t, Z_{t-1}, \cdots, Z_1$에 대하여 위 식의 양변에 조건부기댓값을 취하면 다음이 얻어진다.

$$\hat{Z}_t(1) - \mu = \phi\,[\,E(Z_t | Z_t, Z_{t-1}, \cdots, Z_1) - \mu] + E(a_{t+1} | Z_t, Z_{t-1}, \cdots, Z_1) \tag{11.3.2}$$

조건부기댓값의 성질로부터

$$E(Z_t \,|\, Z_t, Z_{t-1}, \cdots, Z_1) = Z_t$$

이 되고, 또한 a_{t+1}이 $Z_t, Z_{t-1}, \cdots, Z_1$와 독립이기 때문에 다음을 얻는다.

$$E(a_{t+1} \,|\, Z_t, Z_{t-1}, \cdots, Z_1) = E(a_{t+1}) = 0$$

그러므로 식 (11.3.2)는 다음과 같이 표현될 수 있다.

$$\hat{Z}_t(1) = \mu + \phi(Z_t - \mu) \tag{11.3.3}$$

다시 말해서 모평균으로부터 현재편차의 비율 ϕ는 다음 모형값을 예측하기 위하여 모평균에 추가된다.

이제 일반적인 미래시점 l을 고려하자. 식 (11.3.1)에서 t를 $(t+l)$로 바꾸고 양변에 조건부기댓값을 취하면 다음을 얻는다.

$$\hat{Z}_t(l) = \mu + \phi\left[\hat{Z}_t(l-1) - \mu\right], \quad l \geq 1 \tag{11.3.4}$$

여기서 $\hat{Z}_t(l-1) = E(Z_{t+l-1}|Z_t, Z_{t-1}, \cdots, Z_1)$이고 $l \geq 1$에 대하여 a_{t+l}은 $Z_t, Z_{t-1}, \cdots, Z_1$와 독립이다. l에 대하여 반복되는 식 (11.3.4)는 어떤 미래시점 l에 대한 예측값이 식 (11.3.3)을 사용하여 계산된 초기 예측값 $\hat{Z}_t(1)$을 초깃값으로 하여 보다 짧은 미래시점에 대한 예측값으로부터 어떻게 예측할 수 있는가를 보여 준다. 예측값 $\hat{Z}_t(2)$가 $\hat{Z}_t(2) = \mu + \phi[\hat{Z}_t(1) - \mu]$로부터 얻어지고 그런 다음 $\hat{Z}_t(2)$로부터 $\hat{Z}_t(3)$이 얻어진다. 이를 요구하는 $\hat{Z}_t(l)$이 얻어질 때까지 반복된다. 식 (11.3.4)와 다른 ARIMA 모형에 대한 일반화는 실제적으로 예측을 계산하는 데 가장 편리하다. 식 (11.3.4)는 때때로 예측에 대한 차분방정식 형태(difference-equation form)를 가진다.

그러나 식 (11.3.4)는 관측된 이전 시계열의 형태로 예측에 대한 보다 명확한 표현을 얻기 위해 사용될 수 있다. 식 (11.3.4)에서 l에 대한 후진법을 반복함으로써 다음의 결과를 얻는다.

$$\begin{aligned}\hat{Z}_t(l) &= \phi\left[\hat{Z}_t(l-1) - \mu\right] + \mu \\ &= \phi\left(\phi\left[\hat{Z}_t(l-2) - \mu\right]\right) + \mu \\ &\quad \vdots \\ &= \phi^{l-1}\left[\hat{Z}_t(1) - \mu\right] + \mu\end{aligned}$$

또는

$$\hat{Z}_t(l) = \mu + \phi^l(Z_t - \mu), \quad l \geq 1 \tag{11.3.5}$$

평균으로부터의 현재의 편차는 그 크기가 증가하는 미래시점 l과 함께 감소해 가는 ϕ^l에 의해 줄어든다. 줄어든 편차는 미래 l 시점을 예측하기 위해 모형에 추가된다.

수치적인 예제로 $\phi = 0.7$과 $\mu = 10.2$를 가진 AR(1) 모형을 가정하고 현재 관측값은 10.6이라고 가정하자. 그러면 다음 미래 l 시점에 대한 예측값은

$$\begin{aligned}\hat{Z}_t(1) &= 10.2 + 0.7(10.6 - 10.2) \\ &= 10.2 + 0.28 \\ &= 10.48\end{aligned}$$

이고, 2시점 미래에 대해서는 식 (11.3.4)로부터

$$\begin{aligned}\hat{Z}_t(2) &= 10.2+0.7(10.48-10.2)\\ &= 10.2+0.196\\ &= 10.396\end{aligned}$$

이 된다. 반면에 식 (11.3.5)를 사용해도 식 (11.3.4)와 같은 예측값을 얻을 수 있다.

$$\begin{aligned}\hat{Z}_t(2) &= 10.2+(0.7)^2(10.6-10.2)\\ &= 10.396\end{aligned}$$

따라서 5시점 미래에 대한 예측값은

$$\begin{aligned}\hat{Z}_t(5) &= 10.2+(0.7)^5(10.6-10.2)\\ &= 10.267228\end{aligned}$$

이 되고, 10시점 미래에 대한 예측값은

$$\widehat{Z_{10}} = 10.21129901$$

이 되어 평균 μ에 거의 가까워지게 된다.

일반적으로 $|\phi|<1$이기 때문에 큰 l에 대하여 단순히 다음의 결과를 얻는다.

$$\hat{Z}_t(l) \approx \mu \tag{11.3.6}$$

다음은 식 (11.3.6)이 모든 정상 ARMA 모형에 대하여 적용되는 것을 보인 것이다. 먼저 1단계 예측오차를 고려하자. 식 (11.3.3)으로부터

$$\begin{aligned}\hat{a}_t(1) &= Z_{t+1}-\hat{Z}_t(1)\\ &= \phi(Z_t-\mu)+\mu+a_{t+1}-[\phi(Z_t-\mu)+\mu]\end{aligned}$$

이다. 따라서

$$\hat{a}_t(1) = a_{t+1} \tag{11.3.7}$$

의 결과를 얻을 수 있다.

백색잡음 $\{a_t\}$는 1단계 이후의 예측오차로 재해석될 수 있다. 식 (11.3.7)은 일반적인 ARIMA 모형에 대해서도 성립한다. 식 (11.3.7)은 예측오차 $\hat{a}_t(1)$이 t 시점까지의 이전의 자료 $Z_t, Z_{t-1}, \cdots$와 독립이라는 것을 의미한다. 만약 독립이 아니면 종속성은 예측을 향상시키기 위해 이용될 수 있다.

식 (11.3.7)은 또한 1단계 예측오차분산이 다음과 같이 주어진다는 것을 의미한다.

$$Var\left[\hat{a}_t(1)\right] = \sigma_a^2$$

장기간의 미래에 대한 예측오차의 성질을 조사하기 위하여 일반적인 선형모형을 AR(1) 또는 MA(∞)의 형태로 나타내는 것이 편리하다. 즉, 7장으로부터

$$Z_t = \mu + a_t + \phi a_{t-1} + \phi^2 a_{t-2} + \cdots \qquad (11.3.8)$$

이 되고 식 (11.3.5)와 식 (11.3.8)로부터 다음의 결과를 얻는다.

$$\begin{aligned}\hat{a}_t(l) &= Z_{t+l} - \mu - \phi^l (Z_t - \mu) \\ &= a_{t+l} + \phi a_{t+l-1} + \cdots + \phi^{l-1} a_{t+1} + \phi^l a_t + \phi^{l+1} a_{t-1} \\ &\quad + \cdots - \phi^l (a_t + \phi a_{t-1} + \cdots)\end{aligned}$$

또는 위의 식을 정리하면

$$\hat{a}_t(l) = a_{t+l} + \phi a_{t+l-1} + \phi^2 a_{t+l-2} + \cdots + \phi^{l-1} a_{t+1}$$

으로 표현할 수 있다. 다시 일반항을 사용해서 다음과 같이 나타낼 수 있고, 이 식은 모든 ARIMA 모형에 적용된다.

$$\hat{a}_t(l) = \sum_{j=0}^{l-1} \psi_j a_{t+l-j} \qquad (11.3.9)$$

여기서 $E\left[\hat{a}_t(l)\right] = 0$이므로 예측은 불편(unbiased)이 되고, 식 (11.3.9)로부터 예측오차의 분산은 다음과 같이 얻을 수 있다.

$$Var\left[a_t(l)\right] = \sigma_a^2 \sum_{j=0}^{l-1} \psi_j^2 \qquad (11.3.10)$$

이것으로부터 시점 l이 증가함에 따라 예측오차분산이 증가한다는 것을 알 수 있

다. 특히 AR(1)의 경우 예측오차의 분산은

$$Var[a_t(l)] = \sigma_a^2 \frac{1-\phi^{2l}}{1-\phi^2}$$

이 되어 무한 기하수열을 합하여 얻을 수 있다. 큰 l 시점에 대해서 예측오차의 분산은

$$Var[a_t(l)] \approx \frac{\sigma_a^2}{1-\phi^2}$$

이 되고, 이 식은 다음과 같은 근삿값을 갖게 된다.

$$Var[a_t(l)] \approx Var(Z_t) = \gamma_0$$

이 근사식은 모든 정상 ARMA 과정들에 대하여 성립된다.

[표 11.1]은 AR(1) 모형에 따르는 모의실험자료 100개를 가지고 101번째 값부터 125번째까지 25개 예측값을 구한 결과들이다. [그림 11.1]에 굵은 점이 예측값이고 작은 점들이 95% 신뢰구간의 값이다. 굵은 점선은 모형으로 적합된 시계열 값이고 작은 점선은 실제 관측값이다.

표 11.1 예측원점 n=100에서 미래 25시점까지의 AR(1) 모형에 의한 예측결과

Obs	Forecast	Std Error	95% Confidence Limits	
101	10.1396	1.1317	7.9215	12.3576
102	10.1962	1.5433	7.1715	13.2210
103	10.2488	1.8244	6.6731	13.8245
104	10.2975	2.0352	6.3086	14.2864
105	10.3427	2.2004	6.0301	14.6553
⋮	⋮	⋮	⋮	⋮
121	10.7464	2.9574	4.9500	16.5429
122	10.7589	2.9665	4.9448	16.5731
123	10.7705	2.9742	4.9412	16.5999
124	10.7813	2.9809	4.9389	16.6237

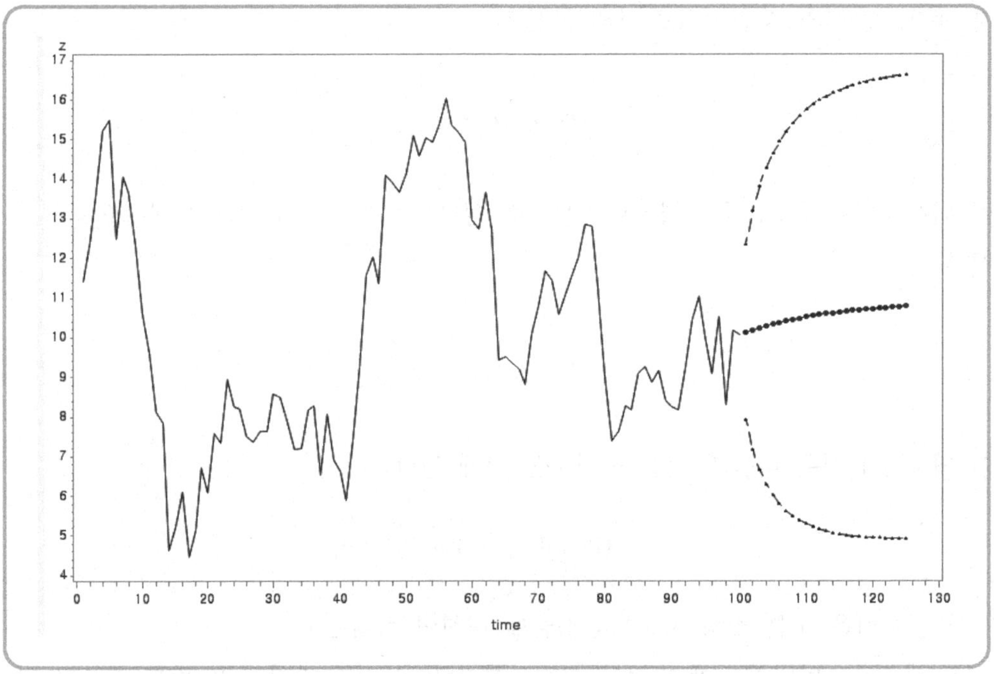

|그림 11.1| 예측원점 n=100에서 미래 25시점까지의 AR(1) 모형에 의한 예측

다음으로 AR(2) 모형에 대한 예측값을 구하는 문제를 고려하자.
먼저 상수항이 포함된 AR(2) 모형을 고려하면 다음과 같다.

$$Z_t = \theta_0 + \phi_1 Z_{t-1} + \phi_2 Z_{t-2} + a_t$$

따라서 미래시차 $l=1$ 및 일반적인 l에 대한 예측값은 각각 다음과 같다.

$$\begin{aligned}
\widehat{Z}_t(1) &= E(Z_{t+1} \mid Z_t, Z_{t-1}, \cdots, Z_1) \\
&= E(\theta_0 + \phi_1 Z_t + \phi_2 Z_{t-1} + a_{t+1} \mid Z_t, Z_{t-1}, \cdots, Z_1) \\
&= \theta_0 + \phi_1 Z_t + \phi_2 Z_{t-1} \\
\widehat{Z}_t(l) &= E(Z_{t+l} \mid Z_t, Z_{t-1}, \cdots, Z_1) \\
&= E(\theta_0 + \phi_1 Z_{t+l-1} + \phi_2 Z_{t+l-2} + a_{t+1} \mid Z_t, Z_{t-1}, \cdots, Z_1) \\
&= \theta_0 + \phi_1 \widehat{Z}_t(l-1) + \phi_2 \widehat{Z}_t(l-2)
\end{aligned}$$

그러므로 일반적인 AR(p) 모형의 모형식과 미래시차 $l=1,2,\cdots$에 대한 예측값은 다음과 같이 확장시킬 수 있다.

$$
\begin{aligned}
Z_t &= \theta_0 + \phi_1 Z_{t-1} + \phi_2 Z_{t-2} + \cdots + \phi_p Z_{t-p} + a_t \\
\hat{Z}_t(1) &= \theta_0 + \phi_1 Z_t + \phi_2 Z_{t-1} + \cdots + \phi_p Z_{t-p+1} \\
\hat{Z}_t(2) &= \theta_0 + \phi_1 \hat{Z}_t(1) + \phi_2 Z_t + \cdots + \phi_p Z_{t-p+2} \\
&\vdots \\
\hat{Z}_t(l) &= \theta_0 + \phi_1 \hat{Z}_t(l-1) + \phi_2 \hat{Z}_t(l-2) + \cdots + \phi_p Z_t
\end{aligned}
$$

(2) MA(q) 모형

이동평균모형의 예측을 설명하기 위하여 먼저 평균이 0이 아닌 다음과 같은 MA(1) 모형을 고려하자.

$$Z_t = \mu + a_t - \theta a_{t-1}$$

시점 t를 시점 $(t+1)$로 대치하고 양변에 조건부기댓값을 취하면 미래시차 $l=1$인 예측값 $\hat{Z}_t(1)$은 다음과 같이 된다.

$$
\begin{aligned}
\hat{Z}_t(1) &= E(Z_{t+1} \mid Z_t, Z_{t-1}, \cdots, Z_1) \\
&= \mu - \theta E(a_t \mid Z_t, Z_{t-1}, \cdots, Z_1)
\end{aligned}
\tag{11.3.11}
$$

여기서 가역모형에 대한 MA 모형은 a_t가 $Z_t, Z_{t-1}, \cdots$ 의 함수이고, 따라서 조건부기댓값의 성질을 이용하면 다음과 같은 근삿값을 얻을 수 있다.

$$E(a_t \mid Z_t, Z_{t-1}, \cdots, Z_1) = a_t \tag{11.3.12}$$

사실 이 근사는 $Z_t, Z_{t-1}, \cdots, Z_1$에 대한 조건이고 모형의 무한한 이전값, 즉 $Z_0, Z_{-1}, Z_{-2}, \cdots$에 대한 조건이 아니기 때문에 이 방정식이 성립한다. 그러나 만약 t가 크고 모형이 가역적이라면 근사에 포함된 오차는 매우 작게 되는 반면, 모형이 가역적이 아니거나 예를 들어 만약 너무 적은 자료를 가지고 있다면 식 (11.3.12)는 근사적으로 타당하지 않게 된다.

따라서 식 (11.3.11)에서 식 (11.3.12)를 이용하여 가역적인 MA(1) 모형에 대한 1차 미래 예측값을 다음과 같이 얻는다.

$$\hat{Z}(1) = \mu - \theta a_t \tag{11.3.13}$$

여기서 a_t의 값은 모든 $Z_1, Z_2, \cdots, Z_t$에 의존하므로 우리는 a_t 대신 실제로는 $\tilde{a}_t$를

사용하는데, $t \leq 0$이면 $\tilde{a}_t$는 0이고 $t>0$일 때 $\tilde{a}_t = Z_t - \theta \tilde{a}_{t-1}$의 값으로 $\tilde{a}_0, \tilde{a}_1, \cdots, \tilde{a}_t$를 순차적으로 구하게 된다. 일반적으로 t가 적당히 크면 $\tilde{a}_t$는 a_t의 좋은 근삿값이 됨이 알려져 있다.

미래시차 $l=1$의 예측오차는 다음과 같다.

$$\begin{aligned} a_t(1) &= Z_{t+1} - \hat{Z}_t(1) \\ &= \mu + a_{t+1} - \theta a_t - (\mu - \theta a_t) \\ &= a_{t+1} \end{aligned}$$

또한 보다 장기간에 대한 예측값은 다음과 같다.

$$\hat{Z}_t(l) = \mu + E(a_{t+l} | Z_t, Z_{t-1}, \cdots, Z_1) - \theta E(a_{t+l-1} | Z_t, Z_{t-1}, \cdots, Z_1)$$

그러나 $l>1$에 대하여 a_{t+l}과 a_{t+l-1}은 $Z_t, Z_{t-1}, \cdots, Z_1$과 독립이다. 결론적으로 이들의 조건부기댓값은 0이 되고, 다음의 결과를 얻는다.

$$\hat{Z}_t(l) = \mu \tag{11.3.14}$$

앞에서 설명한 식 (11.3.6)은 MA(1) 모형에 대하여 $l>1$인 경우에 정확하게 성립한다. 모든 모형에 대하여 $\psi_1 = -\theta$과 $j>1$에 대하여 $\psi_j = 0$이 되고, 식 (11.3.9)와 식 (11.3.10) 또한 성립한다.

다음은 MA(1) 모형에 따르는 모의실험자료 100개를 가지고 미래 시차 25개를 예측한 결과이다. 굵은 점이 101번째부터 125번째 값까지 모두 같은 것을 볼 수 있다. 이와 같이 MA(1) 모형은 미래시차가 1인 경우 외에는 모두 평균으로 예측되고 있음을 알 수 있다.

| 표 11.2 | 예측원점 n=100에서 미래 25시점까지의 MA(1) 모형에 의한 예측결과

Obs	Forecast	Std Error	95% Confidence Limits	
101	0.0963	1.1259	−2.1104	2.3031
102	−0.0015	1.3089	−2.5669	2.5639
103	−0.0015	1.3089	−2.5669	2.5639
104	−0.0015	1.3089	−2.5669	2.5639
105	−0.0015	1.3089	−2.5669	2.5639
⋮	⋮	⋮	⋮	⋮
121	−0.0015	1.3089	−2.5669	2.5639
122	−0.0015	1.3089	−2.5669	2.5639
123	−0.0015	1.3089	−2.5669	2.5639
124	−0.0015	1.3089	−2.5669	2.5639

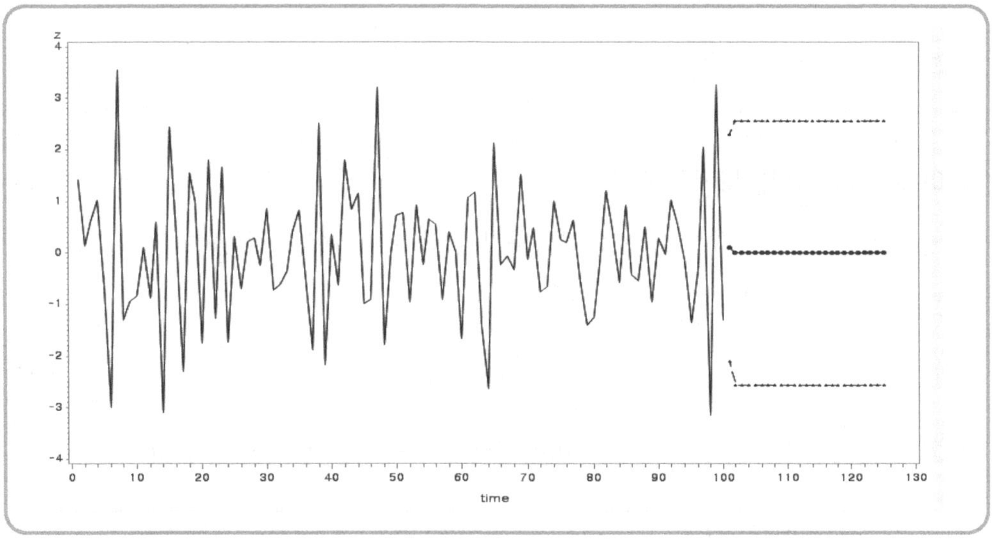

| 그림 11.2 | 예측원점 n=100에서 미래 25시점까지의 MA(1) 모형에 의한 예측

한편 상수항이 있는 $MA(2)$ 모형과 미래시차 $l=1,2,\cdots$에 대한 예측값은 다음과 같이 구할 수 있다.

$$
\begin{aligned}
Z_t &= \theta_0 + a_t - \theta_1 a_{t-1} - \theta_2 a_{t-2} \\
\hat{Z}_t(1) &= E(\theta_0 + a_{t+1} - \theta_1 a_t - \theta_2 a_{t-1} \mid Z_t, Z_{t-1}, \cdots, Z_1) \\
&= \theta_0 - \theta_1 a_t - \theta_2 a_{t-1} \\
\hat{Z}_t(2) &= E(\theta_0 + a_{t+2} - \theta_1 a_{t+1} - \theta_2 a_t \mid Z_t, Z_{t-1}, \cdots, Z_1)
\end{aligned}
$$

$$= \theta_0 - \theta_2 a_t$$

$$\vdots$$

$$\hat{Z}_t(l) = \theta_0, \quad l \geq 3$$

그러므로 상수항이 있는 $MA(q)$ 모형과 미래시차 $l=1,2,\cdots$에 대한 예측값은 다음과 같이 주어진다.

$$Z_t \;\; = \theta_0 + a_t - \theta_1 a_{t-1} - \cdots - \theta_q a_{t-q}$$

$$\hat{Z}_t(1) = \theta_0 - \theta_1 a_t - \cdots - \theta_q a_{t-q+1}$$

$$\hat{Z}_t(2) = \theta_0 - \theta_2 a_t - \cdots - \theta_q a_{t-q+2},$$

$$\vdots$$

$$\hat{Z}_t(l) = \begin{cases} \theta_0 - \theta_l a_t - \cdots - \theta_q a_{t-q+l}, & l \leq q \\ \theta_0, & l \geq q+1 \end{cases}$$

(3) 이동을 가진 확률보행의 예측

비정상 ARIMA 모형에 대한 예측을 설명하기 위하여 이동(상수항)을 가진 확률보행을 다음과 같이 정의하자.

$$Z_t = Z_{t-1} + \theta_0 + a_t \tag{11.3.15}$$

그러면 최소평균제곱오차를 갖는 미래시차 1인 예측값은 다음과 같고

$$\hat{Z}_t(1) = E(Z_t \mid Z_t, Z_{t-1}, \cdots, Z_1) + \theta_0 + E(a_{t+1} \mid Z_t, Z_{t-1}, \cdots, Z_1)$$

이다. 따라서

$$\hat{Z}_t(1) = Z_t + \theta_0$$

이 된다. 비슷하게 미래 l 시점에 대한 예측값에 대한 차분방정식의 형태는 다음과 같다.

$$\hat{Z}_t(l) = \hat{Z}_t(l-1) + \theta_0, \quad l \geq 1$$

l에 대한 후진법을 반복하면 다음의 관계식을 얻는다.

$$\hat{Z}_t(l) = Z_t + l\theta_0, \quad l \geq 1$$

식 (11.3.6)과 비교하여 만약 $\theta_0 \neq 0$이면 예측은 긴 시점 l에 대하여 수렴하지 않지만 모든 l에 대한 기울기 θ_0를 가진 직선에 따르게 된다.

상수항 θ_0의 존재 또는 부재는 예측을 유의하게 다르게 변화시킨다. 이것은 차분된 시계열의 평균이 0으로부터 유의하게 다르지 않다는 증거가 명확하지 않은 한 상수항이 비정상 ARIMA 모형에 포함되지 않아야만 하는 이유가 된다. 표본평균의 분산에 대한 식은 이 유의성을 평가하는 데 도움이 된다.

그러나 AR(1)과 MA(1)의 경우에서와 같이 1단계 예측오차는 다음과 같다.

$$a_t(l) = Z_{t+1} - \hat{Z}_t(1) = a_{t+1}$$

또는

$$\begin{aligned} a_t(l) &= Z_{t+l} - \hat{Z}_t(l) \\ &= (Z_t + l\theta_0 + a_{t+1} + \cdots + a_{t+l}) - (Z_t + l\theta_0) \\ &= \sum_{j=0}^{l-1} a_{t+l-j} \end{aligned}$$

이 되고 이것은 모든 j에 대하여 $\psi = 1$인 모형이기 때문에 식 (11.3.9)와 일치한다. 그러므로 식 (11.3.10)으로부터 다음의 분산값을 얻는다.

$$\begin{aligned} Var[a_t(l)] &= \sigma_a^2 \sum_{j=0}^{l-1} 1^2 \\ &= l\sigma_a^2, \quad l \geq 1 \end{aligned}$$

정상시계열의 경우와 비교하여 $Var[a_t(l)]$은 예측 미래시점 l이 증가함에 따라 무한히 증가한다. 이 성질은 모든 비정상 ARIMA 과정에 대한 예측오차분산의 특성이다.

11.4 일반적인 정상 ARMA 모형의 예측

정상성을 갖고 가역적인 일반 ARMA(p,q) 모형의 경우에 예측을 계산하기 위한 차분방정식의 형태는 다음과 같이 주어진다.

$$\begin{aligned}\widehat{Z}_t(l) = &\phi_1 \widehat{Z}_t(l-1) + \phi_2 \widehat{Z}_t(l-2) + \cdots + \phi_p \widehat{Z}_t(l-p) + \theta_0 \\ &- \theta_1 E(a_{t+l-1} | Z_t, Z_{t-1}, \cdots, Z_1) - \theta_2 E(a_{t+l-2} | Z_t, Z_{t-1}, \cdots, Z_1) \\ &- \cdots - \theta_q E(a_{t+l-q} | Z_t, Z_{t-1}, \cdots, Z_1)\end{aligned} \tag{11.4.1}$$

여기서

$$E(a_{t+j} | Z_t, Z_{t-1}, \cdots, Z_1) = \begin{cases} 0, & j \geq 1 \\ a_{t+j}, & j \leq 0 \end{cases} \tag{11.4.2}$$

이고, $j > 0$에 대하여 $\widehat{Z}_t(j)$는 전방예측값이며, 다음의 관계가 성립한다.

$$\widehat{Z}_t(j) = Z_{t+j}, \quad -(p-1) \leq j \leq 0$$

식 (11.3.12)에서와 같이 $j \leq 0$에 대한 식 (11.4.2)는 어떤 작은 근사를 포함한다. 가역모형에 대한 식은 π 가중값을 사용한 a_t가 무한수열 $Z_t, Z_{t-1}, \cdots$의 선형결합으로 표현될 수 있다는 것을 6장에서 설명한 바 있다. 그러나 π 가중값은 지수형태로 감소하고 근사는 $j > (t-q)$인 경우에 π_j는 무시할 수 있다고 가정한다.

설명을 위하여 ARMA(1,1) 모형을 고려하자. 미래시차 $l = 1, 2$일 때의 예측값은 다음과 같음을 쉽게 알 수 있다.

$$\begin{aligned}\widehat{Z}_t(1) &= \phi Z_t + \theta_0 - \theta a_t \\ \widehat{Z}_t(2) &= \phi \widehat{Z}_t(1) + \theta_0\end{aligned} \tag{11.4.3}$$

그러므로 미래시차 l에 대한 일반적인 형태는 다음과 같다.

$$\widehat{Z}_t(l) = \phi \widehat{Z}_t(l-1) + \theta_0, \quad l \geq 2 \tag{11.4.4}$$

이 예측값들은 식 (11.4.3)을 사용하여 순차적으로 얻을 수 있고, 또한 식 (11.4.3)과 식 (11.4.4)는 대응되는 명확한 표현식을 얻기 위해 반복적으로 계산될 수 있다. 즉,

$$\widehat{Z}_t(l) = \mu + \phi^l (Z_t - \mu) - \phi^{l-1} \theta a_t, \quad l \geq 1 \tag{11.4.5}$$

이다.

식 (11.4.1)과 식 (11.4.2)가 나타내는 것과 같이 백색잡음항 $a_t, a_{t-1}, \cdots, a_{t-(q-1)}$은 미래시점 $l = 1, 2, \cdots, q$에 대한 예측을 계산하는 데 직접적으로 나타난다. 그러나 $l > q$

에 대하여 차분방정식에 대한 자기회귀부분을 제거함으로써 다음을 얻는다.

$$\hat{Z}_t(l) = \phi_1 \hat{Z}_t(l-1) + \phi_2 \hat{Z}_t(l-2) + \cdots + \phi_p \hat{Z}_t(l-p) + \theta_0, \quad l > q \tag{11.4.6}$$

그러므로 장기 미래시점에 대한 예측의 일반적인 성질은 자기회귀모수 $\phi_1, \phi_2, \cdots, \phi_p$과 모형의 평균에 관계된 상수항 θ_0에 의해 결정된다.

상수항은 $\theta_0 = \mu(1-\phi_1-\phi_2- \cdots -\phi_p)$이고 μ로부터의 편차의 형태로 식 (11.4.6)을 다시 표현할 수 있다.

$$\begin{aligned} \hat{Z}_t(l) - \mu = {} & \phi_1 [\hat{Z}_t(l-1) - \mu] + \phi_2 [\hat{Z}_t(l-2) - \mu] \\ & + \cdots + \phi_p [\hat{Z}_t(l-p) - \mu], \quad l > q \end{aligned} \tag{11.4.7}$$

미래 l시점의 함수로써 $\hat{Z}_t(l) - \mu$는 과정의 자기상관함수 ρ_k와 같이 동일한 반복적인 관계를 만족한다. 그러므로 7장에서와 같이 AR 특성방정식의 근은 $l > q$에 대한 $\hat{Z}_t(l) - \mu$의 일반적인 형태를 결정한다. 특히 $\hat{Z}_t(l) - \mu$는 l에서 지수적으로 감소하는 선형결합의 형태로 표현할 수 있고 사인함수의 형태로 꺾인다. 그러므로 어떤 정상적인 ARMA 모형에 대하여 $\hat{Z}_t(l) - \mu$는 l이 증가함에 따라 0으로 감소한다. 그리고 장기 미래예측은 단순히 식 (11.3.6)에서 주어진 것처럼 모평균 μ가 된다. 이것은 상식과도 일치한다. 왜냐하면 정상적인 ARMA 모형에 대하여 관측값들 간의 시간 간격이 증가함에 따라 종속성이 사라지기 때문이다. 그리고 이러한 종속성은 단지 μ만을 단독으로 사용하여 원시적인 예측을 하는 데 도움을 줄 수 있다.

AR(2) 모형에 대한 예측의 수치적인 예제로서 미국의 분기별 실업자료를 고려하자. $\widehat{\phi_1} = 1.115$, $\widehat{\phi_2} = -0.213$이고 $\hat{\mu} = 5.064$이다. ϕ_1과 ϕ_2에 대한 이들 값은 AR 특성방정식의 복소수 근에 대응되고, 예측에 대한 μ 주변의 진동형태로 기대할 수 있다. AR(2) 모형의 경우, 예측값들은 각각 다음과 같이 된다.

$$\hat{Z}_t(1) = \phi_1 Z_t + \phi_2 Z_{t-1} + \theta_0$$

$$\hat{Z}_t(2) = \phi_1 \hat{Z}_t(1) + \phi_2 Z_t + \theta_0$$

$$\hat{Z}_t(l) = \phi_1 \hat{Z}_t(l-1) + \phi_2 Z_t(l-2) + \theta_0, \quad l > 2$$

다음 [표 11.3]은 미래 30시점에 대해 예측한 미국실업률에 대한 예측값, 표준오차, 95% 신뢰구간을 나타낸 표이고 [그림 11.3]은 이를 토대로 실제값과 예측값을 나타낸 그림이다.

표 11.3 예측원점 2016년 2/4분기에서 미래 30시점까지의 AR(2) 모형에 의한 예측결과

Obs	Forecast	Std Error	95% Confidence Limits	
122	5.9698	0.5684	4.8557	7.0838
123	5.7983	0.8550	4.1225	7.4741
124	5.6524	1.0459	3.6025	7.7022
125	5.5232	1.1804	3.2097	7.8367
126	5.4076	1.2790	2.9008	7.9145
⋮	⋮	⋮	⋮	⋮
147	4.5010	1.6226	1.3208	7.6812
148	4.4903	1.6232	1.3088	7.6718
149	4.4807	1.6238	1.2982	7.6632
150	4.4721	1.6242	1.2887	7.6554

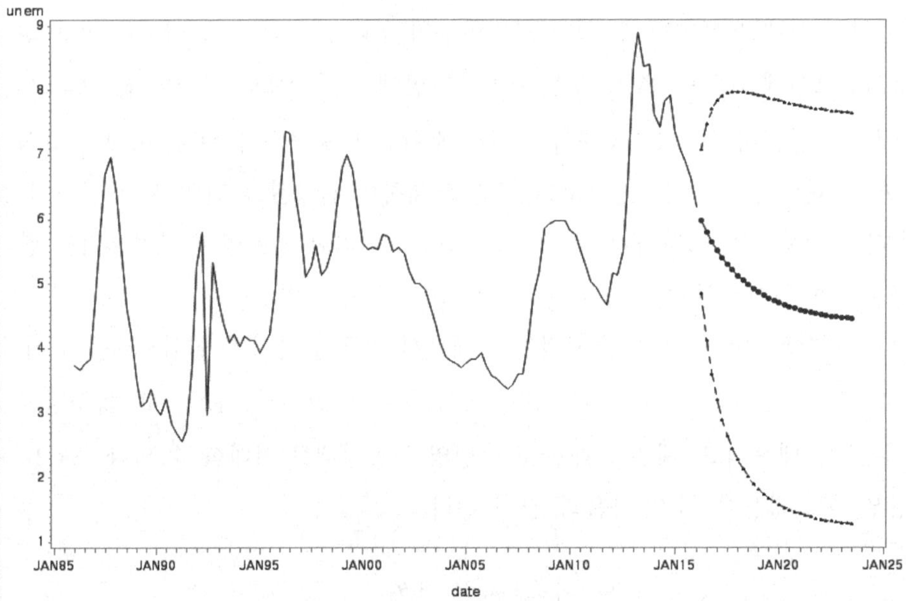

그림 11.3 예측원점 2016년 2/4분기에서 미래 30사분기까지의 AR(2) 모형에 의한 예측

일반적인 ARMA 모형에 대하여 식 (11.4.1)을 1단계 예측오차를 계산하기 위해 사용하면 다음과 같은 예측오차를 구할 수 있다.

$$
\begin{aligned}
a_t(1) &= Z_{t+1} - \hat{Z}_t(1) \\
&= \phi_1 Z_t + \phi_2 Z_{t-1} + \cdots + \phi_p Z_{t-p+1} + \theta_0 + a_{t+1} - \theta_1 a_t - \cdots - \theta_q a_{t-q+1} \\
&\quad - (\phi_1 Z_t + \phi_2 Z_{t-1} + \cdots + \phi_p Z_{t-p+1} + \theta_0 - \theta_1 a_t) \\
&\quad - \theta_2 a_{t-1} - \cdots - \theta_q a_{t-q+1}) \\
&= a_{t+1}
\end{aligned}
$$

11.5 비정상 ARIMA 모형의 예측

확률보행에서 보인 것처럼, 비정상 ARIMA 모형에 대한 예측값은 정상 ARMA 모형에 대한 예측과 매우 비슷하지만 큰 차이가 있다. 8장에서 설명한 바와 같이 ARIMA $(p, 1, q)$ 모형은 비정상 ARMA$(p+1, q)$로 표현할 수 있다. 즉,

$$
\begin{aligned}
Z_t = \varphi_1 Z_{t-1} + \varphi_2 Z_{t-2} + \cdots + \varphi_{p+1} Z_{t-p-1} + \theta_0 + a_t \\
- \theta_1 a_{t-1} - \theta_2 a_{t-2} - \cdots - \theta_q a_{t-q}
\end{aligned}
\tag{11.5.1}
$$

이다. 여기서 φ계수는 AR(p) 모형의 φ계수에 직접적으로 관계된다. 특히

$$
\begin{aligned}
&\varphi_1 = 1 + \phi_1 \\
&\varphi_j = \phi_j - \phi_{j-1}, \quad j = 2, 3, \cdots, p \\
&\varphi_{p+1} = -\phi_p
\end{aligned}
\tag{11.5.2}
$$

와 같이 되고, 일반 차분차수 d에 대하여 $p+d$개의 φ계수를 가진다. 이 표현으로부터 즉시 식 (11.4.1)과 식 (11.4.2)의 p를 $p+d$로, ϕ_j를 φ_j로 변경함으로써 비정상 경우를 포함하기 위해 확장할 수 있다.

예를 들어 다음과 같은 ARIMA(1,1,1) 모형의 경우를 고려하자. 이 모형식은 다음과 같다.

$$
Z_t - Z_{t-1} = \phi(Z_{t-1} - Z_{t-2}) + \theta_0 + a_t - \theta a_{t-1}
$$

또 위 식은 다음과 같이 쓸 수 있다.

$$Z_t = (1+\phi)Z_{t-1} - \phi Z_{t-2} + \theta_0 + a_t - \theta a_{t-1}$$

그러므로 미래시차 l에 대한 예측값은 비정상 ARIMA(1,1,1) 모형인 경우 다음과 같이 주어진다.

$$\hat{Z}_t(1) = (1+\phi) Z_t - \phi Z_{t-1} + \theta_0 - \theta a_t \qquad (11.5.3)$$

$$\hat{Z}_t(2) = (1+\phi) \hat{Z}_t(1) - \phi Z_t + \theta_0$$

$$\hat{Z}_t(l) = (1+\phi) \hat{Z}_t(l-1) - \phi \hat{Z}_t(l-2) + \theta_0 , \ l > 2$$

한편 비정상 ARIMA 모형의 예측오차는 다음과 같고, 그 기댓값과 분산은 아래와 같이 주어진다.

$$a_t(l) = \sum_{j=0}^{t-1} \psi_j a_{t+l-j} , \quad l \geq 1 \qquad (11.5.4)$$

$$E[a_t(l)] = 0 , \quad l \geq 1 \qquad (11.5.5)$$

$$Var[a_t(l)] = \sigma_a^2 \sum_{j=0}^{l-1} \psi_j^2 , \quad l \geq 1 \qquad (11.5.6)$$

그러나 비정상모형에 대하여 ϕ_j 가중값은 j가 증가함에 따라 0으로 감소하지 않는다. 예를 들어 확률보행모형의 경우에 모든 j에 대하여 $\psi_j = 1$이고 IMA(1,1) 모형에 대하여 $\psi_j = 1-\theta$, $j \geq 1$이다. IMA(2,2)의 경우에는 $\psi_j = 1 + \theta_2 + (1-\theta_1-\theta_2)$, $j \geq 1$이고, ARI(1,1) 모형의 경우에는 $\psi_j = \frac{(1-\phi^{j+1})}{(1-\phi)}$가 된다.

그러므로 어떤 비정상모형에 대하여 식 (11.5.6)은 예측오차분산이 미래시점 l이 증가함에 따라 증가한다는 것을 보여 준다. 이 사실은 비정상시계열을 가진 먼 미래가 매우 불확실하기 때문에 놀랄 만한 사실이 아니다.

11.6 통계프로그램

1) R

(1) KOSPI 거래량 자료에 대한 예측 예제

적합된 ARIMA(1,1,2) 모형을 이용한 예측값은 [표 11.4]와 같다. 분석을 위해 로그변환을 실시하였기 때문에 이를 모두 반영하였다. [그림 11.4]는 미래 10시차 예측값을 반영한 시계열그림이다.

|표 11.4| ARIMA(1,1,2) 미래 10시차 예측값

시점	예측값	Lo 95	Hi 95
248	41433.13	29000.51	59195.64
249	42046.80	27944.56	63265.75
250	42569.32	27314.36	66344.13
251	43013.26	26915.63	68738.52
252	43389.75	26653.92	70633.92
253	43708.56	26477.12	72154.31
254	43978.17	26354.33	73387.54
255	44205.94	26266.38	74397.94
256	44398.17	26201.04	75233.57
257	44560.30	26150.34	75930.96

```
fc<-forecast(fit, h=10, level=0.95)
fc$mean<-exp(fc$mean)
fc$upper<-exp(fc$upper)
fc$lower<-exp(fc$lower)
fc$x<-exp(fc$x)
summary(fc)
```

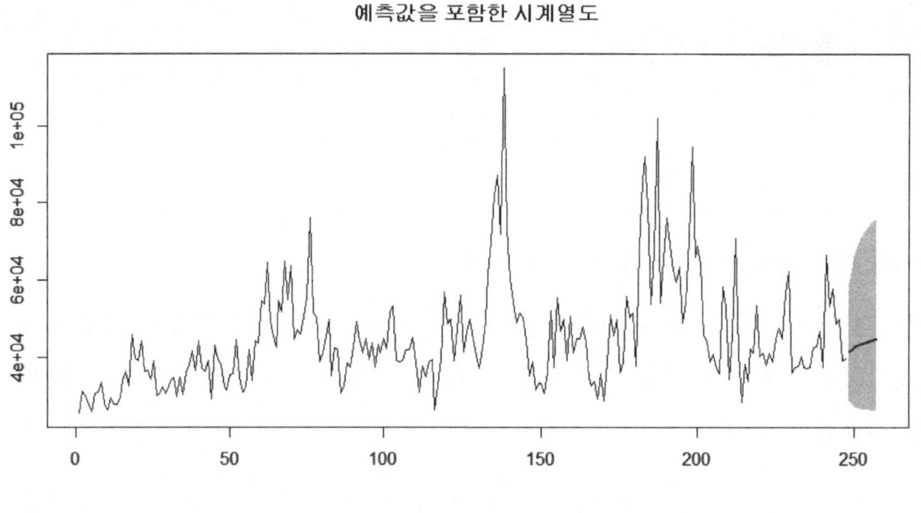


```
plot(fc, main="예측값을 포함한 시계열도" )
```

ㅣ그림 11.4ㅣ 예측값을 포함한 시계열도

2) SAS

(1) 순상품교역조건지수 자료에 대한 예측 예제

2015년 12월 이후의 미래 20시점에 대해 적합된 ARIMA(0,1,1) 모형을 통해 예측한 예측값은 [표 11.5]와 같다. 분석을 위해 로그변환을 실시하였기에 이를 모두 반영하였다. [그림 11.5]는 원자료 산점도와 미래 20시점의 예측값과 신뢰구간을 함께 나타낸 산점도인데 굵은 점들로 나타낸 부분이 예측값, 점선으로 나타낸 부분이 예측값의 신뢰구간을 가리킨다. 미래 20시점은 순상품교역조건지수가 감소하는 형태를 띨 것으로 파악할 수 있다.

| 표 11.5 | 미래 20시점까지의 예측 결과

Forecasts for variable trade				
Obs	Forecast	Std Error	95% Confidence Limits	
193	100.534	1.019	96.830	104.380
194	100.252	1.035	93.792	107.156
195	99.971	1.045	91.697	108.991
196	99.691	1.054	89.986	110.442
197	99.412	1.061	88.501	111.668
198	99.133	1.067	87.169	112.740
199	98.855	1.074	85.950	113.698
200	98.578	1.080	84.820	114.568
201	98.302	1.085	83.762	115.367
202	98.027	1.090	82.763	116.106
203	97.752	1.095	81.815	116.794
204	97.478	1.100	80.910	117.438
205	97.205	1.104	80.044	118.044
206	96.933	1.108	79.213	118.617
207	96.661	1.113	78.411	119.158
208	96.390	1.117	77.637	119.672
209	96.120	1.121	76.889	120.161
210	95.851	1.124	76.163	120.628
211	95.582	1.128	75.458	121.073
212	95.314	1.132	74.773	121.499

```
proc arima data=dltrade;
   identify var=ltrade(1) nlags=24; run;
   estimate q=1; run;
   forecast lead=20 out=tradeout; run; quit;

/*로그변환 취해진 예측값 역변환*/
data exp; set tradeout;
exptr=exp(ltrade);
expfor=exp(forecast);
expse=exp(std);
expl=exp(L95);
expu=exp(U95);
run;
proc print data=exp; run;
```

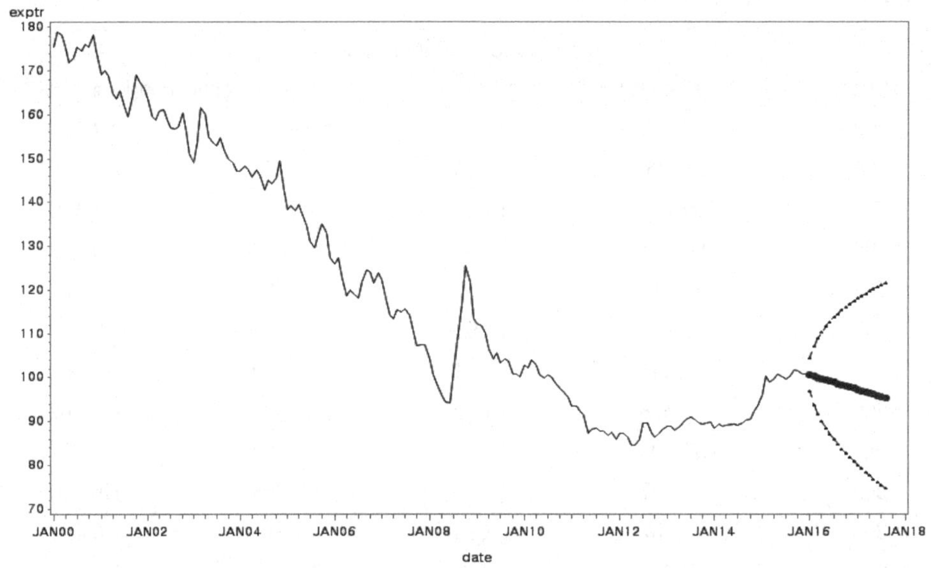


```
data tradeout; set exp;
   date=intnx('month', '01jan00'd, _n_-1);
          format date monyy.;
          if date <= '31dec15'd then expfor=.;
             if date <= '31dec15'd then expl=.;
             if date <= '31dec15'd then expu=.;
run;

symbol1 i=join v=dot  l=1  h=0.2 c=black;
symbol2 i=join v=dot       h=1.0 c=blue;
symbol3 i=join v=star l=25 h=0.2 c=black;
symbol4 i=join v=star l=25 h=0.2 c=black;
proc gplot data=tradeout;
 plot (exptr expfor expl expu)*date/overlay;
 run; quit;
```

|그림 11.5| 원자료와 미래 20시점까지의 예측값과 신뢰구간 산점도

연습문제

1. $Z_t = 12.1$, $\phi = -0.5$, $\mu = 10.8$인 AR(1) 모형의 경우에 $\hat{Z}_t(1)$을 구하시오.

2. 어떤 연도별 시계열이 다음과 같은 AR(2) 모형을 따른다.

$$Z_t = 5 + 1.1Z_{t-1} - 0.5Z_{t-2} + a_t,\ \sigma_a^2 = 2$$

1) $Z_{83} = 10$, $Z_{84} = 11$, $Z_{85} = 9$일 때, Z_{86}, Z_{87}을 예측하시오.

2) 위 모형을 일반선형모형으로 바꾸었을 때 $\Psi_1 = 1.1$임을 보이시오.

3) Z_{86}에 대한 예측값의 95% 신뢰구간을 구하시오.

4) $Z_{86} = 12$로 관측되었을 때 Z_{87}에 대한 예측값을 변경하시오.

3. 다음 모형에서 $Z_t = 10$일 때 예측값 $\hat{Z}_t(l)$, $l = 1,2,3$을 구하시오.

1) $Z_t = 9 + a_t - 0.4a_{t-1}$

2) $(1 - \phi_1 B - \phi_2 B^2)(Z_t - \mu) = a_t$

3) $Z_t = \phi_1 Z_{t-1} + a_t - \theta_1 a_{t-1}$

4. 다음의 시계열모형을 생각하자.

$$Z_t = \beta_0 + \beta_1 t + X_t, \quad X_t = \phi X_{t-1} + a_t$$

여기서 β_0, β_1, ϕ는 알려져 있다고 가정할 때 Z_t의 최소평균제곱오차 예측값이 다음과 같음을 보이시오.

$$\hat{Z}_t(l) = \beta_0 + \beta_1(t+1) + \phi^t(Z_t - \beta_0 - \beta_1 t)$$

5. 10장의 연습문제 4, 5, 6의 자료에 대하여 SAS를 이용하여 미래시점 20개를 예측하시오.

12장

계절 ARIMA 모형

앞에서 우리는 계절적인 결정적 추세들이 어떻게 모형화되는지에 대하여 공부하였다. 그러나 시계열이 이용되는 분야, 특히 경제 및 경영의 많은 분야에서 비록 주기적인 경향을 그러한 시계열에서 아주 흔하게 볼 수 있을지라도 어떤 결정적 추세에 대한 가정은 아주 의심스럽다.

다음 [그림 12.1]은 1960년 1월부터 1977년 12월까지 로그 변환된 미국의 월별 항공여객 운항거리를 나타낸 것이다. 예상했듯이 이 시계열은 여름 휴가철에 가장 높은 경향이 있지만, 일반적으로 11월부터 12월까지의 상승을 보여 준다. 또한 전 기간을 통하여 일반적으로 상승 경향이 있음을 알 수 있다. 우리는 코사인이나 계절 추세에 추가적으로 선형 시간 추세를 당연히 가정할 수 있지만 전반적인 경향이 그러한 규칙이 있다고 정말로 확신할 수 있는가?

이러한 대안으로는 이 장에서 공부할 확률계절모형을 이용하는 것이다.

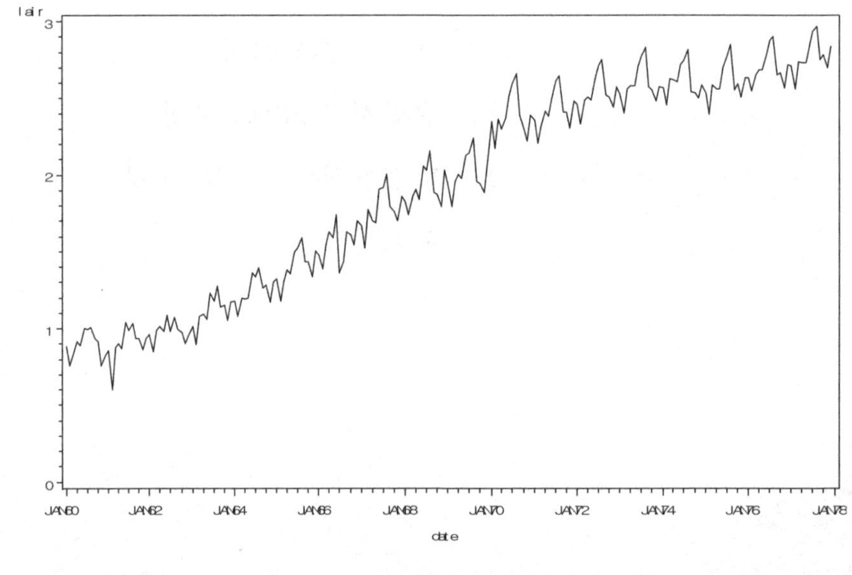

|그림 12.1| 미국 월별 항공여객운항거리의 로그 변환된 시계열산포도

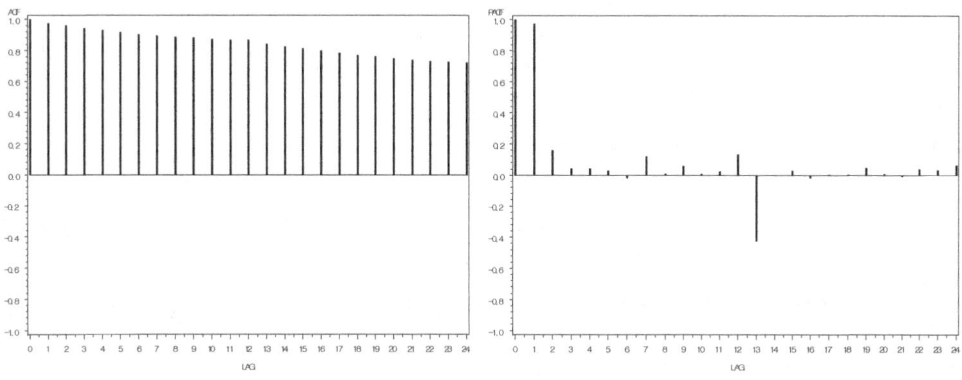

(a) ACF　　　(b) PACF

| 그림 12.2 | 미국 월별 항공여객운항거리의 로그 변환된 시계열산포도

12.1 계절 ARMA 모형

이 절에서는 먼저 정상모형에 대하여 살펴보고, 다음으로 12.3절에서는 좀 더 일반화된 비정상모형에 대하여 살펴볼 것이다. 계절시차를 s라고 하면 월별 시계열은 $s=12$, 분기별 시계열은 $s=4$가 된다.

다음 식에 의하여 생성된 시계열을 생각하여 보고, 그 특성을 살펴보자.

$$Z_t = a_t - \Theta a_{t-12}$$

이때

$$\begin{aligned} Cov(Z_t, Z_{t-1}) &= Cov(a_t, \Theta a_{t-12}, a_{t-1} - \Theta a_{t-13}) \\ &= 0 \end{aligned}$$

가 되지만

$$\begin{aligned} Cov(Z_t, Z_{t-12}) &= Cov(a_t - \Theta a_{t-12}, a_{t-12} - \Theta a_{t-24}) \\ &= -\Theta \sigma_a^2 \end{aligned}$$

임을 유의하길 바란다. 이러한 시계열은 정상적이고 시차 12에서만 0이 아닌 자기상관을 가짐을 쉽게 보일 수 있다. 이러한 개념을 일반화하면, 차수가 Q인 계절 $MA(Q)$

모형을 다음과 같이 정의할 수 있다.

$$Z_t = a_t - \Theta_1 a_{t-s} - \Theta_2 a_{t-2s} - \cdots - \Theta_Q a_{t-Qs} \tag{12.1.1}$$

이때 계절 MA 특성방정식은 다음과 같다.

$$\Theta(B) = 1 - \Theta_1 B^s - \Theta_2 B^{2s} - \cdots - \Theta_Q B^{Qs} \tag{12.1.2}$$

이러한 시계열은 항상 정상적이고, ACF가 계절시차 $s, 2s, 3s, \cdots, Qs$에서만 0이 아님은 분명하다. 특히 ACF는 다음과 같다.

$$\rho_{ks} = \frac{-\Theta_k + \Theta_1\Theta_{k+1} + \Theta_2\Theta_{k+2} + \cdots + \Theta_{Q-k}\Theta_Q}{1 + \Theta_1^2 + \Theta_2^2 + \cdots + \Theta_Q^2}, \quad k = 1, 2, \cdots, Q \tag{12.1.3}$$

이 모형이 가역적이기 위해서는 $\Theta(B) = 0$의 근의 절댓값이 모두 1보다 커야 한다.

계절 $MA(Q)$ 모형은 차수가 $q = Qs$인 일반적인 비계절 MA 모형의 특별한 경우로 간주될 수 있지만, 계절시차 $s, 2s, \cdots, Qs$ 이외의 모든 θ값들이 0임을 유념하길 바란다.

또한 계절자기회귀모형을 정의할 수 있는데 다음과 같은 식을 생각해 보자.

$$Z_t = \Phi Z_{t-12} + a_t \tag{12.1.4}$$

여기서 $|\Phi| < 1$이고, a_t는 $Z_{t-1}, Z_{t-2}, \cdots$와 독립이다. 조건 $|\Phi| < 1$은 일반적인 AR 모형에서와 같이 정상성을 만족하는 조건이다. 따라서 $E(Z_t) = 0$임을 쉽게 증명할 수 있다. 식 (12.4)에 Z_{t-k}를 곱하고 기댓값을 취한 후 γ_0로 나누면 다음과 같은 식을 얻을 수 있다.

$$\rho_k = \Phi \rho_{k-12}, \quad k \ge 1 \tag{12.1.5}$$

여기서 $\rho_0 = 1$이므로

$$\rho_{12} = Ph\rho_0 = \Phi, \quad \rho_{24} = \Phi\rho_{12} = \Phi^2$$

이다. 더 일반적으로 ACF는 다음과 같다.

$$\rho_{12k} = \Phi^k, \quad k = 1, 2, \cdots \tag{12.1.6}$$

여기서 $k=1$과 $k=11$을 대입하고 $\rho_k=\rho_{-k}$를 이용하면 다음의 관계식을 얻을 수 있다.

$$\rho_1=\Phi\rho_{11}, \qquad \rho_{11}=\Phi\rho_1$$

위 식으로부터 $\rho_1=\rho_{11}=0$임을 알 수 있다. 마찬가지로 계절시차 $s, 2s, 3s, \cdots$ 이외의 시차에서는 $\rho_k=0$임을 보일 수 있다. 그러한 시차에서 ACF는 AR(1) 모형에서와 같이 지수적으로 감소한다.

이 예제를 바탕으로, 차수가 P인 계절 AR(p) 모형을 다음과 같이 정의할 수 있다.

$$Z_t=\Phi_1 Z_{t-s}+\Phi_2 Z_{t-2s}+\cdots+\Phi_p Z_{t-Ps}+a_t \tag{12.1.7}$$

이때의 계절 AR 특성방정식은 다음과 같다.

$$\Phi(B)=1-\Phi_1 B^2-\Phi_2 B^{2s}-\cdots-\Phi_P B^{Ps} \tag{12.1.8}$$

a_t는 $Z_{t-1}, Z_{t-2}, \cdots$와 독립이며 정상성을 위해서 $\Phi(B)=0$의 근의 절댓값이 1보다 커야 한다. 식 (12.1.7)은 계절시차 $s, 2s, \cdots, Ps$에서만 0이 아닌 ϕ-계수를 갖는 차수 $p=Ps$인 특별한 AR(p) 모형으로 간주될 수 있다. 즉, 계절성의 길이가 s인 계절 AR (p) 모형의 ACF는 다음과 같이 된다.

$$\rho_{ks}=\Phi^k, \quad k=1,2,\cdots \tag{12.1.9}$$

12.2 승법계절 ARMA 모형

앞 절에서 우리는 계절시차에서만 자기상관을 갖는 모형을 고려했었다. 그러나 계절과 비계절 ARMA 모형을 결합함으로써 우리는 계절시차에 대하여, 그리고 근접한 관찰값들에 대하여 자기상관을 포함한 확장된 모형을 개발할 수 있다.

MA 특성방정식이 다음과 같은 모형을 생각해 보자.

$$(1-\theta B)(1-\Theta B^{12})$$

위 식을 전개하면 $1-\theta B-\Theta B^{12}+\theta\Theta B^{13}$이다. 따라서 이에 대응하는 시계열은 다음 식을 만족한다.

$$Z_t = a_t - \theta a_{t-1} - \Theta a_{t-12} + \theta\Theta a_{t-13} \tag{12.2.1}$$

이 모형에 대하여 우리는 ACF가 시차 1, 11, 12, 13에서만 0이 아님을 확인할 수 있다. 그리고 분산 및 ACF가 다음과 같음을 쉽게 알 수 있다.

$$\gamma_0 = (1+\theta^2)(1+\Theta^2)\sigma_a^2 \tag{12.2.2}$$

$$\rho_1 = -\frac{\theta}{1+\theta}{}^2$$

$$\rho_{11} = \rho_{13} = \frac{\theta\Theta}{(1+\theta^2)(1+\Theta^2)} \tag{12.2.3}$$

$$\rho_{12} = -\frac{\Theta}{1+\Theta^2}$$

물론 우리는 단지 θ_1과 θ_{12}의 값만 0이 아닌 차수 12인 MA 모형을 정의함으로써 단기간과 계절 자기상관을 유도할 수 있다. '승법' 모형이 차분을 필요로 하는 비정상 모형에 대하여 매우 자연스럽게 발생하는 것은 다음 12.3절에서 알 수 있을 것이다.

일반적으로 승법계절 ARMA$(p,q)\times(P,Q)$ 모형은 다음과 같은 AR 특성방정식 $\phi(x)\Phi(x)$와 MA 특성방정식 $\theta(x)\Theta(x)$를 갖는 모형으로 정의한다. 즉, $\phi(B)\Phi(B)Z_t = \theta(B)\Theta(B)a_t$이고, 여기서

$$\phi(B) = 1-\phi_1 B - \phi_2 B^2 - \cdots - \phi_p B^p \tag{12.2.4}$$

$$\Phi(B) = 1-\Phi_1 B^s - \Phi_2 B^{2s} - \cdots - \Phi_P B^{Ps}$$

$$\theta(B) = 1-\theta_1 B - \theta_2 B^2 - \cdots - \theta_q B^q$$

$$\Theta(B) = 1-\Theta_1 B^s - \Theta_2 B^{2s} - \cdots - \Theta_Q B^{Qs}$$

이다. 이 모형은 역시 상수항 θ_0를 포함할 수도 있다. 차수 $(p+Ps)$인 AR 모형과 차수 $(q+Qs)$인 MA 모형으로 특별한 ARMA 모형을 얻을 수 있지만 계수들이 일반적인 $(p+P+q+Q)$ 계수로 결정되지 않는다는 것이 일반적인 ARMA 모형과 다르다. 만일 $s=12$라면, $(p+P+q+Q)$는 $(p+Ps+q+Qs)$보다 훨씬 적을 것이며 더 축소된 모형이 될 것이다.

다른 예로, $s=12$이면서 $P=q=1$과 $p=Q=0$인 경우를 생각해 보자. 그러면 모형은 다음 식과 같다.

$$Z_t = \Phi Z_{t-12} + a_t - \theta a_{t-1}$$

먼저 자기공분산함수를 구하면, 다음과 같게 되고

$$\gamma_1 = \Phi \gamma_{11} - \theta \sigma_a^2$$
$$\gamma_k = \Phi \gamma_{k-12}, \quad k \geq 2$$

k에 대해 다양한 선택을 함으로써 다음과 같은 분산 및 ACF를 얻을 수 있다.

$$\gamma_0 = \frac{1+\theta^2}{1-\Phi^2}\sigma_a^2$$
$$\rho_{12k} = \Phi^k, \quad k = 1, 2, \cdots$$
$$\rho_{12k-1} = \rho_{12k+1} = -\frac{\theta}{1+\theta^2}, \quad k = 0, 1, 2, \cdots$$

이때 나머지 모든 자기상관들은 0이 될 것이다.

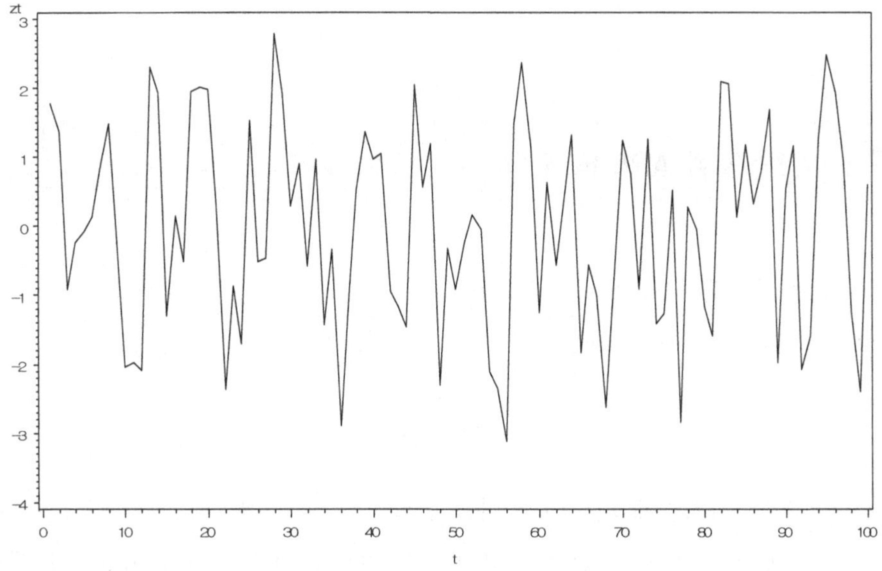

그림 12.3 $\Phi = 0.75$, $\theta = -0.4$, $s = 12$인 경우에 대한 시계열산포도

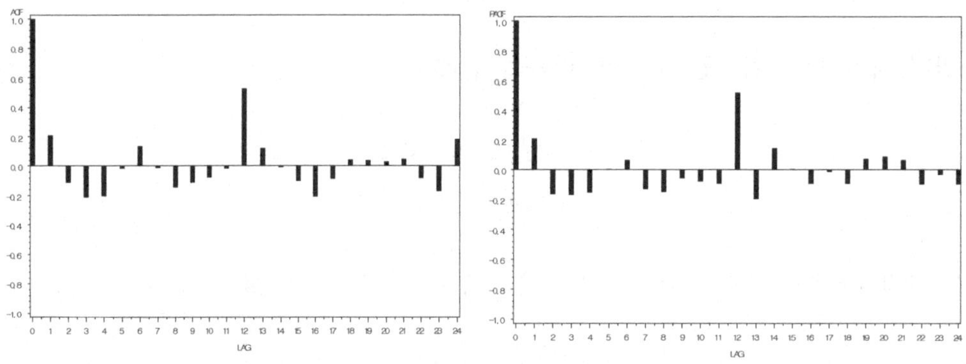

| 그림 12.4 | $\Phi=0.75$, $\theta=-0.4$, $s=12$인 경우에 대한 시계열산포도

[그림 12.3] 이하는 계절 $ARMA(0,0,1)\times(1,0,0)_{12}$ 모형에 따르는 난수를 발생시킨 결과로서 [그림 12.4]는 $\Phi=0.75$, $\theta=0.4$과 $s=12$인 경우에 대한 ACF 그래프를 보여준다. 이러한 자기상관의 형태는 수많은 계절시계열에 대하여 관찰된 표본 ACF의 전형적인 것이다. 식 (12.2.3)에 주어져 있는 좀 더 간단한 자기상관이 실제로 빈번하게 발생한다.

12.3 비정상계절 ARIMA 모형

비정상시계열 과정을 모형화하는 중요한 도구는 계절차분이다. 시계열 Z_t에 대하여 기간 s의 계절차분을 $\Delta_s Z_t$라고 표기하면 다음과 같이 정의할 수 있다.

$$\Delta_s Z_t = Z_t - Z_{t-s} \tag{12.3.1}$$

예를 들어 월별 시계열에 대하여 우리는 연속적인 해에 대하여 1월부터 1월까지, 2월부터 2월까지, 기타 등등의 변화를 고려한다. 자료의 개수가 n인 시계열에 대하여 계절차분 시계열은 그 개수가 $(n-s)$이다. 즉, s 자료값은 계절차분에 의하여 소멸되었다.

계절차분의 적절한 예로 다음과 같은 식에 의해 생성된 과정을 고려하여 보자.

$$Z_t = S_t + a_t \tag{12.3.2}$$

여기서

$$S_t = S_{t-s} + b_t \tag{12.3.3}$$

이며, $\{a_t\}$와 $\{b_t\}$는 백색잡음으로 서로 독립이다. 여기서 S_t는 '계절확률보행'이고, 만일 $\sigma_b < \sigma_a$라면, $\{S_t\}$는 계절성분의 변화가 적은 모형이 된다.

$\{S_t\}$의 비정상성으로 인하여, 분명히 Z_t는 비정상이다. 하지만 앞에서 설명한 것과 같이 Z_t를 계절적으로 차분한다면 다음의 식을 얻을 수 있다.

$$\begin{aligned}\nabla_s Z_t &= S_t - S_{t-s} + a_t - a_{t-s} \\ &= b_t + a_t - a_{t-s}\end{aligned} \tag{12.3.4}$$

$\nabla_s Z_t$가 정상적이고 MA(1) 모형의 ACF를 가짐은 쉽게 보일 수 있다.

또한 식 (12.3.2)와 식 (12.3.3)의 모형은 확률적 추세를 천천히 바꾸는 비계절성을 설명하기 위해 일반화될 수 있다. 다음과 같은 식을 고려하여 보자.

$$Z_t = M_t + S_t + a_t$$

여기서

$$S_t = S_{t-s} + b_t$$

$$M_t = M_{t-1} + c_t$$

이며, $\{a_t\}$, $\{b_t\}$와 $\{c_t\}$는 백색잡음계열로 상호독립이다. 이때 계절차분과 보통의 비계절차분을 취함으로써 다음의 식을 얻을 수 있다.

$$\begin{aligned}\nabla\nabla_s Z_t &= \Delta(M_t - M_{t-s} + b_t + a_t - a_{t-s}) \\ &= (c_t + b_t + a_t) - (b_{t-1} + a_{t-1}) - (c_{t-s} + a_{t-s}) + a_{t-s-1}\end{aligned} \tag{12.3.5}$$

식 (12.3.5)에서의 모형은 정상적이고 시차 1, $s-1$, s와 $s+1$에서만 0이 아닌 자기상관을 가질 것이며, 승법계절모형 $ARMA(0,1)\times(0,1)$의 상관구조와 일치한다.

이러한 예들은 비정상계절모형의 정의를 도출한다. 만일 차분된 시계열

$$W_t = \nabla^d \nabla_s^D Z_t$$

이 $ARIMA(p,q)\times(P,Q)$ 모형을 만족한다면, 과정 $\{Z_t\}$는 비계절차수 (p,d,q), 계절차수 (P,D,Q), 계절기간 s를 갖는 승법계절 ARIMA 모형이라고 한다. 이때의 $\{Z_t\}$를

ARIMA$(p,d,q)\times(P,D,Q)$ 모형이라고 한다.

분명히 그러한 모형들은 특별한 시계열에 대하여 적당한 모형을 선택하기 위한 넓고 융통성 있는 부류를 표현한다. 경험적으로 많은 시계열들은 대개 셋 또는 네 개 정도의 적은 수의 모수를 갖는 이러한 모형들에 의해 적절하게 적합될 수 있음이 알려져 있다.

12.4 사례분석

1) 전력사용량

한국전력공사에서는 주요 전력설비 및 발전량 등 전력수급상황에 대한 내용을 파악하여 전력정책수립에 필요한 기초자료를 제공하기 위하여 주기적으로 조사를 실시한다. 다음의 자료는 2001년 1월부터 2014년 12월까지 한국전력공사에서 조사한 월간 전력사용량(MWh) 자료이다. 이 자료를 계절 ARIMA 모형에 적합하여 모수를 추정하고 예측하기 위해 분석을 실시한다.

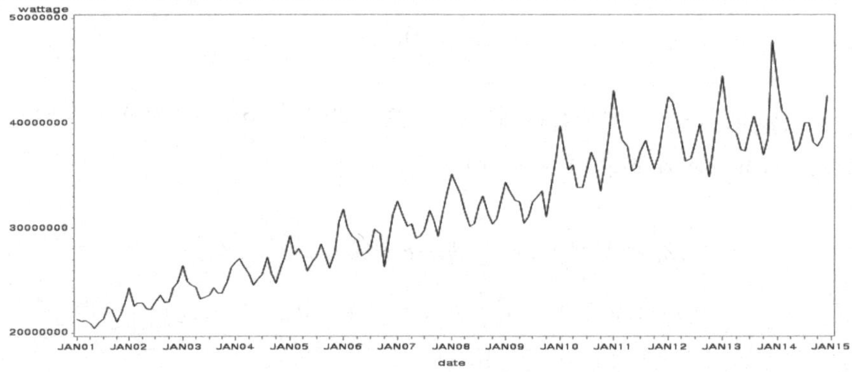


```
data wattage;
  infile 'G:\wattage.csv';
  input wattage;
  date=intnx('month', '01jan01'd, _n_-1);
  format date monyy.;
run;
symbol1 i=join cv=black;
proc gplot data=wattage;
  plot wattage*date=1; run;
```

| 그림 12.5 | 전력사용량 자료의 산점도

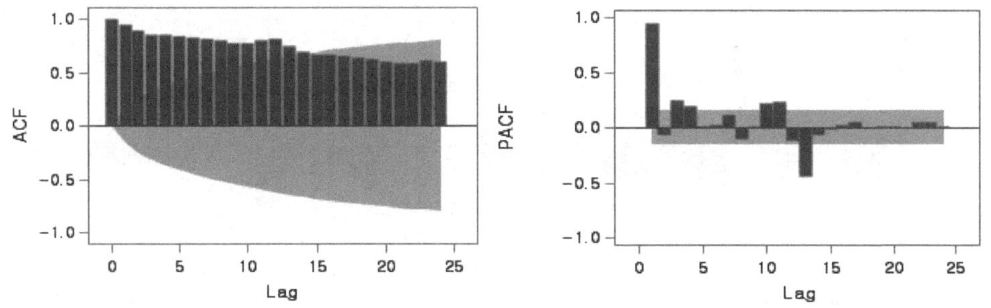


```
proc arima data=wattage;
  identify var=wattage nlag=24; run;
```

| 그림 12.6 | 전력사용량의 ACF와 PACF

가장 먼저 [그림 12.5]의 전력량 원자료의 시계열 산점도를 살펴보면 전력량이 시간의 흐름에 따라 점점 증가하는 추세가 보이고 변동의 폭도 약간씩 증가하는 것을 파악할 수 있다. [그림 12.6] 또한 정상성을 만족하지 않으므로 분산안정화를 위한 log 변환과 1회의 차분이 필요함을 확인하였다.

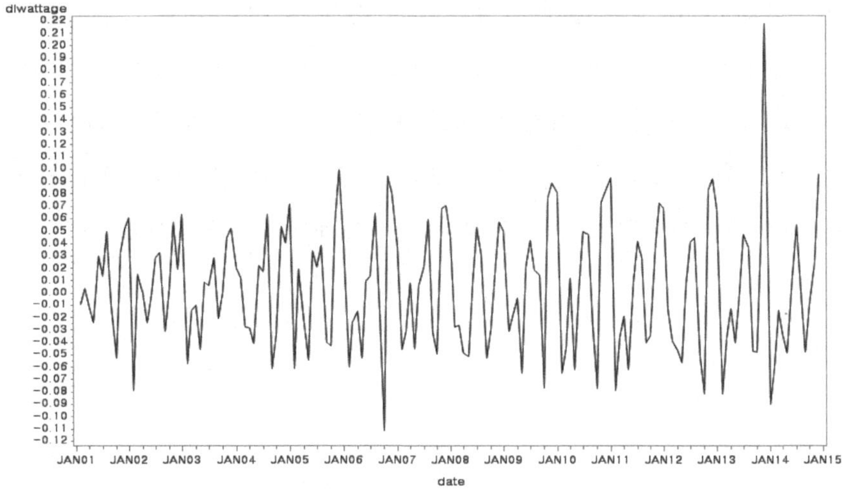


```
data dlwattage;
  set wattage;
    lwattage=log(wattage);
    dlwattage=dif(lwattage);
          date=intnx('month', '01jan01'd, _n_-1);
run;
symbol1 i=join cv=black;
proc gplot data=dlwattage;
  plot dlwattage*date=1; run;
```

| 그림 12.7 | 1차 차분한 전력사용량 자료의 산점도

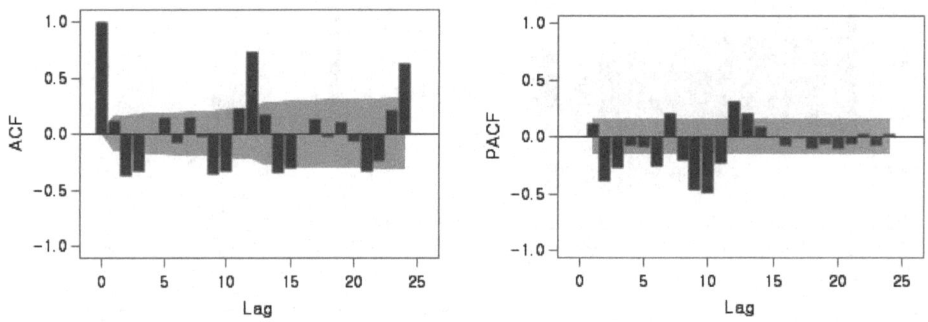


```
proc arima data=dlwattage;
  identify var=lwattage(1) nlag=24; run;
```

|그림 12.8| 1차 차분한 전력사용량의 ACF와 PACF

[그림 12.7]은 원자료에 분산안정화변환을 취하고 1차 차분을 한 후의 시계열산포도이다. [그림 12.7]을 보면 산포도에 주기가 존재하는 것을 확인할 수 있다. 또한, [그림 12.8]에서도 주기적으로 ACF 값이 튀는 것을 볼 수 있는데 이로 인해 계절차분이 필요함을 확인하였다.

계절차분까지 마친 [그림 12.9]와 [그림 12.10]을 보면 어느 정도 정상성을 만족하는 것으로 보이며 이 전력사용량 자료는 ARIMA$(0,1,1)\times(0,1,1)_{12}$ 모형 또는 ARIMA$(0,1,2)\times(0,1,1)_{12}$ 모형으로 잠정적으로 식별할 수 있다. 이외에도 다른 몇 가지의 모형들을 비교해본 결과, [표 12.1]에서 볼 수 있듯이 AIC 통계량이 가장 작은 ARIMA$(0,1,1)\times(0,1,1)_{12}$ 모형의 모수를 추정하고, 포트맨토 검정을 실시하여 모형을 진단한다.

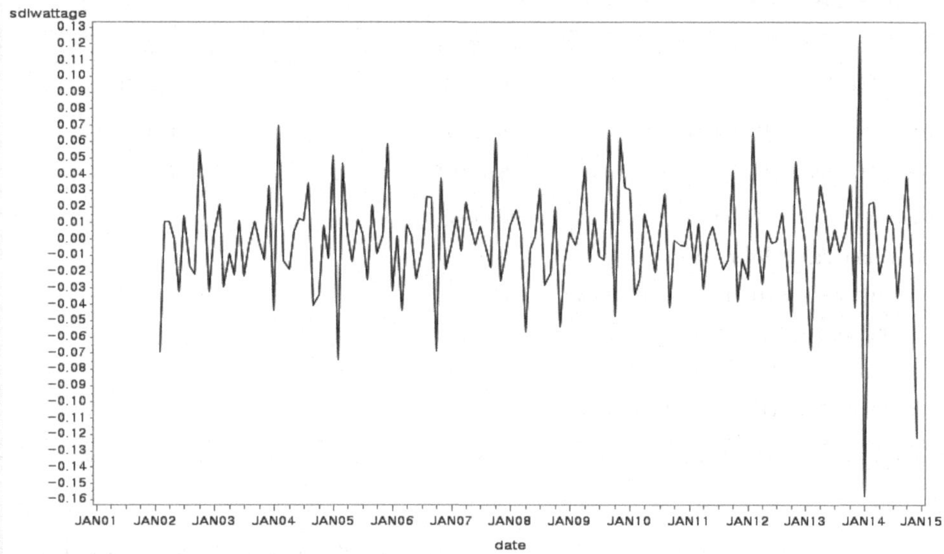

```
data sdlwattage;
   set dlwattage;
    sdlwattage=dif12(dlwattage);
    date=intnx('month', '01jan01'd, _n_-1);
run;
symbol1 i=join cv=black;
proc gplot data=sdlwattage;
  plot sdlwattage*date=1; run;
```

|그림 12.9| 계절차분한 전력사용량 자료의 산점도

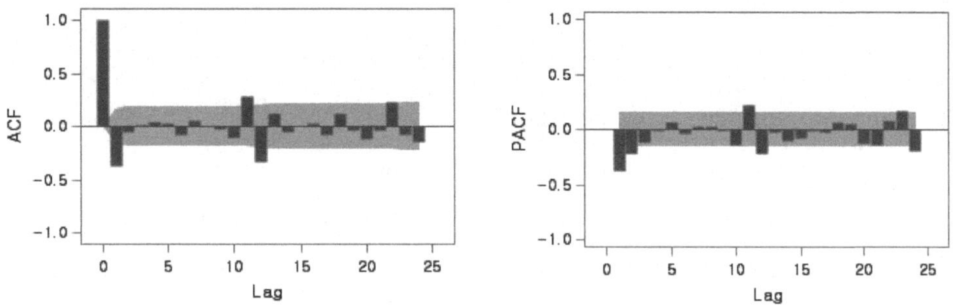

```
proc arima data=dlwattage;
  identify var=lwattage(1,12) nlag=24; run;
```

|그림 12.10| 계절차분한 전력사용량의 ACF와 PACF

|표 12.1| 잠정적 모형의 AIC 비교 결과

모형	AIC	SBC
$\text{ARIMA}(0,1,1)\times(0,1,1)_{12}$	−692.057	−682.927
$\text{ARIMA}(0,1,2)\times(0,1,1)_{12}$	−691.218	−679.044
$\text{ARIMA}(1,1,1)\times(1,1,1)_{12}$	−688.999	−673.782
$\text{ARIMA}(1,1,1)\times(0,1,1)_{12}$	−690.959	−678.786

```
proc arima data=dlwattage;
  identify var=lwattage(1,12) nlag=24; run;
   estimate q=(1)(12); run;
   estimate q=(1 2)(12); run;
   estimate p=(1)(12) q=(1)(12); run;
   estimate p=(1) q=(1)(12); run;
```

$\text{ARIMA}(0,1,1)\times(0,1,1)_{12}$ 모형의 모수 μ , θ_1, θ_{12}를 추정한 결과, [표 12.2]의 μ를 제외한 모수들이 유의하다고 확인되었다. [표 12.3]의 포트맨토 검정에 대한 유의확률도 모두 0.05보다 큰 것을 확인할 수 있다. 모든 시차에서 귀무가설 $H_0 : \rho(k)=0\,, k\geq 1$을 기각할 수 없으므로 잔차의 자기상관성이 없고 독립적이라고 할 수 있다. 따라서 $\text{ARIMA}(0,1,1)\times(0,1,1)_{12}$ 모형을 최종 모형으로 선택한다.

$$(1-B)(1-B^{12})Z_t=(1-0.561B)(1-0.666B^{12})a_t$$

|표 12.2| 모수추정 결과

Conditional Least Squares Estimation					
Parameter	Estimate	Standard Error	t Value	Approx Pr 〉 |t|	Lag
μ	−0.0007	0.0004	−1.97	0.0501	0
θ_1	0.56074	0.0675	8.31	〈.0001	1
θ_{12}	0.66624	0.0655	10.17	〈.0001	12

```
proc arima data=dlwattage;
  identify var=lwattage(1,12) nlag=24; run;
   estimate q=(1)(12); run;
```

|표 12.3| 잔차의 독립성검정 - 포트맨토 검정 결과

Autocorrelation Check of Residuals									
To Lag	Chi-Square	DF	Pr > ChiSq	Autocorrelations					
6	2.39	4	0.6653	0.045	-0.095	-0.000	0.042	0.033	-0.032
12	7.29	10	0.6977	0.048	-0.075	-0.103	-0.023	0.100	0.014
18	8.97	16	0.9145	0.069	-0.036	-0.019	0.019	0.003	0.054
24	17.93	22	0.7099	0.083	0.106	-0.026	-0.046	0.039	-0.020

```
proc arima data=dlwattage;
  identify var=lwattage(1,12) nlag=24; run;
   estimate q=(1)(12); run;
```

[표 12.4]는 2014년 12월 이후의 미래 20시점에 대해 예측한 결과이다. [그림 12.11]은 원자료 산점도와 미래 20시점의 예측값과 신뢰구간을 함께 나타낸 산점도인데 굵은 점들로 나타낸 부분이 예측값, 점선으로 나타낸 부분이 예측값의 신뢰구간을 가리킨다.

|표 12.4| 미래 20시점까지의 예측 결과

Forecasts for variable wattage				
Obs	Forecast	Std Error	95% Confidence Limits	
169	44,041,621.31	1.02604	41,877,509.36	46,317,568.49
170	41,519,464.19	1.02848	39,296,265.09	43,868,441.50
171	40,293,963.46	1.03073	37,973,367.56	42,756,373.63
172	39,238,864.74	1.03283	36,831,613.17	41,803,450.18
173	37,217,607.77	1.03481	34,803,352.98	39,799,335.68
174	37,412,448.70	1.03669	34,861,315.26	40,150,272.80
175	39,129,714.10	1.03848	36,338,206.40	42,135,665.93
176	40,075,239.05	1.04020	37,095,952.97	43,293,800.43
177	38,328,316.80	1.04185	35,368,805.00	41,535,468.02
178	36,683,126.66	1.04344	33,749,512.79	39,871,739.47
179	38,308,895.30	1.04498	35,143,610.25	41,759,268.57
180	42,942,394.21	1.04647	39,284,321.47	46,941,098.92
181	43,780,855.45	1.05083	39,726,396.51	48,249,110.74
182	41,245,077.56	1.05319	37,261,721.82	45,654,262.33
183	399,999,983.49	1.05545	35,985,317.31	44,462,541.92
184	38,925,634.21	1.05763	34,877,533.16	43,443,582.78
185	36,894,969.66	1.05973	32,929,423.13	41,338,069.62
186	37,062,462.97	1.06177	35,954,467.52	41,682,547.61
187	38,736,845.96	1.06375	34,317,705.85	43,725,045.09
188	39,645,430.95	1.06568	34,998,347.63	44,909,554.34

```
proc arima data=dlwattage;
  identify var=lwattage(1,12) nlags=24; run;
```

```
  estimate q=(1)(12); run;
  forecast lead=20 out=wattageout; run; quit;

/*로그변환 취해진 예측값 역변환*/
data exp2; set wattageout;
expwt=exp(lwattage);
expfor=exp(forecast);
expse=exp(std);
expl=exp(L95);
expu=exp(U95);
run;
proc print data=exp2; run;
```

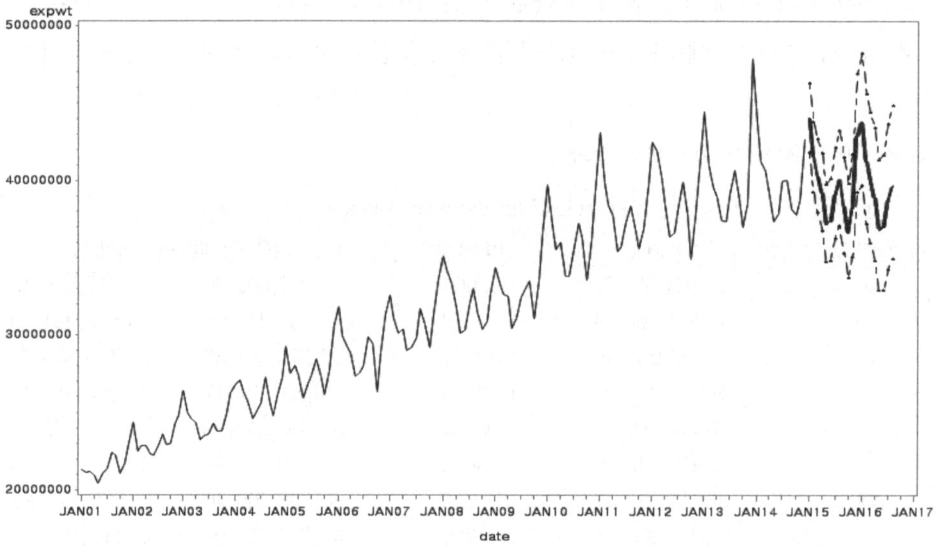


```
data wattageout;
  set wattageout;
date=intnx('month', '01jan01'd, _n_-1);
          format date monyy.;
     if date <= '31dec14'd then forecast=.;
          if date <= '31dec14'd then L95=.;
          if date <= '31dec14'd then U95=.;
run;

symbol1 i=join v=dot  l=1  h=0.2 c=black;
symbol2 i=join v=none l=1 w=2.0 c=blue;
symbol3 i=join v=star l=25 h=0.2 c=black;
symbol4 i=join v=star l=25 h=0.2 c=black;
proc gplot data=wattageout;
 plot (wattage forecast L95 U95)*date/overlay;
 run; quit;
```

|그림 12.11| 원자료와 미래 20시점까지의 예측값과 신뢰구간 산점도

2) 주택건설인허가실적

자료는 국토교통부 및 토지주택공사에서 주택건설관련 정책자료 등으로 활용하기 위하여 익월 공표하는 주택건설인허가실적(건) 자료이다. 2007년 1월부터 2015년 12월까지 108개월의 자료로, [그림 12.12]는 주택건설인허가실적 자료의 시계열도 및 ACF, PACF이다. 뚜렷한 계절성을 띠고 있으며 시간에 따라 변동의 폭이 커지고 있음을 알 수 있다. [그림 12.13]은 변동의 폭을 줄이기 위하여 주택건설인허가실적 자료에 로그를 취한 시계열도와 ACF, PACF이다. 계절성이 뚜렷하게 보이고 변동의 폭을 조정한 것을 확인할 수 있다. 계절차분은 확실해 보이나 1차 차분의 여부는 불확실하여 R에서 "ndiffs(lx)"로 1차 차분이 필요함을 확인하였다.

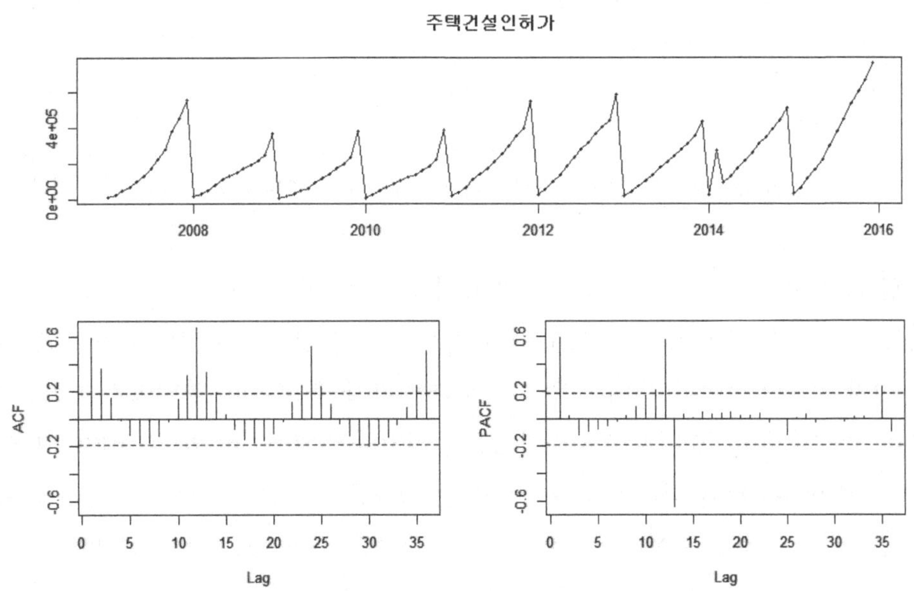


```
x <- ts(read_excel("F:\\R\\construction.xlsx", col_names=FALSE),start=c(2007,1), frequency=12)
tsdisplay(x,   main="주택건설인허가")
```

|그림 12.12| 주택건설인허가실적 자료의 시계열도

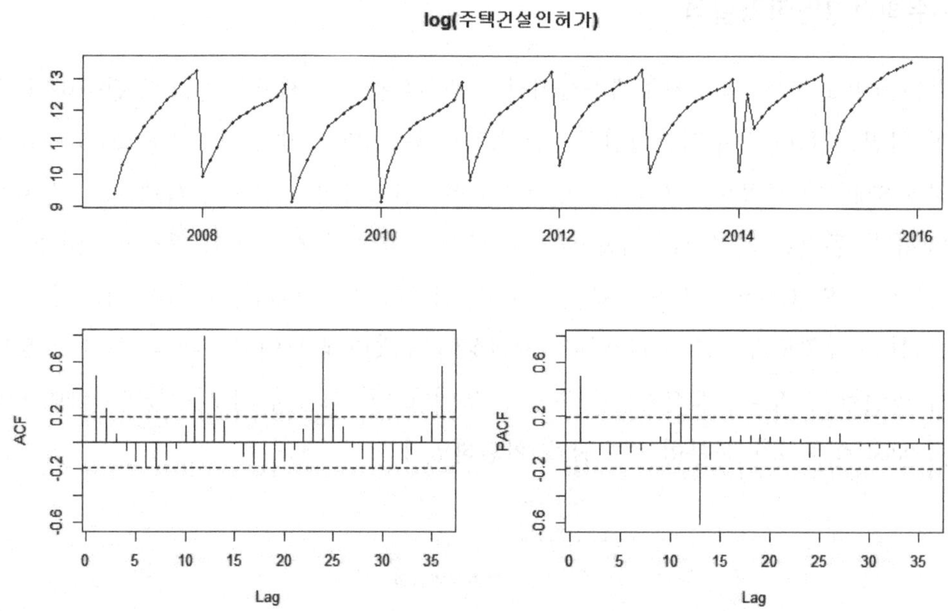


```
lx <- log(x)
tsdisplay(lx, main="log(주택건설인허가)")
```

[그림 12.13] 로그변환된 주택건설인허가실적의 시계열도와 ACF, PACF

[그림 12.14]는 로그변환 후 1차 차분과 12차 차분 후 시계열도와 ACF, PACF이다. 계절성을 살펴보면 ACF에서 시차 1, 12에서 최하를 찍고 절단되는 형태를 보이고 PACF에서 시차 1, 12에서 점차 지수적으로 감소하는 형태를 보이고 있으므로 계절성 MA 차수를 1 또는 2로 식별할 수 있다. 비계절성 파트를 식별하기 위하여 ACF를 보면 시차 1, 12 근처에서 하나 최하를 찍고 절단되는 형태를 보이고 PACF는 1, 12, 24 근처에서 지수적으로 감소하는 형태를 보이므로 비계절성 MA 차수로 1을 식별하도록 한다. 이를 바탕으로 식별한 모형의 AIC를 비교한 결과는 [표 12.5]와 같다. AIC가 가장 작은 계절형 ARIMA $(0,1,1)\times(0,1,2)_{12}$을 잠정모형으로 식별한다.

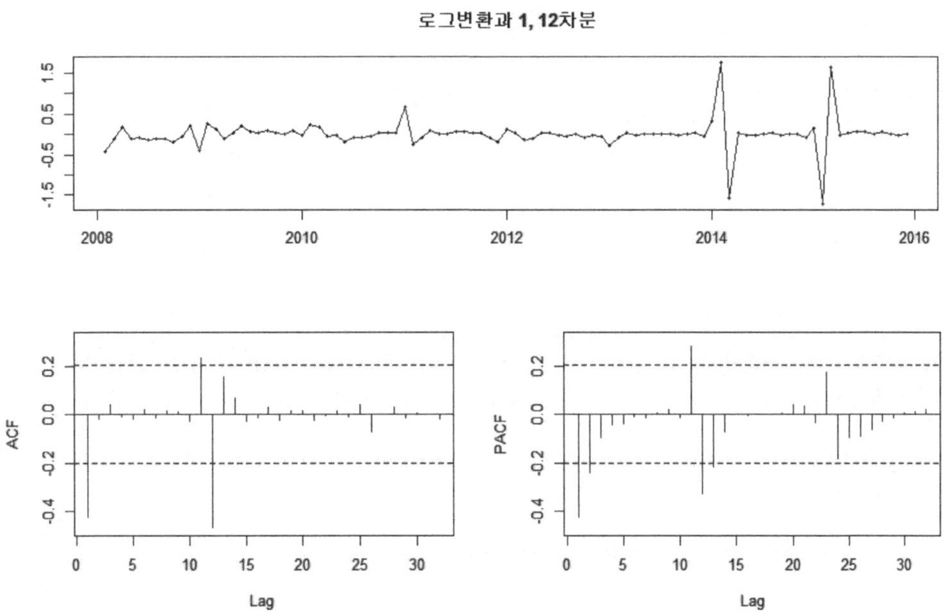


```
tsdisplay(diff(diff(lx,12)), main="로그변환과 1, 12차분")
```

|그림 12.14| 로그변환 및 1차분, 12차분한 자료의 시계열도

|표 12.5| 잠정적 모형의 AIC 비교 결과

모형	AIC
seasonal ARIMA $(0,1,1)\times(0,1,1)_{12}$	22.12
seasonal ARIMA $(0,1,1)\times(0,1,2)_{12}$	20.1
seasonal ARIMA $(0,1,2)\times(0,1,1)_{12}$	23.82
seasonal ARIMA $(0,1,2)\times(0,1,1)_{12}$	22.09
seasonal ARIMA $(1,1,1)\times(0,1,1)_{12}$	23.85

```
arima(lx, order=c(0,1,1), seasonal = list(order=c(0,1,1), periods=12 ))
arima(lx, order=c(0,1,1), seasonal = list(order=c(0,1,2), periods=12 ))
arima(lx, order=c(0,1,2), seasonal = list(order=c(0,1,1), periods=12 ))
arima(lx, order=c(0,1,2), seasonal = list(order=c(0,1,2), periods=12 ))
arima(lx, order=c(1,1,1), seasonal = list(order=c(0,1,1), periods=12 ))
```

식별한 계절형 ARIMA $(0,1,1)\times(0,1,2)_{12}$ 모형에 대한 추정은 [그림 12.15]와 같고, 계수에 대한 유의수준과 신뢰구간은 [그림 12.16]과 같으며 모든 계수가 유의수준 0.05하에서 유의함을 확인하였다.

```
Call: arima(x = lx, order = c(0, 1, 1), seasonal = list(order = c(0, 1, 2), periods = 12))

Coefficients:
```

	ma1	sma1	sma2
	−0.5258	−0.7888	0.3311
s.e.	0.0871	0.1025	0.1514

```
sigma^2 estimated as 0.06094:  log likelihood = −6.05,  aic = 20.1

Training set error measures:
```

ME	RMSE	MAE	MPE	MAPE	MASE	ACF1
0.0003571634	0.2315594	0.1205758	0.0117275	1.045444	0.2253661	0.01681262

```
fit<-arima(lx, order=c(0,1,1), seasonal = list(order=c(0,1,2), periods=12 ))
summary(fit)
```

|그림 12.15| 계절형 ARIMA $(0,1,1)\times(0,1,2)_{12}$ 모형추정 결과

```
z test of coefficients:
```

	Estimate	Std. Error	z value	Pr(>|z|)
ma1	−0.525811	0.087063	−6.0394	1.547e−09 ***
sma1	−0.788812	0.102502	−7.6955	1.409e−14 ***
sma2	0.331129	0.151407	2.1870	0.02874 *

```
---
Signif. codes: 0 '***' 0.001 '**' 0.01 '*' 0.05 '.' 0.1 ' ' 1

coeftest(fit)
```

|그림 12.16| 계절형 ARIMA $(0,1,1)\times(0,1,2)_{12}$ 모형모수추정에 대한 검정

추정한 계절형 ARIMA $(0,1,1)\times(0,1,2)_{12}$ 모형에 대한 검진결과는 [그림 12.17]에 나타나 있다. 잔차그림은 0을 기준으로 분포하고 있고 어떤 특정한 패턴은 보이지 않는다. 또한 잔차의 ACF도 1 이상의 시차에서 모두 유의하게 작은 값을 가지므로 독립성을 만족한다고 할 수 있다. 또한 백색잡음검정을 위한 포트맨토 검정의 유의확률이 모든 시차에서 0.05보다 크므로 귀무가설 $H_0 : \rho(k)=0, k\geq 1$을 기각할 수 없기 때문에 백색잡음이 자기상관성이 없다고 할 수 있다. 따라서 계절형 ARIMA $(0,1,1)\times(0,1,2)_{12}$ 모형을 최종모형으로 선택하도록 한다.

$$(1-B)(1-B^{12})Z_t = (1-0.5258B)(1-0.7888B^{12}+0.3311B^{24})a_t$$

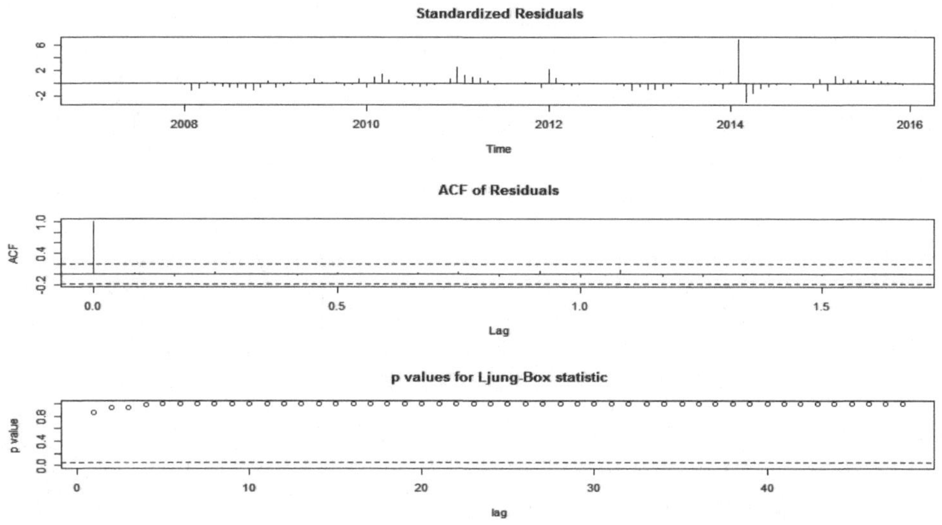


```
tsdiag(fit, gof.lag = 48)
```

|그림 12.17| ARIMA $(0,1,1)\times(0,1,2)_{12}$ 모형의 검진

계절형 ARIMA $(0,1,1)\times(0,1,2)_{12}$ 모형을 이용한 예측값과 예측값에 대한 시계열도는 각각 [표 12.6]과 [그림 12.18]에 나타내었다.

|표 12.6| 계절형 ARIMA $(0,1,1)\times(0,1,2)_{12}$ 모형의 미래 24시차 예측값

	Point Forecast	Lo 95	Hi 95
Jan 2016	43777.92	26984.68	71022.03
Feb 2016	200150.49	117163.21	341918.06
Mar 2016	150439.92	84013.78	269386.40
Apr 2016	214982.64	114941.49	402096.19
May 2016	284469.55	146025.21	554170.90
Jun 2016	359962.14	177822.45	728663.57
Jul 2016	438557.03	208907.68	920656.74
Aug 2016	514116.18	236552.74	1117363.72
Sep 2016	585513.27	260607.27	1315488.21
Oct 2016	654412.84	282132.46	1517925.92
Nov 2016	728448.76	304549.39	1742369.61
Dec 2016	835352.39	339031.64	2058255.13

```
ffc<-forecast(fit,h=12, level=0.95)
fc$mean<-exp(fc$mean)
fc$upper<-exp(fc$upper)
fc$lower<-exp(fc$lower)
fc$x<-exp(fc$x)
summary(fc)
```

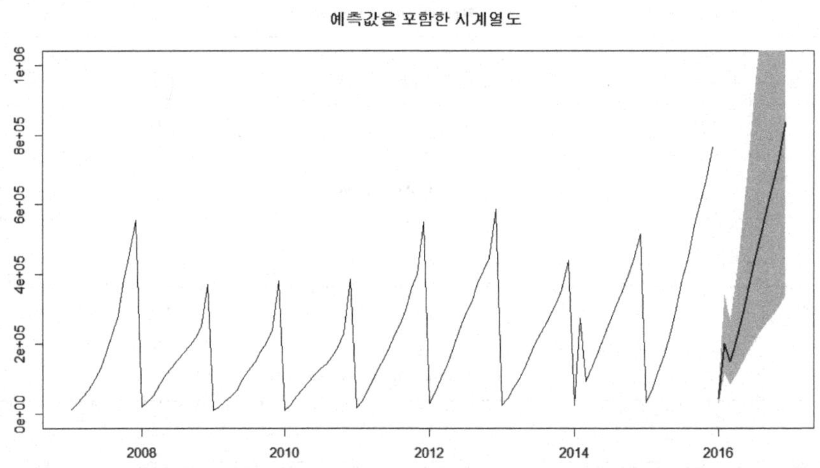


```
plot(fc, main="예측값을 포함한 시계열도" , ylim=c(0, 1000000) )
```

|그림 12.18| 계절형 ARIMA $(0,1,1)\times(0,1,2)_{12}$ 모형의 예측값을 포함한 시계열도

연습문제

1. 다음과 같은 계절모형을 갖는 분기별 자료를 가정하자.

$$Z_t = Z_{t-4} + a_t - \theta_1 a_{t-1} - \theta_2 a_{t-2}$$

1) 이 모형에서 처음 네 개의 Ψ를 구하시오.
2) $\theta_1 = 0.5$, $\theta_2 = -0.25$, $\sigma_a = 1$이고, 마지막 관찰값이 다음과 같다고 할 때 그 이후의 사분기 예측값을 구하시오.

	1	2	3	4
Series	25	20	25	40
Residual	2	1	2	3

3) 2)에서의 예측값들의 95% 신뢰구간을 구하시오.

2. 다음과 같은 특성방정식을 생각하자.

$$(1 - 2B + 0.5B^2)(1 - B^{12})$$

1) 이 특성방정식에 대응되는 시계열모형은 무엇인가?
2) 이 모형은 정상적인가?

3. 다음 시계열모형에 대하여 다음 물음에 답하시오.

$$(1 - B^{12})(1 - B)Z_t = (1 - 0.2B)(1 - 0.8B^{12})a_t$$

1) 위 모형을 AR 형태로 나타내고 그 계수 ϕ_i를 구하시오.
2) l 시차 이후의 예측값 $\hat{Z}_t(l)$을 구하시오.

4. 다음의 시계열모형을 SARIMA(p,d,q)×(P,D,Q)s로 표시하시오.

1) $Z_t = 0.4Z_{t-1} + Z_{t-4} - 0.6Z_{t-5} + a_t - 0.2a_{t-1}$
2) $Z_t = Z_{t-12} + a_t - 0.5a_{t-12} - 0.25a_{t-13}$

5. 다음 시계열자료는 어느 슈퍼마켓의 일일판매액이다. 이 자료에 적합한 계절 ARIMA 모형을 제시하고 잔차분석을 통해 그 모형을 적합성을 진단한 후, 미래시점 20개를 예측하시오.

766	769	804	775	800	740	763	821	774	800	724
742	835	760	804	707	734	851	745	813	696	727
871	728	843	707	736	871	719	855	731	758	882
723	865	727	771	900	740	884	728	785	913	751
899	749	796	939	779	900	744	803	946	810	895
746	797	953	834	895	736	793	949	864	893	714
799	942	893	916	693	813	923	905	930	664	819
926	893	915	649	824	925	879	901	645	823	929
861	900	640	816	931	866	907	652	806	938	870
920										

13장

ARIMA 모형의 확장

13.1 전이함수모형

13.1.1 서론

지금까지의 시계열모형의 분석에서는 하나의 시계열에 대한, 즉 단일변량에 대한 시계열분석과 예측이 고려되었다. 이 장에서는 다변량 시계열분석의 한 방법인 산출변수가 하나 또는 두 개 이상의 투입변수와 연관되는 전이함수모형(transfer function model)에 관하여 기술한다. 예를 들면 종합주가지수를 예측하기 위해서 고객예탁금과 같은 외생변수의 영향을 고려하는 모형을 설정하여 분석하거나, 일별 전력소비량을 예측하기 위하여 일별 온도와 상대습도와 같은 기후변수들의 영향을 고려하는 모형을 설정하여 분석하는 방법이다.

따라서 전이함수모형에 의한 예측방법은 단일변량 ARIMA 모형과 중회귀모형의 특성을 결합시킨, 즉 시계열 방법과 인과적 방법을 결합시킨 예측방법으로 생각할 수 있다. 그러나 전이함수모형의 주요 목적은 변수들 간의 관련성의 설명이 아니고, 산출변수의 선행지수(leading indicator)인 투입변수들과 산출변수 간의 동적 관련성을 분석하여 단일변량모형의 예측값을 개선시키는 데 있다(Makri dakis & Whilright, 1983, p.373).

k개의 투입변수를 포함하는 전이함수모형은 다음과 같다.

$$\begin{aligned} & Y_t-\delta_1 Y_{t-1}-\delta_2 Y_{t-2}-\cdots-\delta_r Y_{t-r} \\ &\quad =\omega_{10} X_{t-b}-\omega_{11} X_{t-b-1}-\cdots-\omega_{1s_1} X_{t-b-s} \\ &\quad +\omega_{20} Z_{t-b_2}-\omega_{2s_2} Z_{t-b_2-1}-\cdots-\omega_{ks_k} Z_{t-b_2-s_2} \\ &\quad \cdots +\omega_{k0} W_{t-b_k}-\omega_{k1} W_{t-b_k-1}-\cdots-\omega_k W_{t-b_k-s_k}+a_t \end{aligned} \tag{13.1.1}$$

여기서 산출변수 Y_t와 k개의 투입변수 X_t, Z_t, $\cdots$, W_t는 적절히 변환된 정상계열임을 가정한다. 즉, 산출변수 Y_t는 Y_t의 사전 값들과 하나 이상의 투입변수들의 사전 값들의 함수가 된다.

전이함수모형에 의한 예측 절차는 단일변량의 경우와 매우 흡사하다. 그러나 전이함수모형에서의 시계열 과정은 단일변량모형에서 사용된 시계열 과정처럼 명확하지는 않기 때문에 모형식별에는 상당한 어려움이 따르게 된다. 여기에서는 주로 하나의 투입변수만을 고려하는 단일 투입변수 전이함수모형에 관해서 서술하기로 한다.

13.1.2 단일 투입변수 전이함수모형

전이함수모형의 가장 단순한 형태인 투입변수가 하나인 경우, 즉 모형 (13.1.1)에서 k=1인 경우를 고려하기로 한다. Y_t와 X_t를 적절히 변환된 정상계열이라고 가정하면 전이함수모형은 다음과 같다.

$$Y_t-\delta_1 Y_{t-1}-\delta_2 Y_{t-2}-\cdots-\delta_r Y_{t-r}=\omega_0 X_{t-b}-\omega_1 X_{t-b-1}-\cdots-\omega_s X_{t-b-s}+a_t \qquad (13.1.2)$$

혹은

$$(1-\delta_1 B-\delta_2 B^2-\cdots-\delta_r B^r)Y_t=(\omega_0 B^b-\omega_1 B^{b+1}-\cdots-\omega_s B^{b+s})X_t+a_t$$

또 모형 (13.1.2)는 다음과 같이 나타낼 수도 있다.

$$Y_t=\frac{\omega_s(B)B^b}{\delta_r(B)}X_t+\eta_t \qquad (13.1.3)$$

여기서 $\omega(B)=\omega_0-\omega_1 B^1-\cdots-\omega_s B^s$, $\delta(B)=1-\delta_1 B-\delta_2 B^2-\cdots-\delta_r B^r$이고, b는 투입변수의 충격이 산출변수에 영향을 미치게 되는 시차(time lag)를 나타내는 지연모수(delay parameter)이다. 또 우리들은 안정적인 체계를 위하여 $\delta_r(B)=0$의 근들이 단위원 밖에 존재하는 것으로 가정한다.

또 Y_t는 예측하고자 하는 변수로서 산출변수가 되고, X_t는 투입변수 또는 시차 b만큼 산출변수를 선행하기 때문에 선행지수라고도 한다. 이때 만약 $b>0$면 X_t는 선행지수가 되므로 Y_t는 X_t를 활용하여 예측할 수 있지만, $b\le 0$일 때는 X_t를 Y_t의 예측에 활용할 수 없게 된다.

또 투입변수 X_t는 산출변수 Y_t에 선형종속관계가 있으므로 모형 (13.1.3)은 다음과 같이 나타낼 수 있다.

$$\begin{aligned} Y_t &= \nu_0 X_t+\nu_1 X_{t-1}+\cdots+\eta_t \qquad (13.1.4)\\ &= \nu(B)X_t+\eta_t \end{aligned}$$

여기서 $\nu(B)=\nu_0+\nu_1 B+\nu_2 B^2+\cdots$는 전이함수 혹은 충격반응함수(impulse response function)라고 하며, ν_j를 충격반응가중값이라고 한다.

이때 충격반응함수는 다음과 같은 관계가 성립된다.

$$\nu(B) = \frac{\omega_s(B)B^b}{\delta_r(B)} \tag{13.1.5}$$

그런데 모형 (13.1.3)에서 백색잡음 계열 η_t는 일반적으로 백색잡음이 되지 않으므로 다음과 같은 ARMA(p,q) 모형으로 나타낼 수 있다.

$$\phi(B)\eta_t = \theta(B)a_t \tag{13.1.6}$$

여기서 a_t는 백색잡음이다. 따라서 식 (13.1.3)의 전이함수모형은 다음과 같이 나타낼 수 있다.

$$Y_t = \frac{\omega_s(B)B^b}{\delta_r(B)}X_t + \frac{\theta(B)}{\phi(B)}a_t \tag{13.1.7}$$

이 모형을 우리들은 전이함수-백색잡음 모형 혹은 전이함수 모형이라고 한다. 또 이 모형은 ARMAX 모형으로도 알려져 있다.

이와 같은 관계를 그림으로 나타내면 [그림 13.1]과 같다.

식 (13.1.5)에서 만약, $\omega_s(B)$, $\delta_r(B)$, b가 결정되면 충격반응가중값 ν_j는 다음 식에서 양변의 B^j의 계수는 동일하게 된다는 사실을 이용하여 유도할 수 있다.

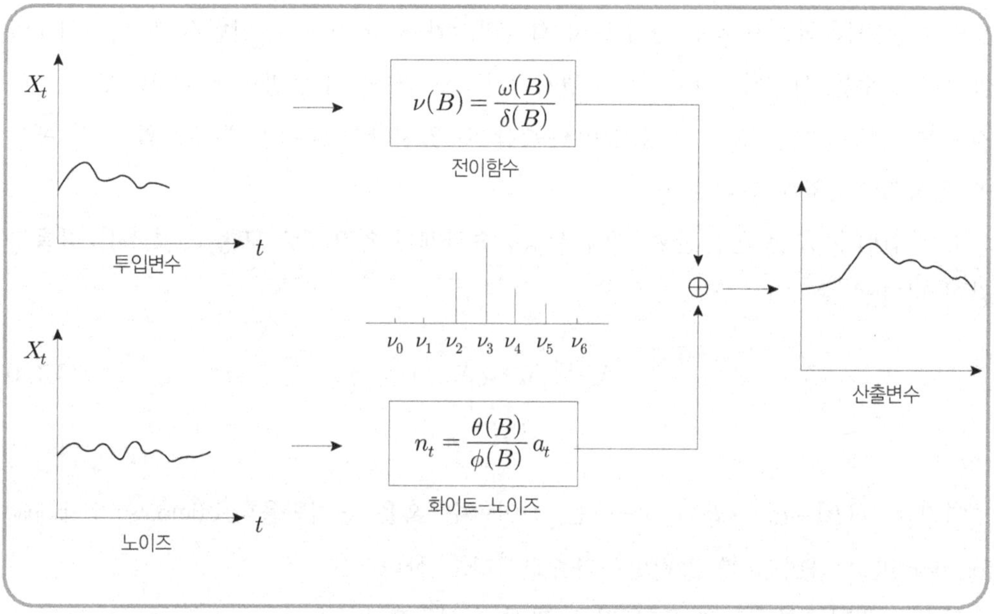

|그림 13.1| 동적 전이함수 체계

$$\delta_r(B)\nu(B) = \omega_s(B)B^b$$

혹은

$$(1-\delta_1 B-\delta_2 B^2-\cdots-\delta_r B^r)(\nu_0+\nu_1 B+\nu_2 B^2+\cdots) = (\omega_0-\omega_1 B-\cdots-\omega_s B^s)B^b \qquad (13.1.8)$$

예를 들어 $r=2,\ s=1,\ b=3$인 경우는 다음과 같이 된다.

$$(1-\delta_1 B-\delta_2 B^2)(\nu_0+\nu_1 B+\nu_2 B^2+\cdots) = \omega_0 B^3-\omega_1 B^4$$

따라서 충격반응가중값 ν_j는 다음과 같다.

$j<3$인 경우, $\nu_0=0,\ \nu_1=0,\ \nu_2=0$

$j=3$인 경우, $\nu_3=\omega_0$

$j=4$인 경우, $\nu_4=-\omega_1+\delta_1\omega_0$

$j>4$인 경우, $\nu_j=\delta_1\nu_{j-1}+\delta_2\nu_{j-2}$

$r,\ s,\ b$의 여러 값들에 대한 ν_j의 값들은 Box-Jenkins(1976, pp.350-352)를 참조할 수 있다.

13.1.3 교체상관함수와 전이함수모형

(1) 교체상관함수

단일변량 시계열분석에서 ACF는 시계열의 특성을 파악하고, 또 적절한 ARMA 모형을 식별하는 데 중요한 역할을 하였다. 마찬가지로 전이함수모형을 이용하는 시계열분석에서도 ACF의 개념을 확장시킨 교체상관함수(cross-correlation function)를 이용하여 모형의 식별을 할 수 있다.

교체상관함수는 두 개의 확률변수들 간의 관련성의 정도와 방향에 대한 유용한 척도가 된다. 만약 두 개의 확률과정 X_t와 $Y_t(t=0,\ \pm1,\ \pm2,\ \cdots)$가 둘 다 단일변량 정상확률과정이고, X_t와 Y_{t+k} 간의 교체공분산(cross-covariance) $Cov(X_t,\ Y_{t+k})$이 시차 k만의 함수인 경우에, 우리들은 확률과정 X_t와 Y_t는 결합 정상적(jointly stationary)이라고 한다.

이때 X_t와 Y_t 간의 교체공분산은 $k=0,\ \pm1,\ \pm2,\ \cdots$에 대하여 다음과 같이 정의된다.

$$\gamma_{XY}(k) \;=\; E[(X_t-\mu_X)(Y_{t+k}-\mu_Y)] \qquad (13.1.9)$$

그리고 교체상관함수(cross-correlation function: CCF)는 다음과 같이 된다.

$$\rho_{XY}(k) = \frac{\gamma_{XY}(k)}{\sigma_X \sigma_Y}, \quad k=0, \pm 1, \pm 2, \ldots \tag{13.1.10}$$

여기서 σ_X와 σ_Y는 X_t와 Y_t의 표준편차이며, 교체공분산함수 $\gamma_{XY}(k)$와 교체상관함수 $\rho_{XY}(k)$는 $\gamma_{XX}(k)=\gamma_X(k)$, $\rho_{XX}(k)=\rho_X(k)$가 되므로 자기공분산함수와 ACF의 일반형이 됨을 알 수 있다. 그러나 ACF는 원점에 대하여 대칭, 즉 $\rho_X(k)=\rho_X(-k)$이지만 교체상관함수는 그렇지 않다. 즉, $\rho_{XY}(k) \neq \rho_{XY}(-k)$가 된다. 그러나 $\gamma_{XY}(k)=E[(X_t-\mu_X)(Y_{t+k}-\mu_Y)]=E[(Y_{t+k}-\mu_Y)\times(X_t-\mu_X)]=\gamma_{YX}(-k)$가 성립되므로 $\rho_{XY}(k)=\rho_{YX}(-k)$가 된다.

예제 13-1

다음과 같은 AR(1) 모형에서 a_t와 Z_t 간의 교체상관함수(CCF)를 구해 보자.

$$(1-\phi B)Z_t = a_t$$

시점 $(t+k)$에 대하여 이 모형을 나타내면 다음과 같다.

$$\begin{aligned} Z_{t+k} &= \frac{1}{1-\phi B} a_{t+k} \\ &= a_{t+k} + \phi a_{t+k-1} + \phi^2 a_{t+k-2} + \cdots \end{aligned}$$

이때 a_t와 Z_t 간의 교체공분산함수는 다음과 같이 나타낼 수 있다.

$$\begin{aligned} \gamma_{aZ}(k) &= E(a_t Z_{t+k}) = \phi^k \sigma_a^2, & k \geq 0 \\ \gamma_{aZ}(k) &= 0, & k < 0 \end{aligned}$$

그러므로 CCF는 $\sigma_Z^2 = \sigma^2/(1-\phi^2)$이므로 다음과 같이 된다.

$$\begin{aligned} \rho_{aZ}(B) &= \phi^k \sqrt{1-\phi^2}, & k \geq 0 \\ \rho_{aZ}(B) &= 0, & k < 0 \end{aligned}$$

그런데 단일변량 ARMA 모형 $\phi(B)Z_t = \theta(B)a_t$는 다음과 같이 나타낼 수 있다.

$$Z_t = \frac{\theta_q(B)}{\phi_p(B)} a_t$$

즉, 단일변량 ARMA 모형은 잡음 항이 없는 전이함수모형의 한 특수한 경우로 생각할 수 있다. 이 경우에 단일변량 시계열 Z_t는 산출변수가 되고, 백색잡음 a_t는 투입변수, 전이함수는 $\nu(B)=\theta_q(B)/\phi_p(B)$가 된다.

(2) 표본교체상관함수

관측된 두 시계열 X_t와 Y_t 간의 시차 k에서의 교체상관함수 $\rho_{XY}(k)$는 다음과 같은 표본교체상관함수(sample cross-correlation function) $r_{XY}(k)$로 추정할 수 있다.

$$r_{XY}(k) = \frac{C_{XY}(k)}{S_x S_Y} \tag{13.1.11}$$

여기서 표본공분산함수 $C_{XY}(k)$, 그리고 X_t와 Y_t의 표준편차 S_X와 S_Y는 다음과 같다.

$$C_{XY}(k) = \frac{1}{n-1}\sum_{t=1}^{n-k}(X_t - \overline{X})(Y_{t+k} - \overline{Y}), \quad k \geq 0 \tag{13.1.12}$$

$$= \frac{1}{n-1}\sum_{t=1-k}^{n}(X_t - \overline{X})(Y_{t+k} - \overline{Y}), \quad k < 0$$

$$S_X = \sqrt{C_{XX}(0)}, \quad S_Y = \sqrt{C_{YY}(0)}$$

이때 만약 X_t가 Y_t의 시차 k를 갖는 선행지수라면 X_t와 Y_{t+k} 간에는 유의적인 상관관계가 존재하게 될 것이다. 바트렛(Bartlett, 1955)은 정규성 가정하에 표본교체상관함수 $r_{XY}(k)$의 분산은 근사적으로 다음과 같음을 보였다.

$$V[r_{XY}(k)] \simeq \frac{1}{n-k} \tag{13.1.13}$$

따라서 단일변량 시계열분석에서의 ACF의 분석과 유사한 방법으로 교체상관함수의 분석을 통하여 계열 X_t와 Y_t가 정상적인가를 검정할 수 있게 된다.

예제 13-2

[표 13.1]의 자료에서 $k = 0,1$일 때의 표본교체상관계수를 구해 보자.

표 13.1 가상적 자료 X_t와 Y_{t+k} 간의 교체상관함수의 계산

기간	X_t	Y_t	$(X_t-\overline{X})^2$	$(Y_t-\overline{Y})^2$	$(X_t-\overline{X})(Y_t-\overline{Y})$	$(X_t-\overline{X})(Y_{t+1}-\overline{Y})$
1	6.0	16.0	1.21	40.96	−7.04	16.56
2	5.0	0.0	4.41	92.16	20.16	−11.34
3	3.0	15.0	16.81	29.16	−22.14	22.96
4	11.0	4.0	15.21	31.36	−21.84	−37.44
5	0.0	0.0	50.41	92.16	68.16	46.86
6	3.0	3.0	16.81	43.56	27.06	−5.74
7	13.0	11.0	34.81	1.96	8.26	79.06
8	13.0	23.0	34.81	179.56	79.06	2.36
9	10.0	10.0	8.41	0.16	1.16	12.76
10	7.0	14.0	0.01	19.36	0.44	0.0
계	71.0	96.0	182.90	530.40	152.28	120.04

먼저 $k=0$일 때, 표본교체공분산 $C_{XY}(0)$는 식 (13.1.12)에서

$$C_{XY}(0)=\frac{1}{10-1}\sum_{t=1}^{10}(X_t-\overline{X})(Y_t-\overline{Y})=\frac{152.28}{9}$$

또는

$$S_X=\sqrt{\sum(X_t-\overline{X})^2/(n-1)}=\sqrt{182.90/9}$$

$$S_Y=\sqrt{\sum(Y_t-\overline{Y})^2/(n-1)}=\sqrt{530.40/9}$$

가 되므로 표본교체상관계수 $r_{XY}(0)$는 다음과 같이 계산된다.

$$r_{XY}(0)=\frac{152.28}{\sqrt{182.90\times 530.40}}=0.489$$

또 $k=1$일 때는 표본교체공분산 $C_{XY}(1)$은

$$C_{XY}(1)=\frac{1}{10-1}\sum_{t=1}^{9}(X_t-\overline{X})(Y_{t+1}-\overline{Y})=\frac{120.04}{9}$$

가 되고, 따라서 표본교체상관계수는 다음과 같이 계산된다.

$$r_{XY}(1)=\frac{120.04}{\sqrt{182.90\times 530.40}}=0.385$$

(3) 교체상관함수와 전이함수모형의 관계

시점 $(t+k)$에서 전이함수모형 (13.1.2)는 다음과 같이 나타난다.

$$Y_{t+k}=\nu_0 X_{t+k}+\nu_1 X_{t+k-1}+\nu_2 X_{t+k-2}+\cdots+\eta_{t+k}$$

이 식에서 양변에 X_t를 곱하고 기댓값을 구하면 $\gamma_{X\eta}=0$이므로

$$\gamma_{XY}(k)=\nu_0\gamma_{XY}(k)+\nu_1\gamma_{XY}(k-1)+\nu_2\gamma_{XY}(k-2)+\cdots$$

와 같이 되므로 시차가 k인 교체상관함수는 다음과 같이 나타낼 수 있다.

$$\rho_{XY}(k)=\frac{\sigma_X}{\sigma_Y}[\nu_0\rho_X(k)+\nu_1\rho_X(k-1)+\nu_2\rho_X(k-2)+\cdots] \quad (13.1.14)$$

즉, 교체상관함수 $\rho_{XY}(k)$와 충격반응가중값 ν_j 간의 관계는 투입계열 X_t의 자기상관구조에 의해서 결정된다. 만약 투입계열이 백색잡음인 경우, 즉 $\rho_X(k)=0$(단, $k\neq 0$)인 경우에는 다음과 같이 된다.

$$\rho_{XY}(k)=\frac{\sigma_X}{\sigma_Y}\nu_k$$

혹은

$$\nu_k=\frac{\sigma_Y}{\sigma_X}\rho_{XY}(k)$$

그러므로 충격반응가중값 ν_k는 교체상관함수 $\rho_{XY}(k)$에 비례하게 되고, 또 표본교체상관함수 $r_{XY}(k)$를 이용하여 충격반응가중값은 다음과 같이 추정될 수 있다.

$$\hat{\nu}_k=\frac{s_Y}{s_X}r_{XY}(k) \quad (13.1.15)$$

13.1.4 전이함수모형의 식별

교체상관함수의 분석은 전이함수모형의 식별과 모형의 모수들의 초기 추정값을 구하는 데 중요한 역할을 한다. 따라서 모형을 설정하기 위해서는 먼저 관측된 계열의 표본교체상관함수를 구해야 한다. 여기에서는 표본교체상관함수를 이용한 단일투입변수 전이함수모형의 식별과정을 기술하기로 한다. Box-Jenkins가 제안한 모형의 식별 및 확립과정은 [그림 13.1]에서 요약된 것처럼 투입계열과 산출계열의 사전순화, 전이

함수 및 백색잡음모형의 식별, 모형의 모수추정 및 검정, 모형의 확정 및 응용 단계를 거치게 된다.

(1) 투입 및 산출계열의 사전순화

단일투입변수 전이함수모형을 다음과 같이 나타내면 Y_t는 자신의 과거값들과 X_t의 과거값들 간의 가중합으로 표현된다.

$$Y_t = \delta_1 Y_{t-1} + \delta_2 Y_{t-2} + \cdots + \delta_r Y_{t-r}$$
$$+ \omega_0 X_{t-b} - \omega_1 X_{t-b-1} - \cdots - \omega_s X_{t-b-s} + a_t \qquad (13.1.16)$$

그런데 Y_t와 X_t는 단일변량 시계열이므로 각각 단일변량 ARMA 과정을 따르게 될 것이므로 다음과 같이 나타낼 수 있다.

$$Y_t = \phi_1 Y_{t-1} + \phi_2 Y_{t-2} + \cdots + \phi_p Y_{t-p} + a_t - \theta_1 a_{t-1} - \cdots - \theta_q a_{t-q}$$
$$X_t = \phi_1' X_{t-1} + \phi_2' X_{t-2} + \cdots + \phi_p' X_{t-p} + a_t - \theta_1' a_{t-1} - \cdots - \theta_q' a_{t-q}$$

이때 두 식에서 차수와 모수들의 값이 동일할 필요는 없지만 X_t가 Y_t의 좋은 선행지수라면 두 식은 유사하게 될 것이다.

예를 들어 모형 (13.1.16)에서 $r=1$, $s=1$, $b=3$인 경우에는 다음과 같다.

$$Y_t = \delta_1 Y_{t-1} + \omega_0 X_{t-3} - \omega_1 X_{t-4} + a_t \qquad (13.1.17)$$

여기서 만약 X_t와 Y_t가 각각 AR(2) 과정을 따르고, 또 X_t가 Y_t의 좋은 선행지수라면 $\phi_1 = \phi_1'$, $\phi_2 = \phi_2'$라고 간주할 수 있으므로 단일변량 생성과정은 다음과 같이 나타낼 수 있다.

$$X_t = \phi_1 X_{t-1} + \phi_2 X_{t-2} + \alpha_t \qquad (13.1.18)$$

$$Y_t = \phi_1 Y_{t-1} + \phi_2 Y_{t-2} + \beta_t \qquad (13.1.19)$$

따라서 이 두 식을 모형 (13.1.17)에 대입하면 다음과 같다.

$$Y_t = \delta_1(\phi_1 Y_{t-2} + \phi_2 Y_{t-3} + \beta_{t-1}) + \omega_0(\phi_1 X_{t-4} + \phi_2 X_{t-5} + \alpha_{t-3}) \qquad (13.1.20)$$
$$-\omega_1(\phi_1 X_{t-5} + \phi_2 X_{t-6} + \alpha_{t-4}) + a_t$$

즉, 모형이 (13.1.17)과 같을 때 Y_t는 식 (13.1.20)에 의해서 생성되고 X_t는 식 (13.1.18)에 의해서 생성된다. 그러므로 X_t는 자신의 ARMA 생성과정에 의한 변동만 포함하지만, Y_t는 세 가지 유형의 변동, 즉 자신의 생성과정에서 야기되는 변동, X_t의 생성과정에서 야기되는 변동, Y_t와 X_{t-b}의 사전 값들에 의하여 결합적으로 야기되는 변동들이 포함된다. 그런데 Y_t와 X_t의 결합관계는 Y_t 변동과 X_t 변동 내에서 교락되므로 Y_t와 X_t 간의 변동을 제외한 다른 변동들을 제거하지 않고는 발견할 수 없게 된다. 따라서 두 변량 간의 관련성을 발견하기 위해서는 Y_t와 X_t 내의 변동을 먼저 제거해야 하는데, 이러한 과정을 사전순화(prewhitening)라고 한다. 즉, 전이함수의 식별은 각 변량들을 사전순화시킨 후에 이루어져야 한다.

앞의 예에서 사전순화된 계열은 다음과 같이 추정된다.

$$\alpha_t = X_t - \hat{\phi}_1 X_{t-1} - \hat{\phi}_2 X_{t-2}$$

$$\beta_t = Y_t - \hat{\phi}_1 Y_{t-1} - \hat{\phi}_2 Y_{t-2}$$

여기서 α_t는 추정된 X_t의 사전순화된 계열, β_t는 Y_t의 사전순화된 계열을 나타낸다.

(2) 전이함수와 백색잡음모형의 식별

1) 전이함수의 식별

먼저 단일 투입변수 전이함수의 모수와 교체상관함수와의 관계를 살펴보기로 한다. 모형 (13.1.1)에서 $r=1,\ s=0,\ b=0$인 경우를 가정하면 다음과 같다.

$$Y_t = \delta_1 Y_{t-1} + \omega_0 X_t$$

여기서 $\omega_0 = 1$이라고 하면($\omega_0 \neq 1$인 경우도 마찬가지가 된다.), 다음과 같이 된다.

$$Y_t = \delta_1 Y_{t-1} + X_t$$

X_t가 사전순화되었다면 백색잡음이 되므로, 이 모형은 다음과 같이 나타낼 수 있다.

$$Y_t = \delta_1 Y_{t-1} + a_t$$

즉, 단순 AR(1) 과정이 된다. 따라서 이 모형의 ACF는 AR(1) 모형의 ACF의 특성인 지수적으로 감소하는 형태가 될 것이다. 그러므로 $s=0,\ b=0$이고 β_t와 α_t가 사전순화된 계열인 경우에는 ACF와 교체상관함수는 같게 되고, 이때의 모형은 AR(r) 과정이 된다.

만약 $r=1,\ s=0,\ b=1$인 경우에는 다음과 같다.

$$Y_t=\delta_1 Y_{t-1}+\omega_0 X_{t-1}$$

혹은

$$\beta_t=\delta_1\beta_{t-1}+\omega_0 a_{t-1} \tag{13.1.21}$$

이때 ACF와 교체상관함수는 시차가 0인 경우에는 0이 되지만, 시차가 1인 경우에는 0과 유의적으로 다르게 된다. 마찬가지로 $b=3$인 경우에는 시차가 0, 1, 2에서는 0이 되고 3인 경우에는 0과 유의적으로 다르게 된다. 따라서 시차가 $(b-1)$보다 작을 때는 SACF 또는 표본교체상관함수는 유의하지 않게 될 것이다.

이번에는 교체상관함수에서 s의 영향을 알아보기 위해 모형 (13.1.16)에서 $r=1$, $s=1,\ b=3$인 경우를 살펴보자. 사전순화된 계열을 사용하여 나타내면 다음과 같다.

$$\beta_t=\delta_1\beta_{t-1}+\omega_0\alpha_{t-3}-\omega_1\alpha_{t-4} \tag{13.1.22}$$

이 모형과 모형 (13.1.21)을 비교하면 마지막 항인 $\omega_1\alpha_{t-4}$이 더 포함되어 있음을 알 수 있다. 이 항은 정규적인 AR(1) 과정의 특성을 한 기간 지연시키는 역할을 한다. 즉, AR(1) 과정의 특성은 $(b+1)$ 기간(일반적으로 $(b+s)$)까지는 나타나지 않게 된다.

이들을 요약하면 다음과 같다.

첫째, 시차 k(단, $k<b$)에 대하여 교체상관함수는 유의적으로 0과 다르지 않다. 즉, b는 최초로 유의적인 표본교체상관함수에 대응하는 시차로 식별될 수 있다.

둘째, 시차 s에 대하여 교체상관함수는 유의적일 수는 있지만 어떠한 패턴을 보여주지는 않는다. 따라서 s의 값은 표본교체상관함수의 패턴을 명확히 나타내는 시차 $(b+s)$와 b값의 차이값으로 알 수 있다.

셋째, r의 값은 시차 $(b+s)$ 후의 표본교체상관함수의 패턴을 조사함으로써 식별할 수 있다. 즉, 교체상관함수는 $r=0$일 때는 시차가 b에서 $(b+s)$까지의 값을 가지고, $r=1$인 경우에는 $k=b+s$부터 지수적으로 감소한다. 또, $r=2$인 경우에는 $(k=b+s)$에서부터 지수적으로 혹은 사인곡선의 형태로 감소한다.

실증적인 분석에서는 일반적으로 r과 s는 2를 초과하는 경우가 거의 없다. 그런데 전이함수 $\nu(B)$의 추정된 계수 $\hat{\nu}_k$는 사전순화된 계열 β_t, α_t간의 표본교체상관함수를 이용하면 다음과 같이 추정할 수 있다.

$$\hat{\nu_t} = \frac{S_\beta}{S_\alpha}\gamma_{\alpha\beta}(k) \tag{13.1.23}$$

따라서 사전적으로 식별된 b, s, r에 대하여 모수 δ_1, $\delta_2, \cdots$ 와 ω_0, ω_1, $\omega_2, \cdots$는 다음의 관계식에서 추정할 수 있다.

$$\hat{\nu}(B) = \frac{\hat{\omega}_s(B)}{\hat{\delta}_r(B)}B^b \tag{13.1.24}$$

2) 백색잡음모형의 식별

전이함수가 사전적으로 추정되면 백색잡음시계열 ν_t도 다음과 같이 추정된다.

$$\begin{aligned}\hat{\eta_t} &= Y_t - \hat{\nu}(B)X_t \\ &= Y_t - \frac{\hat{\omega}_s(B)}{\hat{\delta}_r(B)}B^b X_t\end{aligned} \tag{13.1.25}$$

이때 백색잡음에 대한 적절한 모형은 SACF와 SPACF를 분석하는 단일변량 시계열모형의 식별방법을 이용하여 다음과 같은 모형을 설정한다.

$$\phi(B)\hat{\eta_t} = \theta(B)a_t$$

그러므로 사전적으로 식별된 전이함수와 백색잡음모형을 결합시킨 다음과 같은 전이함수-백색잡음모형이 된다. 일반적으로 이와 같은 전이함수-백색잡음모형을 전이함수모형이라고 한다.

$$Y_t = \frac{\omega_s(B)}{\delta_r(B)}X_{t-b} + \frac{\theta(B)}{\phi(B)}a_t \tag{13.1.26}$$

그런데 이러한 모형의 설정에서 변수 Y_t, X_t, η_t는 모두 정상적이라고 가정하고 있다. 따라서 비정상시계열에 대해서는 먼저 분산 및 평균에 대한 정상화를 위한 변환이 필요하다.

13.1.5 전이함수모형의 추정과 검진

(1) 전이함수모형의 추정

전이함수-백색잡음이 식 (13.1.26)과 같이 식별되면 우리들은 모수인 $\underline{\delta}=(\delta_1,\delta_2,\cdots,\delta_r)$, $\underline{\omega}=(\omega_0, \omega_1, \cdots, \omega_s)$, $\underline{\phi}=(\phi_1, \phi_2, \cdots, \phi_p)$, $\underline{\theta}=(\theta_1, \theta_2, \cdots, \theta_q)$. σ_a^2를 자료 (X_t, Y_t), $t=1,2,\cdots,n$으로부터 추정해야 한다. 모형 (13.1.26)을 다시 나타내면 다음과 같다.

$$\delta(B)\phi(B)Y_t=\phi(B)\omega(B)X_{t-b}+\delta(B)\theta(B)a_t \qquad (13.1.27)$$

혹은

$$c(B)Y_t=d(B)X_{t-b}+e(B)a_t \qquad (13.1.28)$$

여기서

$$\begin{aligned} c(B)&=(1-\delta_1 B-\delta_2 B^2-\cdots-\delta_r B^r)(1-\phi_1 B-\cdots-\phi_p B^p)\\ &=(1-c_1 B-c_2 B^2-\cdots-c_{p+r}B^{p+r}) \end{aligned}$$

$$\begin{aligned} d(B)&=(1-\phi_1 B-\cdots-\phi_p B^p)(\omega_0-\omega_1 B-\cdots-\omega_s B^s)\\ &=(d_{0-d_1}B-d_2 B^2-\cdots-d_{p+s}B^{p+s}). \end{aligned}$$

그리고

$$\begin{aligned} e(B)&=(1-\delta_1 B-\delta_2 B^2-\cdots-\delta_r B^r)(1-\theta_1 B-\cdots-\theta_q B^q)\\ &=(1-e_1 B-e_2 B^2-\cdots-e_{r+q}B^{r+q}) \end{aligned}$$

를 나타낸다. 따라서 a_t는 다음과 같다.

$$\begin{aligned} a_t=&\,Y_t-c_1 Y_{t-1}-\cdots-c_{p+r}Y_{t-p-r}-d_0 X_{t-b}+d_1 X_{t-b-1}+\cdots \qquad (13.1.29)\\ &+d_{p+s}X_{t-b-p-s}+e_1 a_{t-1}+\cdots+e_{r+q}a_{t-r-q} \end{aligned}$$

이때 c_i, d_j, e_k는 δ_i, ω_j, ϕ_k, θ_l의 함수가 된다. 따라서 오차항 $a_t(t=1,2,\cdots,n)$를 정규확률변수로 가정하면 우리들은 다음과 같은 조건부우도함수를 얻을 수 있다.

$$L(\underline{\delta},\underline{\omega},\underline{\phi},\underline{\theta},\sigma_a^2 \mid b,\underline{X},\underline{Y},\underline{X}_0,\underline{Y}_0,\underline{a}_0)=(2\pi\sigma_a^2)^{-n/2}\exp[-\frac{1}{2\sigma^2}\sum_{t=1}^{n}a_t^2] \qquad (13.1.30)$$

여기서 $\underline{X}_0$, $\underline{Y}_0$, $\underline{a}_0$는 단일변량모형의 추정에서와 같이 식 (13.1.29)에서 a_t를 계산하기 위한 사전값들이다. 그리고 모수 $\underline{\delta}$, $\underline{\omega}$, $\underline{\phi}$, $\underline{\theta}$, σ_a^2을 추정하기 위한 방법들은 단일변량의 경우와 유사하다. 관심 있는 독자들은 Box-Jenkins(1976)을 참고할 수 있다.

(2) 전이함수모형의 적합성 검진

모형이 식별되고 모수들이 추정되면 우리들은 추정된 모형이 예측을 위하여 사용되기 전에 먼저 모형의 적합성을 검진해야 한다. 전이함수모형에서 a_t는 백색잡음이고 투입계열 X_t와 독립이라는 가정을 했으므로 사전순화된 투입계열 α_t와도 독립이라는 가정이 성립된다.

따라서 전이함수모형의 적합성 검진을 위하여 우리들은 투입변수의 사전순화된 계열 α_t뿐만 아니라 백색잡음모형에서의 잔차 $\hat{a}_t$를 통하여 가정이 성립되는지를 검진해야만 한다.

(3) 교체상관분석

교체상관분석을 통하여 백색잡음계열 a_t와 투입계열 X_t가 서로 독립인가를 검정한다. 식별된 모형이 적절한 경우에는 $\hat{a}_t$와 α_t 간의 표본교체상관함수 $r_{\alpha\hat{a}}(k)$는 아무런 패턴을 나타내지 않고, 또 표준오차의 2배 범위, 즉 $2(n-k)^{-1/2}$ 이내에 존재해야만 한다. 또는 다음과 같은 포트맨토 검정을 사용할 수도 있다.

$$Q_0 = m(m+2)\sum_{j=0}^{k}(m-j)^{-1}\hat{\rho}_{\alpha\hat{a}}^2(j) \tag{13.1.31}$$

이때 Q_0는 자유도가 $(k+1-M)$인 χ^2 분포에 근사하게 된다. 여기서 $(m=n-t_0+1)$은 계산된 잔차 $\hat{a}_t$의 개수이고, M은 전이함수 $\nu(B)=\omega(B)/\delta(B)$에서 추정된 모수의 개수를 나타낸다.

(4) 자기상관분석

자기상관분석을 통하여 우리들은 백색잡음모형이 적절한가를 분석할 수 있다. 즉, 모형이 적절하다면 $\hat{a}_t$의 SACF와 SPACF에 아무런 패턴이 나타나지 않아야 한다. 이 경우에도 다음과 같은 포트맨토 검정통계량을 사용하여 검정할 수 있다.

$$Q_1 = m(m+2)\sum_{j=1}^{k}(m-j)^{-1}\hat{\rho}_{\hat{a}}^2(j) \qquad (13.1.32)$$

이때 Q_1은 자유도 $(k-p-q)$인 χ^2 분포에 근사하게 된다.

13.1.6 예측

관측된 자료를 이용하여 전이함수모형이 추정되고, 또 추정된 모형이 적합한 것으로 나타나면 산출변수 Y_t의 미래의 값을 예측하게 된다. 이때 최소평균제곱오차방법에 의한 예측은 다음과 같이 이루어진다. 즉, Y_t와 X_t가 정상적이고 다음과 같은 전이함수모형으로 나타낼 수 있다고 가정한다.

$$Y_t = \frac{\omega(B)}{\delta(B)}B^b X_t + \frac{\theta(B)}{\phi(B)}a_t \qquad (13.1.33)$$

그리고

$$\phi_X(B)X_t = \theta_X(B)\alpha_t \qquad (13.1.34)$$

여기서 $\omega(B), \delta(B), \theta(B), \phi(B), \phi_X(B), \theta_X(B)$는 B의 유한차수 다항식이고, 또 $\delta(B)=0, \theta(B)=0$, $\phi(B)=0$, $\phi_X(B)=0$, $\theta_X(B)=0$의 모든 근들은 단위원 밖에 존재하며, a_t와 α_t는 각각 분산이 σ_a^2, σ_α^2이고 평균이 0인 백색잡음시계열이다.

모형 (13.1.33)과 (13.1.34)에서 계수들을 다음과 같이 나타내면,

$$u(B) = \frac{\omega(B)B^b\theta_X(B)}{\delta(B)\phi_X(B)} = u_0 + u_1 B + u_2 B^2 + \cdots \qquad (13.1.35)$$

그리고

$$\psi(B) = \frac{\theta(B)}{\phi(B)} = 1 + \psi_1 B + \psi_2 B^2 + \cdots \qquad (13.1.36)$$

이다. 모형 (13.1.33)은 다음과 같이 나타낼 수 있다.

$$\begin{aligned} Y_t &= u(B)\alpha_t + \psi(B)a_t \qquad (13.1.37) \\ &= \sum_{j=0}^{\infty} u_j \alpha_{t-j} + \sum_{j=0}^{\infty}\psi_j a_{t-j} \end{aligned}$$

여기서 $\psi_0 = 1$. (n + l) 시점에서의 Y는 $Y_{n+l} = \sum_{j=0}^{\infty} u_j \alpha_{n+l-j} + \sum_{j=0}^{\infty} \psi_j a_{n+l-j}$와 같다.

우리들은 현재시점 n에서 현재 및 과거시점에서의 관측값 Y_n, Y_{n-1}, ⋯ 과 X_n, X_{n-1}, ⋯ 들을 사용하여 l 시점 후의 관측값인 Y_{n+l}을 예측해야 한다. 현재 시점이 n인 경우에 l 시점 후의 예측값을 $Y_n(l)$로 표기하면 $Y_n(l)$은 다음과 같이 나타낼 수 있다.

$$Y_n(l) = \zeta_0^{(1)} Y_n + \zeta_1^{(1)} Y_{n-1} + \cdots + \zeta_0^{(2)} X_n + \zeta_1^{(2)} X_{n-1} + \cdots \tag{13.1.38}$$

또 과거의 오차항 a_t와 α_t의 선형결합으로 나타내면 다음과 같이 나타낼 수 있다.

$$Y_n(l) = \xi_0^{(1)} a_n + \xi_1^{(1)} a_{n-1} + \cdots + \xi_0^{(2)} \alpha_n + \xi_1^{(2)} \alpha_{n-1} + \cdots \tag{13.1.39}$$

여기서 ζ_k와 ξ_k는 평균제곱오차 $E[Y_{n+l} - Y_n(l)]^2$을 최소로 하는 값으로 결정할 수 있다. 즉, 평균제곱오차는

$$\begin{aligned} E[Y_{n+l} - Y_n(l)]^2 = E[& u_0 \alpha_{n+l} + a_{n+l} + u_1 \alpha_{n+l-1} + \psi_1 a_{n+l-1} + \cdots + \\ & u_{l-1} \alpha_{n+1+\psi_{l-1}} a_{n+1+(u_l} - \xi_0^{(2)}) \alpha_n + (u_{l+1} - \xi_1^{(2)}) \alpha_{n-1} \\ & + \cdots + (\psi_{l-\xi_0^{(1)}}) a_{n+(\psi_{l+1}} - \xi_1^{(1)}) a_{n-1} + \cdots]^2. \end{aligned} \tag{13.1.40}$$

와 같이 $\xi_k^{(1)}$과 $\xi_k^{(2)}$의 함수가 되고, 또 $\xi_k^{(1)} = \psi_{l+k}$ 및 $\xi_k^{(2)} = u_{l+k}$, $(k = 0,1,2\ ,\cdots)$ 일 때 최소가 된다.

이와 같은 예측이 최소평균제곱오차 예측(mimimum mean square error forecast: MMSE 예측)이다. 따라서 MMSE 예측은 식에서 $\xi_k^{(1)} = \psi_{l+k}$ 및 $\xi_k^{(2)} = u_{l+k}$, $(k = 0, 1, 2, \cdots)$를 대입하면 다음과 같다.

$$Y_n(l) = u_l \alpha_n + u_{l+1} \alpha_{n-1} + \cdots + \psi_l a_n + \psi_{l+1} a_{n-1} + \cdots \tag{13.1.41}$$

이때 예측오차는

$$\begin{aligned} e_n(l) &= Y_{n+l} - Y_n(l) \\ &= u_0 \alpha_{n+l} + u_1 \alpha_{n+l-1} + \cdots + u_{l-1} \alpha_{n+1} + a_{n+l} + \psi_1 a_{n+l-1} \\ &+ \cdots + \psi_{l-1} a_{n+1} \end{aligned} \tag{13.1.42}$$

와 같고, 또 예측오차의 분산은 다음과 같다.

$$V[e_{n+l}] = \sum_{j=0}^{l-1}(u_j^2\sigma_\alpha^2 + \psi_j^2\sigma^2) \tag{13.1.43}$$

또 MMSE 예측은 다음과 같이 Y_{n+l}의 조건부기댓값으로 나타낼 수 있다.

$$Y_n(l) = E[Y_{n+l} \mid Y_n, Y_{n-1}, \cdots, X_n, X_{n-1}, \cdots] \tag{13.1.44}$$

예제 13-3

다음과 같은 모형에서 MMSE 예측을 하고, 예측오차 및 예측오차의 분산을 나타내 보자.

$$y_t = \frac{\omega_0}{(1-\delta B)}x_t + (1-\theta B)a_t, \quad x_t = (1-\theta_x B)\alpha_t$$

여기서 $y_t = (1-B)Y_t$, $x_t = (1-B)X_t$를 나타낸다.

이 모형은 다음과 같이 나타낼 수 있다.

$$(1-B)(1-\delta B)Y_t = (1-B)\omega_0 X_t + (1-\theta B)(1-\delta B)a_t$$

따라서 $(n+1)$ 시점에서는 다음과 같다.

$$\begin{aligned} Y_{n+l} = &(1+\delta)Y_{n+l-1} - \delta Y_{n+l-1} + \omega_0 X_{n+l} - \omega_0 X_{n+l-1} \\ &+ a_{n+l} - (\delta+\theta)a_{n+l-1} + \delta\theta a_{n+l-2} \end{aligned}$$

따라서 한 기간 후의 예측은 다음과 같다.

$$\begin{aligned} Y_n(1) &= E[Y_{n+1} \mid Y_n, Y_{n-1}, \cdots, X_n, X_{n-1}, \cdots] \\ &= (1+\delta)Y_n - \delta Y_{n-1} + \omega_0[X_n(1) - X_n] - (\delta+\theta)a_n + \delta\theta a_{n-1} \end{aligned}$$

이것은 $j > 0$일 때 $E[a_{n+j} \mid \cdot] = 0$, $E[X_{n+j} \mid \cdot] = X_n(j)$가 성립하기 때문이며, $E[\mid \cdot]$은 조건부기댓값을 나타내고, $X_n(1)$은 X_{n+1}의 MMSE 예측을 의미한다.

마찬가지로 $Y_n(2)$는 다음과 같다.

$$Y_n(2) = E[Y_{n+2} \mid \cdot] = (1+\delta)Y_n(1) - \delta Y_n + \omega_0[X_n(2) - X_n(1)] + \delta\theta a_n$$

그리고

$$Y_n(l) = E[Y_{n+l} \mid \cdot] = (1+\delta)Y_n(l-1) - \delta Y_n(l-2) + \omega_0[X_n(l) - X_n(l-1)]$$

예측오차의 분산은 식 (13.1.43)을 이용하기 위해 먼저 u_j와 ψ_j를 구해야 한다. 식 (10.1.35)

와 식 (10.1.36)에서 다음이 성립한다.

$$(1-B)(1-\delta B)(u_0+u_1B+u_2B^2+\cdots)=\omega_0(1-\theta_n B)$$

$$(1-B)(1+\psi_1 B+\psi_2 B+\cdots)=1-\theta B$$

여기서 $u_0=\omega_0$, $u_1=(1+\delta-\theta_X)\omega_0$, $u_j=(1+\delta)u_{j-1}-\delta u_{j-2}$, $(j\geq 2)$가 되고, 또 $\psi_0=1$, $\psi_j=1-\theta\,(j\geq 1)$이 된다. 따라서 예측오차의 분산은 다음과 같다.

$$V[e_{n+1}]=u_0^2\sigma_\alpha^2+\sigma^2=\omega_0^2\sigma_\alpha^2+\sigma^2$$

$$V[e_{n+2}]=(u_0^2+u_1^2)\sigma_\alpha^2+(1+\psi_1^2)\sigma^2$$

$$=[1+(1+\delta-\theta_X)^2]\omega_0^2\sigma_\alpha^2+[1+(1-\theta)^2]\sigma^2$$

$$\vdots$$

13.1.7 사례분석

(1) 자료

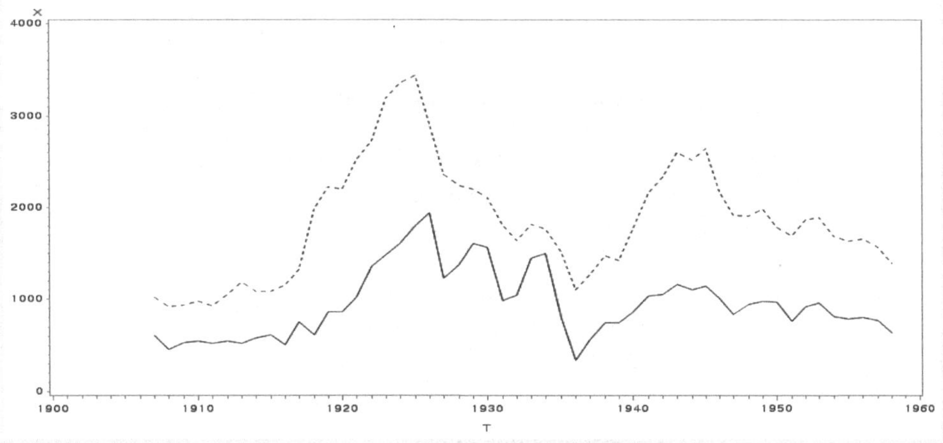


```
data lydia;
infile 'F:₩R₩lydia.txt';
input T X Y;
run;

symbol1 i=join l=1 cv=black v=none;
symbol2 i=join l=2 cv=black v=none;
proc gplot data=lydia;
plot X*T=1 Y*T=2/ frame overlay;
run;
```

그림 13.2 리디아 핀햄의 연간 광고비와 판매액 시계열도

Wei(Wei, 1990)가 인용한 리디아 핀햄(Lydia Pinkham)의 야채복합물의 광고비 및 판매액 자료(1907 ~ 1960년)를 이용하여 전이함수모형을 활용하는 과정을 살펴보자. 먼저 이 두 계열의 관련성을 조사하기 위하여 이들을 그래프로 나타내면 [그림 13.2]와 같다. 이때 두 계열은 유사한 패턴을 나타내고 있으므로 판매액 계열(Y_t)을 예측하기 위하여 광고비 계열(X_t)을 투입변수로 사용할 수 있다.

앞에서 기술된 절차에 따라서 모형을 식별 및 추정하고 또 추정된 모형을 검진한 후에 예측을 한다.

(2) 모형의 추정

1) 사전순화

전이함수모형을 추정하기 위한 첫 번째 단계는 투입계열인 광고비 계열을 사전순화하는 과정이다. 광고비 계열(X_t)에 적합한 모형은 ARIMA (2,1,0) 모형으로 식별되므로 X_t에 ARIMA(2,1,0) 모형을 적합시키면 [그림 13.3]과 같이 된다. 물론 이때 ARIMA 모형을 식별하기 위해서는 앞에서 논의된 과정들을 거쳐야 한다.

Conditional Least Squares Estimation					
Parameter	Estimate	Standard Error	t Value	Approx Pr > |t|	Lag
AR1,1	0.07217	0.13093	0.55	0.5840	1
AR1,2	-0.40828	0.13096	-3.12	0.0030	2

Variance Estimate	43143.69
Std Error Estimate	207.7106
AIC	690.9783
SBC	694.842
Number of Residuals	51

```
proc arima data=lydia;
identify var=X(1) nlag=12;
estimate p=2 noconstant;
run;
```

그림 13.3 광고비 계열(X_t)에 대한 ARIMA 모형의 추정 결과

적합된 모형을 정리하면 다음과 같다.

$$(1-0.072B+0.408B^2)x_t=\alpha_t,\quad x_t=(1-B)X_t$$

또, 이 모형을 Y_t에 적용시키면

$$(1-0.072B+0.408B^2)y_t=\beta_t,\quad y_t=(1-B)Y_t$$

와 같이 된다.

2) 모형의 식별

① 전이함수의 식별

전이함수의 식별을 위하여 먼저 사전순화된 투입계열과 산출계열에 대한 표본교체상관함수[$r_{\alpha\beta(k)}$]를 구하면 [그림 13.4]와 같이 나타난다.

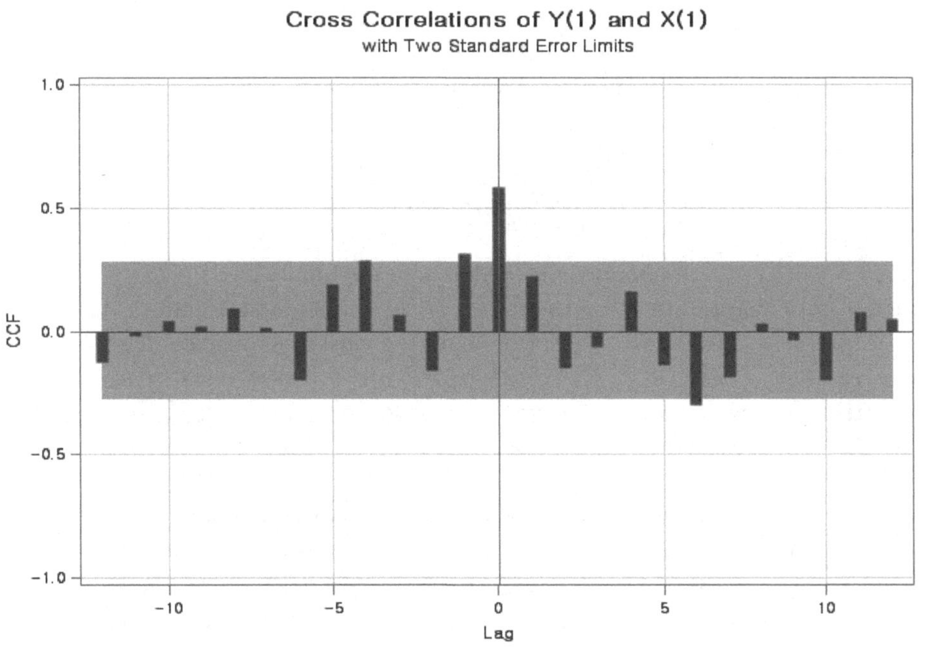


```
proc arima data=lydia;
identify var=Y(1) crosscor=(X(1));
estimate input=(/(1)X) noconstant plot;
estimate p=1 input=(/(1)X) noconstant plot;
forecast lead=6;
run;
```

|그림 13.4| 사전순화된 계열에 대한 표본교체상관함수

표본교체상관함수에서 b, r, s 등을 개략적으로 식별해야 한다. 그러나 대부분의 경우에 식별을 위한 명확한 특징들이 나타나지는 않는다. 여기에서는 최초로 유의적인 교체상관계수는 $k=0$에서 나타나므로 b는 0으로 식별할 수 있다. 또, 표본교체상관함수가 $k=0$에서부터 지수적으로 감소하고 있으므로 $s=0$, $r=1$로 식별할 수 있다. 따라서 $b=0$, $r=1$, $s=0$을 선택하여 전이함수를 추정하면 [그림 13.5]와 같이 되고, 이를 다시 나타내면 추정된 전이함수는 다음과 같이 된다.

$$\hat{\nu}(B)x_t = \frac{0.640}{(1-0.327B)}x_t,\quad x_t=(1-B)X_t$$

Conditional Least Squares Estimation							
Parameter	Estimate	Standard Error	t Value	Approx Pr > |t|	Lag	Variable	Shift
NUM1	0.64040	0.11855	5.40	<.0001	0	X	0
DEN1,1	0.32753	0.16323	2.01	0.0505	1	X	0

Variance Estimate	36761.7
Std Error Estimate	191.7334
AIC	669.4633
SBC	673.2874
Number of Residuals	50

Autocorrelation Check of Residuals									
To Lag	Chi-Square	DF	Pr > ChiSq	Autocorrelations					
6	2.98	6	0.8117	0.182	0.120	0.057	0.036	0.055	-0.014
12	14.47	12	0.2718	-0.074	-0.232	-0.257	-0.133	-0.192	-0.017
18	20.49	18	0.3058	-0.104	-0.145	-0.159	-0.133	0.034	0.071
24	31.38	24	0.1432	0.119	0.227	0.041	0.154	0.004	0.169

Crosscorrelation Check of Residuals with Input X									
To Lag	Chi-Square	DF	Pr > ChiSq	Crosscorrelations					
5	7.46	4	0.1133	0.009	0.026	-0.009	-0.066	-0.126	-0.358
11	12.04	10	0.2826	-0.193	-0.181	-0.086	-0.089	-0.063	0.045
17	13.86	16	0.6093	0.062	-0.072	-0.039	0.140	0.076	0.020
23	20.18	22	0.5717	0.054	0.322	0.037	0.036	-0.056	0.120

그림 13.5 전이함수의 추정결과

② 백색잡음모형의 식별

잠정적으로 추정된 전이함수에 의해서 추정된 잡음 계열은 다음과 같이 된다.

$$\hat{\eta} = y_t - \frac{0.640}{(1-0.327B)} x_t, \quad x_t = (1-B)X_t, \ y_t = (1-B)Y_t$$

추정된 백색잡음시계열에 적합한 모형을 식별하기 위한 SACF는 [그림 13.5]에 나타나 있다. 이들 패턴은 백색잡음의 특성을 나타내고 있다. 그러나 잠정적으로 다음과 같은 AR(1) 모형으로 식별하여 AR 계수에 대한 검정은 전이함수-백색잡음모형을 추정하여 할 수 있다.

$$(1-\phi_1 B)\eta_t = a_t$$

3) 전이함수-백색잡음모형의 추정 및 검진

잠정적으로 식별된 전이함수와 백색잡음모형을 결합시키면 다음과 같은 **전이함수-백색잡음모형**이 식별된다.

$$(1-B)Y_t = \frac{\omega_0}{1-\delta_1 B}(1-B)X_t + \frac{1}{(1-\phi_1 B)}a_t$$

이 모형을 추정하면 [그림 13.6]과 같이 된다.

Conditional Least Squares Estimation							
Parameter	Estimate	Standard Error	t Value	Approx Pr > |t|	Lag	Variable	Shift
AR1,1	0.23496	0.16159	1.45	0.1526	1	Y	0
NUM1	0.54789	0.13555	4.04	0.0002	0	X	0
DEN1,1	0.33350	0.20412	1.63	0.1090	1	X	0

Variance Estimate	35938.72
Std Error Estimate	189.5751
AIC	669.2786
SBC	675.0147
Number of Residuals	50

Autocorrelation Check of Residuals									
To Lag	Chi-Square	DF	Pr > ChiSq	Autocorrelations					
6	0.71	5	0.9822	-0.022	0.085	0.033	0.004	0.059	-0.023
12	7.42	11	0.7643	-0.029	-0.176	-0.210	-0.020	-0.161	0.050
18	10.83	17	0.8653	-0.109	-0.116	-0.086	-0.111	0.026	0.027
24	21.12	23	0.5736	0.082	0.224	-0.040	0.163	-0.064	0.155

Crosscorrelation Check of Residuals with Input X									
To Lag	Chi-Square	DF	Pr > ChiSq	Crosscorrelations					
5	6.17	4	0.1867	-0.009	0.037	-0.041	-0.079	-0.078	-0.329
11	8.92	10	0.5393	-0.144	-0.148	-0.034	-0.055	-0.068	0.059
17	11.05	16	0.8061	0.046	-0.099	-0.044	0.162	0.048	0.000
23	17.67	22	0.7252	0.045	0.323	-0.022	0.023	-0.068	0.142

그림 13.6 전이함수-백색잡음모형의 추정 및 검진

즉, 추정된 모형은 다음과 같이 된다.

$$(1-B)Y_t = \frac{0.547}{1-0.333B}(1-B)X_t + \frac{1}{(1-0.234B)}a_t$$

그리고 $(1-0.072B+0.408B^2)x_t = \alpha_t$, $x_t = (1-B)X_t$이다. 그런데 잠정적으로 제안된 모형의 최종적인 선택은 잔차의 분석을 통하여, 즉 a_t가 백색잡음인가, 또 사전 순화된 투입계열 α_t와 독립인가를 검토한 후에 결정한다. 그러므로 잔차 $\hat{a}_t$의 SACF와 α_t와 $\hat{a}_t$ 간의 표본교체상관함수 SCCF를 구하면 [그림 13.6]과 같다. 그런데 추정된 ACF와 CCF는 모두 0과 유의적으로 다르지 않고 또한 특별한 패턴을 나타내지 않고 있다. 또 잔차에 대한 포트맨토 검정결과에서도 유의확률이 모두 0.1보다 크므로 잔차들 간에 자기상관이 존재하지 않는 것으로 분석된다. 그리고 추정된 계수들도 유의수준 10%로 모두 유의하므로 추정된 모형은 적합한 것으로 판정된다.

4) 예측

최종적으로 채택된 모형을 다시 나타내면 다음과 같이 된다.

$$\begin{aligned} Y_t = & 1.567Y_{t-1} - 0.644Y_{t-2} + 0.077Y_{t-3} + 0.547X_t \\ & - 0.674X_{t-1} + 0.127X_{t-2} + a_t - 0.333a_{t-1} \end{aligned}$$

그리고,

$$X_t = 1.072X_{t-1} - 0.480X_{t-2} + 0.408X_{t-3} + \alpha_t$$

따라서 현재 시점이 $n=48$일 때 한 시점 후의 예측값 (F_{48+1})은 다음과 같이 계산된다.

$$\begin{aligned} F_{48+1} = & 1.567Y_{48} - 0.644Y_{47} + 0.077Y_{46} + 0.547\hat{X}_{48+1} \\ & - 0.674X_{48} + 0.127X_{47} - 0.333a_{48} \end{aligned}$$

여기서 $\hat{X}_{48+1}$은 X_{49}의 추정값으로 다음과 같이 구해진다.

$$\hat{X}_{48+1} = 1.072X_{48} - 0.480X_{47} + 0.408X_{46}$$

이와 같이 현재 시점 48에서 미래시점인 49에서 54까지의 예측값을 구하면 [그림 13.7]과 같이 된다.

Forecasts for variable Y				
Obs	Forecast	Std Error	95% Confidence Limits	
53	1342.2196	221.1107	908.8506	1775.5885
54	1358.0661	359.5710	653.3200	2062.8123
55	1365.2173	453.7415	475.9003	2254.5344
56	1355.8041	528.7773	319.4196	2392.1885
57	1351.2962	597.1784	180.8481	2521.7444
58	1354.5685	660.1832	60.6332	2648.5039

|그림 13.7| 전이함수모형에 의한 판매액의 예측결과

13.2 개입분석

13.2.1 서론

시계열자료는 가끔 공휴일, 파업, 석유파동, 정책변화 등과 같은 특정 외부사건에 영향을 받아서 급격한 변화를 나타내곤 한다. 우리들은 이와 같은 외부사건(external events)을 개입(interventions)이라고 하고, 이 외부사건의 효과를 평가하는 방법을 개입시계열분석(intervention analysis)이라고 한다. 개입시계열분석을 사용하여 이러한 외부사건의 효과를 분석한 실증적 사례로는 Box & Tiao(1975), Montgomery & Weatherby(1980), Izenman & Zabel(1981) 등의 연구들이 있다.

13.2.2 개입시계열분석

개입시계열분석은 시점 T에서 개입이 일어났을 때 시계열자료의 변화가 일어났는지, 또 일어났다면 그 변화의 형태가 어떠한지를 분석하는 방법이다. 이러한 개입시계열을 분석하기 위해서는 먼저 다음과 같은 가정을 한다.

첫째, 외부사건이 개입된 시점을 알고 있다.

둘째, 개입시점 T에서 발생한 동태모형의 형태를 알고 있다. 즉, 개입의 속성과 크기를 알고 있다.

셋째, 개입시점 이전과 후의 잡음항의 모형은 동일하다.

이와 같은 가정하에 시점 T에서 외부사건이 발생한 경우에 개입모형은 다음과 같이 나타낼 수 있다.

$$Z_t = f(\underline{\delta}, \underline{\omega}, I_t^{(T)}) + \eta_t \qquad t = 1, 2, \cdots, T, T+1, \cdots, n$$

여기서 T는 개입시점을, $\underline{\delta}, \underline{\omega}$는 개입의 효과를 나타내는 모수벡터를 나타낸다. 또 $I_t^{(T)}$는 개입변수로 0 또는 1을 갖는 지시변수(indicator variable)이다. 따라서 개입시계열모형은 입력계열이 개입변수인 전이함수모형으로 간주할 수 있다. 이때 개입시점 T에서 발생한 동태모형 $f_t(\cdot)$은 알고 있는 것으로 간주하므로 이 모형의 형태에 따라 다양한 개입모형이 설정될 수 있다.

또 개입시계열모형에서는 일반적으로 잡음항 η_t가 승법 ARIMA 모형을 따르는 것으로 간주하므로 개입시계열모형은 다음과 같이 나타낼 수 있다.

$$Z_t = \frac{\omega(B)B^b}{\delta(B)} I_t^{(T)} + \frac{\theta(B)}{\phi(B)} a_t$$

여기서 $\omega(B) = \omega_0 - \omega_1 B - \cdots - \omega_s B^s$, $\delta(B) = \delta_0 - \delta_1 B - \cdots - \delta_s B^r$는 B의 다항식이고, b는 개입효과에 대한 지연시간을 나타낸다.

13.2.3 개입변수의 유형

개입변수에는 시점 T에서 개입이 발생하고 그 효과가 지속되는 경우와 발생효과가 시점 T에서만 나타나는 두 가지 유형이 있다.

먼저 시점 T에서 개입이 발생하고 그 효과가 지속되는 경우의 개입변수는 다음과 같은 계단함수(step function)로 나타난다.

$$I_t^{(T)} = S_t(T) = \begin{matrix} 0, & t < T \\ 1, & t \geq T \end{matrix}$$

또 시점 T에서 개입이 발생하고 그 효과가 시점 T에서만 나타나는 경우의 개입변수는 다음과 같은 간헐함수(pulse function)로 나타난다.

$$I_t^{(T)} = P_t(T) = \begin{matrix} 1, & t = T \\ 0, & t \neq T \end{matrix}$$

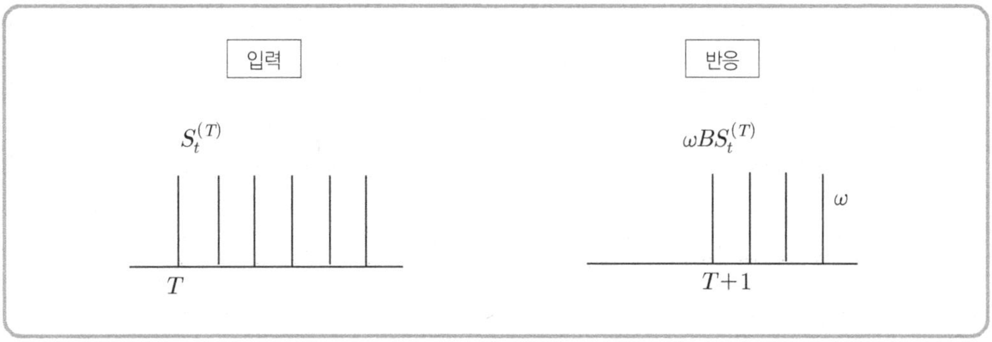

| 그림 13.8 | 개입시점이 T이고 T+1 시점에서부터 ω 만큼의 영향을 미치는 경우

그런데 간헐함수 $P_t^{(T)}$와 계단함수 $S_t(T)$는 다음과 같은 관계가 성립한다.

$$P_t^{(T)} = S_t(T) - S_t(T-1) = (1-B)S_t(T)$$

따라서 개입시계열모형은 계단함수 혹은 간헐함수로도 나타낼 수 있다. 개입시계열모형에서 설정할 수 있는 동태모형은 여러 가지 유형들을 고려할 수 있으나 여기서는 대표적인 몇 가지를 설명하기로 한다.

$$\text{모형 1:} \qquad Z_t = \omega B^b S_t^{(T)} + \frac{\theta(B)}{\phi(B)} a_t$$

개입시점 T에서 계단입력이 일어나고, b 기간 이후의 (T + b) 시점부터 ω 만큼의 영향을 미치는 경우이다. 이 모형에서 $b=1$인 경우를 그림으로 나타내면 [그림 13.8]과 같다. 예를 들어 어느 강의 상류에 댐이 생기면 이후 강하류의 특정 지점의 수위는 급격히 줄어들 것이며 모형 1은 이와 같은 현상을 분석하는 데 적용할 수 있다.

$$\text{모형 2:} \qquad Z_t = \frac{\omega B^b}{(1-\delta B)} S_t^{(T)} + \frac{\theta(B)}{\phi(B)} a_t$$

개입시점 T에서 계단입력이 일어나고, b 기간 이후의 (T + b) 시점부터 점진적인 영향을 미치는 경우이다. 이 모형에서 $b=1$이고 $0 < \delta < 1$인 경우를 그림으로 나타내면 [그림 13.9]와 같다. 이때 $0 \le \delta \le 1$이고, $\delta = 0$인 경우에는 모형 1과 같아지고, $\delta = 1$인 경우에는 개입효과는 한도가 없이 선형적으로 증가한다. 예를 들어 어떤 상품의 광고를 시작했을 때 상품의 판매량은 시간의 흐름에 따라 점진적으로 증가할 것으로 생각할 수 있다. 이와 같은 광고의 효과를 분석하고자 할 때는 모형 2를 적용할 수 있다.

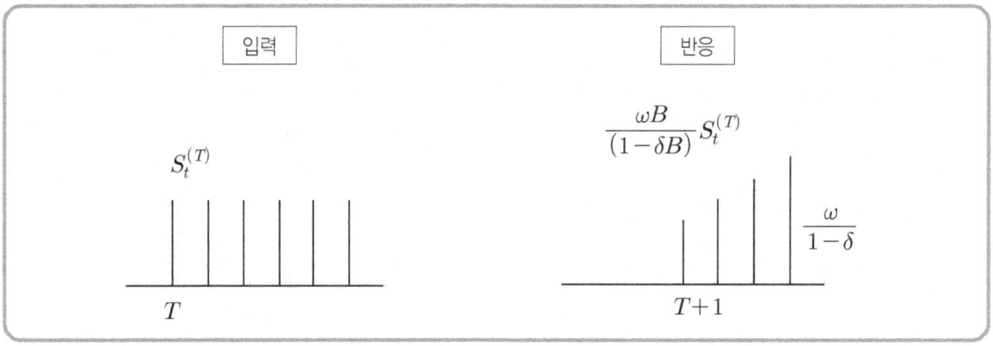

|그림 13.9| 개입시점이 T이고 T+1 시점에서부터 점진적인 영향을 미치는 경우

13.2.4 시계열 특잇값

시계열 관측값은 가끔 파업, 전쟁의 돌발, 갑작스러운 정치적 혹은 경제적 위기, 홍수, 한파 등과 같은 사건들에 의한 영향을 받게 된다. 이러한 돌출 사건의 결과는 다른 계열들과 일치성을 갖지 않는 자료들을 생성하게 되고 우리들은 이와 같은 관측값들을 특잇값(outlier)이라고 칭한다. 그런데 돌출 사건의 시기와 원인이 알려지는 경우에는 앞에서 다룬 개입분석을 사용해서 이들의 효과를 분석할 수 있다. 그러나 실제분석에서는 일반적으로 돌출사건의 시기는 알려져 있지 않다. 자료분석에서 특잇값이 포함되는 경우에는 분석결과가 전혀 다르게 나타날 수 있으므로 그러한 특잇값의 효과를 간파하고 제거하는 절차는 매우 중요하다. 시계열 특잇값을 검색하는 방법은 Fox(1972)가 가법모형과 혁신모형(additive and innovation model)을 사용하는 방법을 최초로 제안했고, 그외에 Abraham & Box(1979), Chang & Tiao(1983), Tsay(1986) 등의 연구들이 있다.

Z_t를 관측된 시계열, X_t를 특잇값이 포함되지 않은 시계열이라고 하고, 또 두 계열은 모두 정상계열이라고 한다.

이때 $\{X_t\}$를 다음과 같은 ARMA(p,q) 모형을 따른다고 하자.

$$\phi(B)X_t = \theta(B)a_t$$

여기서 $\phi(B) = 1 - \phi_1 B - \cdots - \phi_p B^p$, $\theta(B) = 1 - \theta_1 B - \cdots - \theta_q B^q$이며, $\{a_t\}$는 백색잡음이고 독립적으로 동일한 분포 $N(0, \sigma_a^2)$를 따른다.

이때 가법적 특잇값(additive outlier: AO)은 다음과 같이 정의된다.

$$Z_t = X_t + \omega I_t^{(T)}$$
$$= \frac{\theta(B)}{\phi(B)} a_t + \omega I_t^{(T)}$$

여기서 I_t는 시점 T에서의 특잇값의 존재여부를 나타내는 지시변수로서 다음과 같다.

$$I_t^{(T)} = 1,\ t = T,$$
$$= 0,\ t \neq T$$

또 혁신적 특잇값(innovational outlier: IO)을 갖는 모형은 다음과 같이 정의된다.

$$Z_t = X_t + \frac{\theta(B)}{\phi(B)} \omega I_t^{(T)}$$
$$= \frac{\theta(B)}{\phi(B)} (a_t + \omega I_t^{(T)})$$

따라서 가법적 특잇값은 T번째 관측값의 수준에만 영향을 미치지만, 혁신적 특잇값은 시점 T 이후의 모든 관측값에 영향을 미친다. 이들 모형을 일반화시켜 나타내면, 즉 시계열이 k개의 특잇값을 포함하는 경우에는 특잇값을 포함하는 모형은 다음과 같이 나타낼 수 있다.

$$Z_t = \sum_{j=1}^{k} \omega_j \nu_j(B) I_t^{(T_j)} + X_t$$

여기서 $t = T_j$ 일 때 가법적 특잇값에 대해서는 $\nu_j(B) = 1$, 혁신적 특잇값에 대해서는 $\nu_j(B) = \theta(B)/\phi(B)$를 나타낸다.

13.2.5 사례분석

웨이(Wei, 1990)가 분석한 홍콩의 일별 주가지수자료에 대한 개입시계열분석과정을 살펴보자. 이 자료는 홍콩 경제 및 연구 센터(Hongkong Economic and Research Center)에서 발표된 1981년 7월 16일부터 1983년 9월 30일까지의 일별 주가지수 계열로 총 552개의 자료이다. 중국정부는 1982년 7월 16일 영국의 직할 식민지인 홍콩의 전 지역에 대해서 중국정부가 통치권과 행정권을 행사하겠다는 안을 발표하였다. 개입시계열분석을 이용하여 중국정부의 홍콩에 대한 주권행사에 관한 발표가 홍콩 주가지수의 흐름에 유의적인 영향을 미쳤는지를 분석한다.

홍콩 주가지수를 그림으로 나타내면 [그림 13.10]과 같이 나타난다. 총 자료의 수는 552개이고, 개입시점은 $T=260$이다.

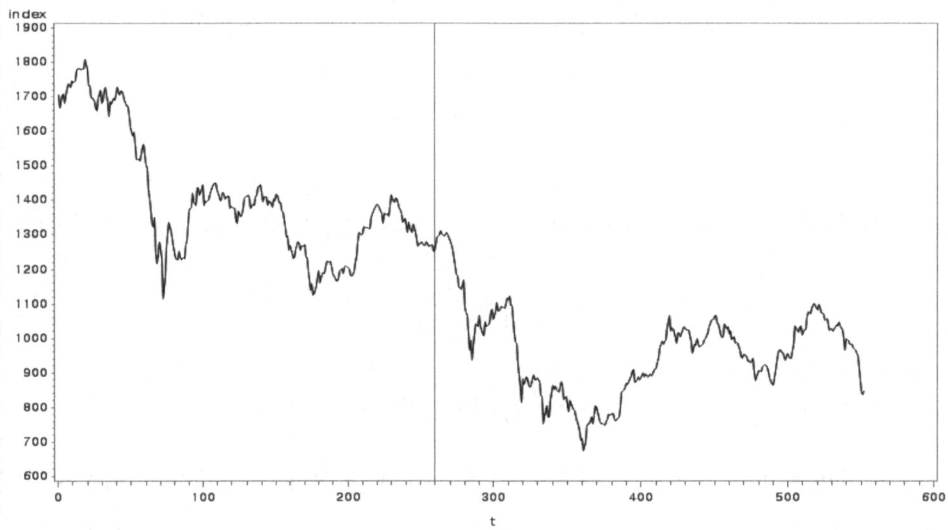

```
/*시간순서 생성 */
data t;
do t=1 to 552;
          t=t;
          output;
  end; run;
proc print data=t; run;
/*데이터 읽어들이기*/
data hongkong;
  infile 'I:\시계열 교재 자료\hongkong.txt';
  input index @@;
  run;
/*시간순서와 홍콩주가지수 병합*/
data hongkong; set t;
  merge t hongkong;
  x=(t>259);
  run;
proc print; run;
/*홍콩주가지수에 대한 시계열도 그리기*/
symbol1 i=join cv=black v=none;
proc gplot data=hongkong;
          plot index*t=1/ href=260; run;
```

| 그림 13.10 | 홍콩 주가지수

먼저 개입을 받지 않은 기간인 259번째까지의 자료를 이용하여 잡음항의 모형을 식별한다. 1차 차분계열에 대한 표본 ACF와 PACF를 구하면 [그림 13.11]과 같이 나타난다.

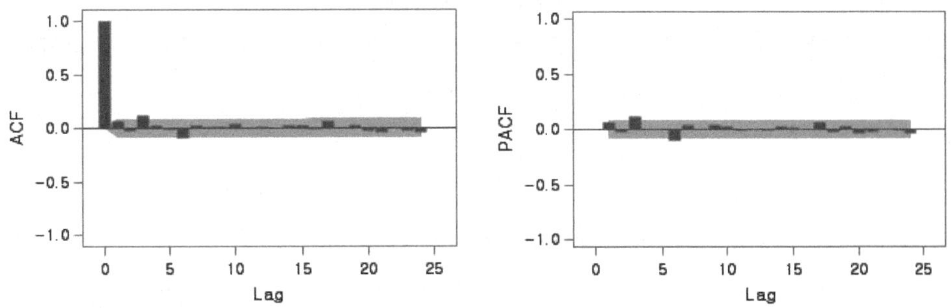


```
/*개입 전의 자료로 모형적합*/
proc arima data=hongkong;
  identify var=index(1) nlag=24;
          where t<260; run;
  estimate; run;
```

| 그림 13.11 | 홍콩 주가지수의 1차 차분계열에 대한 ACF와 PACF

[그림 13.11]의 1차 차분계열에 대한 SACF와 SPACF를 통해 개입시점 이전까지의 원계열을 아래와 같은 확률보행과정을 적합하였다.

$$(1-B)\,\eta_t = a_t$$

중국정부의 발표안의 홍콩주가에 대한 영향이 즉각적으로 주가에 반영된다면 다음과 같은 반응함수를 생각할 수 있다.

$$\omega_0\, I_t$$

여기서 ω_0는 발표안의 충격을, I_t는 $I_t = \begin{cases} 0, & t < 260 \\ 1, & t \geq 260 \end{cases}$을 나타낸다. 이때 간섭시계열 모형은 다음과 같이 나타낼 수 있다.

$$Z_t = \omega_0\, I_t + \frac{a_t}{(1-B)},\ \text{혹은}\ (1-B)(Z_t - \omega_0 B I_t) = a_t$$

앞의 분석결과와 함께 이 모형을 추정하면 [그림 13.12]에서 $\omega_0 = 42.120$으로 추정되므로 다음과 같이 나타난다.

$$Z_t = -42.120\, I_t + \frac{a_t}{(1-B)}$$

또, 잔차가 백색잡음과정을 따르는가를 검정하는 포트맨토 검정에서도 귀무가설을 기각할 수 없으므로 추정된 모형은 주어진 시계열자료에 적합한 것으로 나타난다. 하지만 모수추정 결과, 추정량 ω_0의 계수는 통계적으로 유의하지 않으므로 개입의 효과가 존재하지 않는다고 할 수 있다. 즉, 중국정부의 홍콩에 대한 주권행사에 관한 발표가 홍콩의 주가지수에 큰 영향을 미쳤다고 볼 수 없다.

Unconditional Least Squares Estimation							
Parameter	Estimate	Standard Error	t Value	Approx Pr > |t|	Lag	Variable	Shift
NUM1	42.12000	23.91269	1.76	0.0787	0	x	1

Variance Estimate	571.8169
Std Error Estimate	23.91269
AIC	5053.682
SBC	5057.992
Number of Residuals	550

Autocorrelation Check of Residuals									
To Lag	Chi-Square	DF	Pr > ChiSq	Autocorrelations					
6	16.06	6	0.0134	0.076	-0.013	0.118	0.033	0.003	-0.089
12	18.19	12	0.1099	0.028	0.018	0.018	0.041	0.008	0.025
18	23.18	18	0.1838	0.014	0.035	0.033	-0.006	0.079	-0.006
24	25.40	24	0.3844	0.029	-0.010	-0.035	0.019	-0.025	-0.027
30	35.53	30	0.2239	0.008	-0.051	-0.053	-0.099	0.007	0.045
36	44.43	36	0.1581	-0.045	-0.013	0.062	0.061	-0.020	-0.070
42	50.54	42	0.1718	0.028	0.070	-0.036	-0.012	0.052	0.021
48	52.65	48	0.2989	0.006	-0.031	-0.013	-0.040	0.016	0.022

```
/*개입모형 적합*/
proc arima data=hongkong;
  identify var=index(1) crosscorr=(x(1)) noprint; run;
  estimate input=(1$x) method=uls noint; run;
```

|그림 13.12| 홍콩 주가지수의 개입모형 모수추정 및 모형진단

14장

이분산시계열모형

$\{Z_t\}$가 어떤 ARIMA 모형을 따르면 예측값의 조건부분산은 오차항의 조건부분산과 동일하다고 한다. 정말 그러할까? 실제로 조건부분산은 시계열의 현재 및 과거 값에 따라 달라질 수 있다. 조건부분산 그 자체가 조건부분산 과정이라고 하는 확률과정이라고 할 수 있다. 예를 들면 주식의 일일 수익률은 상대적으로 안정된 기간보다 격렬한 가격변동 기간 후에 더 큰 조건부분산을 갖는 것을 확인할 수 있다. 일반적으로 변동성(fluctuation)은 그 자산이 얼마나 위험한지 나타내는 척도로 경제학적 용어로 주가변동성(volatility)이라고 한다. 통계학의 관점에서 변동성은 분산으로 조건부분산(conditional variance)으로 설명할 수 있는데, 강한 변동성이란 미래의 분산이 현재의 상황에 크게 의존하면서 결정될 때 나타나는 현상이라고 할 수 있다. 14장에서는 현재와 과거의 자료에 기초하여 미래의 변동성, 즉 조건부분산을 시간의 함수로 표현하여 예측하는 이분산(heteroskedasticity)모형을 다룬다. 반면에 이전에 다루었던 ARIMA 모형은 미래의 조건부평균을 예측하는 모형이다.

금융에서 자산의 수익률에 대한 조건부분산은 자산의 위험을 측정하기 위한 측도로 사용된다. 조건부분산은 금융자산 가격 책정의 수학적 이론과 최대손실금액(Value at Risk) 계산에서 핵심 구성요소이다(Tsay, 2005). 효율적인 시장에서 예상수익(조건부평균)은 0이어야 하고, 따라서 수익률 계열은 백색잡음이어야 한다. 이러한 시계열은 가장 간단한 자기공분산을 가진다. 설명의 편의를 위해 이 장의 처음 몇 절에서는 자료가 일부 금융자산의 수익률이며 백색잡음이라고 가정한다. 즉, 자기상관이 없는 자료라고 가정한다.

14.1 경제시계열자료의 특징

경제시계열자료의 특징을 Cryer와 Chan(2009)이 제시한 CREF 주식 펀드 자료를 예로 살펴보도록 하자. CREF 자료는 2004년 8월 26일부터 2006년 8월 15일까지 거래일 동안의 자료로 편의를 위해 자료는 같은 관측시차를 가진다고 가정한다. [그림 14.1]은 CREF 주식 펀드의 시계열도로 증가추세를 확인할 수 있고, 큰 값에서 큰 변동성을 가지는 것을 보여 준다.

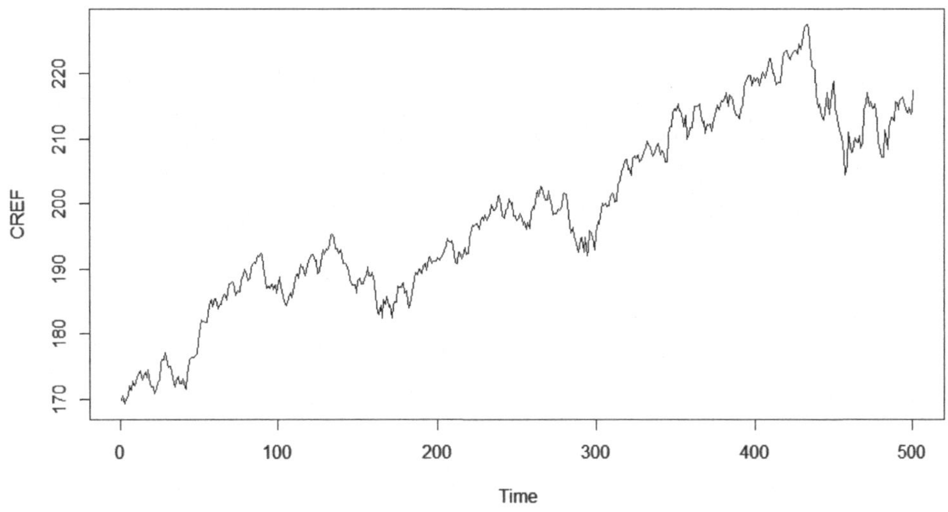


```
cref<-ts(read_excel("H:\\R\\cref.xlsx", col_names=FALSE))
plot(cref, ylab="CREF")
```

|그림 14.1| 일일 CREF 펀드 주식의 시계열도

어떤 자산의 가격을 $\{p_t\}$라고 하자. 그러면 수익률은 다음과 같이 정의되는데, 때로는 100을 곱하여 가격의 변화율로 해석하기도 한다.

$$r_t = \log(p_t) - \log(p_{t-1}). \tag{14.1.1}$$

[그림 14.2]는 CREF 주식 펀드의 수익률 시계열도와 SACF 및 SPACF이다. 시계열도를 보면 수익률(r_t)은 평균이 0처럼 보이고 시간에 따라 변하지 않는다. 시간이 지날수록 변동성이 더 커지며 한 번 큰 값을 가지면 한동안은 큰 상태로 지속되고, 다시 작은 값들이 한동안 지속되는 현상을 확인할 수 있다. 이와 같이 변동성이 클 때와 작을 때가 집중되어 나타나는 현상을 변동성 집중(volatility clustering)이라고 한다.

수익률에 절댓값이나 제곱을 취하여 시계열도를 그려보면 이분산성과 변동성 집중 현상을 보다 뚜렷하게 알 수 있다. [그림 14.3]과 [그림 14.4]는 각각 CREF의 절대 수익률과 제곱 수익률의 시계열도와 SACF 및 SPACF를 나타낸 결과이다. 각각의 시계열도를 보면 변동성이 극심한 구간과 상대적으로 그렇지 않은 구간이 번갈아 나타나는 변동성 집중 현상과 분산이 변하는 이분산성을 보다 뚜렷하게 확인할 수 있다.

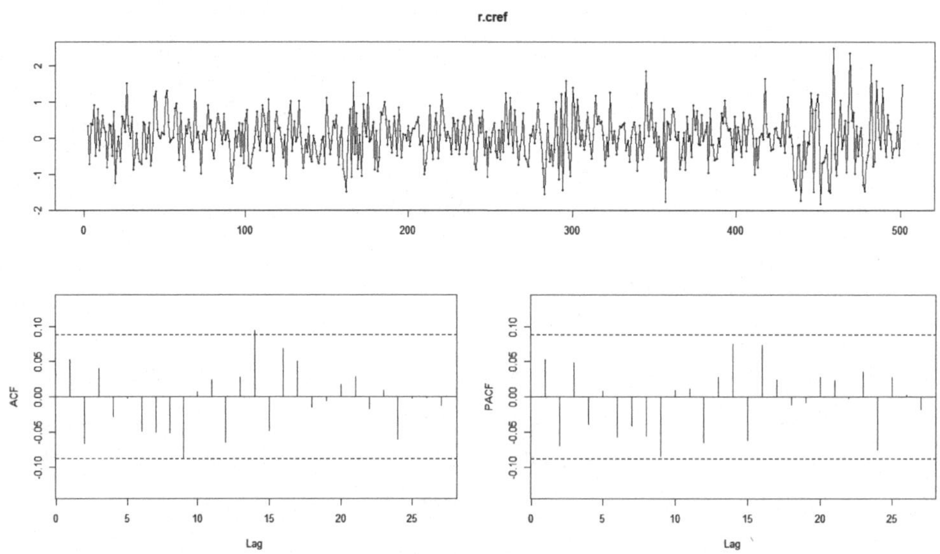


```
r.cref=diff(log(cref))*100
tsdisplay(r.cref)
```

|그림 14.2| CREF 수익률의 시계열도와 SACF 및 SPACF

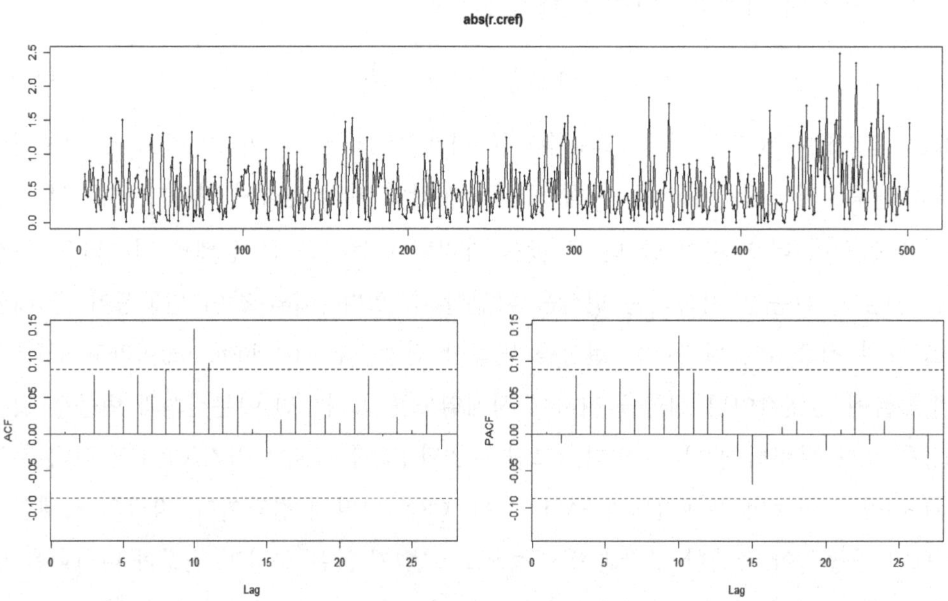


```
tsdisplay(abs(r.cref))
```

|그림 14.3| CREF 절대 수익률의 시계열도와 SACF 및 SPACF

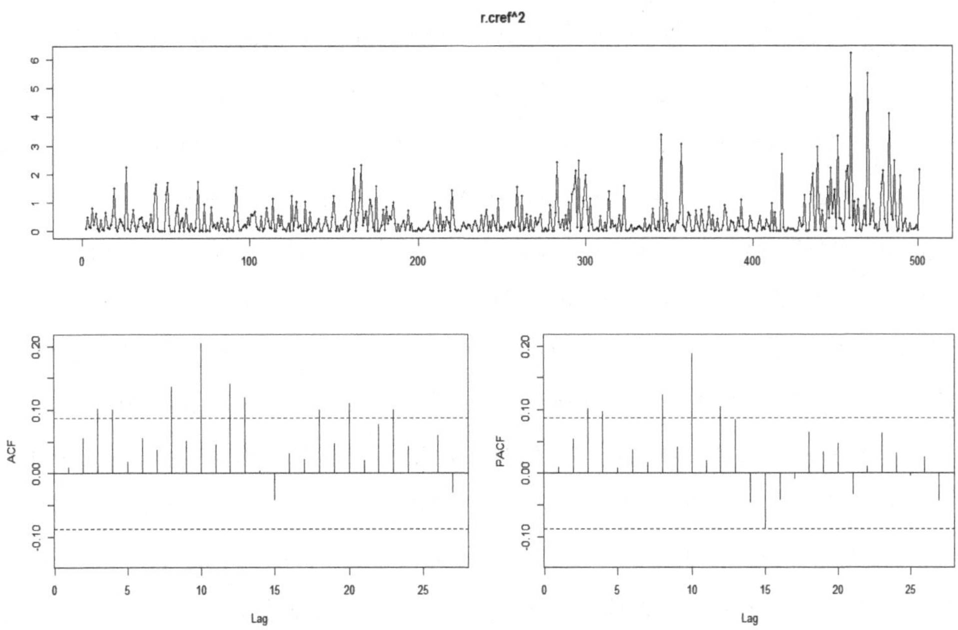

tsdisplay(r.cref^2)

그림 14.4 CREF 제곱 수익률의 시계열도와 SACF 및 SPACF

변동성 집중 현상은 분산은 일정하지 않으며 CREF 수익률 자료가 독립이며 동일한 분포를 따르지(i.i.d.; independently and identically distributed) 않을 수 있음을 암시한다. 이는 자료가 상관관계가 존재하지 않는 것과 독립이라는 것을 구분할 필요가 있다. 시계열이 정말 독립이라면 로그변환이나 절댓값 변환, 제곱 등과 같은 비선형변환을 하더라도 시계열은 독립일 것이다. 그러나 상관관계는 선형종속 여부만 측정하므로 상관관계에 해당하지 않는다. 고차 종속 구조는 절대 수익률 또는 제곱 수익률의 자기상관구조를 연구함으로써 알 수 있다. 수익률 $\{r_t\}$가 독립이며 동일한 분포를 따른다면 절대 수익률 또는 제곱 수익률 역시 백색잡음이 될 것이다. 따라서 절대 수익률 또는 제곱 수익률에 유의한 자기상관이 존재하면 수익률이 독립이며 동일한 분포를 따른다는 가설을 기각할 수 있다.

[그림 14.2] CREF 수익률의 SACF와 SPACF를 보면 거의 모든 차수에서 자기상관계수가 유의하지 않다. 따라서 자료에 자기상관관계가 없다는 것을 알 수 있다. 그러나 [그림 14.3]과 [그림 14.4]에서 CREF의 절대 수익률과 제곱 수익률의 SACF와 SPACF를 보면 모두 유의한 자기상관이 존재하므로 CREF 수익률이 독립이며 동일한 분포를 따

르지 않아 더 이상 백색잡음이 아니다.

시계열도와 ACF 및 PACF와 같은 시각적인 방법은 제곱된 데이터의 자기상관 여부를 검정하는 Box-Ljung 검정으로 보완할 수 있다. 모형적합이 필요하지 않기 때문에 Box-Ljung 검정통계량의 분포는 카이제곱분포로, 자유도는 상관계수의 수와 같다. 따라서 제곱된 자료의 m 자기상관을 사용하면 ARCH 효과가 없는 경우($\alpha_1 = \cdots = \alpha_q = 0$) Box-Ljung 검정통계량은 근사적으로 자유도가 m인 카이제곱분포를 따른다. 이러한 방법은 확률과정의 조건부평균이 0이 아니고 ARMA 모형이 데이터의 자기상관을 설명하는 데 적절할 경우로 확장하여 사용할 수 있다. 이 경우 제곱잔차의 m차 자기상관을 ARCH 효과의 존재를 검정하는 데 사용한다. Box-Ljung 통계량은 ARCH 효과가 없다는 가정하에 자유도가 m인 카이제곱분포를 따른다(McLeod and Li, 1983)(Li, 2004). 제곱잔차나 제곱된 자료의 Box-Ljung 통계량을 이용하여 ARCH 효과를 검정하는 McLeod-Li 검정을 수행하여 본다. [그림 14.5]는 CREF 수익률의 McLeod-Li 검정결과이다. 유의확률 그래프로 나타낸 것으로 유의수준 0.05하에서 4 시차 이상부터 그 결과가 유의하다. 자료에서 강한 ARCH 효과를 확인할 수 있다.

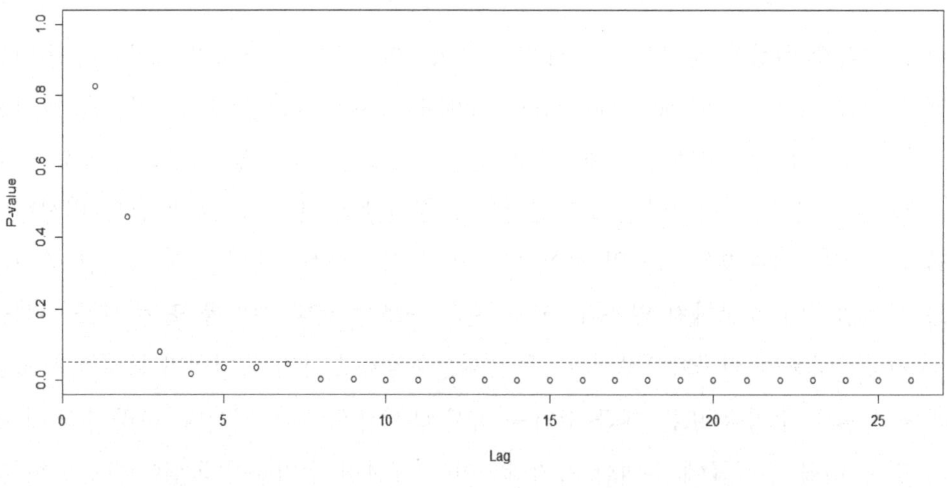


```
McLeod.Li.test(y=r.cref)
```

[그림 14.5] CREF 수익률의 McLeod-Li 검정의 유의확률 그래프

14.2 ARCH(1) 모형

Engle(1982)은 시계열의 분산 변화를 반영하는 모형으로 ARCH 모형(Autoregressive Conditional Heteroscedasticity)을 제안하였다. 금융자산의 수익률 $\{r_t\}$은 변동성 집중 현상이 보이지만, 평균이 0인 상관관계가 없는 시계열이다. 즉, 과거의 수익률이 주어졌을 때 조건부분산은 더 이상 일정하지 않다. 조건부 변동성이라 일컬어지는 수익률의 조건부분산을 $\sigma^2_{t|t-1}$이라 하자. 수익률의 제곱(r_t^2)은 $\sigma^2_{t|t-1}$의 불편추정량을 제공하고 상대적으로 변동성이 큰 구간을 미리 알려준다. ARCH 모형은 조건부분산이 반응변수이고 이전 시점의 수익률의 제곱이 공변량인 회귀모형에 기초한다. 예를 들어 ARCH(1) 모형은 다음과 같다.

$$r_t = \sigma_{t|t-1} e_t \tag{14.2.1}$$

$$\sigma^2_{t|t-1} = \omega + \alpha r^2_{t-1}. \tag{14.2.2}$$

여기서 $\omega > 0$이고 $1 \le \alpha < 1$인 모수이다. e_t는 평균이 0이고 분산이 1인 독립이고 동일한 분포를 갖는(i.i.d.) 확률변수이며, $r_{t-j}(j=1,2,\cdots)$와 독립이다. 따라서 r_t의 조건부분산은 $\sigma^2_{t|t-1}$와 같고 13.1과 같은 형태를 갖는다.

$$\begin{aligned} E\left(r_t^2 \mid r_{t-j}, j=1,2,\cdots\right) &= E\left(\sigma^2_{t|t-1} e_t^2 \mid r_{t-j}, j=1,2,\cdots\right) \\ &= \sigma^2_{t|t-1} E\left(e_t^2 \mid r_{t-j}, j=1,2,\cdots\right) \\ &= \sigma^2_{t|t-1} E\left(e_t^2\right) \\ &= \sigma^2_{t|t-1}. \end{aligned} \tag{14.2.3}$$

[그림 14.6]은 $\omega = 0.01$이고 $\alpha = .09$인 ARCH(1) 모형을 따르는 난수를 500개 생성하여 그린 시계열도로 변동성 집중 현상과 이분산성을 확인할 수 있다.

ARCH 모형은 회귀모형과 유사하지만 조건부분산이 직접 관찰할 수 없는 잠재변수이기 때문에 ARCH 모형을 적합 시 주의해야 할 사항들이 있다. 예를 들어 회귀관계를 그래프로 탐색하는 방법은 바람직하지 않다. 그러려면 식 (14.2.2)가 조건부분산을 관찰 가능한 것으로 대체하는 것이 적절하다. 다음과 같이 새로운 η_t로 변환하자.

$$\eta_t = r_t^2 - \sigma^2_{t|t-1}. \tag{14.2.4}$$

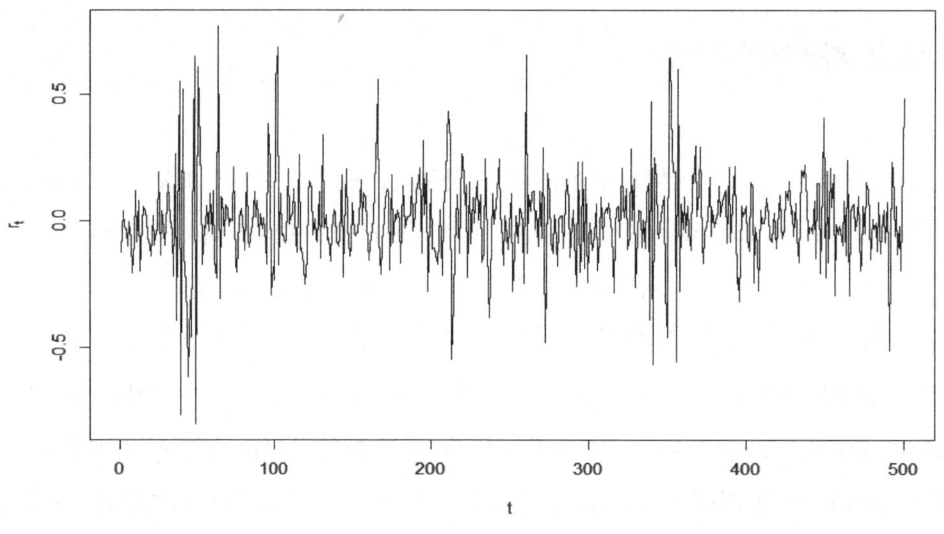

```
set.seed(123)
garch01=garch.sim(alpha=c(.01,.9),n=500)
plot(garch01,type='l',ylab=expression(r[t]),xlab='t')
```

|그림 14.6| ARCH(1) 모형($\omega = 0.01$, $\alpha = .09$)의 시계열도

η_t는 자기상관하지 않는 계열로 평균이 0이 된다. 식 (14.2.4)를 $\sigma^2_{t|t-1} = r_t^2 - \eta_t$ 로 변환하면 모형 식 (14.2.2)는 다음과 같다.

$$r_t^2 = \omega + \alpha r_{t-1}^2 + \eta_t. \tag{14.2.5}$$

그러므로 $\{r_t\}$가 ARCH(1) 모형을 따른다면, r_t^2은 AR(1) 모형을 따른다. 이는 ARMA 모형에서 활용했던 기법으로 r_t^2을 AR(1)으로 식별할 수 있다면 ARCH(1) 모형을 식별할 수 있음을 의미하고 ARCH(1) 모수화에 유용하게 활용할 수 있다. 예를 들어 제곱 수익률은 음이 아닌 양수이므로 모수 ω와 α도 항상 음이 아닌 양수로 제한해야 한다. 만약 $\{r_t\}$가 분산 σ^2을 가지는 정상 시계열이면 식 (14.2.5) 양변에 기댓값을 취하면 다음과 같다.

$$\sigma^2 = \omega + \alpha \sigma^2. \tag{14.2.6}$$

즉 $\sigma^2 = \omega/(1-\alpha)$이고 $0 \le \alpha < 1$이다. Ling과 McAleer(2002)는 $0 \le \alpha < 1$이면 ARCH(1) 모형이 정상적임을 보였고, 그 역도 성립한다. 정상성과 이분산성의 두 개념은 양립할 수 없는 것처럼 보이지만 약정상 과정은 평균이 일정하고 임의의 두 시점에서 공분산이 유한하고 동일하다는 것을 상기해 볼 필요가 있다. 특히 분산은 약정

상 과정에서 일정할 것이다. 조건 $0 \le \alpha < 1$은 식 (14.2.1)과 (14.2.2)에 의해 정의된 $\{r_t\}$가 약정상적이도록 r_0에 대한 초기분포가 존재함을 말한다. ARCH(1) 모형에서 보듯이 약정상성이 일정하지 않은 조건부분산 과정의 가능성을 배제하지 않는다는 것을 알 수 있다. ARCH(1) 과정이 백색잡음인지 확인해야 한다. 따라서 그것은 식 (14.2.2)에 의해 정의된 일정하지 않은 조건부분산 과정이 제곱된 과정의 1 시차에 따라 변하는 것을 인정하는 백색잡음의 예이다.

η_t가 정규분포를 따르더라도 $0 \le \alpha < 1$인 ARCH(1) 모형 정상분포는 두꺼운 꼬리를 가진다. 즉, 첨도($= E(r_t^4)/\sigma^4 - 3$)가 0보다 크다.

$$\begin{aligned} E(r_t^4) &= E\left[E\left(\sigma_{t|t-1}^4 e_t^4 | r_{t-j}, j = 1, 2, 3, \cdots\right)\right] \\ &= E\left[\sigma_{t|t-1}^4 E\left(e_t^4 | r_{t-j}, j = 1, 2, 3, \cdots\right)\right] \\ &= E\left[\sigma_{t|t-1}^4 E\left(e_t^4\right)\right] \\ &= 3\, E\left(\sigma_{t|t-1}^4\right). \end{aligned} \tag{14.2.7}$$

실제로 식 (14.2.7)이 유한한지는 확실치 않지만, 유한하며 정상적이라고 가정하자. $E\left(\sigma_{t|t-1}^4\right)$를 τ로 치환하여 이 가정이 유효한 조건을 도출해 보자. 식 (14.2.2)의 양변에 거듭제곱 후 기댓값을 취하여 다음과 같이 τ를 산출할 수 있다.

$$\begin{aligned} \tau &= \omega^2 + 2\omega\alpha\sigma^2 + \alpha^2 3\tau \\ \tau &= \frac{\omega^2 + 2\omega\alpha\sigma^2}{1 - 3\alpha^2}. \end{aligned} \tag{14.2.8}$$

식 (14.2.8)에 따라 τ의 유한성에 대한 필요조건은 $0 \le \alpha < 1/\sqrt{3}$이고, 이 경우 ARCH(1) 모형은 유한한 4차 적률을 가질 필요가 없다. 부수적으로 정상적인 ARCH(1) 모형 역시 유한한 4차 적률을 가지지 않아도 된다. 더 높은 차수의 적률이 유한하면 모수의 범위가 더 제한될 것이고 ARCH 모형의 높은 차수에서도 같은 성질을 공유한다. 대수학에 의해 식 (14.2.1)은 $\tau > \sigma^4$임을 내포하며 $E(r_t^4) > 3\sigma^4$이 되어 정상적인 ARCH 모형의 첨도는 0보다 크다. 다시 말하면 두꺼운 꼬리는 식 (14.2.2)와 같이 변동성 집중의 결과이다.

ARCH 모형의 주요한 목적은 미래의 조건부분산을 예측하는 데 있다. h-시차 후 예측 조건부분산은 다음과 같다.

$$
\begin{aligned}
\sigma^2_{t+h|t} &= E\left(r^2_{t+h}|r_t, r_{t-1}, \cdots\right) \\
&= E\left[E\left(\sigma^2_{t+h|t+h-1} e^2_{t+h}|r_{t+h-1}, r_{t+h-2}, \cdots\right)|r_t, r_{t-1}, \cdots\right] \\
&= E\left[\sigma^2_{t+h|t+h-1} E\left(e^2_{t+h}\right)|r_t, r_{t-1}, \cdots\right] \\
&= E\left(\sigma^2_{t+h|t+h-1}|r_t, r_{t-1}, \cdots\right) \\
&= \omega + \alpha E\left(r^2_{t+h-1}|r_t, r_{t-1}, \cdots\right) \\
&= \omega + \alpha \sigma^2_{t+h-1|t}.
\end{aligned} \tag{14.2.9}
$$

여기서 $h<0$일 때 $\sigma^2_{t+h|t}=r^2_{t+h}$이다. h-시차 후 예측 조건부분산을 재귀적으로 구할 수 있다. ARCH(1) 모형에서 1-시차 후 조건부분산은

$$
\sigma^2_{t+1|t} = \omega + \alpha r^2_t = (1-\alpha)\sigma^2 + \alpha r^2_t \tag{14.2.10}
$$

로 현재 시점의 r^2_t과 분산의 가중평균임을 알 수 있다.

14.3 GARCH 모형

조건부분산 예측 공식은 미래 조건부분산에 대한 예측이 가장 최근의 제곱 수익률 r^2_t 만을 포함하기 때문에 ARCH(1) 모형의 강점과 약점을 모두 보여 준다. 실제로 모든 시차에서의 과거의 제곱 수익률을 더 작은 가중치로 변동성을 포함시키면 예측의 정확성이 향상될 것이다. 모형에 이전 시차의 제곱 수익률을 포함시켜 모형을 확장한다. Engle(1982)은 식 (14.2.2)를 일반화한 모형을 ARCH(q) 모형을 제안하였다.

$$
\sigma^2_{t|t-1} = \omega + \alpha_1 r^2_{t-1} + \alpha_2 r^2_{t-2} + \cdots + \alpha_q r^2_{t-q}. \tag{14.3.1}
$$

ARCH(q) 모형에서 q가 클 때에는 추정량의 정확도가 떨어져 정상성 조건을 만족시키지 못할 가능성이 커진다. 이에 Bollerslev(1986)와 Taylor(1986)은 ARCH 모형에서 조건부분산이 p차의 자기상관을 갖는다는 개념을 확장하여 GARCH(p, q) 모형(GARCH; Generalized autoregressive conditional geteroscedasticity)을 제안하였다.

$$
\begin{aligned}
\sigma^2_{t|t-1} = \omega &+ \beta_1 \sigma^2_{t-1|t-2} + \beta_2 \sigma^2_{t-2|t-3} + \cdots + \beta_p \sigma^2_{t-p|t-p-1} \\
&+ \alpha_1 r^2_{t-1} + \alpha_2 r^2_{t-2} + \cdots + \alpha_q r^2_{t-q}.
\end{aligned} \tag{14.3.2}
$$

후진연산자를 사용하여 표현하면 모형을 재표현하면 다음과 같다.

$$\left(1-\beta_1 B- \cdots -\beta_p B^p\right)\sigma_{t|t-1}^2 = \omega + \left(\alpha_1 B+ \cdots + \alpha_q B^q\right) r_t^2 . \qquad (14.3.3)$$

조건부분산은 음이 아니므로 GARCH 모형의 계수는 음이 아닐 것이다. 그러나 조건부분산이 음이 아닌 수를 가질 확률이 1인 GARCH 모형에서 계수가 꼭 음이 아닐 필요는 없다(Nelson와 Cao, 1992)(Tsai와 Chan, 2006). 이 절에서는 GARCH 모형의 계수가 음이 아닌 수라고 가정한다.

오차항이 표준정규분포를 따르고 계수가 $\omega=0.02$, $\alpha=0.05$, $\beta=0.9$인 GARCH(1,1) 모형을 따르는 시계열을 500개 난수발생하였다. [그림 14.7]은 난수발생한 GARCH(1,1) 자료의 시계열도와 SACF 및 SPACF를 나타낸 그림이다. ARCH(1) 모형에서 나타난 것과 같이 변동성 집중 현상과 이분산성을 모두 확인할 수 있다. 또한 GARCH(1,1) 모형에는 조건부분산에 대하여 시차 1을 반영하였기 때문에 변동성의 기억력이 향상되었다. SACF와 SPACF를 보면 대부분의 시차에서 유의한 상관관계는 존재하지 보이지 않는다.

앞에서 난수발생한 GARCH(1,1) 자료를 제곱한 시계열과 절댓값을 취한 시계열의 시계열도와 SACF 및 SPACF를 각각 [그림 14.8]과 [그림 14.9]에 나타내었다. 변동성 집중과 이분산성을 보다 뚜렷이 확인할 수 있고, SACF와 SPACF를 통해 시계열이 유의한 자기상관이 존재함을 알 수 있다.

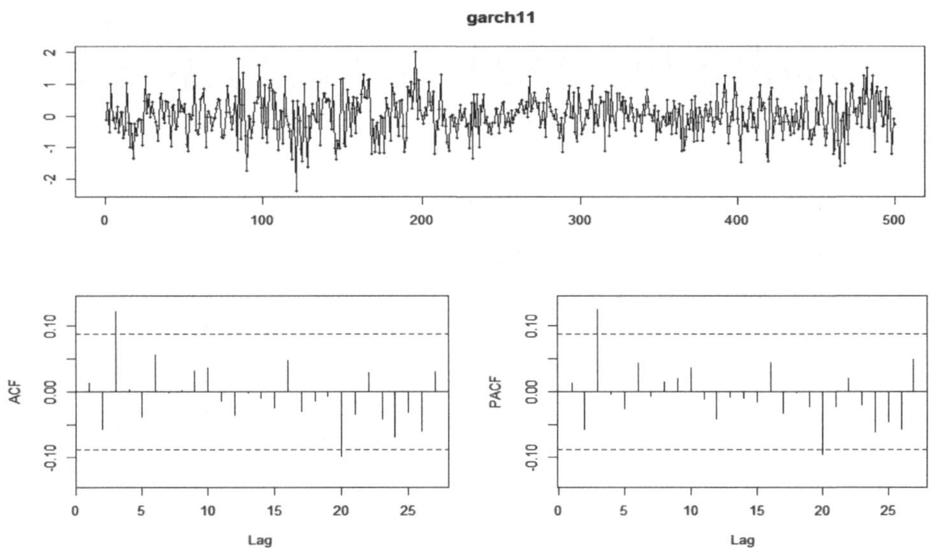


```
set.seed(1234567)
garch11=garch.sim(alpha=c(0.02,0.05),beta=0.9,n=500)
tsdisplay(garch11)
```

그림 14.7 GARCH(1,1) 모형($\omega=0.02$, $\alpha=0.05$, $\beta=0.9$)의 시계열도와 SACF 및 SPACF

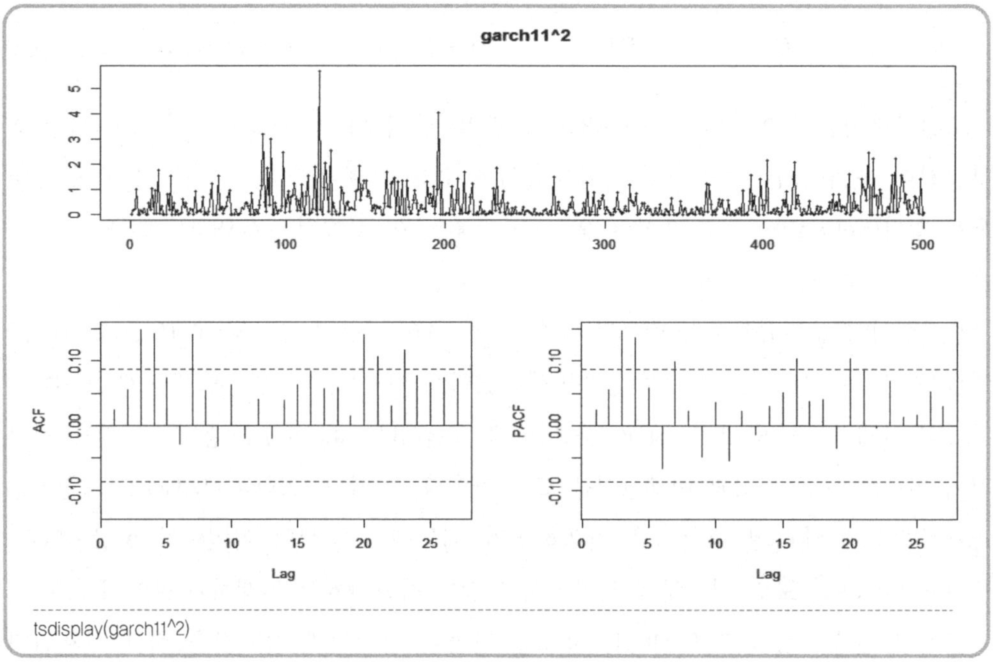

ı그림 14.8ı 제곱한 GARCH(1,1) 자료의 시계열도와 SACF 및 SPACF

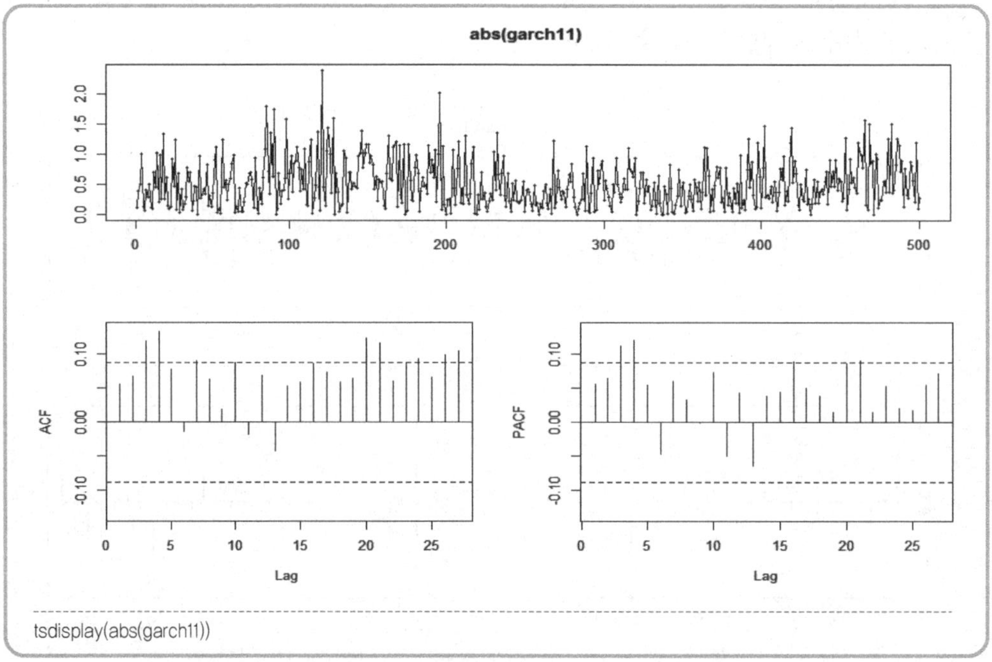

ı그림 14.9ı 절댓값을 취한 GARCH(1,1) 자료의 시계열도와 SACF 및 SPACF

GARCH 모형을 식별하기 위하여 제곱 수익률 r_t^2을 이용하여 모형을 표현하는 것이 유리하다. ARCH 모형처럼 식 (14.2.5)의 $\eta_t = r_t^2 - \sigma_{t|t-1}^2$로 치환하여 식 (14.3.2)의 GARCH 모형을 다시 표현하면 다음과 같다.

$$\begin{aligned} r_t^2 = \omega + (\beta_1 + \alpha_1) r_{t-1}^2 + \cdots + (\beta_{\max(p,q)} + \alpha_{\max(p,q)}) r_{t-\max(p,q)}^2 \\ + \eta_t - \beta_1 \eta_{t-1} - \beta_2 \eta_{t-2} - \cdots - \beta_p \eta_{t-p} \,. \end{aligned} \tag{14.3.4}$$

여기서 $k > p$인 경우 $\beta_k = 0$이고 $k > q$인 경우 $\alpha_k = 0$이다. $\{r_t\}$이 GARCH(p,q) 모형이라면 $\{r_t^2\}$은 ARMA$(\max(p,q), p)$ 모형으로 나타낼 수 있다. 앞서 배운 ARMA 모형에서의 식별을 $\{r_t^2\}$에 적용하여 p와 $\max(p,q)$를 식별한다. 그러나 $q < p$인 경우 식별이 어렵다. 이 경우 먼저 GARCH(p,p) 모형을 적합하고, ARCH 계수의 유의성을 검정한 후 q를 추정한다.

앞에서 난수발생한 GARCH(1,1) 자료를 절댓값을 취하여 ARMA(1,1) 모형으로 추정한 결과를 [그림 14.10]에 나타내었다. 식 (14.3.4)를 통해 $\beta = 0.9445$이고 $\alpha = \phi - \theta$로 $\alpha = 0.9821 - 0.9445 = 0.0376$이고 $\omega = 1 - \alpha - \beta = 0.0073$로 추정하였다.

arima(x = abs(garch11), order = c(1, 0, 1))

Coefficients:

	ar1	ma1	intercept
	0.9821	-0.9445	0.5077
s.e.	0.0134	0.0220	0.0499

sigma^2 estimated as 0.1486: log likelihood = -232.97, aic = 471.94

```
garch11_m<-arima(abs(garch11),order=c(1,0,1))
coeftest(garch11_m)
```

|그림 14.10| 절댓값을 취한 GARCH(1,1)의 ARMA(1,1) 추정 결과

GARCH 모형의 (약)정상성 조건을 위하여 식 (14.3.4)의 양변에 기댓값을 취하면

$$\sigma^2 = \omega + \sigma^2 \sum_{i=1}^{\max(p,q)} (\beta_i + \alpha_i)$$

이고, 이를 정리하면 다음과 같이 비조건부분산 σ^2에 대한 방정식을 구할 수 있다.

$$\sigma^2 = \frac{\omega}{1 - \sum_{i=1}^{\max(p,q)} (\beta_i + \alpha_i)}.$$

정상성을 만족하려면 분산은 유한해야 하므로 GARCH(p,q) 모형이 (약)정상성일 필요충분조건은

$$\sum_{i=1}^{\max(p,q)} (\beta_i + \alpha_i) < 1 \tag{14.3.5}$$

이다. ARCH(1) 모형과 마찬가지로 GARCH 모형에서도 높은 적률의 유한성은 더 강력한 조건이 필요하다(Ling과 McAleer, 2002). 그리고 GARCH 모형의 정상분포는 일반적으로 두꺼운 꼬리를 갖는다.

GARCH 모형에서 h-시차 후 조건부분산 $\sigma^2_{t+h|t}(h > p)$은 반복적인 과정으로 구할 수 있다.

$$\sigma^2_{t+h|t} = \omega + \sum_{i=1}^{p} (\alpha_i + \beta_i)\sigma^2_{t+h-i|t}\ ,\ h > p. \tag{14.3.6}$$

더 일반적으로 나타내면 h-시차 후 조건부분산 $\sigma^2_{t+h|t}$은 다음과 같다.

$$\sigma^2_{t+h|t} = \omega + \sum_{i=1}^{p} \alpha_i \sigma^2_{t+h-i|t} + \sum_{i=1}^{q} \beta_i \hat{\sigma}^2_{t+h-i|t+h-i-1}. \tag{14.3.7}$$

여기서

$$\sigma^2_{t+h|t} = r^2_{t+h}\ ,\ h < 0$$

$$\hat{\sigma}^2_{t+h-i|t+h-i-1} = \begin{cases} \sigma^2_{t+h-i|t} & ,\ h-i-1 > 0 \\ \sigma^2_{t+h-i|t+h-i-1} & ,\ otherwise \end{cases}$$

이다.

GARCH(1,1) 모형에서 n개의 관측값 $r_1, r_2, \cdots, r_n$과 $\sigma^2_{t|t-1} = \omega + \beta_1 \sigma^2_{t-1|t-2} + \alpha_1 r^2_{t-1}$을 가정한다. $2 \le t \le n$일 때 조건부분산을 구하기 위해서는 초깃값 $\sigma^2_{1|0}$가 필요한데, 초깃값으로는 비조건부분산 $\sigma^2 = \omega/(1-\alpha_1-\beta_1)$이나 간단하게 r_1^2 을 지정한다. 1 시차 후 조건부분산은

$$\sigma^2_{t|t-1} = (1-\alpha_1-\beta_1)\sigma^2 + \beta_1 \sigma^2_{t-1|t-2} + \alpha_1 r^2_{t-1}$$

으로 장기간 분산과 현재 조건부분산의 추정값, 현재 제곱 수익률의 가중평균이다.

나아가 조건부분산을 MA(∞) 형태로 표시하면 다음과 같이 과거 제곱 수익률의 무한 이동평균으로 나타낼 수 있다.

$$\sigma^2_{t|t-1} = \sigma^2 + \alpha_1 (r^2_{t-1} + \beta_1 r^2_{t-2} + \beta_1^2 r^2_{t-3} + \beta_1^3 r^2_{t-4} + \cdots). \tag{14.3.8}$$

과거의 제곱 수익률의 영향력이 기하 급수적으로 감소한다.

$\alpha_1 + \beta_1 = 1$이면 GARCH(1,1) 모형은 비정상적이고, 이러한 모형을 IGARCH(1,1) (integrated GARCH) 모형이라고 한다. $\omega = 0$일 때, $\alpha_1 = 1 - \beta_1$이라고 하면 IGARCH 모형은 다음과 같이 과거 제곱 수익률의 지수적인 가중평균으로 정리할 수 있다.

$$\sigma^2_{t|t-1} = (1-\beta_1)(r^2_{t-1} + \beta_1 r^2_{t-2} + \beta_1^2 r^2_{t-3} + \cdots). \tag{14.3.9}$$

IGARCH 모형 외에도 Exponential GARCH(Nelson, 1991), Quadratic GARCH(Sentana, 1995), Threshold GARCH(Zakoian, 1994) 등의 다양한 GARCH 모형이 존재하지만 이 책의 범위를 벗어나므로 생략한다.

14.4 최우추정법

GARCH 모형의 추정은 e_t가 정규분포를 따른다고 가정하고 우도함수를 구해 추정하는 것에서 시작한다. 정상적인 GARCH(1,1)에서 모수 ω, α, β가 주어졌을 때, 조건부 분산은 다음과 같다.

$$\sigma^2_{t|t-1} = \omega + \alpha_1 r^2_{t-1} + \beta_1 \sigma^2_{t-1|t-2}, \ t \ge 2. \tag{14.4.1}$$

초깃값 $\sigma^2_{1|0}$ 은 정상적인 조건하에서 비조건부분산 $\sigma^2 = \omega/(1-\alpha_1-\beta_1)$을 사용하였다. 조건부확률밀도함수는

$$f(r_t | r_{t-1}, \cdots, r_1) = \frac{1}{\sqrt{2\pi\sigma^2_{t|t-1}}} \exp\left[-r_t^2/\left(2\sigma^2_{t|t-1}\right)\right] \tag{14.4.2}$$

이고 결합확률밀도함수는

$$f(r_n, \cdots, r_1) = f(r_{n-1}, \cdots, r_1) f(r_n | r_{n-1}, \cdots, r_1)$$

이다. 로그우도함수는

$$l(\omega, \alpha, \beta) = -\frac{n}{2}\log(2\pi) - \frac{1}{2}\sum_{i=1}^{n}\left\{\log(\sigma^2_{t-1|t-2}) + r_t^2/\sigma^2_{t|t-1}\right\} \tag{14.4.3}$$

이다. 로그우도함수를 최대로 하는 최대우도추정량은 수치해석적인 방법으로 구한다. 최대우도추정량은 점근적으로 정규분포를 따르는 것으로 알려져 있다.

$$\sqrt{n}(\hat{\theta} - \theta) \xrightarrow{d} N(0, \Lambda). \tag{14.4.4}$$

여기서 θ는 모수벡터로 $\theta = (\omega, \alpha, \beta)'$이고, Λ는 공분산행렬로 $\Lambda = \left\{E(e^4_{1|0}) - 1\right\} J^{-1}$ 이고 J 는 정보행렬로 $J = E\left[\frac{\partial^2 \log f(r_t | r_{t-1})}{\partial\theta_i\, \partial\theta_j^T}\right]$이다. 행렬 Λ는 점근적으로 다음과 같은 성분을 갖는 행렬의 역행렬과 같다.

$$\frac{1}{2}\sum_{t=1}^{n}\frac{1}{\sigma^4_{t|t-1}}\frac{\partial\sigma^2_{t|t-1}}{\partial\theta_i}\frac{\partial\sigma^2_{t|t-1}}{\partial\theta_j}.$$

앞에서 난수발생한 GARCH(1,1) 모형 자료를 추정하여 보자. [그림 14.11]은 난수발생한 시계열을 GARCH(1,1) 모형으로 적합하여 추정한 결과이다.

Coefficient(s):

	Estimate	Std. Error	t value	Pr(>|t|)
a0	0.007575	0.007590	0.998	0.3183
a1	0.047184	0.022308	2.115	0.0344 *
b1	0.935377	0.035839	26.100	<2e-16 ***

--- Signif. codes: 0 '***' 0.001 '**' 0.01 '*' 0.05 '.' 0.1 ' ' 1

Diagnostic Tests:
Jarque Bera Test
data: Residuals
X-squared = 0.82911, df = 2, p-value = 0.6606

```
garch11_mm<-garch(garch11,order=c(1,1))
summary(garch11_mm)
```

|그림 14.11| 난수발생한 GARCH(1,1) 자료의 GARCH(1,1) 추정 결과

```
Coefficient(s):
```

	Estimate	Std. Error	t value	Pr(>|t|)
a0	0.01633	0.01237	1.320	0.1869
a1	0.04414	0.02097	2.105	0.0353 *
b1	0.91704	0.04570	20.066	<2e-16 ***

```
---Signif. codes:  0  '***'  0.001  '**'  0.01  '*'  0.05  '.'  0.1  ' '  1

Diagnostic Tests:
        Jarque Bera Test
data:  Residuals
X-squared = 1.0875, df = 2, p-value = 0.5806
```

```
m1=garch(x=r.cref,order=c(1,1))
summary(m1)
```

|그림 14.12| CREF 수익률을 GARCH(1,1) 추정 결과

ω를 제외한 계수 α와 β는 유의하다. ω, α, β의 점근적인 신뢰구간은 각각 $(-0.0073, 0.022)$, $(0.00345, 0.0919)$, $(0.865, 1.01)$이고, 모두 참값 0.02, 0.05, 0.9를 포함하고 있다. Shephard (1996)에 따르면 GARCH 모형이 이론적인 분포를 따르기 위해서는 표본크기가 커야 한다.

일일 CREF 주식의 수익률을 GARCH(1,1) 모형으로 식별하여 추정한 결과는 [그림 14.12]와 같다. GARCH(1,1) 모형의 분산은 $\hat{\sigma}^2 = \hat{\omega}/(1-\hat{\alpha}-\hat{\beta})$으로 0.4206으로 추정할 수 있는데, 이값은 표본분산 0.4161(var(r.cref))과 매우 비슷하다.

실제로 시계열자료에서 e_t가 정규분포를 따르지 않는 경우가 많다. 이러한 경우에도 e_t가 정규분포를 따른다고 여기고 최대우도추정량을 구하는데, 이 추정량을 준-최대우도추정량(Quasi MLE)이라고 한다. 최대우도추정량처럼 준-최대우도추정량 역시 점근적으로 정규분포를 따르는 것이 알려져 있다.

추정한 조건부 표준편차를 $\hat{\sigma}_{t|t-1}$라고 하면 표준화잔차는 다음과 같다.

$$\hat{e}_t = r_t / \hat{\sigma}_{t|t-1}. \tag{14.4.5}$$

표준화잔차로 e_t의 분포를 검정할 수 있다. 자료가 큰 경우 Gaussian 최우추정법의 계산 편의성이 추정 효율성의 손실보다 클 수 있다. 하지만 e_t의 분포를 정확하게 지정하지 않으면 추정 효율의 손실이 발생한다.

14.5 모형진단

GARCH 모형에서도 ARIMA 모형과 마찬가지로 모형의 가정이 만족하는지 검진하는 작업이 필요하다. 만약 자료가 가정을 만족하지 않는다면 새로운 모형을 생각해봐야 할 것이다. ARIMA 모형의 검진 단계를 떠올려 보자. 오차항 $\{e_t\}$가 정규분포인지 검정하는 것은 매우 중요하였는데 모형이 올바르게 적합되었다면 표준화잔차 $\hat{e}_t = r_t / \hat{\sigma}_{t|t-1}$는 독립이고 동일한 분포($i.i.d.$)를 따른다. 정규성검정에는 QQ-plot과 Shapiro-Wilk 검정 등이 널리 알려져 있다. 이 책에서는 적률을 이용하는 Jarque-Bera 검정을 소개한다. 검정을 위한 귀무가설

$$H_0 : e_1, \cdots, e_n \text{ 은 정규분포를 따른다}$$

에 대한 Jarque-Bera 검정통계량은 다음과 같다.

$$JB = n\left\{\frac{s_n^2}{6} + \frac{(k_n-3)^2}{24}\right\}. \tag{14.5.1}$$

여기서 S_n은 표본외도, K_n은 표본첨도로 다음과 같이 계산한다.

$$s_n = \frac{\frac{1}{n}\sum_{t=1}^{n}(e_t - \overline{e_t})^3}{\left\{\frac{1}{n}\sum_{t=1}^{n}(e_t - \overline{e_t})^2\right\}^{3/2}}, \quad k_n = \frac{\frac{1}{n}\sum_{t=1}^{n}(e_t - \overline{e_t})^4}{\left\{\frac{1}{n}\sum_{t=1}^{n}(e_t - \overline{e_t})^2\right\}^{2}}.$$

여기서 $\overline{e} = \sum_{t=1}^{n} e_t / n$ 이다. 자료가 정규분포에 가까울수록 검정통계량 JB는 0에 가까운 값을 가질 것이다. 또한 귀무가설하에서 Jarque-Bera 검정통계량 JB는 $\chi^2(2)$를 따름이 알려져 있다.

[그림 14.13]은 CREF 자료의 표준화잔차를 그린 그림이다. 최근에 가까워질수록 잔차의 변동성이 커지는 것처럼 보인다. [그림 14.12]를 보면 Jarque-Bera 검정의 유의확률은 0.5806으로 정규성 가정을 기각할 수 없다.

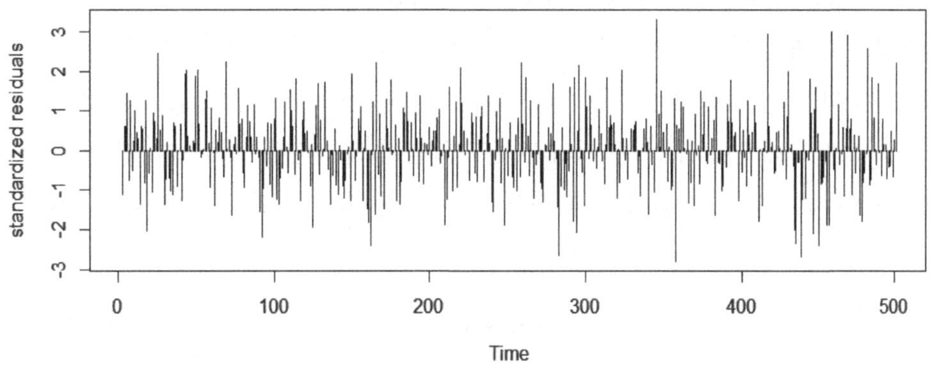

```
resid.m1<-residuals(m1, standard=TRUE)
plot(resid.m1 ,type='h',ylab='standardized residuals')
```

|그림 14.13| CREF 수익률을 GARCH$(1,1)$ 적합한 표준화잔차그림

모형이 제대로 적합되었다면 표준화잔차 $\{\hat{e}_t\}$는 독립이고 동일한 분포를 따를 것이다. 표준화잔차의 SACF를 통해 가정을 확인하고 포트맨토 검정을 수행한다. 포트맨토 검정통계량은 근사적으로 자유도가 m인 카이제곱분포를 따른다고 알려져 있다. 모형진단의 결과는 독립이고 동일한 분포를 가지는 e_t로부터 SACF는 근사적으로 독립이고 평균이 0이고 분산 $1/n$을 가지는 정규분포라는 사실에 의존한다. 시계열이 적합한 모형과 차수가 동일한 GARCH 모형에 의한 의해 생성되었다면 표준화잔차의 SACF 역시 근사적으로 독립이고 평균이 0이고 분산 $1/n$을 가지는 정규분포를 따를 것이다. 더 나아가 GARCH 모형에서는 절댓값을 취하거나 제곱한 표준화잔차의 자기상관을 통해 검진을 수행할 수 있다. 절댓값을 취한 표준화잔차(절대잔차)와 제곱한 표준화잔차(제곱잔차)의 k 시차 자기상관을 각각 $\hat{\rho}_{k,1}$, $\hat{\rho}_{k,2}$라고 하자. 이들을 이용한 포트맨토 검정통계량은 더 이상 자유도가 m인 카이제곱분포를 따르지 않는다. Li와 Mak(1994), Li(2004)는 자기상관 제곱합을 자기상관의 2차 형식으로 대체하면 카이제곱분포를 따름을 보였다. 절대 표준화잔차에서 포트맨토 검정통계량은 다음과 같고 일반화 포트맨토 검정통계량(generalized portmanteau test statistic)이라고 한다.

$$n\sum_{i=1}^{m}\sum_{j=1}^{m} q_{i,j}\hat{\rho}_{i,1}\hat{\rho}_{i,1}. \tag{14.5.2}$$

여기서 q는 m에 의존하는 형태로 자료로부터 추정해야 하는데 자세한 공식은 생략한다.

[그림 14.14]는 CREF 자료를 GARCH(1,1)에 적합한 제곱 표준화잔차의 SACF를 나타낸 그래프로 제곱잔차는 자기상관이 없다고 할 수 있다.

[표 14.1]과 [그림 14.15]는 제곱 표준화잔차의 일반화 포트맨토 검정의 유의확률을 나타낸 표와 그래프이다. 모든 m에서 유의확률이 유의수준 0.05보다 커 제곱잔차는 자기상관이 없고, 표준화잔차는 독립임을 다시 한 번 확인할 수 있다.

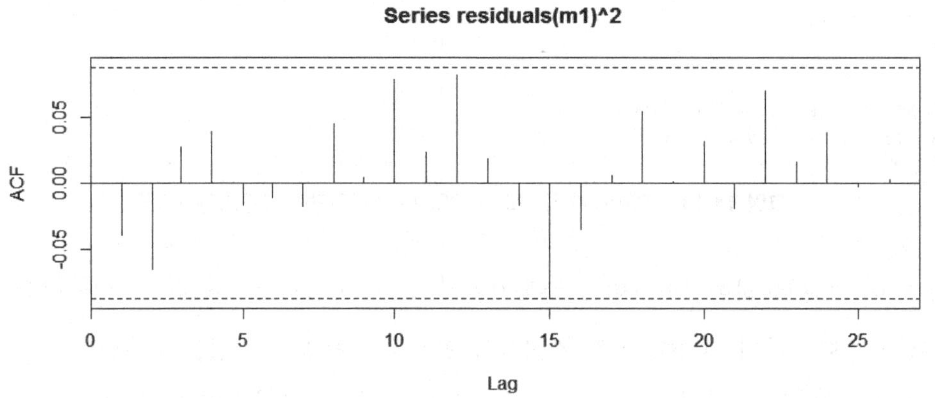

acf(resid.m1^2,na.action=na.omit)

그림 14.14 CREF 수익률을 GARCH(1,1) 적합한 제곱 표준화잔차의 SACF

표 14.1 CREF 수익률을 GARCH(1,1) 적합한 제곱 표준화잔차의 포트맨토 검정 결과

lag	p.value	lag	p.value	lag	p.value
1	0.3782011	11	0.6324028	21	0.5525237
2	0.2278658	12	0.4236756	22	0.4546989
3	0.343608	13	0.4913471	23	0.5074436
4	0.3940289	14	0.5589002	24	0.5217519
5	0.5165782	15	0.343074	25	0.5792532
6	0.6362701	16	0.3686581	26	0.634383
7	0.7262439	17	0.4355307	27	0.5656277
8	0.7067562	18	0.4038571	28	0.6039588
9	0.791217	19	0.4693227	29	0.6050375
10	0.5694589	20	0.5013295	30	0.6428978

```
p.value1<-rep(NA, 30)
lag=c(1:30)
for (i in 1:30){
  p.value1[i]<-Box.test(resid.m1^2, lag=i, type="Ljung-Box", fitdf=0)$p.value }
box11<-data.frame(lag, p.value1)
```

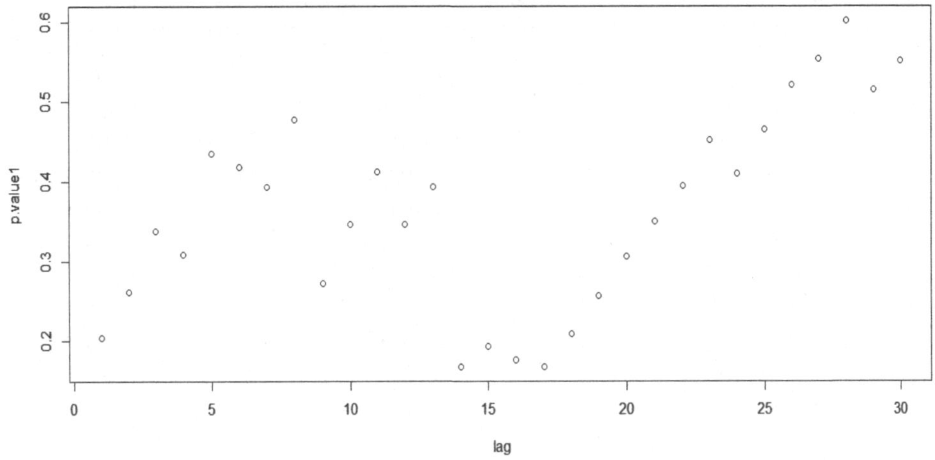


```
plot(box11, type="p", xlab="lag")
abline(h=0.05, lwd=2)
```

그림 14.15 CREF 수익률을 GARCH$(1,1)$ 적합한 제곱 표준화잔차의 포트맨토 검정

절대 표준화잔차에 대한 SACF와 일반화 포트맨토 검정 결과는 각각 [그림 14.16]과 [표 14.2]에 나타내었다. SACF를 보면 시차 2에서 유의한 자기상관이 존재하지만 나머지 시차에서는 유의하지 않다. 포트맨토 검정 역시 $m=2$에서 유의하다. 따라서 새로운 식별을 고려할 수 있으나 AIC의 개선이 없어 GARCH$(1,1)$ 모형을 그대로 적합한다.

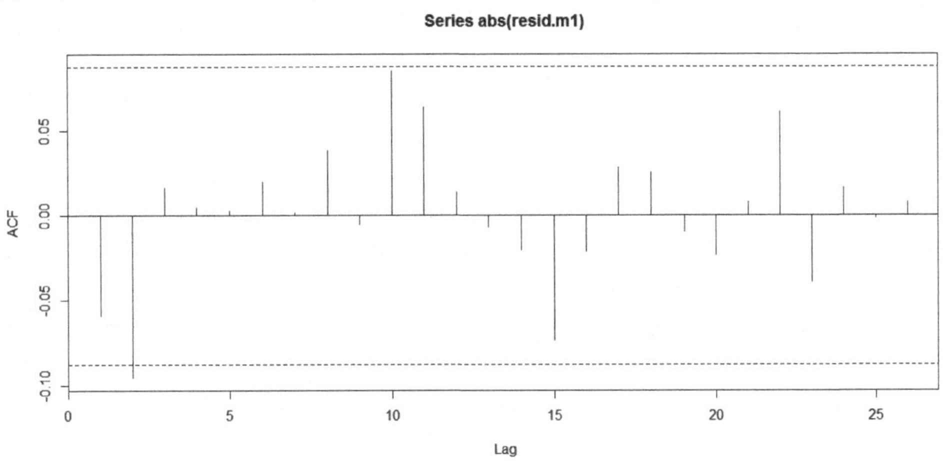


```
acf(abs(resid.m1),na.action=na.omit)
```

그림 14.16 CREF 수익률을 GARCH$(1,1)$ 적합한 절대 표준화잔차의 SACF

|표 14.2| CREF 수익률을 GARCH(1,1) 적합한 절대 표준화잔차의 포트맨토 검정 결과

lag	p.value	lag	p.value	lag	p.value
1	0.1868522	11	0.2790546	21	0.6655946
2	0.0419106	12	0.3462964	22	0.6026483
3	0.0903308	13	0.4216496	23	0.6118515
4	0.1652047	14	0.4829904	24	0.6600397
5	0.2607774	15	0.3578404	25	0.712616
6	0.3498907	16	0.4116417	26	0.7589109
7	0.4610415	17	0.452088	27	0.7772009
8	0.4902826	18	0.4977275	28	0.7992264
9	0.5901587	19	0.5614442	29	0.8028364
10	0.3450261	20	0.606727	30	0.8380943

```
p.value2<-rep(NA, 30)
lag=c(1:30)
for (i in 1:30){
  p.value2[i]<-Box.test(abs(resid.m1), lag=i, type="Ljung-Box", fitdf=0)$p.value }
box22<-data.frame(lag, p.value2)
```

[그림 14.17]은 CREF 수익률 자료의 조건부분산을 GARCH(1,1) 모형으로 예측한 결과이다. 최근 시점의 조건부분산이 큰 것을 확인할 수 있다. 시점 500에서의 제곱 수익률은 2.159(tail(r.cref^2))이고, 조건부분산의 추정값은 0.4411(tail(fitted(m1)^2))이다. 식 (14.3.6)과 식 (14.3.7)에 의해 1-시차 후 조건부분산은 $0.01633+0.04414*2.159+0.91704*0.4411=0.5161$, 2-시차 후 조건부분산은 $0.01633+0.04414*0.5161+0.91704*0.5161=0.5124$로 예측할 수 있다. 조건부분산의 예측값은 결국 장기 분산인 0.4206에 가까워질 것이다.

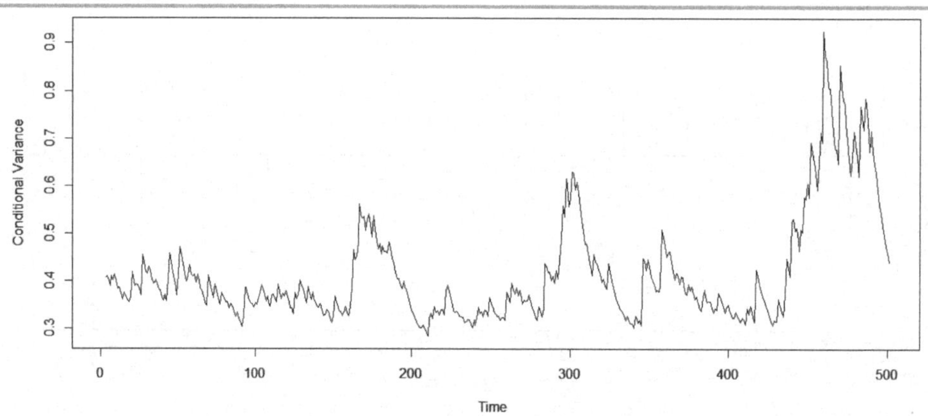


```
plot((fitted(m1)[,1])^2, type="l", ylab="Conditional Variance")
```

|그림 14.17| CREF 수익률의 조건부분산 추정

14.6 실증분석

[그림 14.18]의 자료는 2011년 1월 3일부터 2014년 12월 31일까지의 거래일 992 시점동안 일별 원/미국달러 매매기준율 환율자료의 시계열 그림이다.

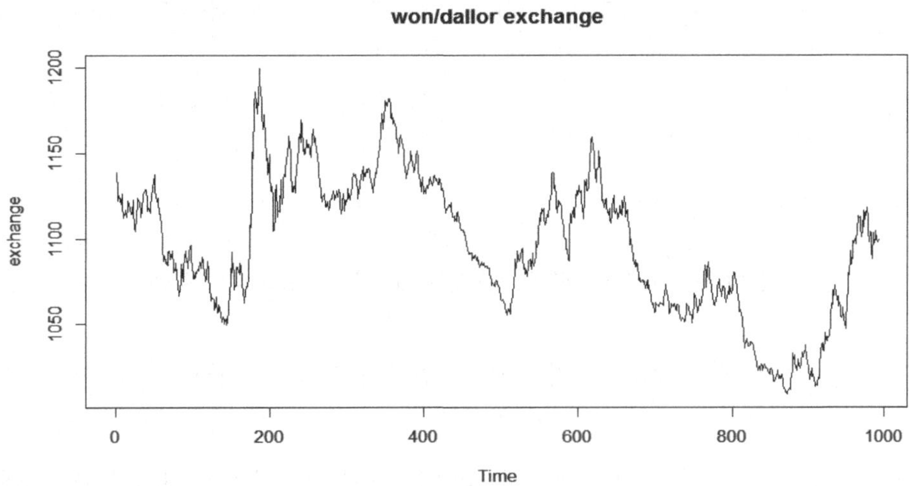


```
exchange <- ts(read_excel("F:\\R\\exchange.xlsx", col_names=FALSE))
plot.ts(exchange, main="won/dallor exchange", ylab="exchange")
```

|그림 14.18| 원/달러 환율의 시계열도

환율자료 대신에 식 (14.1.1)에 100을 곱하여 로그수익률에 대한 시계열도 및 ACF, PACF를 [그림 14.19]에 그려보았다. 확률적 추세가 없는 정상적인 시계열처럼 보이기도 하지만 변동의 폭이 변화하며 변동성 집중 현상도 보인다. ACF와 PACF를 보면 모든 차수에서 자기상관계수가 유의하지 않으므로 원/달러 환율의 (로그)수익률은 자기상관관계가 없어 보인다.

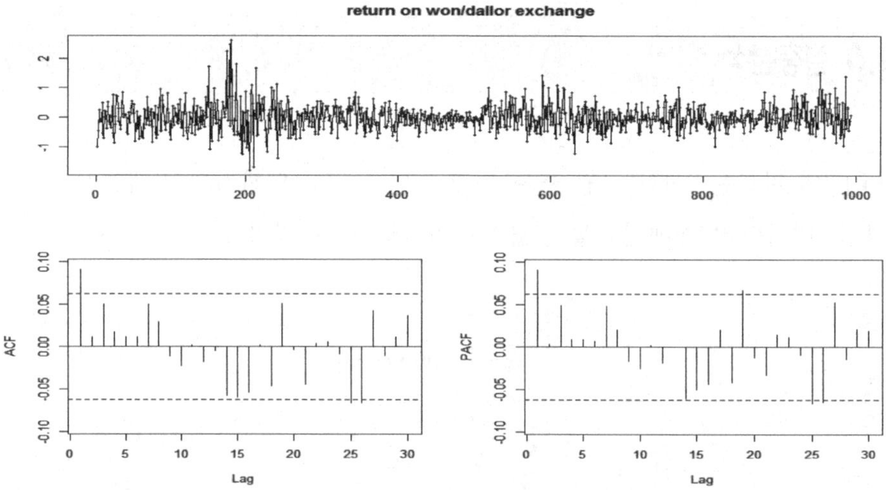


```
r.exchange=diff(log(exchange))*100
tsdisplay(r.exchange, main="return on won/dallor exchange")
```

|그림 14.19| 원/달러 환율의 수익률에 대한 시계열도와 ACF 및 PACF

[그림 14.20]과 [그림 14.21]은 각각 원/달러 환율의 제곱 수익률과 절대 수익률의 시계열도와 ACF 및 PACF를 그린 그림이다. 수익률의 시계열도보다 확실하게 변동성 집중 현상을 관찰할 수 있다. 또한 ACF와 PACF를 살펴보면 유의한 자기상관이 존재하므로 원/달러 환율의 수익률은 더 이상 백색잡음이 아니다.

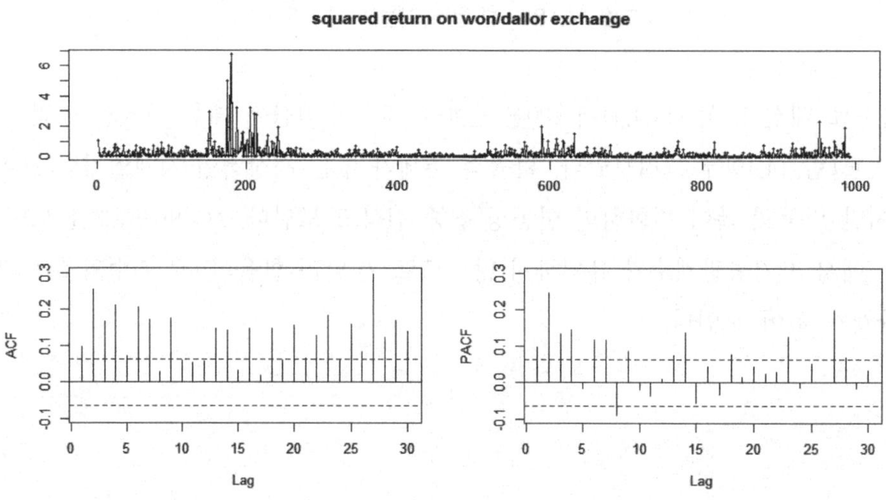


```
tsdisplay((r.exchange)^2, main="squared return on won/dallor exchange")
```

|그림 14.20| 원/달러 환율의 제곱 수익률에 대한 시계열도와 ACF 및 PACF

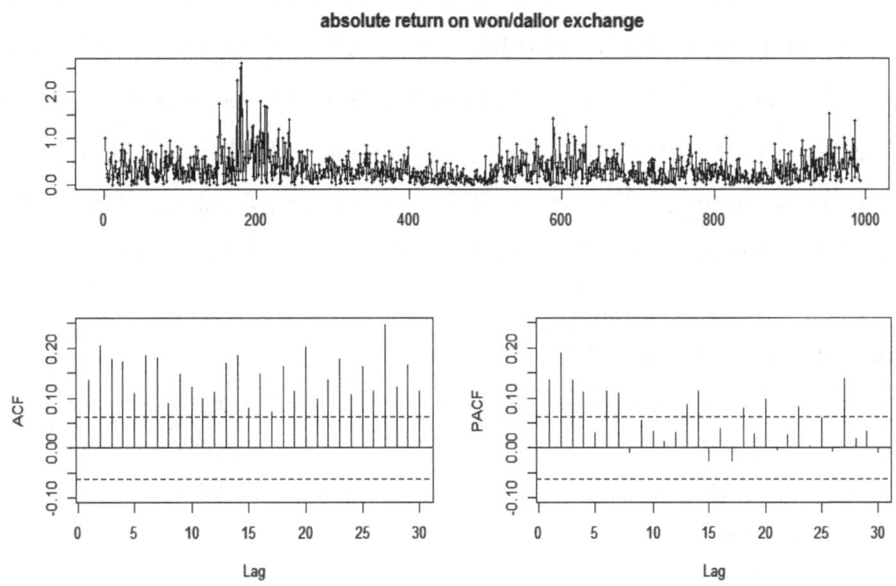

tsdisplay(abs(r.exchange), main="absolute return on won/dallor exchange")

|그림 14.21| 원/달러 환율의 절대 수익률에 대한 시계열도와 ACF 및 PACF

원/달러 환율의 수익률 자료(r_t)가 조건부 이분산성을 가진다면 ARCH 효과가 존재하는지 McLeod-Li 검정에 대한 유의확률은 [그림 14.22]와 같다. 모든 시차에서 유의확률이 유의수준보다 작아 자료에서 강한 ARCH 효과가 존재함을 확인하였다.

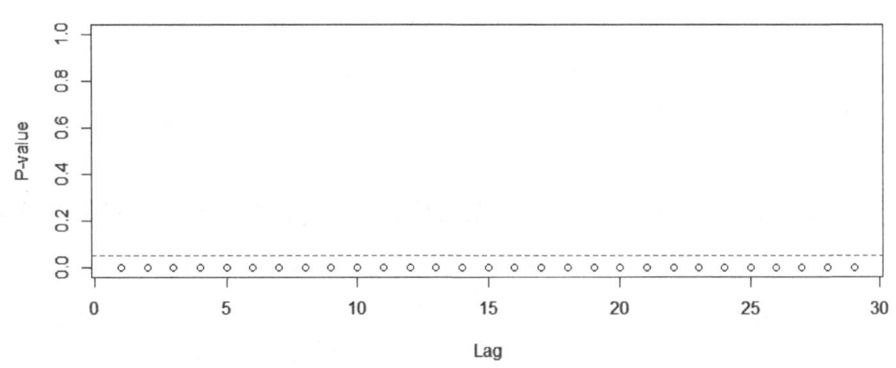

McLeod.Li.test(y=r.exchange)

|그림 14.22| 원/달러 환율의 수익률에 대한 McLeod-Li 검정 결과

GARCH 모형의 식별을 위하여 [그림 14.20]의 ACF와 PACF를 참고하면 고차원의 ARCH 모형이나 GARCH 모형을 고려해야 한다. 여러 가지 잠정적인 ARCH 모형과 GARCH 모형의 AIC를 비교한 결과를 [표 14.3]에 정리하였다. ARCH 모형의 경우 차수가 높아질수록 AIC가 작아지진다. 하지만 이렇게 ARCH 모형의 차수가 큰 경우는 GARCH 모형으로 대체하는 것이 바람직하므로 GARCH 모형의 AIC를 함께 살펴보았다. GARCH(1,1) 모형의 AIC가 제일 작아 적정 모형으로 선택하도록 한다.

표 14.3 잠정적 모형의 AIC 비교 결과

모형	AIC
ARCH(1)	1189.283
ARCH(2)	1120.382
ARCH(3)	1106.446
ARCH(4)	1077.683
ARCH(5)	1075.412
ARCH(6)	1068.05
GARCH(1,1)	1016.756
GARCG(1,2)	1016.822
GARCH(2,1)	1016.91

```
fit1 <- garch(r.exchange, c(0,1), trace=FALSE); AIC(fit1)
fit2 <- garch(r.exchange, c(0,2), trace=FALSE); AIC(fit2)
fit3 <- garch(r.exchange, c(0,3), trace=FALSE); AIC(fit3)
fit4 <- garch(r.exchange, c(0,4), trace=FALSE); AIC(fit4)
fit5 <- garch(r.exchange, c(0,5), trace=FALSE); AIC(fit5)
fit6 <- garch(r.exchange, c(0,6), trace=FALSE); AIC(fit6)
fit7 <- garch(r.exchange, c(1,1), trace=FALSE); AIC(fit7)
fit8 <- garch(r.exchange, c(1,2), trace=FALSE); AIC(fit8)
fit9 <- garch(r.exchange, c(2,1), trace=FALSE); AIC(fit9)
```

GARCH(1,1) 모형으로 적합하여 추정한 결과는 [그림 14.23]과 같다. 원/달러 환율 수익률의 GARCH(1,1) 추정모형은 다음과 같다.

$$\sigma^2_{t|t-1} = 0.0019 + 0.0723\, r^2_{t-1} + 0.9196\, \sigma^2_{t-1|t-2}$$

GARCH(1,1) 모형의 분산은 $\hat{\sigma}^2 = \hat{\omega}/(1-\hat{\alpha}-\hat{\beta})$으로 0.2345으로 추정할 수 있는데, 이 값은 표본분산 0.1990(var(r.exchange))과 매우 비슷하다.

```
garch(x = r.exchange, order = c(1, 1), trace = FALSE)

Coefficient(s):
```

	Estimate	Std. Error	t value	Pr(>|t|)
a0	0.0019183	0.0007217	2.658	0.00786 **
a1	0.0723425	0.0126351	5.726	1.03e-08 ***
b1	0.9196313	0.0131046	70.176	< 2e-16 ***

```
Signif. codes: 0 '***' 0.001 '**' 0.01 '*' 0.05 '.' 0.1 ' ' 1

Diagnostic Tests:
        Jarque Bera Test
data: Residuals
X-squared = 60.564, df = 2, p-value = 7.061e-14
```

```
summary(fit7)
```

|그림 14.23| 원/달러 환율 수익률을 GARCH(1,1) 모형으로 추정한 결과

[그림 14.23]의 검진을 위한 Jarque Bera 검정 결과, 귀무가설을 기각할 충분한 근거를 얻었다. 따라서 오차 $e_1, \cdots, e_n$은 정규분포를 따른다고 볼 수 없다. 또한 [그림 14.24]의 표준화잔차그림으로 중간중간 편차가 큰 곳은 관찰할 수 있지만 특별한 패턴을 보이지는 않는다. [그림 14.25]는 표준화잔차의 SACF로 23시차 이후에 자기상관이 존재하는 것을 확인할 수 있다.

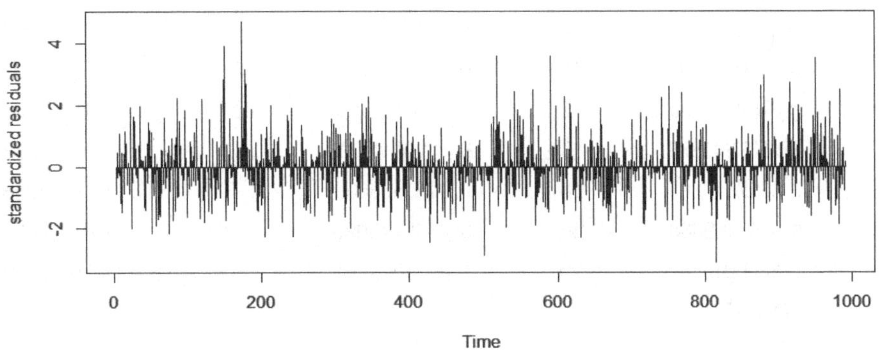


```
resid<-residuals(fit7, standard=TRUE)
plot(resid ,type='h',ylab='standardized residuals')
```

|그림 14.24| 원/달러 환율 수익률을 GARCH(1,1) 모형으로 적합한 표준화잔차

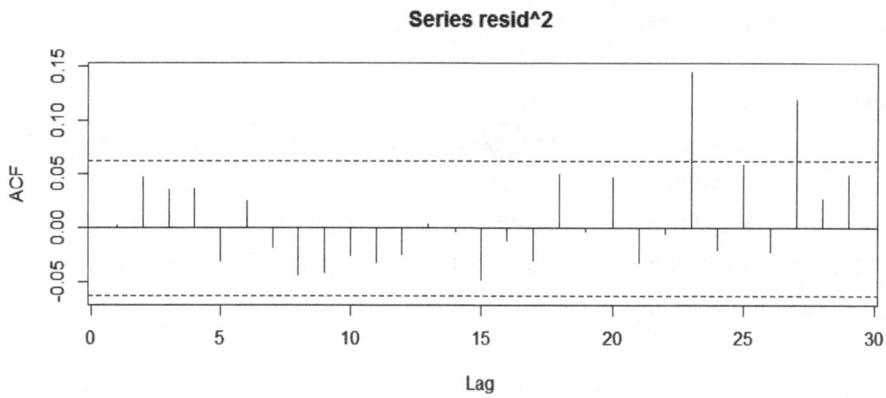

ι그림 14.25ι 제곱 표준화잔차의 SACF

[표 14.4]와 [그림 14.26]은 각각 제곱 표준화잔차의 포트맨토 검정의 시차와 유의확률을 나타낸 표와 그래프이다. 표준화잔차의 SACF의 결과와 마찬가지로 23시차 이후 유의확률이 유의수준 0.05보다 작아 잔차가 자기상관이 있고 독립이 아님을 확인할 수 있다.

ι표 14.4ι GARCH(1,1) 모형으로 적합한 제곱 표준화잔차의 포트맨토 검정 결과

lag	p.value	lag	p.value	lag	p.value
1	0.9392631398	11	0.3612109638	21	0.4128442948
2	0.3240893552	12	0.3961434293	22	0.4720824683
3	0.3167892471	13	0.4755636795	23	0.0070204886
4	0.3017061102	14	0.5541507605	24	0.0091060368
5	0.3260123734	15	0.4589666870	25	0.0050949458
6	0.3763371539	16	0.5235523214	26	0.0064254305
7	0.4537341882	17	0.5329002742	27	0.0001620382
8	0.3697579807	18	0.4251533559	28	0.0002036298
9	0.3198589630	19	0.4906745099	29	0.0001512614
10	0.3556015461	20	0.4114024501	30	0.0001872440

```
p.value1<-rep(NA, 30)
lag=c(1:30)
for (i in 1:30){
  p.value1[i]<-Box.test(resid^2, lag=i, type="Ljung-Box", fitdf=0)$p.value}
box11<-data.frame(lag, p.value1)
box11
```

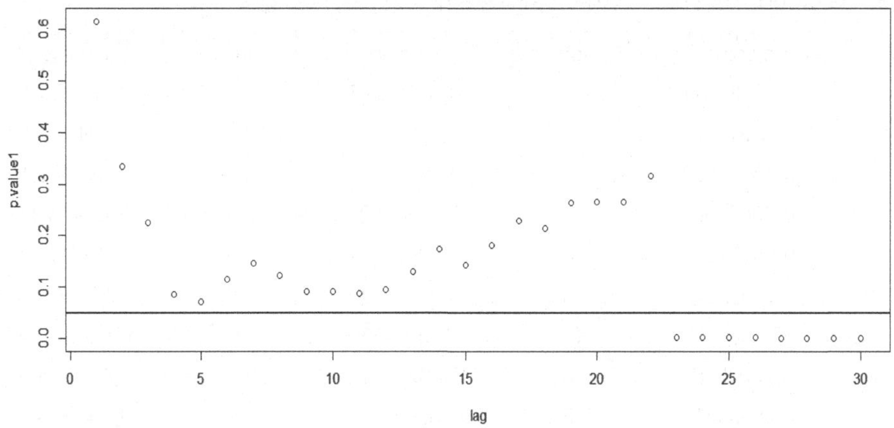


```
plot(box11, type="p", xlab="lag")
abline(h=0.05, lwd=2)
```

|그림 14.26| GARCH(1,1) 모형으로 적합한 제곱 표준화잔차의 포트맨토 검정 결과

절대 표준화잔차에 대한 SACF와 포트맨토 검정 결과는 각각 [그림 14.27]과 [표 14.5]에 나타나 있다. 절대 표준화잔차의 SACF는 시차 27에서만 유의한 자기상관이 존재하고, 나머지 시차에서는 유의하지 않다. 포트맨토 검정은 모든 시차에서 유의하지 않다.

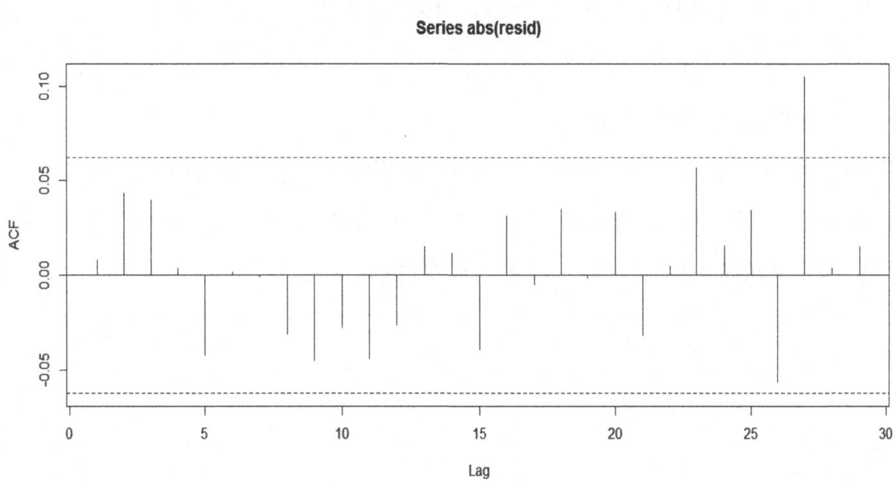


```
acf(abs(resid),na.action=na.omit)
```

|그림 14.27| 절대 표준화잔차의 SACF

|표 14.5| GARCH(1,1) 모형으로 적합한 절대 표준화잔차의 포트맨토 검정 결과

lag	p.value	lag	p.value	lag	p.value
1	0.71060189	11	0.67581797	21	0.43008368
2	0.37972117	12	0.70380227	22	0.48403949
3	0.48236382	13	0.76601445	23	0.36500403
4	0.65095381	14	0.77560202	24	0.42121796
5	0.68704870	15	0.62408312	25	0.31632346
6	0.74932042	16	0.69311420	26	0.32794365
7	0.83630907	17	0.69105550	27	0.07036334
8	0.70075781	18	0.60258472	28	0.08814365
9	0.69994310	19	0.66623781	29	0.06820765
10	0.77666597	20	0.44006685	30	0.07996165

```
p.value2<-rep(NA, 30)
lag=c(1:30)
for (i in 1:30){
  p.value2[i]<-Box.test(abs(resid), lag=i, type="Ljung-Box", fitdf=0)$p.value
}
box22<-data.frame(lag, p.value2)
box22
```

제곱 표준화잔차와 절대 표준화잔차를 이용하여 검진을 수행한 결과 큰 시차에서 자기상관이 존재한다. 절대 표준화잔차의 포트맨토 검정으로 표준화잔차가 독립임을 알 수 있지만 제곱 표준화잔차의 포트맨토 검정 결과로는 이를 확신할 수 없다. 따라서 새로운 GARCH 모형의 식별을 고려해야 한다. 그러나 AIC의 큰 개선이 없어 GARCH(1,1) 모형을 그대로 적합한다.

[그림 14.28]은 원/달러 환율 수익률 자료의 조건부분산을 GARCH(1,1) 모형으로 예측한 결과이다. 시점 200 근방에서 조건부분산이 매우 크고 시점 600 기간과 최근에 조건부분산이 상대적으로 큰 것을 확인 할 수 있다.

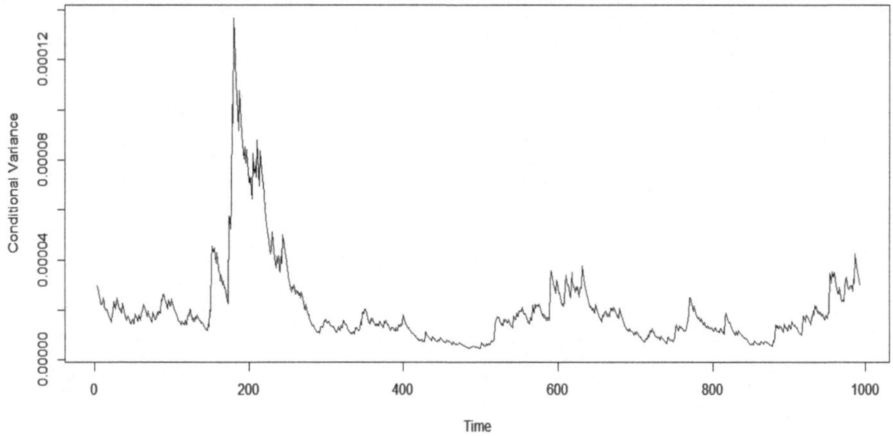


```
plot((fitted(fit7)[,1])^2, type="l", ylab="Conditional Variance")
```

|그림 14.28| 원/달러 환율 수익률의 조건부분산 추정

부록

A. 시계열분석에 활용되는 R 함수

B. 시계열분석에 활용되는 SAS 프록시저

A. 시계열분석에 활용되는 R 함수

(1) 시계열의 입력 및 탐색

● read_excel

read_excel은 readxl package에 있는 함수로 xls 및 xlsx 파일을 읽는다.

```
read_excel(path, sheet=1, col_names=TRUE, … )
```

1. path: 파일의 경로를 입력한다.
2. sheet: 읽을 시트명이나 정수를 입력한다. 기본값은 첫 번째 시트이다.
3. col_names: "TRUE"인 경우 첫 번째 행을 열 이름으로 사용한다.

● ts

ts는 stat package에 있는 함수로 "ts" class를 갖는 벡터 또는 행렬 시계열을 만드는 함수이다.

```
ts(data, start=1, end=numeric(), frequency=1, class=, names= )
```

1. data: 시계열 벡터 또는 행렬을 입력한다. 행렬의 경우, 행렬 데이터의 각 열은 단일 시계열을 포함한다고 가정한다. data frame은 data.matrix를 통해 숫자 행렬로 강제 변환된다.
2. start: 첫 번째 관찰시간을 입력한다. 단일 숫자 또는 자연시간단위 및 시간단위에 대한 샘플 수를 지정하는 두 정수의 벡터이다.
3. end: 시작과 같은 방식으로 지정된 마지막 관측시간을 입력한다.
4. frequency: 단위 시간당 관측수를 입력한다. 예를 들면 연을 기준으로 한다면 분기자료의 경우 4, 월자료의 경우 12, 연자료의 경우 1을 입력한다.
5. class: 결과에 주어지는 class를 지정한다. "NULL" 또는 "none"을 입력하면 none class가 출력되고 단일계열에 대한 기본값은 ts class로 출력된다.
6. names: 복수 시계열의 이름의 문자 벡터를 지정한다. 기본값으로 데이터의 열이름 또는 Series 1, Series 2, …가 기본값이다.

● plot

plot은 graphics package에 있는 도표를 그리는 그래픽 함수이다. 간단한 도표의 경우 plot.default가 사용된다. 그러나 function, data.frames, density objects 등 많은 R object에 대한 plot 방법이 따로 존재하니 별도로 확인하여 사용한다. 또한 다양한 옵션이 존재하는데 여기서는 이 책에서 많이 다루는 몇 가지 옵션만 다룬다.

```
plot(x, y, main=" ", xlab=" ", ylab=" ", type= , col=" ", pch= , lwd=1, lwd=1, … )
```

1. x: 도표의 x 좌표에 대응되는 자료를 입력한다. 단일구조에서는 함수나 어떤 R object의 plot을 제공할 수 있다.
2. y: 도표의 y 좌표에 대응되는 자료를 입력한다. x가 적절한 구조인 경우 입력하지 않아도 된다.
3. main: 전체 도표의 이름을 입력한다.
4. xlab, ylab: x축과 y축의 이름을 입력한다.
5. type: 도표의 타입을 지정한다. "p"는 점, "l"은 선, "o"는 점과 선을 겹쳐서, "h"는 히스토그램 형태를 나타낸다.
6. col: 그래프의 색을 지정한다. 기본값은 검은색이다.
7. pch: 각 점에서 사용될 기호를 지정한다. 0은 □, 1은 ○, 2는 △, 3은 +, 4는 ×, 5는 ◇ 등이다.
8. lty: 선의 종류를 지정한다. 기본값은 1로 실선이다. 2~6은 점선을 나타내는데 점선의 형태가 다르다.
9. lwd: 선의 두께로 양수를 입력한다. 기본값은 1이다.

● plot.ts

plot.ts는 stats package에 함수로 "ts" class의 시계열의 도표를 그리는 그래픽 함수이다.

```
plot.ts(x, y = NULL, …)
```

1. x: 도표의 x 좌표에 대응되는 자료를 입력한다. plot.ts의 경우 ts class를 가진 시계열만 입력할 수 있다.
2. 기타 다양한 옵션이 있는데 대부분 plot의 인수와 동일하므로 생략하기로 한다.

● lines

lines은 graphics package에 있는 선을 그리는 함수이다. plot 함수와 함께 도표에 선을 추가하여 그릴 때 많이 사용한다.

```
lines(x, col=" ", pch= , lwd= , lt …)
```

1. x: 자료를 입력한다.
2. 기타 다양한 옵션이 존재한다. 이 책에서 line 함수에 사용하는 옵션은 plot에 소개되어 있으므로 plot 함수를 참고한다.

● legend

legend는 graphics package에 있는 함수로 그래프에 범례를 추가한다.

```
legend(site, col = par("col"), lty=, lwd=, pch= , …)
```

1. site: 범례의 위치를 지정한다. "bottomright", "bottom", "bottomleft", "left", "topleft", "top", "topright", "right" 및 "center"를 입력하여 범례의 위치를 지정할 수 있고, 이 옵션은 그래프의 안쪽에 범례가 위치한다.
2. legend 함수에는 다양한 옵션이 존재하지만 이 책에서 사용한 몇 가지 옵션은 모두 plot 함수에 소개되어 있으므로 생략한다.

● seasonplot

seasonplot은 forecast package에 있는 함수로 지정된 계절에 따른 그래프를 작성한다.

```
seasonplot(x, s, season.labels=NULL, year.labels=FALSE, year.labels.left=FALSE,
type="o", main=" ", xlab=NULL, ylab=" ", col=1, … )
```

1. x: 숫자 벡터나 시계열을 입력한다.
2. s: x의 계절별 빈도를 입력한다.
3. season.labels: 연도의 각 계절별 라벨여부를 지정한다.
4. year.labels: 각 연도 라벨을 오른쪽에 표시할지 여부를 지정한다.
5. year.labels.left: 각 연도 라벨을 왼쪽에 표시할지 여부를 지정한다.
6. 그 밖의 옵션은 plot 함수의 옵션과 같으므로 생략한다.

● tsdisplay

tsdisplay는 forecast package에 있는 함수로 시계열에 대한 시계열도, ACF 그리고 PACF를 함께 그린다.

```
tsdisplay(x, plot.type=c("partial","histogram","scatter","spectrum"), lag.max= ,
        main=NULL, xlab=" ", ylab=" ", pch=1, cex=0.5, …)
```

1. x: 숫자 벡터나 시계열을 입력한다.
2. plot.type: 오른쪽 하단에 포함할 그래프 유형을 선택한다. 기본값은 "partial"로 PACF를 그린다.
3. lag.max: ACF와 PACF에 대한 최대 시차를 지정한다. 지정하지 않았을 때에는 적절한 값이 기본적으로 선택된다.
4. 그 밖의 옵션은 plot 함수의 옵션을 참고한다.

(2) 평활법

● **ses**

ses는 forecast에 있는 단순지수평활법에 대한 분석과 예측을 제공하는 함수이다.

```
ses(y, h=10, level=c(80,95), initial=c("optimal","simple"), alpha=NULL)
```

1. y: 시계열을 입력한다.
2. h: 예측하고자 하는 미래시차를 입력한다.
3. level: 예측구간의 신뢰수준을 지정한다.
4. initial: 초깃값 지정에 사용될 방법을 지정한다. "optimal"은 ets 방법을 사용하여 최적화한 초깃값을 "simple"은 최초값을 초깃값으로 지정한다.
5. alpha: 평활상수를 입력한다. "NULL"일 때에는 SSE를 최소로 하는 평활상수 α를 추정한다.

● **holt**

holt는 forecast에 있는 홀트의 선형지수평활법에 대한 분석과 예측을 제공하는 함수이다.

```
holt(y, h=10, damped=FALSE, level=c(80,95), initial=c("optimal","simple"),
    exponential=FALSE, alpha=NULL, beta=NULL,)
```

1. y: 시계열을 입력한다.
2. h: 예측하고자 하는 미래시차를 입력한다.
3. damped: TRUE일 때 Gardner and McKenzie (1985)가 소개한 damped 추세를 반영한다.

4. level: 예측구간의 신뢰수준을 지정한다.
5. initial: 초깃값 지정에 사용될 방법을 지정한다. "optimal"은 ets 방법을 사용하여 최적화한 초깃값을 "simple"은 최초값을 초깃값으로 지정한다.
6. exponential: "TRUE"일 때 지수적 추세를 반영한다. 그 외에는 선형추세를 고려한다.
7. alpha: 평활상수를 입력한다. "NULL"일 때 평활상수 α를 추정한다.
8. beta: 추세에 대한 평활상수를 입력한다. "NULL"일 때 평활상수 β를 추정한다.

● **hw**

hw는 forecast에 있는 홀트-윈터스의 계절지수평활법에 대한 분석과 예측을 제공하는 함수이다.

```
hw(y, h=2*frequency(x), seasonal=c("additive","multiplicative"), damped=FALSE,
   level=c(80,95), initial=c("optimal","simple"), exponential=FALSE,
   alpha=NULL, beta=NULL, gamma=NULL)
```

1. y: 분석하고자 하는 시계열을 입력한다.
2. h: 예측하고자 하는 미래시차를 입력한다.
3. seasonal: "additive"는 가법적 계절지수평활법을 "multiplicative"는 승법적 계절지수평활법으로 분석한다.
3. damped: "TRUE"일 때 Gardner and McKenzie (1985)가 소개한 damped 추세를 반영한다.
4. level: 예측구간의 신뢰수준을 지정한다.
5. initial: 초깃값 지정에 사용될 방법을 지정한다. "optimal"은 ets 방법을 사용하여 최적화한 초깃값을 "simple"은 최초값을 초깃값으로 지정한다.
6. exponential: "TRUE"일 때 지수적 추세를 반영한다. 그 외에는 선형추세를 고려한다.
7. alpha: 평활상수를 입력한다. "NULL"일 때 평활상수 α를 추정한다.
8. beta: 추세에 대한 평활상수를 입력한다. "NULL"일 때 평활상수 β를 추정한다.
9. gamma: 계절에 대한 평활상수를 입력한다. "NULL"일 때 평활상수 γ를 추정한다.

(3) 분해법

● **ma**

ma는 forecast-package에 있는 함수로 이동평균 분석을 실시한다.

```
ma(x, order, centre=TRUE)
```

1. x: 시계열을 입력한다.
2. order: 이동평균기간을 지정한다. 홀수인 경우 대칭이동평균을 수행하고 짝수인 경우 centre 옵션 여부에 따라 이동평균 수행할지 중심화 이동평균을 수행할지 지정할 수 있다.
3. centre: 이동평균기간이 짝수인 경우 "TRUE"는 중심화 이동평균을 수행하고 ($2\times m$ 이동평균), "FALSE"의 경우 이동평균을 수행한다.

● **decompose**

decompos는 Stats-package에 있는 전통적인 분해법(가법과 승법)에 분석을 제공하는 함수이다.

```
decompose(x, type = c("additive", "multiplicative"), filter = NULL)
```

1. x: 분해하고자 하는 시계열을 입력한다.
2. type: "additive"는 가법모형, "multiplicative"는 승법모형에서의 시계열의 분해를 실시한다.
3. filter: "NULL"일 때 이동평균을 사용하여 추세를 추정한다.

● **stl**

stl는 Stats-package에 있는 분해법에 대한 분석과 예측을 제공하는 함수이다.

```
stl(x, s.window, s.degree = 0, t.window = NULL, t.degree = 1,
   l.window = nextodd(period), l.degree = t.degree, s.jump = ceiling(s.window/10),
   t.jump = ceiling(t.window/10), l.jump = ceiling(l.window/10),
    robust = FALSE, inner = if(robust)  1 else 2,
    outer = if(robust) 15 else 0, na.action = na.fail)
```

1. x: 분해하고자 하는 시계열을 입력하는데 ts의 frequency가 1보다 커야 한다.
2. s.window: 예측하고자 하는 미래시차를 입력한다.
3. level: 예측구간의 신뢰수준을 지정한다.
4. initial: 초깃값 지정에 사용될 방법을 지정한다. "optimal"은 ets 방법을 사용하여 최적화한 초깃값을 "simple"은 최초값을 초깃값으로 지정한다.
5. alpha: 평활상수를 입력한다. "NULL"일 때 평활상수 α를 추정한다.

(4) 확률보행과정과 백색잡음과정

● **rnorm**

rnorm은 Stats-package에 있는 함수로 정규분포를 따르는 난수를 생성한다.

```
rnorm(n, mean = 0, sd = 1)
```

1. n: 생성할 난수의 개수이다.
2. maen: 생성할 난수의 평균으로 기본값은 0이다.
3. sd: 생성할 난수의 표준편차로 기본값은 1이다.

(5) ARIMA

● **acf, pacf**

acf와 pacf는 Stats-package에 있는 함수로 각각 시계열의 자기상관함수(또는 공분산)와 편자기상관함수(PACF)를 구하는 함수이다.

```
acf(x, lag.max = NULL, type = c("correlation", "covariance", "partial"))
pacf(x, lag.max = NULL)
```

1. x: 구하고자 하는 시계열을 입력한다.
2. lag.max: 계산하고자 하는 최고 시차를 지정한다. 기본값으로는 $10\log(10N/m)$으로 여기서 N은 시계열 관측값의 개수이고 m은 시계열의 개수이다.
3. type: 기본값으로 자기상관함수를 구하고 “covariance”를 지정하면 공분산을, “partial”은 편자기상관함수를 구한다.

● **diff**

diff는 base-package에 있는 함수로 차분을 수행한다.

```
diff(x, lag=1, differences=1)
```

1. x: 구하고자 하는 시계열을 입력한다.
2. lag: 계절차분의 시차를 입력한다.
3. difference: 차분의 횟수를 지정할 수 있다.

● **ndiffs, nsdiffs**

ndiffs와 nsdiffs는 forecast-package에 있는 함수로 자료가 정상성을 만족하기 위해 몇 번의 차분, 그리고 계절차분이 필요한지 추정하는 함수이다.

```
ndiffs(x, alpha=0.05, test=c("kpss","adf", "pp"), max.d=2)
nsdiffs(x, m=frequency(x), test=c("ocsb","ch"), max.D=1)
```

1. x: 시계열을 입력한다.
2. alpha: 검정을 위한 유의수준을 지정한다.
3. m: 계절성의 기간을 입력한다.
4. test: 단위근검정의 종류를 지정할 수 있다. ndiffs에서는 기본으로 시계열이 정상적이라는 귀무가설을 검정하는 "kpss" 검정을 사용한다. "adf"는 Augmented Dickey-Fuller 검정, "pp"는 Phillips-Perron 검정으로 "adf"와 "pp" 두 검정은 시계열이 단위근을 갖는다(비정상)는 귀무가설을 검정한다. 계절차분의 검정을 위한 종류는 "ocsb"가 계절 단위근이 존재한다는 귀무가설을 검정하는 Osborn-Chui-Smith-Birchenhall(1988) 검정과 계절성이 존재한다는 귀무가설을 검정하는 Canova-Hansen (1995)("ch") 검정이 있다.
5. max.d: 허용할 최대 차분 횟수를 지정한다.
6. max.D: 허용할 최대 계절차분 횟수를 지정한다.

- **arima.sim**

arima.sim은 Stats-package에 있는 함수로 비계절형 ARIMA 모형을 따르는 난수를 발생시킬 수 있다.

```
arima.sim(model, n)
```

1. model: list()로 생성하고자 하는 난수의 차수(order=c()) 및 AR(ar=c()), MA 계수(ma=c())를 지정한다. 빈 list 옵션은 ARIMA(0,0,0)으로 백색잡음에 대한 난수를 생성한다.
2. n: 생성하고자 하는 난수의 개수를 지정한다.

예를 들어 AR 계수가 각각 $\phi_1 = 0.2$, $\phi_2 = 0.5$이고 MA 계수가 각각 $\theta_1 = -0.6$, $\theta_2 = 0.1$인 ARMA(2,2) 모형을 따르는 100개의 난수를 생성할 때 다음과 같이 지정할 수 있다.

```
arma22 <- arima.sim(n = 100, list(order=c(2,0,2), ar=c(0.2,0.5), ma=c(-0.6,0.1)))
```

● auto.arima

auto.arima는 forecast-package에 있는 함수로 AIC, AICc 또는 BIC 값을 바탕으로 가장 바람직한 ARIMA 모형을 단계적 방법으로 식별하여 추정한다.

```
auto.arima(y, d=NA, D=NA, max.p=5, max.q=5,
    max.P=2, max.Q=2, max.order=5, max.d=2, max.D=1,
    stationary=FALSE, seasonal=TRUE,
    ic=c("aicc", "aic", "bic"), stepwise=TRUE,
    test=c("kpss","adf","pp"), seasonal.test=c("ocsb","ch"),
    allowdrift=TRUE, allowmean=TRUE)
```

1. y: 시계열을 입력한다.
2. d: 차분의 횟수를 지정할 수 있다. 입력하지 않으면 KPSS 검정을 바탕으로 자동으로 차분을 수행한다.
3. D: 계절차분을 지정할 수 있는데, 입력하지 않으면 OCSB 검정을 바탕으로 계절차분을 수행한다.
4. max.p: 최대 AR 계수의 차수를 지정한다.
5. max.q: 최대 MA 계수의 차수를 지정한다.
6. max.P: 최대 계절형 AR 계수의 차수를 지정한다.
7. max.Q: 최대 계절형 MA 계수의 차수를 지정한다.
8. max.order: $p+q+P+Q$의 최대 차수를 지정한다.
9. max.d: 최대로 가능한 차분의 횟수를 지정한다.
10. max.D: 최대로 가능한 계절차분의 횟수를 지정한다.
11. stationary: "TRUE"일 때 정상적인 모형을 찾는 것을 제한한다.
12. seasonal: "FALSE"일 때 비-계절형 모형을 찾는 것을 막는다.
13. ic: 모형식별의 기준을 선택할 수 있다.
14. stepwise: Hyndman와 Khandakar(2008)이 제안한 stepwise 알고리즘을 사용한다. FALSE의 경우 전체적인 모형을 비교하게 되는데 다만 시간이 많이 걸린다는 단점이 있다.
15. test: 단위근검정의 종류를 선택할 수 있다.
16. seasonal.test: 계절-단위근 검정의 종류를 결정할 수 있는데 기본값은 OCSB 검정을 사용한다.
17. allowdrift: "FALSE"일 경우 차분을 하지 않았을 때에만 상수항을 포함한다.
18. allowmean: "TRUE"의 경우 차분의 횟수가 2 이상이면 상수항을 제거하고 추정한다.

● arima

arima는 stats-package에 있는 함수로 지정된 차수의 ARIMA 모형을 적합한다.

```
arima(x, order = c(0L, 0L, 0L),
      seasonal = list(order = c(0L, 0L, 0L), period = NA),
      xreg = NULL, include.mean = TRUE, fixed = NULL,
      method = c("CSS-ML", "ML", "CSS"), n.cond, …)
```

1. x: 적합하고자 하는 시계열을 입력한다.
2. order: 비계절성 ARIMA 파트의 차수 p, d, q를 지정한다.
3. seasonal: 계절성 ARIMA 파트의 차수 P, D, Q를 지정한다.
4. xreg: 회귀항을 추가할 수 있다. 후에 이분산성 모형인 ARIMA+GARCH 모형적합에 유용하다.
5. include.mean: 상수항의 포함여부를 지정하는데, 차분이 없는 경우에는 "TRUE"와 "FALSE"로 포함여부를 지정할 수 있으나 차분이 있는 경우에는 무시한다.
6. fixed: fixed=c(ϕ_1, $\cdots$, ϕ_p, θ_1, $\cdots$, θ_q) 형태로 계수를 지정하여 모형을 적합한다. "NA"인 계수는 무시하고 적합한다. 유의하지 않은 계수를 제거할 때 사용한다.
7. method: 모수추정방법을 선택할 수 있는데, 기본값은 초깃값을 조건부 최소제곱추정량으로 지정하고 최우추정방법으로 구한 추정량(CSS-ML)이고, 최우추정량(ML)과 조건부 최소제곱추정량(CSS)도 지정할 수 있다.

● confint

confint는 stats-package에 있는 함수로 모형적합 후 추정된 모수의 신뢰구간을 제공한다.

```
confint(object, level = 0.95)
```

1. object: 모형적합한 arima 모형을 지정한다.
2. level: 신뢰수준을 설정한다.

● coeftest

confint는 lmtest-package에 있는 함수로 모형적합 후 추정된 모수의 추정값 및 정규검정(또는 Quasi 정규검정)에 대한 검정통계량과 유의확률을 제공한다.

```
coeftest(object, vcov. = NULL, df = NULL, ...)
```

1. object: 적합한 모형을 지정한다.

2. vcov.: 추정한 모수의 공분산행렬을 지정할 수 있다.
3. df: t 검정을 원한다면 자유도를 입력한다. 특별히 입력하지 않으면 z 검정을 수행한다.

● **tsdiag**

tsdiag는 stats-package에 있는 함수로 검진을 위한 표준화잔차도, 잔차의 ACF와 포트맨토 검정에 대한 p-value에 대한 그림을 그린다. 여기서 말하는 포트맨토 검정은 Ljung-Box가 제시한 수정된 포트맨토 검정을 말한다.

```
tsdiag(object, gof.lag)
```

1. object: 적합한 모형을 지정한다.
2. gof.lag: 포트맨토 검정을 위한 최고 차수를 설정할 수 있다.

● **box.test**

box.test는 stats-package에 있는 함수로 검진을 위한 포트맨토 검정을 실시한다.

```
Box.test(x, lag = 1, type = c("Box-Pierce", "Ljung-Box"), fitdf = 0)
```

1. object: 시계열을 입력한다.
2. lag: 포트맨토 검정을 하고자 하는 시차를 지정한다.
3. type: Box-Pierce가 제시한 포트맨토 검정통계량을 활용할지, Ljung-Box가 제시한 수정된 포트맨토 검정통계량으로 검정할지 지정할 수 있다.
4. fitdf: 검정을 위한 자유도를 설정한다. 예를 들어 ARMA 모형의 잔차에 대한 포트맨토 검정을 실시할 경우 자유도를 $p+q$로 지정한다.

● **forecast**

forecast는 forecast-package에 있는 함수로 시계열모형에 대한 예측값과 그 신뢰구간을 구할 때 사용한다.

```
forecast(object, h=ifelse(object$arma[5]>1,2*object$arma[5],10), level=c(80,95))
```

1. object: 예측에 필요한 시계열모형을 입력한다.
2. h: 구하고자 하는 예측값의 수를 설정한다.
3. level: 예측값의 신뢰수준을 설정한다.

(6) 이분산시계열모형

● **garch.sim**

garch.sim은 TSA-package에 있는 함수로 GARCH 모형을 따르는 난수를 발생시킬 때 사용한다.

```
garch.sim(alpha, beta, n = 100, rnd = rnorm, ntrans = 100,...)
```

1. alpha: 발생하고자 하는 난수의 상수항 ω를 포함한 ARCH 계수 α를 입력한다.
2. beta: 발생시키고자 하는 난수의 GARCH 계수 β를 입력한다.
3. n: 생성하고자 하는 난수의 개수를 지정한다.
4. rnd: 백색잡음 e_t를 발생시키기 위한 난수 생성자를 지정한다. 기본값은 정규분포이다.
5. ntrans: burn-in 할 개수를 지정한다.

● **garch**

garch는 tseries-package에 있는 함수로 최대우도추정법으로 GARCH(p, q) 모형으로 적합한다.

```
garch(x, order = c(1, 1), series = NULL, control = garch.control(...), ...)
```

1. x: 시계열을 입력한다.
2. order: GARCH 차수인 c(p,q)를 입력한다. 여기서 p는 GARCH 차수, p는 ARCH 차수이다.
3. series: 시계열의 이름을 입력하는데, 기본값은 x에 입력한 시계열의 이름을 반영한다.
4. control: garch.cotrol 로 설정하는 모수에 대한 정보를 제공한다. 이는 이 책의 범위를 넘어가므로 다루지 않는다.

● **McLeod.Li.test**

McLeod.Li.test는 TSA-package에 있는 함수로 (제곱) 잔차나 원자료의 Box-Ljung 통계량으로 ARCH 효과를 검정하는 McLeod-Li 검정을 수행한다.

```
McLeod.Li.test(object, y, gof.lag, col = "red", omit.initial = TRUE, plot = TRUE, ...)
```

1. object: 적합된 ARIMA 모형을 입력하는데, 보통 arima 함수의 결과를 입력한다. object를 입력하면 McLeod-Li 검정은 모형의 잔차에 적용되며, 다음에 입력한 y는 무시한다.
2. y: 이분산의 존재를 검정하고자 하는 시계열을 입력한다. 이때 Box-Ljung 검정은 제곱된 자료를 사용한다.
3. gof.lag: 검정하고자 하는 최대 시차를 지정한다.
4. col: 기준선의 색을 지정한다.
5. omit.initial: TRUE로 설정되면 초기(d + Ds) 잔차에 대해 검정하지 않는다.
6. plot: FALSE로 설정된 경우 그림을 그리지 않는다.

B. 시계열분석에 활용되는 SAS 프록시저

(1) 시간변수생성

● 자료에 시간변수가 포함되어 있는 경우

```
data one;
   infile 'a:₩ex.txt';
   input date y;
     informat date monyy.;
   run;
```

시계열자료에 시간변수가 포함되어 있는 경우에는 자료의 형태에 적합한 포맷으로 자료를 읽어야 한다. 시간변수를 input 문에 의해서 읽는 경우에는 informat 문을 사용하고, 입력된 자료를 분석하거나 출력하고자 할 때는 format 문을 사용한다.

- 일별자료 - date.
- 월별자료 - monyy.
- 분기별자료 - qtr.

● 자료에 시간변수가 포함되지 않는 경우

```
data two;
   infile 'b:₩ex.txt';
   input y @@;
     date=intnx('month', '01jan16'd, _n_-1);
   format date monyy.;
   informat date monyy.;
   run;
```

시계열자료에 시간변수가 포함되어 있지 않은 경우에는 직접 변수를 생성해주어야 한다.

1. intck(interval, from , to) - interval은 시간구간, 즉 관측주기를 지정하고, from은 시간 변수의 시작지점, to는 시간변수의 종료시점을 지정한다.

2. intnx(interval, from, n) - interval은 관측주기를 지정하고, from은 시간변수의 시작 지점, n은 지정된 수만큼 증가된 시점이 시간변수의 시작점임을 나타낸다.
3. _n_ - SAS에서 사용되는 키워드로 data 단계가 몇 번 수행되었는지를 알려줌으로써 관측값의 수를 나타낸다. 시간변수의 시작점으로부터 관측주기가 얼마나 증가되었는지를 의미하므로 data 단계가 처음으로 수행되면 n=1이 되고 _n_-1은 0이 된다.

(2) 난수발생

```
*AR(2) 모형;
 data ar2;
  z1=0; z2=0;
     do t=1 to 100;
        a=rannor(1234);
        z=0.5*z1+0.4*z2+a;
        output;
        z2=z1; z1=z;
      end; run;
*ARMA(1,1) 모형;
 data arma11;
  a1=0; z1=0;
     do t=1 to 100;
        a=rannor(1234);
        z=0.8*z1+a+0.6*a1;
        output;
        a1=a; z0=z;
      end; run;
```

1. do - end 까지의 문장을 몇 번 반복할지를 나타낸다.

   do variable = start to stop by increment - variable은 반복을 원하는 변수명을 지정하고, start와 stop은 시작과 끝을 나타낸다. 어디서부터 어디까지 반복을 할지를 나타내며 increment는 증가분을 지정한다. 음수와 양수 모두 가능하다.
2. rannor(seed) - 표준정규분포를 따르는 난수를 생성한다. 정수로 표현되는 임의의 수를 seed에 지정한다.

(3) 평활법

● **proc forecast**

proc forecast는 시계열에 대한 예측을 제공하는 프록시저이다.

```
proc forecast data=past;
   method=expo trend=1 interval=month
   weight=0.2 lead=6 out=pastout outest=pastoutest outall;
   var sales;
 run;
```

1. data - proc forecast를 실행할 시계열자료가 포함되어 있는 데이터를 입력한다.
2. trend - 시간적 추세 모형의 정도를 지정한다. trend의 값은 1, 2, 3 중 하나로 지정되어야 한다. method=expo를 제외한 default 값은 trend=2이다.

• trend=1: 상수 추세를 의미한다.

• trend=2: 선형적인 추세를 의미한다.

• trend=3: 2차 경향을 의미한다.

3. method - 시계열을 예측하는 방법에 대해 지정한다. default 값은 method=stepar 이다.

• 단계적 자동회귀방법 - method=stepar

• 단순지수평활법 - method=expo trend=1

• 브라운의 선형지수평활법 - method=expo trend=2

• 홀트의 선형지수평활법 - method=winters trend=2

• 승법적 계절지수평활법 - method=winters trend=2 (추세성이 없는 경우에는 1) season=12(4)

• 가법적 계절지수평활법 - method=addwinters trend=2(추세성이 없는 경우에는 1), season=12(4)

4. interval - 입력된 시계열 데이터의 주기를 지정한다.

• 분기별 자료 - interval=qtr

• 월별 자료 - interval=month

• 일별 자료 - interval=day

5. weight(w1[w2[w3]]) - expo, winters, addwinters 방법에서의 가중값을 지정한다. 0과

1 사이의 값으로 지정한다. method=expo의 경우, w1 하나의 가중값만 지정할 수 있다. 이때의 weight의 default 값은 trend= 에 지정된 차수를 이용하여 $weight = 1-(0.8)^{1/trend}$ 로 지정된다. w1은 상수 구성요소를 위한 가중값이고, w2는 선형 및 2차 추세 구성요소를 위한 가중값이다. w3은 계절 구성요소를 위한 가중값을 제공한다. w2와 w3은 선택사항이다.

6. lead - 예측시점을 나타낸다. lead=6의 경우 마지막 자료로부터의 미래 6시점까지 예측한다. default 값은 lead=12이다.
7. var - 예측하려는 data에서의 변수를 지정한다.

(4) 이동평균법과 분해법

● proc expand

proc expand는 주어진 시계열 데이터의 주기를 변환하거나 정해진 간격의 평균을 추정할 수 있는 이동평균법을 적용할 수 있는 프록시저이다. 또한, 이 프록시저를 이용하여 시계열 데이터를 추세성, 순환성, 계절성, 불규칙성 등으로 분해할 수 있다.

```
proc expand data=ma;
   /*5-기간 이동평균법*/
   convert var=m5/transformout=(movave 5);
   /*승법모형의 구성성분을 분리하기 위한 명령문*/
   convert var=tc/transformout=(cd_tc 12);
   convert var=s/transformout=(cd_s 12);
   convert var=i/transformout=(cd_i 12);
   convert var=sa/transformout=(cd_sa 12);
   id date;
run;
```

1. data - proc expand를 실행할 시계열자료가 포함되어 있는 데이터를 입력한다.
2. convert - 처리할 변수를 나열하며, 수치형 변수만 처리할 수 있다.
   convert variable = newname...〈/options〉 - variable을 통해 처리할 변수를 지정하고 newname을 통해 새로운 변수를 생성한다. options에서는 method, observed, transformout 옵션 등을 사용할 수 있다.
3. transformout=options

• movave window - 이동평균법을 적용하기 위한 명령문이다. 인접한 값들의 가중

이동평균을 나타낸다. 5-기간 이동평균이라면 transformout=(movave 5)로 표현한다. cmovave window는 중심화 이동평균을 의미한다.

- cd_tc s – 계절주기를 s로 갖는 추세-순환성을 분해하기 위한 명령문이다. 승법모형과 가법모형에서 모두 사용 가능하다. cd_tc 12의 경우 계절주기를 12로 갖는 data에 대해 추세-순환 성분을 분해한다.
- cd_s s – 승법모형에서 계절주기를 s로 갖는 계절성을 분해하기 위한 명령문이다. 가법모형에서는 cda_s s를 사용한다. cd_s 12의 경우 계절주기를 12로 갖는 승법모형 data에 대해 계절 성분을 분해한다.
- cd_i s – 승법모형에서 계절주기를 s로 갖는 불규칙성을 분해하기 위한 명령문이다. 가법모형에서는 cda_i s를 사용한다. cd_i 12의 경우 계절주기를 12로 갖는 승법모형 data에 대해 불규칙 성분을 분해한다.
- cd_sa s – 승법모형에서 계절주기를 s로 갖는 계절 조정된 계열을 분해하기 위한 명령문이다. 가법모형에서는 cda_sa s를 사용한다. cd_tc 12의 경우 계절주기를 12로 갖는 승법모형 data에 대해 계절 조정된 성분을 분해한다.

(5) X-12-ARIMA

● **proc x12**

```
proc x12 data=test date=date season=12 start=jan1980;
   var sales;
   x11;
   output out=test1 a1 d10 d11 d12 d13; run;
```

1. proc x12 options

- data – X-12-ARIMA 방법을 이용하여 분석을 실행할 시계열자료가 포함되어 있는 데이터를 입력한다.
- date=variable – 시계열자료 내에 포함되어 있는 시간을 나타내는 변수를 입력한다.
- seasons=options – 시계열자료가 계절성을 포함하고 있는 경우 계절주기를 입력한다.
- start=options – 시계열자료의 처음 관측 시점을 입력한다.

2. var variables – 각 성분을 분해할 변수를 입력한다.
3. x11 options – X-11과 X-11Q 프로그램 방법론의 향상된 기능의 버전으로 계절조정을 나타낸다.

4. output out=SAS-data-set tablename1 tablename2 ...

- out=SAS-data-set – 결과를 다른 data set에 출력한다.
- tablename1 tablename2 ... – 출력할 data set에 포함될 각 table에 대해 X12 tablename 키워드를 지정한다. 키워드는 X-12-ARIMA 소프트웨어에서 사용하는 제목 label에 해당한다. a1은 원계열, d10은 최종 계절 변동, d11은 최종 계절조정된 계열, d12는 최종 추세·순환 변동, d13은 최종 불규칙 변동을 나타낸다.

(6) ARIMA 분석

● proc arima

proc arima는 시계열자료와 잔차에 대한 그래프와 ACF, PACF를 확인하고, 모형식별부터 모수추정, 모형진단, 예측까지 모두 할 수 있는 프로시저이다.

```
proc arima data=test;
   identify var=sales crosscorr=(x(1)) nlag=24;
   estimate p=1 q=1 method=ml; run;
   forecast lead=25 interval=month id=date out=testout; run;
```

1. data – ARIMA 분석을 실행할 시계열자료가 포함되어 있는 데이터를 입력한다.
2. identify

모형식별의 단계이다.

시계열자료의 상관관계에 대한 분석결과를 보여 준다. 자료의 그래프와 ACF, PACF, IACF 등을 확인할 수 있으며 더불어 백색잡음 검정 또한 실시할 수 있다.

- var – 분석하고자 하는 변수명을 입력한다. sales라는 변수에 대해 1차 차분한 결과를 보고 싶다면 var=sales(1);
- nlag – 확인하고자 하는 시차의 수를 나타낸다. lag=24의 경우 시차 24까지의 결과들을 보여 준다.

3. estimate

모형을 적합하고 모수를 추정하는 단계이다. identify 함수로 자료의 그래프, ACF, PACF 등을 확인한 후, 예상되는 모형을 적합한다. 또한 모수의 추정값과 t-통계량, 표준오차, AIC 통계량, SBC 통계량 등을 확인할 수 있다. 모형검진을 위한 잔차의 자기상관성 결과와 포트맨토 검정 결과도 나타난다.

- AR(1) 모형 – estimate p=1;

- MA(1) 모형 - estimate q=1;
- ARMA(1,1) 모형 - estimate p=1 q=1;
- method - 모수를 추정하는 방법에 대해 지정해준다. 따로 옵션을 지정해주지 않았을 때는 조건부최고제곱추정법으로 추정한다.
- 최대가능도추정법 - method=ml;
- 비조건부최소제곱추정법 - method=uls;
- 조건부최소제곱추정법 - method=cls;

4. forecast

최종 모형을 식별한 후, 미래 시점에 대해 예측하는 단계이다.

- lead - 예측시점을 나타낸다. lead=25의 경우 마지막 자료로부터의 미래 25시점까지 예측한다. default 값은 lead=24이다.
- interval - 입력된 시계열 데이터의 주기를 지정한다.
- out - 결과를 다른 data set에 출력한다.

(7) 개입분석

● proc arima

```
proc arima data=test;
   identify var=sales(1) crosscorr=(x(1)); run;
   estimate input=(1$x) method=uls; run;
```

1. crosscorr=(variable(d11,d12,⋯, d1k)... variable(d21,d22,⋯,d2k)) - 개입분석을 위한 옵션이며 개입변수의 이름을 지정한다. 해당 변수에 대해 차분을 지정하면 차분된 계열은 estimate 문의 input 옵션을 참조한다.
2. input=(transfer-function variable ...) - 입력변수와 전달함수를 지정한다.

- input=x

  $Z_t = \omega_0 X_t + a_t$

- input=(x1 x2)

  $Z_t = \omega_1 X_{1t} + \omega_2 X_{2t} + a_t$

- input (1$x)

  $(1-B)Z_t = \omega_0 (1-B) X_{t-1} + a_t$

참 고 문 헌

- 경제기획원(1987). 「계절변동 조정의 이론과 실제」, 경제기획원 조사통계국.
- 경제기획원(1990). 「한국경제지표」, 경제기획원 조사통계국.
- 박원란(2000). 「X-12 ARIMA를 이용한 요일효과 연구」, 통계청, 통계분석연구, 제5권 1호, 19-43.
- 오광우(1981). 「장기예측문제」, 통계학연구, 한국통계학회, 제10권, 158-163.
- 오광우, 이우리(1985). 「시계열 및 회귀모형에 의한 결합예측에 관한 연구」, 한국경제, 성균관대학 한국산업연구소, 제12권 2호, 77-112.
- 오광우, 이우리(1995). "예측방법과 응용", 자유아카데미.
- 이긍희, 이혜영(2013). 「X-13 ARIMA-SEATS를 이용한 한국 경제통계의 계절조정 방안 연구」, 한국은행, 국민계정리뷰, 12호, 22-60.
- 이긍희, 이혜영(2014). 「X-13 ARIMA-SEATS로의 전환을 위한 계절조정결과 비교」, 응용통계연구, 한국통계학회, 제27권 1호, 133-146.
- 이우리(1987). 「결합예측에 관한 실증적 연구」, 응용통계연구, 한국통계학회, 제1권 2호, 11-26.
- 통계청(1997). "X-12-ARIMA의 계절조정방법", 통계청 통계연수원.
- 황희진, 이혜영(2015). 「한국형 계절조정 방법(BOK-X-13-ARIMA-SEATS)의 개발 주요 내용과 특징」, 한국은행, 발간연간물기사, 55-66.
- Abraham, B., and Ledolter, J. (1983). *Statistical Methods for Forecasting*, New York, John Wiley & Sons.
- Akaike, H. (1973). Information theory and an extension of the maximum likelihood principle, *Proc. 2nd International Symposium on Information Theory*, Budapest, Akademiai Kiado, 267-281.
- Akaike, H. (1976). Canoncial correlations analysis of time series and the use of an information criterion. *Advances and Case Studies in System Identification*, New York, Academic Press.

- Anderson, O. D. (1977). *Time series Analysis and Forecasting. The Box-Jenkins Approach*, London, Butterworths.
- Bartlett, M. S. (1946). On the theoretical specification of sampling properties of autocorrelated time sereies, *Journal of the Royal Statistical Society*, 8, 27-41.
- Beaumont, C., Mahmoud, E. and McGee, V.E. (1985). Microcomputer forecasting software : A survey, *Journal of Forecasting*, 3, 305-311.
- Bowerman, B. L. and O'conell R. T. (1979). *Time Series and Forcasting*, Massachusetts, Duxbury Press.
- Box, G. E. P. and Jenkins, G. M. (1976). *Time series Analysis Forecasting and Control*, 2nd ed., San Francisco, Holden-Day.
- Box, G. E. P. and Tiao, G. C. (1977). *A Canonical Analysis of Multiple Time Series*, Biometrika, 64. 355-365.
- Brown, R. G. (1962). *Smoothing, Forecasting and Prediction of Discrete Time Series*, Englewood Cliffs, Prentice-Hall.
- Brown, R. G. (1963). *Smoothing, Forecasting and Prediction*, Englewood, Prentice-Hall.
- Chatfield, C. (1980). *The Analysis of Time Series : An Introduction*, London, Chapman and Hall.
- Cryer, J. D. and Chan, K. S. (2009). *Time Series Analysis with Applications in r*, Milton Keynes, Springer.
- Dagum, E. B. (1975). *Seasonal factor forecasts from ARIMA models*, Paper Presented at the 40th Session of the International Statistical Institute, Warsaw.
- Engle, R. F. (1982). Autoregressive conditional heteroscedasticity with estimates of the variance of U.K. inflation, *Econometrica*, 50, 987-1007.
- Granger, C. W. J. (1982). *Forecasting in Business and Economics*, New York, Academic Press.
- Hanke, J. E. and Reitsch, A G. (1989). *Business Forecasting*, Boston, Allyn and Bacon.
- Harrison, P. J. and Stevens, C. F. (1976). Bayesian forecasting(with discussion), *Journal of the Royal Statistical Society*, 38, 205-247.
- Holt, C. C. (1957). Forecasting seasonal and trends by exponentially weighted moving average, *Office of Naval Research*, Research Memorandom, No. 52.
- Hyndman, R. J. and Athanasopoulos, G. (2013). *Forecasting: Principles and Practice*, Melbourne, OTexts.
- Judge, G. G., Griffiths, W. E., Hill, R. C. Lutkepohl, H. and Lee, T. C. (1985). *The Theory and Practice of Econometrics*, 2nd ed., New York, Wiley.
- Kalman, R. E. (1960). A new approach to linear filtering and prediction problems,, *Journal*

of Basic Engineering, 82, 35-45.

- Krasker, W. W. (1980). Estimation in linear regression models with disparate data points, *Econometrica*, 48, 1333-1346.
- Leamer, E. E. (1985). Vector autoregression of casual inference, *Carnegie-Rochester Conference Sereis*, 22, 255-304.
- Li, W. K. (2004). *Diagnostic Checks in Time Series*, London, Chapman and Hall.
- Li. W. K. and Mak. T. K. (1994). On the squred residual autocorrelations in non-linear time series with conditional heteroskedasticity, *Journal of Time Series Analysis*, 15, 627-636.
- Ling, S. and McAleer, M. (2002). Stationarity and the existence of moments of a family of GARCH processes, *Journal of Econometrics*, 106, 109-117.
- Liu, L. M. (1987). Sales forecasting using multi-equation transfer function model, *Journal of Forecasting*, 6, 223-238.
- Ljung, G. M. and Box, G. E. P. (1979). The likelihood function of stationary autoregressive moving average models, *Boimetrika*, 66, 265-270.
- Lovell, M. C. (1963). Seasonal adjustment of economic time series and multiple regression analysis", *Journal of the American Statistical Association*, 58, 993-1010.
- Mahmoud, E., Rice, G., McGee, V. E. and Beaumont, C. (1986). Mainframe multipurpose forecasting software : A survey, *Jounal of Forecasting*, 5, 127-137.
- Mahmoud, E., Rice, G., McGee, V. E. and Beaumont, C. (1986). Mainframe specific purpose forecasting software : A survey, *Journal of Forecasting*, 5, 75-83.
- Makridakis, S. and Wheelwright, S. C. (1977). *Interactive Forecasting*, Palo Alto, Scientific Press.
- Makridakis, S. and Wheelwright, S. (1978). *Forecasting ; Methods and Applications*, New York, John Wiley and Sons.
- Makridakis, S. and Wheelwright, S. (1983). *Forecasting Methods for Management*, 4th ed., New York, John Wiley and Sons.
- McLeod, A. I. and W. K. Li (1983). Diagnostic checking ARMA time series models using squared residual autocorrelations, *Journal of Time Series Analysis*, 4, 269-273.
- Montgomery, D. C. and Johnson, L. A. (1976). *Forecasting and Time Series Analysis*, New York, McGraw-Hill.
- Nazem, S. M. (1988). *Applied Time Series Analysis for Business and Economic Forecasting*, New York, Marcel Dekker.
- Nelson, D. B. (1991). Conditional Heteroskedasticity in Asset Returns: A New Approach, *Econometrica*, 59, 347-370.

- Nelson, D. B. and Cao, C. Q. (1992). Inequality constraints in the univariate GARCH model, *Journal of Business and Economic Statistics*, 10, 229-235.
- Nelson, R. (1987). State-space modeling of residential, commercial and peak demands, *Journal of Forecasting*, 6, 97-116.
- Newbold, P. and Reed, G. V. (1979). The implications for economic forecasting of time series model building methods, *Forecasting, O. D. Andreson Ed. Amsterdam*, North-Holland Publishing Co.
- Parzen, E. (1974). Some recent advances in time series modeling, *IEEE Transactions on Automatic Control*, 19, 723-729.
- R Reference
- Sargent, T. J. (1976). A classical macroeconomic models for the United States, *journal of Political Economy*, 17-28.
- SAS/ETS 9.3 (2004). SAS Institute Inc, Cary, NC.
- SAS/ETS 13.2 (2014). SAS Institute Inc, Cary, NC.
- Schwarz, G. (1978). Estimating the dimension of a model, *The annals of statistics*, 6, 461-464.
- Sentana Enrique (1995), Quadratic ARCH Models, *The Review of Economic Studies*, 62, 639-661.
- Shephard, N. (1996). *Statistical aspect of ARCH and stochastic volatility, In Time Series Models, in Econometrics, Finance and Other Fields, edited by D. R. Cox, D. V. Hinkley, and O. E. Barndorfff-Nielsen*. London, Chapman and Hall, 1-55.
- Shumway, R. H. (1988). *Applied Statistical Time Series Analysis*, Englewood Clifts, Prentice Hall.
- STSC(1987). STATGRAPHICS : Tutorial & User's Guide, A Plus*Ware Product.
- Theil, H. (1966). *Applied Economic Forecasting*, Amsterdam, North-Holland Publishing Co.
- Tsai, H, and Chan, K. S. (2006). A note on the non-negativity of continuous-time ARMA and GARCH processes. Technical Report No. 359, Department of Statistics & Actuarial Science, the University of Iowa.
- Tsay, R. S. (2005). *Analysis of Financial Time Series*, 2nd ed. New York, John Wiley & Sons.
- Wei, W. W. S. (1990). *Time Series Analysis*, Singapore, Addison-Wesley.
- Zakoian, J. M. (1994), Threshold heteroskedastic models, *Journal of Economic Dynamics and Control*, 18, 931-955.
- Zeller, A. (1979). Causality and econometrics, *Carnegie-Rochester conference series on public policy*, 9-54.

찾 아 보 기

(ㅇ)

(ㅈ)

(ㅊ)

(ㅌ)

(ㅍ)

(ㅎ)

저자 소개

이성덕

성균관대학교 경상대학 통계학과 졸업(경제학사)
미국 University of Georgia 대학원(통계학 석사)
미국 University of Georgia 대학원(통계학 박사)
미국 University of Georgia 연구교수 역임
캐나다 University of Victoria 방문교수 역임
현) 충북대학교 자연과학대학 정보통계학과 교수

SAS와 R을 이용한
시계열자료분석

저　　자　이성덕
발 행 인　김지영
발 행 처　자유아카데미
주　　소　경기도 파주시 회동길 37-42
　　　　　파주출판도시
전　　화　031-955-1321
팩　　스　031-955-1322
홈페이지　www.freeaca.com
전자우편　main@freeaca.com (대표)
　　　　　editor@freeaca.com (편집)
　　　　　crm@freeaca.com (영업)
등　　록　제406-2003-017호, 1980. 7. 12
제1판1쇄　2017년 8월 15일 발행
제1판3쇄　2023년 1월 10일 발행
정　　가　26,000원

저자와의 협의하에 인지생략

ISBN 979-11-5808-136-2 93310